Gerencia pa...

Agenda diaria

Afirmaciones diarias para los gerentes

- ✔ La energía de su área y de las personas que trabajan en ella depende de *usted*. Sea un gerente con *"energía"*.
- ✔ Administrar es un asunto humano. Ponga a las personas primero.
- ✔ Administrar es algo que se hace *con* la gente, no *a* la gente.
- ✔ Sea consecuente; que sus actos sean el reflejo de sus palabras. La gente cree más en lo que *ve* que en lo que *oye*.
- ✔ "Para que suceda, debe comenzar conmigo".
- ✔ Se *gana* poder cuando se *comparte* el poder con los empleados.
- ✔ El mejor de los negocios es el sentido común.
- ✔ Pregunte siempre qué es lo que sus clientes valoran y cómo *sabe* usted que eso es lo que valoran.
- ✔ El mejor desempeño comienza con metas claras.
- ✔ Se obtiene lo que se premia.
- ✔ Cuantos más errores cometa usted, más cerca estará de la respuesta correcta.
- ✔ Si no puede medir el desempeño, no podrá administrarlo.
- ✔ Recuerde: No es nada personal, es cuestión de negocios.
- ✔ Si no le gusta cómo están las cosas hoy, tenga paciencia. Todo cambiará mañana.
- ✔ Convierta el trabajo en algo divertido. Será bueno para usted *y* para las utilidades.
- ✔ No se deje enredar por los detalles (son detalles).
- ✔ El camino simple suele ser el mejor.

. . . para dummies: serie de éxitos de librería para principiantes

Gerencia para dummies®

Diez formas de motivar a los empleados

Es probable que los empleados no necesiten tanto un aumento de sueldo como una manifestación personal de gratitud de su jefe por un trabajo bien hecho. A continuación encontrará usted la lista de las diez cosas más importantes para motivar a los empleados de hoy.

- ✔ Agradezca personalmente a los empleados por un buen trabajo — frente a frente, por escrito, o ambas cosas. Hágalo pronto, con frecuencia y con sinceridad.
- ✔ Esté dispuesto a sacar tiempo para reunirse con sus empleados y escucharlos.
- ✔ Ofrezca retroalimentación específica acerca del desempeño del empleado, el departamento y la organización.
- ✔ Esfuércese por crear un ambiente de trabajo abierto y divertido donde reine la confianza. Fomente las ideas nuevas y la iniciativa.
- ✔ Proporcione información sobre nuevos productos y estrategias, sobre la manera como la empresa gana y pierde dinero y sobre la manera como cada uno de los empleados encaja en el plan general.
- ✔ Involucre a los empleados en las decisiones, especialmente aquéllas que los afectan.
- ✔ Aliente a los empleados a sentirse dueños de su trabajo y del ambiente laboral.
- ✔ Establezca una sociedad con cada uno de los empleados. Bríndeles la oportunidad de crecer y adquirir nuevas habilidades; muéstreles en qué forma usted puede ayudarlos a alcanzar sus metas dentro del contexto de las metas de la organización.
- ✔ Celebre los éxitos de la compañía, el departamento y los individuos. Dedique tiempo a actividades encaminadas a fortalecer la moral y el trabajo en equipo.
- ✔ Tome el desempeño como base para reconocer, premiar y ascender a las personas; ocúpese de quienes tienen un desempeño bajo y marginal a fin de que lo mejoren u opten por abandonar la empresa.

. . . para dummies: serie de éxitos de librería para principiantes

GERENCIA PARA DUMMIES®

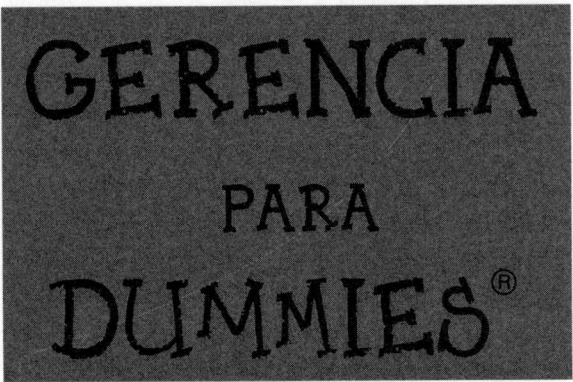

Bob Nelson
Peter Economy

Traducción
Adriana de Hassan

Barcelona, Bogotá, Buenos Aires, Caracas, Guatemala,
Lima, México, Miami, Panamá, Quito, San José,
San Juan, San Salvador, Santiago de Chile, Santo Domingo

Edición original en inglés:
Managing for Dummies
de Bob Nelson y Peter Economy.
Una publicación de IDG Books Worldwide, Inc.
Copyright © 1996 del texto y del material gráfico por
IDG Books Worldwide, Inc.
Reservados todos los derechos.

La presente edición se publica mediante acuerdo con el editor original,
IDG Books Worldwide, Inc., Foster City, California, USA.
Copyright © 1998 para todo el mundo de habla hispana,
excluyendo Cuba, República Dominicana y España,
por Editorial Norma, S. A.
Apartado Aéreo 53550, Bogotá, Colombia.
Reservados todos los derechos.
Prohibida la reproducción total o parcial de este libro,
por cualquier medio, sin permiso escrito de la Editorial.
Impreso por Cargraphics S. A. — Imprelibros
Impreso en Colombia — Printed in Colombia
Febrero, 1998

Dirección editorial, María del Mar Ravassa
Edición, Armando Bernal y María Lucrecia Monares
Armada electrónica, Zobeida Ramírez

ISBN 958-04-4141-3

Este libro se compuso en caracteres Cheltenham y CascadeScript

1 2 3 4 5 6 7 8 9 10 11 12 13 14 15

Acerca de los autores

Bob Nelson es vicepresidente de Blanchard Training and Development, Inc., importante compañía de capacitación y asesoría de San Diego. En Blanchard Training, ha estado a cargo de la gerencia de desarrollo de producto, productos personalizados, evaluaciones y publicaciones. También formó parte del grupo de planeación estratégica de la compañía y fue asistente principal del Dr. Ken Blanchard, coautor de *El gerente de un minuto*. Antes de vincularse a Blanchard, Bob trabajó como instructor de gerencia en Control Data Corporation y Norwest Banks.

Bob ha publicado catorce libros y ha hecho numerosas apariciones en los medios: en CNN, PBS y CNBC; y en *The New York Times, The Wall Street Journal* y *The Philadelphia Enquirer*, entre otros. Escribe una columna mensual titulada "Recompensar a los empleados" y contribuye como editor en la revista *Potentials in Marketing*. Tiene una maestría en administración de empresas de la Universidad de California en Berkeley, y en la actualidad aspira al doctorado en el Programa de Administración para Ejecutivos del Claremont Graduate School en Los Ángeles.

Peter Economy es escritor independiente, coautor de *Better Business Meetings* con Bob Nelson, y autor de varios artículos y libros sobre temas de la mayor actualidad empresarial. Peter combina sus calidades de escritor con más de quince años de experiencia gerencial para proporcionarles a sus lectores información sólida de primera mano. Es economista de la Universidad de Stanford, y en la actualidad cursa una maestría en administración de empresas.

Dedicatoria

Para todo gerente que haya luchado por realizar su trabajo y para todo empleado que haya tenido que soportar las consecuencias.

Reconocimientos

En el transcurso de nuestra vida profesional hemos tenido la fortuna de contar con mentores destacados que nos sirvieron de ejemplo de la clase de habilidades y técnicas de administración que nosotros recomendamos en *Gerencia para dummies*.

Bob recuerda en especial la influencia de tres mentores. Jim Reller, delegador por excelencia en Control Data Corporation, quien solía asignar responsabilidades mientras afirmaba cosas como ésta: "Lo más seguro es que yo podría hacer esto más rápidamente que usted, pero creo que es un proceso del cual aprenderá muchísimo". Jim Briggs, en la Universidad de California en Berkeley, le enseñó a Bob la manera de no dejarse atrapar por las políticas de la organización. Por último, Ken Blanchard, conocido también como *El gerente de un minuto,* le demostró cómo obtener lo mejor de las personas mediante el lado blando de la administración y *sin decirles jamás directamente lo que debían hacer.* Vive de acuerdo con los valores que predica y sirve de inspiración diaria para obtener los mejores resultados de los demás sin olvidar ni por un momento lo que es mejor *para ellos.*

En el caso de Peter, Richard Vaaler, funcionario de contratación del Departamento de Defensa, le enseñó los beneficios de atenerse a normas elevadas de ética y de hacer que las cosas sucedan. En Horizons Technology, Inc., la directora de finanzas Debbie Fritsch le demostró la importancia de contratar y desarrollar empleados con capacidades superiores y de desafiar la autoridad. Pat Boyce, presidente, le enseñó a Peter a ver más allá de lo evidente para adivinar la verdad y también el valor de ser uno con los clientes. Jim Palmer, presidente de la junta directiva, era la encarnación misma de la importancia de pintar el cuadro grande — una visión que sirviera de inspiración a los empleados.

Estas personas enseñaron mucho más que tan sólo las habilidades técnicas de asignar el trabajo, hacer una evaluación de desempeño o disciplinar a un empleado; más bien puso énfasis en el lado humano de la gerencia: cómo motivar a los empleados mediante el ejemplo, premiarlos cuando superan las expectativas y hacer que cada cliente se sienta único — aunque no sea más que uno entre miles.

Bob desea agradecer a toda esa gente maravillosa de Blanchard Training and Development, Inc., por su apoyo; Peter manifiesta su enorme gratitud a todas las personas de la sección de servicios generales de la Comisión de Vivienda de San Diego.

Bob y Peter desean manifestar su aprecio a todo el personal de IDG Books Worldwide, en particular a Kathy Welton, Sarah Kennedy, Stacy Collins y Pam Mourouzis por su infinita sabiduría, su orientación y su apoyo en este proyecto.

Desde el punto de vista personal, Bob desea destacar la abnegación y el apoyo de su padre Edward, su esposa Jennifer y sus hijos Daniel y Michelle. Peter expresa su reconocimiento a su madre Betty Economy Gritis, su esposa Jan y sus hijos Peter J y Skylar Park por su amor inquebrantable y por soportar una vida de locura. Que jamás se rompa el círculo.

Tabla de contenido

Prólogo .... **XXI**

Introducción **1**
    ¿Por qué necesita usted este libro? 2
    Cómo usar este libro 2
    Cómo está organizado 3
        Parte I: Entonces, ¿usted desea ser gerente? 3
        Parte II: Gerencia: un asunto humano 3
        Parte III: Cómo hacer que las cosas sucedan 4
        Parte IV: Cómo trabajar con (otras) personas 4
        Parte V: Tiempos difíciles para gerentes recios 4
        Parte VI: Herramientas y técnicas para administrar 4
        Parte VII: La parte de las decenas 5
    Íconos utilizados en este libro 5
    ¿Y ahora qué? 6

Parte I: Entonces, ¿usted desea ser gerente? **7**

Capítulo 1: Ya es gerente — ¿y ahora qué? **9**
    Los distintos estilos gerenciales 9
        El gerente de mano dura 11
        El gerente bonachón 12
        El arreglo ideal 12
        Los arreglos rápidos no perduran 13
    El desafío de la gerencia 15
        Las reglas de antaño ya no sirven 16
        El nuevo entorno empresarial 17
        Es un nuevo ejército 18
        Confianza no es una palabra de nueve letras 19
    Las nuevas funciones de la gerencia 20
        Motivar 21
        Facultar 23
        Apoyar 24
        Comunicar 25
    Los primeros pasos para llegar a ser gerente 26
        Ver y oír 26
        Hacer y aprender 28

Capítulo 2: ¡Despierte, huela el aroma del café y organícese! 31

¿En qué consiste el desorden de su escritorio? 32
¡Organícese! — todo comienza con usted 33
Saber qué es importante y qué no lo es 35
Agendas personales: ¿moda o necesidad? 37
    El calendario de baja tecnología pero confiable 38
    La agenda funcional de moda 39
    La alternativa digital 42
        El organizador electrónico: ¿una calculadora
        adulta o un computador enano? 44
        Asistentes digitales personales: el futuro
        ya llegó 45
        Computadores: la manera de mantenerse
        organizado en casa, en la oficina y durante
        los viajes 45
        ¿Cuándo un reloj es más que un reloj? 49
    Cómo escoger su agenda personal 50
Estar preparado para la siguiente crisis 50

Capítulo 3: Delegar: lograr que se hagan las cosas sin matarse ... 53

Delegar: la primera herramienta de un gerente 54
Mitos sobre la delegación 56
    Mito # 1: No se puede confiar en que los empleados
    sean responsables. 56
    Mito # 2: Al delegar se pierde el control sobre
    la actividad y su resultado. 57
    Mito # 3: Usted es el único que tiene todas
    las respuestas. 58
    Mito # 4: Usted puede hacer el trabajo más rápido. 58
    Mito # 5: Al delegar se diluye la autoridad. 59
    Mito # 6: Sus empleados recibirán el reconocimiento
    por un buen trabajo, y usted no. 59
    Mito # 7: Al delegar se pierde flexibilidad. 60
    Mito # 8: Sus empleados están demasiado ocupados. 60
    Mito # 9: Los trabajadores no ven el cuadro completo. 61
    Confíe en sus empleados 61
Los seis pasos para delegar 62
Lo que debe y no debe delegar 63
    Cosas que debe delegar siempre 63
        Trabajo minucioso 63
        Recopilar información 64
        Asignaciones repetitivas 64
        Reemplazos 64
        Responsabilidades futuras 65
    Evite delegar estos asuntos 65
        Visión y metas a largo plazo 65

Evaluaciones de desempeño, disciplina y asesoría 66
Situaciones delicadas desde el punto de
 vista político 66
Asignaciones personales 66
Circunstancias confidenciales o delicadas 67
Controlarse en lugar de controlar 67

Capítulo 4: Póngase a la cabeza, en la cola, o quítese del camino 71

Diferencias entre gerencia y liderazgo 72
Lo que hacen los líderes 73
Incitar a la acción 74
Comunicar 75
Apoyar y facilitar 76
Características primordiales del liderazgo 77
Optimismo 79
Seguridad 79
Integridad 80
Decisión 81
El estilo según la necesidad: liderazgo situacional 81
Dirigir 82
Instruir 83
Apoyar 83
Delegar 84

Parte II: Gerencia: un asunto humano 87

Capítulo 5: Contratar: la decisión del millón 89

Definir las características de sus nuevos empleados 90
Definir el cargo antes de comenzar 91
Cómo encontrar personas buenas 92
Usted puede ser el entrevistador más grande del mundo 95
Formular las preguntas correctas 95
Cosas que debe hacer durante la entrevista 97
Prácticas inconvenientes 98
Evaluar a los candidatos 99
Verificar las referencias 99
Repasar las notas 101
La segunda (o tercera) ronda 102
Contratar a los mejores (y desechar a los demás) 103
Sea objetivo 103
Despójese de sus prejuicios antes de comenzar 104
Confíe en su intuición 104
Después del ofrecimiento 104

Capítulo 6: Inspirar a los empleados a mejorar su desempeño 107

El principio de gerencia más grande del mundo 108
    No es tan simple como parece 108
    Motivación a granel 109
¿Qué motiva a los empleados? 111
    Crear un ambiente de apoyo 111
    Es preciso tener un plan 113
Cosas que se deben premiar 114
Comience con lo positivo 115
Celebre los detalles 116
El dinero no es importante (¡en serio!) 118
    La remuneración es un derecho 118
    Incentivos que se convierten en derechos 118
    ¿Qué es lo que motiva a los empleados de hoy? 119
    La clave para motivar a sus empleados está en
    sus manos 121

Capítulo 7: Si tiene dudas, instruya 123

¿Cómo es un instructor? 124
Instrucción: la lección corta 127
Instruir: la búsqueda diaria de momentos críticos 128
    Momentos críticos que se convierten en
    éxitos resonantes 128
    Instrucción a base de momentos críticos 129
Las herramientas del instructor 130
Metáforas de instrucción para el éxito empresarial 133

Parte III: Cómo hacer que las cosas sucedan 135

Capítulo 8: Establecer metas no es difícil 137

Si no sabe para dónde va, ¿cómo sabrá que ya llegó? 138
Metas INTELIGENTES 141
La fijación de metas: cuanto menos mejor 143
Éstas son las metas (comuníquelas) 146
Malabares con las prioridades: No le quite el ojo a la bola 149
Utilice su poder: Convierta en realidad sus metas 151

Capítulo 9: Medir y controlar el desempeño individual 155

No deje de mirar la bola 156
Desarrolle un sistema para ofrecer retroalimentación
inmediata sobre el desempeño 159
    Establezca sus puntos de control: las etapas 159
    Llegada a los puntos de control: las actividades 160
    Secuencia de actividades: las relaciones 160
    Determine los tiempos: el cronograma 161

La medición y el control del desempeño en la práctica 162
Primer caso: Desempeño de talla mundial 163
Primer paso: Fijar las metas con los empleados 163
Segundo paso: Cambiar el sistema de control
del desempeño 163
Tercer paso: Revisar el plan 164
Segundo caso: Ayudar a los empleados a dar
el 100 por ciento 164
Primer paso: Crear un programa basado en
los comportamientos deseados 165
Segundo paso: Asignarles puntos a los
comportamientos deseados 165
Tercer paso: Medir y recompensar el
comportamiento de los empleados 166
Parámetros para medir el desempeño 166
Diagramas de barras 167
Diagramas de flujo 169
Programas de computador 170
Ya tiene los datos: ¿y ahora qué? 171

Capítulo 10: Evaluaciones de desempeño: No son necesariamente una pérdida de tiempo **173**

Evaluaciones del desempeño: ¿Para qué molestarse? 174
Presentamos al señor Reglamento y la señora Norma 176
El proceso de evaluación del desempeño 178
Errores comunes de los evaluadores 180
¿Por qué salen mal las evaluaciones? 182
No deje caer la bola 183
Llamada de emergencia: ¡Me aporrearon! 184
Para que no haya sorpresas, prepárese 185
Planes de carrera y discusiones
sobre salarios 185

Parte IV: Cómo trabajar con (otras) personas 189

Capítulo 11: Cómo comunicar el mensaje **191**

Comunicación: la piedra angular de la empresa 192
La vanguardia de la comunicación 193
Más ágil, flexible y competitiva 195
El fax y el correo electrónico 197
Computadores portátiles y asistentes digitales
personales 199
Correo oral y buscapersonas 200
Teléfonos celulares y números personales
como 800, 888 y 500 201

Videoconferencias y reuniones electrónicas	203
Escuchar	204
El poder de la palabra escrita	206
Las exposiciones	208
Preparar la exposición	208
Una imagen vale más que mil palabras	209
La exposición	213

Capítulo 12: Es cuestión de trabajar en equipo 215

La jerarquía cae en desuso	216
Se reduce el tamaño de las corporaciones estadounidenses	217
El movimiento hacia la cooperación	218
Facultar a los equipos	219
El valor de una fuerza laboral facultada	220
¿Y la calidad?	221
Ventajas de los equipos	222
Pequeños y ágiles	222
Innovadores y adaptables	223
Creación y respaldo de los equipos	224
Equipos formales	224
Equipos informales	225
Equipos autodirigidos	226
El mundo real	227
Los equipos y la nueva tecnología	229
Reuniones: los equipos en la práctica	231
Las reuniones eficaces pagan	231
¿Qué es lo malo de las reuniones?	232
Los siete secretos de una reunión excelente	233

Capítulo 13: Las políticas en la oficina 237

Evalúe su ambiente político	238
Formas de evaluar el entorno político de la organización	238
Identifique a los actores principales	240
Reestructure el organigrama	242
Pula su imagen	244
Sea racional	244
Sea conocedor	245
Evite las manifestaciones emocionales	246
Comunicación: ¿Qué es real y qué no es real?	247
Crea en obras, no en razones	248
Lea entre líneas	248
Haga un sondeo en busca de información	249
Las reglas tácitas de las políticas de la organización	250

Sea amable con todo el mundo	251
No hay otro interés como el propio	252
Mantenga la cordura durante las fiestas de la compañía	252
Maneje a su jefe	253
Avance de la mano de su mentor	254
Sea digno de confianza	255
Protéjase	255
Documentación de protección	255
No haga promesas que no pueda cumplir	256
Hágase notar	256

Parte V: Tiempos difíciles para gerentes recios 259

Capítulo 14: ¡Tranquilo! Aprenda a manejar el cambio y las tensiones que éste trae consigo 261

¿Por qué tanta prisa?	262
Manejo de las urgencias reales versus las crisis	263
Reconocer y manejar las crisis	264
El cambio sucede	265
Las cuatro etapas del cambio	265
¿Está usted luchando contra el cambio?	266
Cómo identificar los síntomas de tensión	269
Cómo manejar la tensión	270
Cambiar lo que se puede cambiar	271
Acepte las cosas que no puede cambiar	273
Ejercicios concretos para reducir la tensión	275
Cuando todo lo demás falla	276

Capítulo 15: La disciplina de los empleados: palabras suaves y garrote grande 279

Cómo disciplinar a los empleados	280
Concéntrese en el desempeño, no en la personalidad	282
Las dos caras de la disciplina	283
Manejo de los problemas de desempeño: la primera línea	285
Manejo de la mala conducta: la segunda línea	286
Disciplinar a los empleados: una obra en cuatro partes	288
Describa el comportamiento inaceptable	289
Explique el impacto para la unidad de trabajo	289
Especifique los cambios necesarios	290
Describa las consecuencias	290
El acto final	291

Un plan para mejorar 292
Ejecución del plan para mejorar 293

Capítulo 16: Terminación del contrato laboral 295

Terminaciones de contrato para toda ocasión 296
    Retiros voluntarios 296
    Retiros involuntarios 297
        Buenas razones para despedir a los empleados 298
        Razones por las cuales algunos gerentes evitan
          lo inevitable 300
Proceso para reducir personal 300
Advertencia: Antes de despedir a un empleado... 303
El gran día: Tres pasos para despedir a un empleado 304
¿Cuál es el momento más apropiado para comunicar
  la decisión? 307

Parte VI: Herramientas y técnicas para administrar 309

Capítulo 17: Presupuestos, contabilidad y otros asuntos de dinero 311

El mundo maravilloso de los presupuestos 312
Elaboración del presupuesto 314
Trucos para elaborar presupuestos 318
    Maniobras a plena luz 318
    Cumplir el presupuesto 319
Fundamentos de contabilidad 321
    La ecuación de contabilidad 321
        Pasivos 323
        Patrimonio de los dueños 324
    Contabilidad de doble registro 325
Los estados financieros más comunes 326
    El balance general 326
    El estado de pérdidas y ganancias 328
    El estado del flujo de caja 331
        Ingresos 331
        Gastos 331
        Ganancia o pérdida neta 331

Capítulo 18: Cómo aprovechar el poder de la tecnología 335

Computadores: donde está la acción 336
    ¿Qué hacen los gerentes con sus computadores? 337

¿En realidad los computadores hacen más eficiente
la organización?... 338
Máquina es máquina: lo que cuenta es lo que hay adentro......... 340
El hardware: esas cajas llenas de luces titilantes y
botones para oprimir 340
El software: esas cajas costosas llenas de aire y
discos plásticos baratos 341
Sistemas operacionales 342
Procesadores de texto 342
Hojas electrónicas 342
Programas para manejar información personal............ 343
Software para presentaciones 343
Bases de datos 343
Comunicaciones 344
PC versus Mac 344
¡Vivamos en red! 345
Trabajo a distancia: ¿una idea a la que le llegó
su momento? 346

Capítulo 19: Desarrollo y tutoría de los empleados 351

¿Por qué ayudar a desarrollar a los empleados?....................... 352
Cómo crear planes para promover el desarrollo profesional 355
Ayudar al desarrollo profesional de los empleados 357
Encuentre un mentor, sea un mentor... 360
El desarrollo y la reducción de personal 362

Capítulo 20: La calidad y la organización
que aprende 365

El movimiento de la calidad.. 367
Administración científica 367
Japón: el sol naciente 368
Iniciación de un programa de mejoramiento de
la calidad 372
Pensamiento sistémico 375
Obstáculos para el aprendizaje 377
Creación de una organización
que aprende 379

Parte VII: La parte de las decenas 383

Capítulo 21: Diez errores gerenciales comunes 385

No hacer la transición de subalterno a gerente 385
No delegar 386

No establecer las metas conjuntamente con los empleados	386
Falta de comunicación	386
No aprender	387
Resistirse al cambio	388
No destinar tiempo para los empleados	388
No reconocer los logros de los empleados	389
Optar por la solución rápida en lugar de la duradera	389
Tomarse las cosas demasiado en serio	390

Capítulo 22: Diez formas fabulosas y gratuitas de premiar a los empleados 391

Trabajo interesante	391
Visibilidad	392
Tiempo libre	392
Información	392
Retroalimentación sobre el desempeño	393
Participación	393
Independencia	393
Celebraciones	394
Flexibilidad	394
Mayor responsabilidad	394

Prólogo

Debo reconocer que cuando me enteré de la existencia de *Gerencia para dummies,* sentí algo de recelo. Después de todo, la mayoría de los gerentes a quienes conozco no tienen ni un pelo de *dummies*. En realidad, tienden a ser personas muy preparadas, trabajadoras e inteligentes, y están muy lejos de encajar en la descripción de un tonto.

Entonces tuve la ocasión de ver el contenido del libro, y mi recelo se transformó rápidamente en entusiasmo. Era el ejercicio de la gerencia reducido a sus ingredientes esenciales y presentado de una manera dinámica, divertida y práctica. Era la mejor manifestación del "todo en uno": una guía paso a paso de lo que se necesita, en el momento en que se necesita. Y pensé: "¡Al fin un libro de gerencia que no lo hace sentir a uno como un imbécil!"

Quizás no debí sorprenderme tanto. Después de todo, he trabajado estrechamente con Bob Nelson durante más de diez años y he conocido de primera mano su capacidad para formar equipos y obtener resultados. Su facilidad para escribir sobre el tema de la gerencia de manera clara y práctica siempre ha sido evidente — desde su éxito de librería sobre el reconocimiento de los empleados, *1001 formas de recompesar a los empleados* (Editorial Norma, 1996), hasta su trabajo como uno de mis coautores en un texto publicado recientemente, *Explorando el mundo de los negocios*. Bob tiene una mezcla rara para un escritor: es a la vez observador astuto de la gerencia y diestro ejecutivo. El lector encontrará el fruto de su trabajo conjunto con Peter Economy, que es a la vez profundo y enormemente práctico. Los dos han digerido las prácticas, las actividades y las habilidades de la gerencia para presentarlas en un formato claro de lo que hay que saber en el momento preciso, el cual funciona y es además un proceso divertido.

Si la claridad es virtud, entonces Bob y Peter debieran ser santos patronos. Han demostrado este hecho, y al mismo tiempo han develado el misterio que rodea a la gerencia. Y lo han hecho en el momento preciso, considerando la complejidad del ambiente global de los negocios y el cambio acelerado que nos rodea en la actualidad.

¡Gracias por este regalo para los gerentes del mundo! Éste es un libro que obsequiaré con gusto a los gerentes a quienes más deseo ver triunfar.

—Ken Blanchard, coautor de *El gerente de un minuto*
y autor de *Administración por valores.*

Introducción

●●●

¡F**elicitaciones!** Gracias a su astucia para escoger material de lectura, usted está a punto de conocer un enfoque completamente nuevo sobre la gerencia. Si ya ha leído otros libros sobre el tema, seguramente habrá notado que la mayoría de ellos fallan en dos aspectos: 1) Son unos ladrillos buenos sólo como pisapapeles, o 2) son retahílas recicladas adornadas con una capa de azúcar de charlatanería psicológica, la cual se ve maravillosamente en el papel pero falla lastimosamente en el mundo real.

Gerencia para dummies es diferente. Ante todo, este libro es *divertido*. Nuestro enfoque refleja una creencia firme basada en la experiencia de que es posible hacer el trabajo y al mismo tiempo divertirse. Incluso le ayudamos a conservar su sentido del humor ante desafíos aparentemente insuperables como los que suelen enfrentar ocasionalmente todos los gerentes. Habrá días en que *debe* enfrentar desafíos superiores a sus límites. Sin embargo, habrá muchos más días en que las alegrías de su administración (enseñarle una nueva habilidad a un empleado, ayudar a conseguir un nuevo cliente, culminar un trabajo importante, etc.) le producirán una sensación de realización nunca antes imaginada.

En segundo lugar, los libros más populares sobre negocios parecen ser muy efímeros. Gústenos o no, muchos gerentes (y las compañías en que trabajan) parecen regirse por la moda empresarial del momento. En Gerencia *para dummies* resistimos la tendencia concentrándonos en las soluciones reales y comprobadas que han perdurado en el tiempo y pueden utilizarse en momentos turbulentos. Aquí no encontrará palabrería — sólo soluciones prácticas para los problemas de todos los días.

Gerencia para dummies quebranta todas las normas. Proporciona una visión amplia de los principios de la gerencia eficaz, presentada en un formato divertido e interesante. No lo hará dormir y tampoco le dañará los dientes con frases azucaradas. Sabemos por experiencia personal que administrar puede ser una labor sobrecogedora. Los gerentes noveles, especialmente los que han sido ascendidos por sus conocimientos técnicos, muchas veces no saben qué hacer. No se preocupe. Tranquilo. La ayuda está al alcance de su mano.

¿Por qué necesita usted este libro?

¿Por qué *Gerencia para dummies?* Contestamos esa pregunta diciendo que todos los gerentes (y los que ya son gerentes saben que decimos la verdad) de vez en cuando se sienten como verdaderos *dummies.*

En el caso de Bob, fue la vez que debía hacer una exposición importante delante de un grupo de ejecutivos internacionales y uno de ellos le hizo notar que tenía abierta la cremallera del pantalón. Aunque Bob logró puntos adicionales por conseguir la atención de su público con esa nueva moda, podía haberlo hecho en una forma más convencional.

En el caso de Peter, fue cuando reconvino a una empleada por llegar tarde al trabajo y posteriormente se enteró de que el motivo de la demora había sido una parada en la pastelería para comprar un pastel a fin de celebrar el día del jefe. Sobra decir que la celebración no fue *tan* alegre como podría haber sido.

Aceptémoslo: sea que se encuentren estrenando puesto o que enfrenten una tarea nueva en un puesto viejo, todos los gerentes se sienten abrumados de vez en cuando. El secreto para manejar esa sensación es descubrir qué sabe uno hacer mejor (o de manera diferente) para obtener los resultados que desea, y cuando cometa un error, saber cómo levantarse, reír y aprender de su caída. Escribimos este libro con el propósito de facilitar el aprendizaje para que usted no tenga que aprender a golpes.

Cómo usar este libro

A pesar de la semejanza absurda de este libro con uno de los ladrillos amarillos del camino que Dorothy recorrió para llegar a Oz, no debe utilizarlo como tope para las puertas o como pisapapeles. Puede usar este libro de una de dos maneras:

✔ Si desea aprender sobre un tema específico, como delegar responsabilidades o contratar personal, puede ir directamente a esa sección para obtener respuestas rápidamente. Tendrá la solución más rápidamente que diciendo: "¿Dónde está ese informe que le pedí para la semana pasada?"

✔ Si desea un curso acelerado de gerencia, lea este libro de pasta a pasta. Olvídese de matricularse para una maestría en administración de empresas — ahórrese ese dinero para un viaje a las Bahamas. Todo está aquí. En serio.

Gerencia para dummies es perfecto para los gerentes de todos los niveles. Los nuevos gerentes y las personas que aspiran a ese cargo encontrarán aquí todo lo que necesitan saber para tener éxito. Los gerentes veteranos se verán desafiados a cambiar de perspectiva y a mirar con nuevos ojos las filosofías y las técnicas de administración que han venido utilizando. A pesar del dicho de que loro viejo no aprende a hablar, nunca es demasiado tarde para hacer cambios que faciliten su trabajo — y el de sus empleados — y lo hagan más divertido y mucho más eficaz.

Cómo está organizado

Este libro está dividido en siete partes. Los capítulos de cada una de las partes tratan en detalle temas específicos. Usted podrá leer cada capítulo sin necesidad de leer los anteriores o los posteriores. O podrá leer el libro de atrás para adelante. O limitarse a llevarlo a todas partes para impresionar a los amigos.

Cada una de las partes abarca un área importante de la práctica gerencial. A continuación encontrará un resumen de lo que contiene cada parte.

Parte I: Entonces, ¿usted desea ser gerente?

Los gerentes de éxito dominan varias habilidades básicas. Esta parte comienza con una descripción de lo que es un gerente y lo que hace, para después concentrarse en las destrezas gerenciales básicas: organización, delegación y liderazgo.

Parte II: Gerencia: un asunto humano

La esencia de la gerencia se reduce a hacer las cosas a través de los demás. Este proceso comienza con la contratación de trabajadores de talento y se extiende hasta la motivación y la orientación de esos trabajadores a fin de alcanzar y superar las expectativas.

Parte III: Cómo hacer que las cosas sucedan

Hacer que las cosas sucedan es otro aspecto importante de la gerencia, y comienza con saber hacia dónde va uno y cómo comunicar a los demás que ya llegó. En esta parte tratamos los temas del establecimiento de metas, la medición y el control del desempeño de los empleados y la realización de evaluaciones de desempeño.

Parte IV: Cómo trabajar con (otras) personas

Los gerentes de éxito han aprendido que es importante tender puentes para llegar a otros trabajadores y gerentes — tanto adentro como afuera de la organización. Esta parte abarca los aspectos de comunicación, exposiciones, creación de equipos de alto desempeño y manejo de las políticas de la oficina.

Parte V: Tiempos difíciles para gerentes recios

Como cualquier gerente puede atestiguar, administrar no siempre es cuestión de juego y diversión. En realidad, administrar puede llegar a ser completamente difícil en algunas ocasiones. En esta parte nos referimos a algunas de las tareas más difíciles de un gerente: manejar el cambio y el estrés, disciplinar a los empleados, y despedirlos.

Parte VI: Herramientas y técnicas para administrar

Para ser gerente es necesario aprender y aplicar ciertas herramientas y habilidades técnicas. Esta parte trata de las pautas de contabilidad y elaboración de presupuesto y de la manera de trabajar con las tecnologías modernas.

Los gerentes más exitosos saben que quedarse quieto en los negocios es lo mismo que quedarse rezagado. Los buenos gerentes *siempre* miran hacia el futuro y formulan sus planes en conformidad. Esta parte también trata del desarrollo y la capacitación de los empleados y de la creación de un ambiente de aprendizaje constante en el trabajo.

Parte VII: La parte de las decenas

Por último, hemos incluido la parte de las decenas: una colección de capítulos de consulta rápida que le proporcionan información que todo gerente debe conocer. Consulte esos capítulos cuando necesite refrescar rápidamente las estrategias y las técnicas de administración.

Íconos utilizados en este libro

A manera de guía y para señalar la información que realmente necesita conocer, hemos colocado los íconos siguientes en el margen izquierdo de las páginas del libro:

Esta figura indica las sugerencias y los trucos que facilitan el trabajo gerencial.

Si usted no acata los consejos que aparecen al frente de esta figura, la situación podría estallarle en la cara. ¡Cuidado!

Recuerde estos puntos importantes de información y será un gerente mucho más eficiente.

Esta figura hace referencia a proverbios sabios y otros tesoros de sabiduría que podrá recoger en su camino hacia su perfeccionamiento como gerente.

Tenga siempre presentes estas reglas generales de la gerencia.

6 Gerencia para dummies

Este ícono marca los recuadros (con trama gris) que le presentan un examen corto sobre los temas de cada capítulo. Si lee todo el capítulo y desea verificar si ha comprendido los puntos principales, remítase a esa sección.

Sabemos que no todos los gerentes son buenos técnicos — y muchos de ustedes quizás no estén interesados en serlo. Pero como la tecnología está revolucionando el mundo de los negocios, usted podría necesitar conocer estas cosas.

Estas anécdotas de Bob y Peter y otros gerentes de la vida real le mostrarán la manera correcta — y a veces incorrecta — de desempeñarse como gerente.

¿Y ahora qué?

Si usted es gerente novato o aspira a convertirse en gerente, quizás deba comenzar por el principio para llegar hasta el final (¿no le parece un concepto muy novedoso?). Sencillamente vuelva la hoja y comience a dirigirse al mundo de la gerencia.

Si ya es gerente y no tiene mucho tiempo (¿y cuál gerente no vive falto de tiempo?) quizás desee consultar un tema particular o resolver una necesidad o pregunta específica. En el contenido encontrará una descripción de los temas de cada capítulo del libro.

¡Disfrute su viaje!

Parte I
Entonces, ¿usted desea ser gerente?

La 5ª ola   por Rich Tennant

"SU ÚNICO DEFECTO COMO GERENTE ERA SU INCAPACIDAD PARA DELEGAR".

En esta parte ...

Para poder convertirse en un buen gerente, usted debe dominar ciertas habilidades básicas. En esta parte abarcamos algunas de las habilidades más importantes de un gerente, entre ellas la de organizarse, delegar tareas en los empleados y convertirse en líder.

Capítulo 1
Ya es gerente — ¿y ahora qué?

Este capítulo le permitirá:
- Averiguar de qué diablos se trata la gerencia.
- Pasar de ser el que hace las cosas al que dirige a otros para que las hagan en este nuevo entorno empresarial global.
- Comprender la fuerza laboral cambiante.
- Definir las funciones claves de la gerencia.
- Dar los primeros pasos para convertirse en gerente.

*¡F*elicitaciones! Puesto que está leyendo este libro, quizás no nos equivoquemos al suponer que usted es 1) gerente, 2) un proyecto de gerente o 3) un ser atraído compulsivamente por los libros de pasta amarilla con negro. Desde luego, si lo único que lo mueve es la curiosidad y desea conocer los detalles íntimos de las técnicas gerenciales que pueden ayudarle a obtener lo mejor de la gente ahora y en el siglo XXI, ¡bienvenido sea!

La gerencia es sin duda una vocación — una vocación que los autores en su calidad de gerentes se sienten orgullosos de haber seguido. *Somos esos pocos. Los orgullosos. Los gerentes.* En el mundo de los negocios, no hay otro cargo que pueda ejercer un efecto tan directo, espectacular y positivo en la vida de los demás y en el éxito de la empresa. (Salvo quizás el hombre encargado de arreglar la fotocopiadora.)

Los distintos estilos gerenciales

Hay una definición que dice que la gerencia consiste en *lograr que se hagan las cosas por medio de los demás.* Otra definición define más específicamente la gerencia como *hacer que algo planeado suceda en un área específica por medio de los recursos disponibles.* Suena bastante sencillo. Pero si es tan sencillo, ¿por qué tantas personas inteligentes e industriosas tienen dificultades para hacer un buen papel como gerentes? ¿Y por qué tantas compañías de hoy parecen tener el programa de capacitación de moda este mes? ¿Cuántas veces ha conocido usted algún concepto novedoso de gerencia — garantizado para lograr un giro radical en la empresa en un instante — sólo para verlo disolverse al cabo de unos pocos meses, si no antes? Por supuesto, apenas desaparece una moda gerencial hay otra esperando para reemplazarla.

¿Qué? ¿Usted no captó el concepto de los círculos de calidad? No se preocupe — concluimos que en realidad no sirve. Ahora, preste mucha atención a este vídeo sobre "La ciencia del caos" — es la última moda. El jefe leyó un artículo al respecto en The Wall Street Journal *y desea que la pongamos en práctica en todas nuestra operaciones en América del Norte ahora mismo.*

Infortunadamente, una buena gerencia es un bien escaso, a la vez precioso y efímero. A pesar de años de evolución de la teoría de la gerencia y los vaivenes de un sinnúmero de modas, muchos trabajadores — y también gerentes — han desarrollado una noción distorsionada de la gerencia y de su práctica, con gerentes que muchas veces no saben qué hacer. Como dice el dicho: "Si hay niebla en el púlpito, habrá niebla en los bancos".

¿Alguna vez ha oído una de las siguientes afirmaciones en su oficina o lugar de trabajo?

- ✔ No tenemos autoridad para tomar esa decisión.
- ✔ Ella está a cargo del departamento — es responsabilidad de ella resolver el problema, no de nosotros.
- ✔ ¿Por qué consultan una y otra vez nuestra opinión si jamás aplican nada de lo que decimos?
- ✔ Lo siento, pero ésa es nuestra política. No podemos hacer excepciones.
- ✔ Si a mi jefe no le importa, a mí tampoco.
- ✔ Aquí no llega uno más lejos esforzándose más.
- ✔ No se puede confiar en los empleados; lo único que ellos quieren es aprovecharse.

Si oye estas afirmaciones en el corredor o en el baño, después de otra reunión aburridora, o al final de una larga jornada, más vale que comience a ver luces rojas de alarma por todas partes y ruido de sirenas en sus oídos. Esta clase de afirmaciones reflejan falta de comunicación entre los directivos y los empleados y significan que éstos no confían en aquéllos. Si tiene suerte, la gente le comunicará esta clase de problemas mientras usted todavía tenga ocasión de hacer algo al respecto. Pero si no tiene tanta suerte, nadie se molestará en hacérselo saber, y quedará condenado a cometer los mismos errores una y otra vez.

Las expectativas y los compromisos que los empleados llevan consigo en su trabajo son en gran medida producto de la forma en que los directivos los tratan. A continuación encontrará los estilos gerenciales adoptados con mayor frecuencia. ¿Reconoce en alguno el suyo?

El gerente de mano dura

¿Cuál es la mejor manera de lograr que algo planeado suceda? Al parecer todo el mundo tiene una respuesta distinta para esta pregunta. Hay quienes ven en la gerencia algo que se le hace *a* la gente — no algo que se hace *con* ella. Probablemente usted ha oído el grito de batalla de este tipo de gerente: "No me importa que les guste o que no les guste — así es como lo vamos a hacer. ¿Entendido?" O tal vez esta amenaza trillada: "Más vale que esté en mi escritorio antes de que termine el día — ¡o si no...!" En el peor de los casos, un gerente puede sacar a relucir su arma secreta: "¡Si usted vuelve a meter la pata, lo trasladaré a Siberia!"

Este tipo de gestión se conoce como *gerencia de la Teoría X,* según la cual las personas son perezosas por naturaleza y hay que empujarlas para que trabajen. Una gestión por el temor y la intimidación es garantía de que el personal responderá. La pregunta es si la respuesta obtenida es la que se busca realmente. (**Pista:** La respuesta empieza por *N.*) Cuando el gerente controla estrechamente el trabajo de sus empleados, obtiene cumplimiento a corto plazo. En otras palabras, jamás podrá obtener lo mejor de los demás encendiendo un cohete debajo de ellos — tendrá que buscar la manera de encender en ellos un fuego interno.

A veces los gerentes *deben* hacerse cargo de la situación. Por ejemplo, si el edificio se está incendiando, no podrá convocar una reunión para decidir quién ha de apagarlo. Cuando todos dispongan de tiempo para asistir, el edificio no será más que un cascarón quemado. Asimismo, si una propuesta debe salir por FedEx dentro de una hora y su cliente acaba de enviar unos cambios importantes, usted debe hacerse cargo de la situación para cerciorarse de tener a los mejores trabajando en la tarea — es decir, si en realidad desea conservar a su cliente.

El gerente bonachón

En el otro extremo del espectro, algunas personas ven la gerencia como un asunto de bonachonería. Según la *Teoría Y de la gerencia,* las personas por naturaleza desean hacer un buen trabajo. Interpretando de manera extrema esta teoría, se supone que los gerentes deben ser sensibles a los *sentimientos* de sus empleados y tener cuidado de no hacer nada que pueda perturbar su tranquilidad y su noción de valía. *Teresa, hay un pequeño problema con su informe; ninguna de las cifras es correcta. Ahora, espero que no tome esto como algo personal, pero debemos considerar nuestras alternativas para revisar con más cuidado estas cifras en el futuro.* Es probable que los gerentes obtengan una respuesta con ese enfoque (¡o pueden optar por hacer el trabajo ellos mismos!), pero ¿acaso será la *mejor* respuesta posible? Lo más seguro es que se aprovechen de ellos.

El arreglo ideal

Los buenos gerentes reconocen que no tienen que jugar a ser duros todo el tiempo, y que los blandos generalmente se acaban primero. Si sus empleados realizan diligentemente las tareas asignadas y no hay emergencia que exija su intervención inmediata, tranquilícese y déjelos trabajar. Así no solamente aprenden a ser responsables sino que usted puede concentrar sus esfuerzos en las cosas más importantes para el éxito financiero de la organización.

El *verdadero* oficio de un gerente es inspirar a los empleados para que den lo mejor de sí mismos y crear un ambiente de trabajo propicio para ello. Los mejores gerentes hacen todo lo posible por eliminar los obstáculos de la organización que les impiden a los empleados hacer su trabajo, y por obtener los recursos y la capacitación que necesitan éstos últimos para realizar su trabajo eficazmente. Todas las demás metas — independientemente de cuán elevadas o apremiantes sean — deben relegarse a un segundo lugar.

Los sistemas y los procedimientos malos, las políticas inadecuadas y tratar mal a los demás son debilidades de la organización que los gerentes deben ser lo suficientemente inteligentes como para reconocer, corregir o eliminar. Construya unos buenos cimientos organizacionales para sus empleados. Si los apoya, ellos lo apoyarán a usted. Los empleados de toda clase de empresas — desde fábricas hasta firmas de capital de riesgo compartido — han demostrado una y otra vez que esta regla es cierta cuando se les da la oportunidad de sobresalir. Si usted no ha visto esto en su lugar de trabajo, quizás esté confundiendo a los empleados con los problemas. Deje de exprimirlos a *ellos* y comience a exprimir a la organización. El resultado será unos empleados que desean tener éxito y una empresa que florece junto con ellos. ¡Quién sabe, quizá sus empleados dejen de esconderse cuando lo vean venir a usted!

Es probable que exprimir a los empleados sea más fácil que luchar contra los sistemas enredados y cortar las cadenas burocráticas que han invadido la organización. Quizás usted sienta la tentación de gritar: "¡El departamento no logra las metas fijadas por culpa suya!" Sí, culpar de los problemas de la organización a los empleados puede ser muy tentador, pero con eso no va a resolver los problemas. Desde luego, presionando a los empleados le podrían dar una respuesta corta y efímera, pero, fundamentalmente, no hará nada por resolver los problemas *reales* de la organización.

Los arreglos rápidos no perduran

A pesar de lo que muchos quisieran hacerle creer, la gerencia no se inclina a las soluciones simples ni a los arreglos rápidos. Ser gerente *no* es fácil. Sí, las mejores soluciones de gerencia suelen ser de sentido común; sin embargo, es difícil traducir el sentido común en *práctica* común.

La gerencia es una actitud, una forma de vida. Es un deseo muy real de querer trabajar con la gente y ayudarle a tener éxito, y también un deseo de ayudarle a la organización a triunfar. La gerencia es un proceso de aprendizaje que dura toda la vida, y no termina al salir de un seminario de una hora o al terminar de ver un vídeo de 25 minutos. Es como esa historia del feliz propietario de una casa que quedó atónito al recibir una cuenta de US$100 por el arreglo de un escape de agua. Cuando le preguntó al plomero la razón de semejante precio, éste respondió: "Por apretar la tuerca le estoy cobrando US$5, pero por saber cuál tuerca apretar le estoy cobrando US$95".

La gerencia es un trabajo relacionado con la *gente*. Si usted no se siente inclinado a trabajar con la gente — a ayudarle, escucharla, impulsarla y guiarla — no debiera ser gerente.

Como la gerencia constituye semejante reto, los cursos de capacitación para gerentes suelen concentrarse en crear gratificación instantánea entre los participantes, muchos de los cuales han gastado cientos — a veces miles — de dólares para asistir. "¡Démosles tanta información para utilizar de manera que sea culpa de ellos si no la utilizan!"

Una vez, Peter asistió a una de esas reuniones emotivas organizadas fuera de la oficina con objeto de desarrollar el trabajo en equipo y la comunicación entre los miembros del grupo. Imagine esta situación: Después del almuerzo, había en una mesa lateral una bandeja grande llena de verduras, panes y frutas sobrantes. El facilitador de la reunión se puso de pie, miró al grupo y dijo: "Para la siguiente actividad, deberán dividirse en cuatro grupos y construir un modelo del gerente perfecto, utilizando solamente los objetos que hay en la bandeja de sobrantes". Una voz colectiva de descontento invadió el salón. "No quiero oír quejas", dijo el instructor. "Sólo deseo ver personas alegres haciendo cosas placenteras durante la siguiente media hora".

Los grupos se aplicaron a su tarea de construir el gerente perfecto. Pese a que algunos gerentes apenas lograban controlar la tentación de librar una batalla campal de comida, las figuritas comenzaron a cobrar forma. Un banano aquí, una zanahoria allá .... ¡y listo! Tras una corta competición por el dominio, los ganadores fueron coronados. ¿El resultado? Pensamos que usted nunca lo preguntaría. Vea la figura 1-1.

Figura 1-1: Modelo del gerente perfecto.

Debemos reconocer que el resultado fue bastante simpático (y algo sabroso, también), pero ¿realmente sirvió para cambiar la manera como esos gerentes trataron a sus empleados al regresar a la oficina al día siguiente? No lo creemos. Una buena interrupción de la rutina diaria, sí. Un elemento de enseñanza de peso e impacto duradero, no.

El desafío de la gerencia

Cuando a usted le asignan una labor en un cargo que no es de gerencia, es bastante simple y fácil de realizar. Los resultados inmediatos están en relación directa con el esfuerzo. Para realizar la tarea, usted primero la estudia, después decide la mejor manera de realizarla, y finalmente establece un programa de trabajo y objetivos intermedios para terminarla con éxito. Suponiendo que tiene acceso a las herramientas y los recursos necesarios para realizar su labor, probablemente la pueda terminar por su cuenta con facilidad y rapidez. Usted es un experto *realizador:* una persona inteligente que hace lo que se le pide.

Pero si usted ocupa un cargo de gerente, probablemente fue escogido porque demostró que es muy diestro en las áreas que ahora tiene la responsabilidad de dirigir. Por ejemplo, John, un amigo de Peter, formaba parte de un grupo de programadores de software encargado de desarrollar una aplicación para un computador pequeño, de los que caben en la palma de la mano. Mientras formó parte del equipo, todo marchó a la perfección. Se presentaba a trabajar vistiendo camiseta y jeans — como el resto de sus compañeros — y muchas veces departía con los demás programadores después del trabajo. Sin embargo, el lazo de unión del grupo cambió cuando John fue escogido para dirigirlo.

En su nuevo papel de gerente, lo primero que hizo John fue cambiar de oficina. En lugar de compartir un espacio abierto con los demás programadores, se trasladó a una oficina propia. Se le asignó una secretaria para que vigilara la puerta. Claro, tuvo que prescindir de la camiseta y los jeans, los cuales reemplazó por terno y corbata. En lugar de divertirse programando, ahora tenía la mente ocupada con asuntos más serios como no exceder los costos, evitar las demoras en el cronograma y garantizar un rendimiento sobre la inversión. Con el cambio de función, vino un cambio personal. Para lograr sus metas, John tuvo que dejar de ser realizador para convertirse en gerente de realizadores.

Cuando usted desea realizar una actividad por medio de otra persona, debe emplear una serie de habilidades completamente diferentes de las que necesita para realizar directamente la tarea. Súbitamente, por esta simple decisión de transferir a otra persona la responsabilidad de cumplir una tarea, se introduce un elemento *interpersonal* en la ecuación. *¡Ay, no! ¿En realidad me está diciendo que debo trabajar con la gente?* Tener la capacidad técnica para hacer el trabajo no basta — por muy buenas que sean sus habilidades técnicas. Ahora debe saber planear y tener buenas habilidades organizacionales, de liderazgo y de seguimiento.

En otras palabras, además de ser buen realizador, deberá ser buen *gerente* de realizadores.

Las reglas de antaño ya no sirven

Como si este desafío no fuera suficiente, los gerentes de hoy enfrentan otro — un desafío que ha estremecido los cimientos mismos de la empresa moderna. La nueva realidad es la sociedad de gerentes y trabajadores.

El viejo modelo empresarial consta de gerentes y trabajadores, y punto. Esto hace que la gerencia sea una proposición bastante clara. Según este modelo, la labor del gerente consiste en dividir el trabajo de la compañía en actividades diferenciadas, asignarles el trabajo a los individuos y después controlar de cerca el desempeño y orientar a los trabajadores para que hagan la tarea asignada a tiempo y sin sobrepasar el presupuesto. La vieja realidad de la gerencia se basa en el temor, la intimidación y el poder ejercido sobre la gente para lograr el cumplimiento de las metas. Si las cosas no marchan conforme al plan, entonces la gerencia impone la solución del problema: "No me importa lo que tengan que hacer para cumplir — sólo háganlo, ¡ahora mismo!" La línea entre gerentes y trabajadores es muy clara y se traza con frecuencia.

¡Cuidado! ¡Explosión tecnológica a la vista!

En el nuevo mundo de la informática, la vieja manera de hacer negocios comienza a tambalear. Con el advenimiento de las redes de computadores, el correo electrónico y el correo oral, los muros que separan a las personas, los departamentos y las unidades organizacionales se están derrumbando. Según Frederick Kovac, vicepresidente de planeación de Goodyear Tire and Rubber Company: "Antes, cuando uno necesitaba información, debía subir, recorrer toda la organización y bajar. Ahora es solamente cuestión de conectarse. Todo el mundo puede saber tanto sobre la organización como el presidente de la junta directiva".

(Fuente: *Fortune*, diciembre 13 de 1993)

El nuevo entorno empresarial

Lo que sucede en la organización es el reflejo de lo que ocurre afuera de ella. Los factores enumerados a continuación están creando un cambio rápido y constante en el nuevo ambiente de la empresa de hoy:

- ✔ El surgimiento de la competencia global.
- ✔ La nueva tecnología y la innovación.
- ✔ El aplanamiento de las jerarquías organizacionales.
- ✔ Los fenómenos generalizados de reducción de tamaño, reingeniería y despidos.
- ✔ El surgimiento de las empresas pequeñas.
- ✔ Los valores cambiantes de los trabajadores actuales.
- ✔ Las exigencias cada vez más numerosas de un servicio al cliente todavía mejor.

Claro que los gerentes todavía deben repartir y asignar el trabajo, pero los trabajadores están asumiendo mayor responsabilidad ellos mismos. Y lo que es más importante, los gerentes están aprendiendo que no pueden obtener lo mejor de un empleado por medio de *órdenes* sino que deben crear un ambiente en el cual los empleados *deseen* dar lo mejor de sí mismos. En pocas palabras, la nueva realidad es una sociedad de gerentes y trabajadores en el sitio de trabajo.

El panorama de la empresa estadounidense ha cambiado drásticamente durante los últimos veinte años. Si usted no cambia con él, quedará muy a la zaga de sus competidores. Quizá piense que le bastará con tratar a sus empleados como "activos humanos" o como niños, pero no será así. No será así porque sus competidores están aprendiendo a liberar el poder oculto de sus empleados. Ya no se limitan a hablar de ello; lo *están haciendo*. Veamos lo que dicen estos líderes empresariales:

- ✔ Cuando le preguntaron cómo logró Chrysler aumentar sus ganancias en un 246 por ciento hasta llegar a US$3 700 millones, el presidente Robert Eaton contestó: "Si pudiera decirlo en una sola palabra, sería facultar. Cuando se toman las decisiones, las toma alguien de los estratos inferiores de la organización que sabe mucho más acerca de la cuestión que yo" *(Fortune,* 20 de marzo de 1995).
- ✔ El vicepresidente de Federal Express Dave Rebholz le atribuye el éxito de su compañía al interés en su gente. "A todos y a cada uno de los empleados de Federal Express se les brinda la oportunidad de ser lo que sueñan ser. Federal Express hace lo imposible para

cerciorarse de que la gente comprenda eso" (*Marketing News,* 19 de agosto de 1991).

✔ Darryl Hartley Leonard, presidente de Hyatt Hotels Corporation, lo expresa en términos más simples: "Facultar es reconocer que los empleados no son tan tontos como los empleadores creían" (*The Wall Street Journal,* 5 de marzo de 1993).

Es un nuevo ejército

Hace poco, Bob hizo una exposición ante un grupo de gerentes del norte de California. Al terminar, les cedió la palabra a los asistentes. Una mano se alzó. "Con todos los despidos y las reducciones de tamaño que hemos tenido que soportar, la gente tiene la suerte de conseguir escasamente un cheque de pago por sus servicios. ¿Por qué molestarnos en facultar y premiar a los empleados?" Bob no alcanzó a responder; otro gerente se le adelantó: "Porque es un nuevo ejército".

Esa respuesta lo resume todo. En la empresa, los tiempos están cambiando. Ahora que los empleados han probado el dulce néctar del poder, no hay manera de dar marcha atrás. Las compañías que se obstinen en continuar como antes — con el modelo jerárquico, altamente centralizado — perderán empleados y clientes frente a las compañías que institucionalicen la nueva manera de hacer las cosas y la conviertan en parte integral de la cultura corporativa. Los mejores empleados abandonarán en tropel las compañías del modelo viejo en busca de empleadores que los traten con respeto y estén dispuestos a otorgarles mayor autonomía y responsabilidad.

Eso lo deja a *usted* con los empleados que no quieren correr riesgos o perturbar el equilibrio. Usted se quedará con los hombres y las mujeres que a todo responden afirmativamente. Nadie cuestionará sus ideas porque les dará temor. Nadie sugerirá formas mejores o más eficaces de trabajar porque sabrán que a usted no le interesará, y no escuchará. Sus empleados no se molestarán en hacer un esfuerzo para ayudar a un cliente porque usted no confía en que puedan tomar las decisiones más fundamentales — las que pueden hacer la diferencia entre la satisfacción o la insatisfacción de sus preciados clientes.

Imagine la diferencia que hay entre un empleado que le dice a su cliente más importante: "Lo lamento, tengo las manos atadas. No se me permite hacer excepciones a las políticas", y el empleado que le dice a ese mismo cliente: "Por supuesto, haré todo lo posible por que ese pedido esté listo en la fecha acordada". ¿Con quién cree usted que prefieren hacer negocios sus clientes? ¿Con quién preferiría hacer negocios usted?

Capítulo 1: Ya es gerente — ¿y ahora qué?

RECUERDE

Los gerentes solían *arrendar* comportamiento. Se decía que algunos trabajadores eran "manos a sueldo". Hoy, contratar manos no es suficiente. Usted debe encontrar la manera de capturar las almas para que traigan consigo al trabajo el mejor esfuerzo.

Confianza no es una palabra de nueve letras

Tom Peters, experto en gerencia, ha construido toda una industria sobre la simple actividad de contar una y otra vez historias notables de servicio al cliente. Sus historias sobre servicio excepcional a los clientes son legendarias. Nordstrom, Union Pacific Railroad, 3M y muchas otras compañías han figurado en los libros de Peter. Cada historia de éxito revela ciertas características comunes.

PERLA DE SABIDURÍA

Las compañías que prestan servicio excepcional a los clientes liberan a sus empleados de las restricciones de una jerarquía demasiado opresiva y les permite atender a sus clientes en forma directa y eficiente. Por ejemplo, mientras muchas compañías consumen bosques enteros de papel en manuales para los empleados, Nordstrom, Inc., dedica exactamente un página a ese propósito. En la figura 1-2 aparece lo que dice esa única página.

Figura 1-2:
El manual de Nordstrom para los empleados demuestra una confianza enorme en ellos.

> Nos alegra tenerlo entre nosotros. Nuestra meta más importante es prestarles un servicio sobresaliente a nuestros clientes.
>
> Establezca unas metas altas, tanto personales como profesionales.
>
> **Reglas de Nordstrom:**
>
> **Primera regla:** Utilice su sano criterio en todas las situaciones.
>
> **No habrá más reglas.** Por favor siéntase en libertad de hacerles cualquier pregunta a su gerente de departamento, al gerente de almacén o al gerente general de división, en cualquier momento.

(Fuente: *Business and Society Review*, núm. 85, primavera de 1993)

Quizás usted crea que una compañía pequeña de cinco o diez empleados pueda salirse con la suya con una política así, pero no una compañía grande como la suya. Sin embargo, Nordstrom no se puede considerar una empresa pequeña de ninguna manera — a menos que crea que es pequeña una compañía con cerca de 35 000 empleados y US$3 900 millones en ventas el año pasado.

¿Cómo puede la gerencia de una empresa grande como Nordstrom conseguir lo que desea con esa política? Lo hacen por medio de la confianza.

Primero, contratan gente buena. Después le dan la capacitación y las herramientas para hacer bien su trabajo. Finalmente le dejan el camino libre para que pueda trabajar. Nordstrom sabe que puede confiar en que sus empleados tomen decisiones acertadas porque sabe que ha contratado a las personas indicadas para el trabajo y las ha entrenado bien.

No estamos diciendo que Nordstrom no tenga problemas — todas las compañías los tienen. Pero ha tomado la iniciativa de crear el ambiente que más necesitan y desean los empleados.

¿Puede usted decir lo mismo de su organización?

Cuando usted confía en sus empleados, ellos responden siendo dignos de confianza. Cuando usted les reconoce su independencia e interés por los clientes, ellos *continúan* siendo independientes e interesándose por los clientes. Y cuando usted les da libertad para tomar sus propias decisiones, *realmente* las toman. Con un poco de capacitación y mucho apoyo, esas decisiones que toman son por el bien de la compañía porque las toman las personas indicadas en el nivel apropiado de la organización.

Las nuevas funciones de la gerencia

¿Recuerda usted las cuatro funciones "clásicas" de la gerencia — planear, organizar, liderar y controlar — que le enseñaron en la universidad? Esas funciones constituyen la plataforma sobre la cual trabajan todos los gerentes. Aunque esas funciones básicas están bien para abarcar la mayoría de los deberes cotidianos de un gerente, no reflejan la nueva realidad de la empresa ni la nueva sociedad de gerentes y trabajadores. Lo que se necesita es un nuevo conjunto de funciones que amplifiquen las cuatro funciones clásicas de la gerencia. Usted tiene suerte. En las próximas secciones describimos las funciones del nuevo gerente en el nuevo entorno de trabajo de los años 90, y más allá.

Motivar

Los gerentes de hoy son maestros en *hacer que las cosas sucedan* — comenzando por ellos mismos. *Si ha de hacerse, deberá comenzar conmigo.* Piense en los mejores gerentes que conozca. ¿Cuál es esa cualidad que los diferencia del resto? ¿Se trata de sus habilidades organizacionales, su equidad o su capacidad técnica? Quizás sea su habilidad para delegar o las largas horas que ellos trabajan.

Aunque todos estos rasgos son importantes para el éxito de un gerente, todavía no hemos nombrado la cualidad única que hace al gerente excepcional. Esa función crucial de la gerencia es motivar e inspirar a la gente.

Usted puede ser el mejor analista del mundo, el ejecutivo más organizado del planeta, o el más justo entre los justos, pero si el nivel de actividad que puede generar se parece más a un trapo que a una bujía, entonces siempre se quedará corto en sus esfuerzos por crear una organización verdaderamente *excepcional*. ("¡Todos síganme!", dijo ella mientras su personal volvía a dormir.)

Los gerentes excepcionales pueden crear mucha más energía de la que consumen. Los mejores gerentes son catalizadores de la organización. En lugar de tomar energía *de* ella, la canalizan y la amplifican para entregársela *a* la organización. En todas sus interacciones, los gerentes eficientes toman la energía natural de sus empleados y la intensifican para dejarlos en estado de mayor vitalidad del que tenían al comienzo de la interacción. La gerencia se convierte en un proceso de transmitir a sus empleados el entusiasmo que usted siente acerca de la organización y de sus metas, en términos que ellos puedan comprender y apreciar. Muy rápidamente, sus empleados sentirán tanto entusiasmo acerca de la organización como usted, y entonces usted podrá dejar que esa energía los impulse hacia adelante.

Dicen que una imagen vale más que mil palabras. Esta afirmación es tan cierta para las imágenes que se pintan en la mente de los demás como para las que se pintan en los lienzos o se imprimen en las páginas de las revistas y los libros. Imagine unas vacaciones con su familia o sus amigos. A medida que se acerca el gran día, usted mantiene esa meta viva y emocionante en la mente de cada uno de ellos creando una visión del viaje que les espera. Las descripciones vívidas de arenas de playa blanca, árboles gigantescos, cielos despejados, lagos escondidos, comida deliciosa y alojamiento especial, pintan imágenes en la mente de sus compañeros de viaje. Con esa visión, cada cual contribuye a la meta común de pasar unas vacaciones memorables.

CONSEJO: Los gerentes de éxito crean visiones estimulantes — imágenes de una organización futura que inspiran e inducen a los empleados a desempeñarse de la mejor manera posible.

Lo que hacen realmente los gerentes

Con toda la propiedad del caso, podríamos decir que hay un consenso universal en el sentido de que todos los gerentes realizan cinco funciones en la organización. Esas cinco funciones son las siguientes:

- ✓ **Comer:** No cabe duda de que ser gerente tiene sus retribuciones, una de las cuales es una cuenta de gastos y todos los almuerzos y las cenas pagados por la empresa que el pueda aprovechar. Y si los bobalicones de contabilidad se atreven a preguntar el tema de negocios tratado durante esas veladas, el gerente siempre puede amenazarlos con dejarlos por fuera de la lista de invitados.

- ✓ **Reunirse:** Las reuniones son verdaderamente un adorno de la gerencia. Cuanto más elevado el cargo, más tiempo se dedica a las reuniones. En lugar de hacer trabajo productivo, el gerente pasa más tiempo que nunca oyendo exposiciones que no tienen que ver con su departamento, bebiendo café de tres días y mirando de reojo el reloj mientras la reunión se prolonga interminablemente — mucho más allá del tiempo previsto.

- ✓ **Castigar:** Con tantos empleados díscolos, los mejores gerentes aprenden a castigar tempranamente, y lo hacen con frecuencia. ¿Qué mejor manera de mostrarle a un empleado interés? El castigo también transmite una señal favorable para la alta gerencia en el sentido de que usted no está dispuesto a tolerar tonterías de sus empleados.

- ✓ **Obstruir:** Cuando uno le pregunta a un gerente cuál es el logro del cual está más orgulloso, lo más probable es que la respuesta se traduzca en un libro de políticas más grande que las Páginas Amarillas, redactado cuidadosamente a través de muchos años. Al mirar de cerca esas políticas, puede uno descubrir un paquete de trámites muy bien escritos que contribuyen más a impedir un buen servicio al cliente que a fomentarlo.

- ✓ **Confundir:** Los gerentes son maestros en el arte de la mala comunicación. Nadie sabe mejor que un gerente que la información es poder que quien la posee tiene el poder, y que la persona que no la tiene está perdida. Con tantos posibles enemigos al acecho, ¿por qué darle a alguien la oportunidad de aprovecharse? "¡Oiga! Esa información solamente se puede revelar cuando se necesite". Y por amor a Dios, ¿por qué revelarles a los empleados los secretos internos de la organización? De todas maneras no los apreciarían ni los entenderían, ¿verdad?

Lo cierto es que ésta no es la lista de las funciones de la gerencia. Aunque podría parecer real en muchos casos, es sólo una tomadura de pelo.

Facultar

¿Alguna vez ha trabajado para alguien que no le permitía hacer su trabajo sin cuestionar cada una de sus decisiones? Quizás había dedicado todo un fin de semana a trabajar en un proyecto especial, sólo para encontrarse con el rechazo de su jefe. "¿En qué estaba pensando cuando hizo esto, Elizabeth? ¡Nuestros clientes jamás aceptarán ese enfoque!" O quizás hizo un esfuerzo adicional para ayudar a un cliente, aceptando la devolución de un artículo en contra de las políticas de la compañía. "¿Por qué cree que tenemos políticas? Si hiciéramos excepciones con todo el mundo, quebraríamos". ¿Cómo se sintió usted al ver pisotear sus esfuerzos sinceros por hacer bien las cosas? ¿Cuál fue su reacción? Lo más seguro es que nunca volvió a tomarse la molestia de hacer ese esfuerzo adicional.

A pesar de los rumores contrarios, no se deja de ser gerente cuando se faculta a los empleados. Lo que cambia es la *forma* de ser gerente. Los gerentes continúan proporcionando la visión, estableciendo las metas de la organización y determinando los valores comunes. Sin embargo, los gerentes deben establecer una infraestructura corporativa — habilidades, capacitación, equipos, etc. — que les sirva de marco para facultar. Y aunque es probable que no todos sus empleados *deseen* ser facultados, de todas maneras deberá proporcionar un ambiente para nutrir a aquellos empleados que sí están ansiosos por probar el dulce néctar que viene con la libertad para aplicar su creatividad personal y su experiencia dentro de la organización.

Los gerentes extraordinarios les permiten a los empleados hacer un trabajo sobresaliente. Ésta es una función vital de la gerencia, porque ni siquiera los mejores gerentes del mundo pueden triunfar sin ayuda. Para lograr las metas de la organización, los gerentes deben apoyarse en las habilidades de sus colaboradores. Una gerencia eficaz es la que apalanca los esfuerzos de cada uno de los miembros de una unidad de trabajo con objeto de alcanzar un propósito común. Si usted hace constantemente el trabajo de su personal, no solamente pierde la ventaja del apalancamiento que puede obtener de ellos sino que se arriesga a caer presa del estrés, las úlceras o algo peor.

Sin embargo, mucho peor que la pérdida personal que se sufre cuando no se faculta a los empleados es que todo el mundo en la organización pierde. Sus empleados pierden porque usted no les permite dar más de sí o mostrar su creatividad o su iniciativa. La organización pierde los aportes de una fuerza laboral creativa. Por último, los clientes también pierden porque los empleados temen prestarles un servicio excepcional. ¿Para qué hacerlo?

Apoyar

Durante mucho tiempo, el oficio de los gerentes era dar órdenes, ver que fueran cumplidas y hacer responsables a quienes no las acataran. En la actualidad todo eso está cambiando. El oficio del gerente ya no es hacer las veces de perro guardián, agente de policía o verdugo. Cada vez más, los gerentes deben ser instructores, colegas y motivadores para los empleados a quienes apoyan. El principal interés de los gerentes de hoy debe ser crear un ambiente de trabajo más favorable que le permita al empleado sentirse valorado y más productivo.

Perla de Sabiduría: Cuando las cosas se ponen difíciles, los gerentes apoyan a sus empleados. Pero esto no significa que usted deba hacer todo en lugar de ellos o tomar las decisiones por ellos. Significa que debe proporcionarles capacitación, recursos y autoridad para que puedan hacer el trabajo, y luego retirarse del camino. Usted debe estar ahí, listo para ayudar a sus empleados a recoger los pedazos en caso de que caigan, algo que deberán hacer si desean aprender. Es algo así como aprender a patinar. Si no hay caídas, no hay aprendizaje.

Consejo: La clave para crear un ambiente de apoyo está en establecer una atmósfera de apertura en toda la organización. En un ambiente abierto, a los empleados se les estimula a que formulen preguntas y manifiesten sus inquietudes, sin temor a la retaliación. No hay propósitos ocultos, y las personas se sienten en libertad de decir en las reuniones oficiales las mismas cosas que dirían al salir del trabajo. Cuando los empleados ven que los directivos se muestran receptivos a las nuevas ideas, tienden con mayor facilidad a pensar en más y mejores maneras de mejorar los sistemas, resolver los problemas, ahorrar dinero, etc.

Los gerentes también se apoyan entre sí. Los territorios personales, las luchas entre departamentos y el ocultar información no tienen sitio en la organización moderna; las compañías ya no pueden darse el lujo de respaldar esas conductas disfuncionales. Todos los integrantes de la organización — desde arriba hasta abajo — deben darse cuenta de que juegan en un mismo equipo. Para ganar, los miembros de un equipo se apoyan entre sí y mantienen a sus compañeros informados acerca de los últimos acontecimientos. ¿En cuál equipo está usted?

Comunicar

No cabe duda de que la comunicación es la savia vital de toda organización y que los gerentes son los elementos que conectan los distintos niveles. Hemos visto de primera mano los efectos positivos que ejercen sobre la empresa y los empleados los gerentes que se comunican, y también los efectos negativos que ejercen los que no lo hacen. Imagine un defensa en el campo de fútbol americano tratando de llevar la ofensiva hasta la línea de meta sin gritar la jugada. ¿Qué sucedería después de que pasara la pelota? Probablemente nada — o se crearía un verdadero caos.

Los gerentes que no se comunican con eficacia están faltando a una de las funciones vitales de la gerencia.

La comunicación es una función primordial de los gerentes de este decenio y de los próximos. La información es poder, y como la velocidad de los negocios se acelera, es necesario comunicar la información a los empleados con más rapidez que nunca. A causa del cambio constante y de la creciente turbulencia en el clima empresarial, se necesita más comunicación, no menos. ¿Quién habrá sobrevivido de aquí a cinco años: el gerente que aprendió a dominar esta función, o el que no aprendió?

Con la proliferación del correo electrónico, el correo oral y los otros medios de comunicación de la empresa moderna, los gerentes sencillamente no tienen excusa para no comunicarse con sus empleados. ¡Caramba, hasta se puede usar el teléfono o probar un poco de esa antigua costumbre de hablar cara a cara con los colaboradores!

Para poder cumplir las expectativas que usted les ha fijado, los empleados deben conocer esas expectativas. Una meta es perfecta en el papel, pero si usted no se la comunica a los empleados y no los mantiene al tanto de su progreso hacia la realización de dicha meta, ¿cómo espera que la alcancen? Sencillamente es imposible. Sería como entrenar para los Juegos Olímpicos pero nunca recibir retroalimentación sobre el progreso alcanzado.

En cuestiones de gerencia, como en la vida en general, los detalles cuentan: una invitación a una próxima reunión, una alabanza por un trabajo bien hecho, o una información sobre las finanzas de la organización. Compartir esta clase de información no solamente facilita el funcionamiento de la empresa sino que genera un alto grado de buena voluntad y fortalece la confianza, la cual vincula a los empleados a la organización y a la realización exitosa de las metas de la empresa.

Los primeros pasos para llegar a ser gerente

Todo gerente ha tenido que enfrentar el siguiente problema alguna vez: ¿Cómo saber la manera correcta y la manera errónea de manejar una empresa en este nuevo mundo de los negocios?

Aunque no lo crea, muchos gerentes jamás reciben capacitación formal para ocupar ese cargo. Para muchos de ustedes, la gerencia es algo que se le agrega a la descripción de sus cargos. Un día puede usted ser programador de computadores encargado de crear un nuevo programa para navegar en Internet, y al día siguiente encontrarse a cargo de un nuevo equipo de desarrollo. Antes sólo tenía que presentarse a trabajar y crear un producto. Ahora se espera que dirija y motive a un grupo de trabajadores para alcanzar una meta común. Claro que recibirá un sueldo mayor por ese trabajo, pero en cuanto a capacitación, quizás lo único que reciba sea unos cuantos golpes.

Los gerentes (o aspirantes a ese cargo) pueden aprender a convertirse en buenos gerentes de tres maneras fundamentales, tal como se describe en las secciones siguientes. Ninguno de estos caminos es absolutamente correcto o absolutamente erróneo; cada uno tiene sus ventajas y sus desventajas.

Ver y oír

Si usted tiene la fortuna de contar con maestros o mentores bien calificados durante su carrera — personas que lo tomen bajo su protección — la educación sobre gerencia que recibe es igual a la de cualquier programa de maestría en administración de empresas, o mejor. Aprende de primera mano las formas correctas y erróneas de dirigir a la gente. Aprende lo que se necesita para lograr que las cosas se hagan en su organización, y aprende que la satisfacción de los clientes implica mucho más que halagar con palabras.

Infortunadamente, toda organización con buenos gerentes también tiene ejemplos vivos de las formas *equivocadas* de manejar a los empleados. Ya sabe de quién estamos hablando: el gerente que se niega a tomar decisiones y deja colgados a empleados y clientes. O el jefe que rehúsa delegar en sus empleados hasta las decisiones más simples. O el supervisor que se obstina en manejar todos y cada uno de los aspectos del departamento, sin importar cuán pequeños o intrascendentes sean: "¡No,

Yo me reúno, usted se reúne, todos nos reunimos

De acuerdo con los expertos en este tipo de cosas, los gerentes de hoy asisten a más reuniones que nunca. Mientras las reuniones absorben más del 25 por ciento del tiempo de una persona de negocios común y corriente, esta cifra sube al 40 por ciento en el caso de los gerentes medios, y hasta al nivel absurdo del 80 por ciento en el caso de los ejecutivos. Lo que es todavía más aterrador es que casi la mitad de cada hora dedicada a una reunión se desperdicia a causa de la ineptitud y la ineficiencia de los participantes.

no, no! Primero se pone el sello de correos y después la etiqueta con la dirección, no al contrario". Lastimosamente, los ejemplos de la manera *correcta* de administrar a los empleados todavía son pocos y muy espaciados.

Un maestro de talla mundial

Desde muchos puntos de vista, Jack Welch es considerado uno de los más importantes presidentes de empresa de los Estados Unidos. Welch, quien dirige a General Electric, ha transformado radicalmente la cultura de su compañía y, al mismo tiempo, mejorado notablemente su desempeño.

Aunque Welch hizo muchas cosas diferentes para convertir en realidad esa transformación, una de las más notables fue la toma de las instalaciones de capacitación de GE en Ossining, Nueva York. Como lo supo Welch, una cosa es diseñar una cultura y otra muy distinta es comunicársela a los empleados y lograr que prospere. Dirigiendo los cúrriculos para los trabajadores de todos los niveles y presentándose en persona en el centro de capacitación cada quince días para reunirse con los estudiantes, Welch pudo no solamente determinar el mensaje que a los empleados de GE se les iba a comunicar, sino también cerciorarse de que el mensaje se oyera fuerte y claro. En caso de que en los niveles inferiores de los trabajadores hubiera alguna confusión, tenían muchas oportunidades para solicitar aclaraciones al propio Welch en persona.

En un gesto a la vez simbólico y real, Welch dirigió la quema ceremonial de los "libros azules" de la vieja guardia. Los libros azules eran una serie de manuales de capacitación que contenían las recetas para que los gerentes pusieran a funcionar la organización. A pesar de que los libros se habían archivado hacía más de quince años, todavía ejercían una influencia tremenda en las actuaciones de los gerentes de GE. Mencionando la necesidad de que los gerentes escribieran sus propias respuestas frente a los retos diarios de su gestión, Welch acabó con el viejo orden eliminando para siempre los libros azules de la cultura de la organización. Ahora, a los gerentes de GE se les enseña a encontrar sus propias soluciones en lugar de salir a buscarlas en un libro viejo cubierto de polvo.

Sin embargo, usted podrá beneficiarse de los comportamientos de los malos gerentes. Por ejemplo, si encuentra un gerente que se niega a tomar decisiones, tome atenta nota del impacto que ese estilo de gerencia produce en los trabajadores, en los demás gerentes y en los clientes. Sienta su propia frustración y dígase a usted mismo algo así: *Nunca jamás desmotivaré así a otra persona*. La indecisión en los niveles altos crea necesariamente indecisión en todos los niveles de la organización — en particular cuando a los empleados los castigan por llenar el vacío dejado por los gerentes indecisos. Los empleados se confunden y los clientes se preocupan al ver que la organización marcha a la deriva. Es la clase de situación de la que se pueden aprender varias lecciones.

Lo mismo es válido para el gerente que recurre al temor y la intimidación para obtener resultados. ¿Cuáles son los verdaderos resultados de este estilo de gerencia? ¿Acaso los empleados esperan con alegría el momento de llegar a la oficina todos los días? ¿Acaso todos ponen su empeño en alcanzar una misma visión y una meta común? ¿Acaso se esfuerzan por aportar innovación a los procesos y los procedimientos de trabajo? ¿O se interesan más por pasar el día sin oír un grito? Piense en lo que usted haría de manera diferente para obtener los resultados que desea.

Siempre puede aprender *algo* de otros gerentes — sean éstos buenos o malos.

Hacer y aprender

Quizás usted esté familiarizado con este viejo proverbio (atribuido a Lao-Tse):

Si le das un pescado a un hombre, tendrá comida para un día, si le enseñas a pescar, tendrá comida el resto de la vida.

Ésa es la naturaleza de dirigir a los empleados. Si usted toma todas las decisiones, realiza el trabajo que sus empleados podrían hacer si tuvieran la oportunidad, y trata de llevar toda la carga de la organización sobre sus hombros lesiona a sus empleados y a su organización mucho más de lo que puede imaginar. Sus empleados jamás aprenderán a tener éxito por sí solos y, al cabo del tiempo, se darán por vencidos. Con sus esfuerzos sinceros por lograr el éxito de su organización, lo único que conseguirá será frenar el crecimiento de sus empleados y restarle eficacia y vitalidad a la organización.

Capítulo 1: Ya es gerente — ¿y ahora qué?

RECUERDE

No es suficiente leer un libro o ver a otro gerente haciendo su trabajo — bien o mal. Para aprovechar las lecciones aprendidas, usted tendrá que ponerlas en práctica. Tenga presentes estos pasos fundamentales:

- ✔ Primero, dedique tiempo a evaluar los problemas de su organización. ¿Cuáles áreas funcionan y cuáles no? No podrá concentrarse en todos los problemas a la vez. Concéntrese en unos pocos que sean los más serios y resuélvalos antes de pasar a los demás.

- ✔ Después, mírese a usted mismo. ¿Qué hace usted para ayudar u obstaculizar a sus empleados cuando tratan de realizar su trabajo? ¿Les confiere autoridad para tomar decisiones? Y lo que es igualmente importante, ¿los apoya cuando se exponen en favor de la organización? Estudie sus interacciones personales durante el día de trabajo. ¿Conducen a resultados positivos o negativos?

- ✔ Después pruebe las técnicas aprendidas a través de sus lecturas o de la observación de otros gerentes. ¡Adelante! *Nada* cambiará si *usted* no cambia primero. *Si ha de ser realidad, deberá comenzar conmigo...*

- ✔ Por último, observe para ver lo que sucede. Le prometemos que verá una diferencia en la manera como usted hace que se realicen las cosas y en la forma en que sus clientes y empleados responden a las necesidades y metas de su organización.

VERIFICACIÓN DE CONCEPTO

Ponga a prueba sus nuevos conocimientos

¿Qué es la gerencia?

A. Una excusa para hacer muchos viajes de negocios a lugares distantes y exóticos sin que cueste un centavo.

B. Un enorme dolor de cabeza.

C. Hacer que algo que ha sido planeado suceda.

D. Cerrar los ojos y esperar lo mejor.

¿Cuáles son las nuevas funciones de la gerencia?

A. Mojarse el cabello, aplicar champú, enjuagarse y aplicar bálsamo, enjuagar y después repetir.

B. Motivar, facultar, apoyar y comunicar.

C. Ver hasta qué punto puede uno pasarse del presupuesto sin que nadie se dé cuenta.

D. Hablar solamente cuando le dirijan la palabra.

Capítulo 2

¡Despierte, huela el aroma del café y organícese!

Este capítulo le permitirá:
- Clasificar todos esos papeles que inundan su escritorio.
- Organizarse.
- Saber qué es importante y qué no lo es.
- Escoger una agenda personal.
- Estar preparado para la siguiente crisis.

Llega el día en que todo gerente debe enfrentar esta realidad: Es imposible trabajar eficazmente en medio de la desorganización. Sencillamente no funciona.

Dibuje en su mente una imagen de su oficina. ¿Cómo se ve? No los muebles ni la foto en la que aparece recibiendo un premio por hacer la mejor sugerencia del mes (usted recuerda — acercar el salón del almuerzo a su oficina, lo cual generó ventas adicionales en las máquinas dispensadoras por valor de US$5 000 al año). Concéntrese en su escritorio y en los sitios en los cuales guarda los libros, los archivos y otros materiales de consulta. Si la escena aparece como si un huracán hubiese pasado por allí anoche, tiene un problema *muy grave*. A pesar de los dichos graciosos que contradicen esta realidad, un escritorio desordenado *no* es señal de una mente brillante.

Por suerte, la desorganización es un problema que *nosotros* podemos ayudarle a resolver. ¿Cómo? Por favor siga leyendo.

¿En qué consiste el desorden de su escritorio?

No son solamente los detalles los que cuentan. Cuando se trata de organizar todas las cosas — grandes, pequeñas y medianas — se puede afectar de manera considerable su eficacia como gerente. Una persona organizada siempre sabe dónde están las cosas que necesita para realizar su trabajo, y no pierde tiempo buscando cuando las necesita. En lugar de buscar a ciegas entre el cúmulo de papeles de borde adhesivo que cubre su escritorio — notas de cosas pendientes, llamadas por devolver o personas con quienes reunirse — podrá tener toda esa información disponible en un solo sitio: su calendario de escritorio o su agenda personal. Puede optar por mantener los cuarenta mensajes que aún no ha leído en su casilla de correo electrónico y su correo oral lleno hasta su máxima capacidad, o decidirse a *administrar* la información que llega a su oficina.

Vivimos en la Era de la Información, y, en caso de que no se haya dado cuenta todavía, estamos sumergidos en ella. Anteriormente los gerentes podían depender de sus secretarias y asistentes, las cuales se encargaban de controlar la información que llegaba a sus oficinas. En la actualidad, con la desaparición inminente de la secretaria (en parte por las reducciones de personal en las empresas y en parte por la creciente personalización de la comunicación gerencial) y el surgimiento del computador, las personas de negocios están siendo más bombardeadas que nunca con información proveniente de más personas y más lugares. (Hasta Bill Gates, el hombre más rico de los Estados Unidos, afirma que lee todos los mensajes de correo electrónico que recibe en su dirección de Askbill@microsoft.com.) Los empresarios modernos están inmersos en una corriente cada vez más grande de correo electrónico llegado desde todas partes del mundo, videoconferencias vía satélite, correo oral, buscapersonas y teléfonos celulares. Todos estos medios permiten que los ejecutivos sean localizados durante las 24 horas del día (¡ahora hasta en los aviones!), quieran o no quieran.

Su éxito como gerente se reduce a la diferencia entre manejar su trabajo o permitir que su trabajo lo maneje a usted.

Está bien, llegó el momento de una franqueza cruel. Cuando mira su escritorio, ¿qué ve? ¿Refleja éste a un gerente que ejerce control sobre su entorno y su trabajo? Para formarse una idea verdaderamente exacta tendrá que deshacerse de sus lentes de color de rosa aunque sea durante unos pocos minutos. Quizás deba suspender momentáneamente su convicción de que el desorden que se refleja por toda su oficina es la marca de una persona ocupada y exitosa. Si usted es incapaz de ver su escritorio como realmente es, entonces pídale a un compañero de confianza que mire por usted. Soborne a esa persona con un almuerzo si es necesario.

> Son muchas las personas cuyos escritorios parecen un campo de guerra lleno de pedazos de papel y montones de documentos que amenazan con venirse encima y sepultarlas en cualquier momento. ¿Qué sucedería si esos montones de papeles *en efecto* se cayeran? ¿Quedaría usted atrapado debajo? ¿Cuánto tiempo tardaría el escuadrón de rescate en encontrarlo?

¡Organícese! — todo comienza con usted

¿Quién es entonces el culpable de su trágico desorden? Sabemos que es fácil culpar a otro de la incapacidad de conservar el orden. Podría decir: "Mi jefe tiene la culpa — me asigna demasiado trabajo, y sencillamente no me alcanza el tiempo para estar al día". O quizás: "Yo no soy la clase de persona ordenada. De todas maneras, el orden es señal de una mente enferma". O: "Si mi escritorio está *demasiado* organizado, mi jefe pensará que no tengo suficiente trabajo".

Si su vida de trabajo es un desastre desorganizado, no puede ir por la vida culpando a otros de ese desorden. En algún momento, si desea triunfar, tendrá que subir al escenario y comprometerse a poner sus asuntos en orden. Haga el juramento. Aquí mismo. Repita después de nosotros:

> *De ahora en adelante*
> *prometo organizarme,*
> *aprovechar cada oportunidad*
> *para delegar las cosas que no requieren mi atención,*
> *para registrar todas las citas, reuniones y asignaciones en mi calendario*
> *religiosamente y con muchísima frecuencia.*
> *Mantener la oficina ordenada, con cada cosa en su lugar,*
> *utilizar los papelitos adhesivos solamente en caso de extrema urgencia*
> *y, cuando tenga dudas, deshacerme de las cosas.*
> *Y, cuando tenga dudas, deshacerme de las cosas.*

¡Felicitaciones! Usted hizo el juramento de mantener su vida de negocios en orden. ¿Ahora qué? Según el estado de su desorden — leve o severo —

la labor de organizarse podría ser o no ser abrumadora. Si la situación es especialmente grave (ya sabe, perdió a su asistente durante tres horas el martes pasado), entonces inicie el proceso paso por paso. Para ayudar a que las cosas se realicen, comience con algunas mejoras sencillas — cosas que pueda terminar rápida y fácilmente pero que se traducirán en una mejora notable en su situación de orden.

- ✔ **Busque su calendario de citas o su agenda diaria.** ¿Todas sus reuniones y citas programadas están debidamente anotadas en sus páginas? ¿Acaso tiene un calendario de citas? Si no, pase directamente a la siguiente sección de este libro.

- ✔ **¡Utilice su herramienta de planeación!** Reúna todas las notas relacionadas con lo que debe hacer y que están esparcidas por el escritorio, los bolsillos, el maletín o pegadas en la frente y cópielas inmediatamente en su calendario de citas o agenda personal. De ahora en adelante, prometa llevar su agenda a donde quiera que vaya y anote todo directamente en ella en lugar de escribir en papelitos, que bien podrían perderse o, peor aún, acabar por atestar su agenda.

- ✔ **Organice su espacio de trabajo.** Pruebe abordar uno de los muchos montones de papel que cubren su escritorio. ¿Cuáles cosas puede archivar? ¿Cuáles puede entregarles a otras personas de la organización o delegar en alguien de su personal? A lo que sobre, aplíquele la prueba definitiva de la necesidad: *Si me deshago de este documento, ¿alguien lo echará de menos?* Si la respuesta es no, tírelo a la basura. ¡Trate de tocar cada pedazo de papel solamente una vez!

¡Vamos! ¡Nada de dar marcha atrás! De ahora en adelante está ligado por la promesa de evitar la tentación de anotar las fechas y las horas de las reuniones en el dorso de la mano. Además, se negará a caer presa del hábito fácil de utilizar las notas adhesivas para registrar sus citas y luego pegarlas por toda la oficina y la superficie de su cuerpo. *Anotará* todas sus citas inmediatamente — no dos días después de la reunión. Por último, se abstendrá de utilizar cada espacio libre de su oficina como archivador improvisado.

Créanos cuando le decimos que las recompensas por organizarse son muchas y variadas. No solamente tendrá a la mano toda la información vital para su trabajo — en forma instantánea y fácil de obtener — sino que podrá dormir tranquilo sabiendo que en *realidad* ejerce el control de su vida empresarial. Quién sabe, tal vez podría encontrar unas cuantas monedas en el proceso, y hasta obtener la oportunidad de disponer de algunas viejas tazas de café a medio llenar con un líquido viscoso de color pardo y delicados bosques en miniatura de flora verde y negra. ¡Qué delicia!

Capítulo 2: ¡Despierte, huela el aroma del café y organícese! **35**

Saber qué es importante y qué no lo es

Los gerentes de hoy están sometidos a un verdadero torrente de información capaz de ahogar incluso a las personas más diligentes y organizadas. Usted no solamente recibe las viejas cartas tradicionales (recibe viejas cartas tradicionales, ¿verdad? ¿O la mayoría es sólo publicidad por correo que echa a la basura?), memorandos y otra correspondencia a montones a través de los canales corrientes de distribución sino que ahora tiene que enfrentar a todo un mundo nuevo de fuentes de información.

INFORMACIÓN TÉCNICA

La Internet: ¿tierra de oportunidad?

La maravilla de la Internet ha abierto para los gerentes todo un universo nuevo de oportunidades para recibir cientos de mensajes electrónicos desde todas partes del mundo — y también para desperdiciar un número incontable de horas en ese asunto. Si la casilla de Peter en America Online es una representación fiel de la mayoría de los usuarios empresariales de la Internet, el 95 por ciento de los mensajes no son más que *basura*. Invariablemente, los mensajes de correo electrónico que son basura comienzan con una disculpa por robarle su precioso tiempo, y luego proceden a hacer precisamente eso. Las siguientes son algunas joyas verdaderas tomadas de la casilla de correo electrónico de Peter:

Ante todo, permítame disculparme por esta corta interrupción. Después de leer este mensaje, me agradecerá la intromisión. La casa soñada, un vehículo nuevo, US$25 000 en efectivo, y más. Todo esto será suyo con mi asombroso programa de marketing en red. Claro, también podrá jubilarse al cabo de dieciocho meses con sus ingresos ¡¡¡GARANTIZADOS de por vida!!!

Ah, sí. Y los pollos tienen labios. Si ese mensaje no lo convence de abandonar su trabajo de 9 a 5, ¿qué tal la siguiente oferta irresistible?

$$$Gane en grande en CASINO$$$ Obtenga un ingreso diario en efectivo de US$2 500 en la ruleta con mi sistema. ¡Se sorprenderá! Le garantizará que ganará 9 de cada 10 sesiones. ¡Escríbame para averiguar cómo!

Si este sistema es tan maravilloso, ¿entonces por qué no se ha jubilado el hombre todavía? El siguiente mensaje lo dejará verdaderamente atónito ante las maravillas que le esperan en la Internet.

¡DESPIDA A SU JEFE! Mi esposo y yo obtuvimos ingresos brutos por más de US$100 000 el año pasado. Le enviaremos gratuitamente nuestra camiseta de "Despida a su jefe" junto con la cinta de audio sobre LLENADO DE SOBRES EN SU CASA. Solamente US$25 por gastos de envío y manejo.

Quizás si venden suficientes camisetas "'gratuitas" no tendrán que continuar anunciando. Ahora que más personas de negocios y comercializadores de productos están aprendiendo a utilizar todos los mecanismos de la Internet, prepárese para salir muy mojado al vadear en la inundación de su casilla de correo.

Parte I: Entonces, ¿usted desea ser gerente?

> **¡ADVERTENCIA!**
>
> Las máquinas de fax, los buscapersonas, los teléfonos celulares, las encomiendas de Federal Express y todo lo demás conspira permanentemente para robarle a usted el tiempo que necesita para pensar, planear o, sencillamente, descansar. En lugar de actuar, en todo momento debe reaccionar al diluvio de información que amenaza con tragarlo entero y luego escupirlo — despojado de sus prioridades, con sus metas difusas y sus intentos esmerados y ordenados por organizarse completamente aniquilados.

Estas nuevas fuentes de información — y la velocidad y la frecuencia cada vez mayores con que llegan a su escritorio — han dificultado más que nunca separar lo importante de lo que no lo es. La trampa de la actividad — mantenerse ocupado sin lograr mayor cosa — es ahora más mortífera.

Gracias al correo telefónico oral, la gente puede dejarle mensajes en cualquier momento — incluso a medianoche o durante el fin de semana — con bastante seguridad de que serán recibidos. Después de recibir un mensaje, usted podrá responderlo, pasarlo a otra persona, hacerlo añicos — lo que desee. En un instante, su casilla de correo oral podrá estar atestada de mensajes. "Lo siento, pero la casilla está llena", dice la fría voz electrónica con tono a la vez cordial y definitivo.

Y sólo trate de convencernos de que no ha tenido la tentación de oír sus mensajes los fines de semana en casa o durante las vacaciones. ¡Pues hasta ahí llega su tiempo libre! ¿Recuerda los días en que la gente se preocupaba de que el mayor problema de la tecnología sería qué hacer con el tiempo libre? *¡Claro, seguro!*

El punto es que hoy hay muchísimas más formas de perder el tiempo. Pero además se espera que seamos mucho más productivos que el año pasado, o hace cinco o diez años. Entonces, ¿cómo deshacerse de toda la basura y las distracciones para concentrarse únicamente en las cosas importantes para usted y la organización? Piense en lo siguiente cada vez que revise los papeles amontonados de cosas por hacer, el correo oral, los mensajes de correo electrónico y las solicitudes de los clientes y colaboradores para que les dedique un poco de tiempo:

- ✔ **¿Cuál es el impacto de todo eso en las utilidades de su organización?** Si la labor paga, es decir, si aumenta considerablemente su capacidad para lograr las metas de la organización, entonces merece alta prioridad. Si la labor paga poco, es decir, no aumenta de manera considerable su capacidad para lograr las metas de la organización, concédale baja prioridad y trátela como tal.

- ✔ **¿Puede delegar la labor o el asunto en otro empleado?** Si otro empleado puede revisar o tomar medidas con respecto al asunto,

Capítulo 2: ¡Despierte, huela el aroma del café y organícese! 37

entonces no dude en asignárselo. No pierda tiempo haciendo cosas que sus empleados pueden hacer por usted. Ahorre su tiempo para aquellas cosas para las cuales está especialmente calificado.

✔ **La urgencia de otra persona no es necesariamente de usted**. No permita que la imprevisión de otra persona eche a perder sus planes o prioridades.

Sin embargo, haga una excepción a esa regla cuando su *cliente* tenga una emergencia. Rescatar a sus clientes de situaciones difíciles debe ser su primera prioridad por encima de todo los demás. Si ellos sienten que pueden confiar en usted en momentos de crisis, se lo retribuirán cuando no haya tanto apremio.

Agendas personales: ¿moda o necesidad?

Algunas veces hay que detenerse a preguntar qué son esas agendas que todo el mundo ha comenzado a llevar consigo de pronto, que parecen haberse tomado por asalto a los gerentes.

Y los pioneros que prefieren una dosis de electricidad para ayudarse en sus esfuerzos por organizar la vida laboral encontrarán una gran variedad de herramientas. Agendas electrónicas, asistentes personales digitales y otras herramientas que no sólo permiten guardar los números telefónicos, las citas y las cosas por hacer sino que también envían y reciben correo electrónico, además de procesar texto en un nivel básico y manejar hojas electrónicas. Aventajando en años luz a los simples calendarios y las libretas de citas que se usaban anteriormente para almacenar esa información, las agendas y los organizadores electrónicos prometen cumplir muchas, pero muchas más funciones.

Solamente hay una dificultad. Para que una agenda funcione, es necesario *usarla*. Religiosamente. Eso no es tan fácil como usted podría pensar. Tal como lo explicamos en las próximas secciones, las agendas, además de ganar en popularidad, se han tornado tremendamente complejas. Aunque las características adicionales hacen que sean mucho más completas y, en el fondo, mucho más útiles que los calendarios simples para una diversidad de labores de gerencia, las agendas exigen un alto grado de mantenimiento constante, todos los días. Para un gerente ocupado — abrumado de por sí por el trabajo de todo el día — sacar el tiempo necesario para actualizar la agenda exige un grado de disciplina nada despreciable.

En las secciones siguientes revisamos algunas de las características claves, las ventajas y las desventajas de cada una de las modalidades de agenda.

El calendario de baja tecnología pero confiable

Los calendarios, antiguos pilares del sistema de organización de todo gerente ocupado, han sido reemplazados en gran medida por unos *sistemas* mucho más "atractivos", voluminosos y costosos. Los calendarios son útiles para anotar la información básica importante para el gerente. Los horarios de las reuniones, los días libres de los empleados, las fechas de entrega de proyectos, las citas, etc., se pueden anotar con rapidez, facilidad y eficiencia en un calendario. ¿Qué? ¿Debe pasar su cita del viernes a las 9:00 para el próximo martes? No hay problema. Sencillamente borre y anote con lápiz la nueva fecha y hora. Aunque es probable que los calendarios tradicionales no sean muy atractivos, no cabe duda de que son fáciles de usar.

En cuanto a las ventajas, los calendarios vienen prácticamente en todos los tamaños y formas. ¿Necesita algo para llevar en el bolsillo? No se preocupe. Puede conseguir cualquier cosa, desde la versión miniaturizada tamaño billetera hasta la versión tamaño maletín. En el otro extremo del espectro, si desea un calendario de ésos que pueda colocar en la pared para que todos lo vean, puede estar tranquilo. En cualquier almacén de suministros de oficina encontrará una colección variada de calendarios para satisfacer todos los gustos.

Algunas ventajas claves de los calendarios son:

- ✔ Jamás se quedan sin baterías.
- ✔ Puede usar su calendario para la cuenta regresiva hasta el día de su jubilación.
- ✔ Los calendarios modernos reflejan la individualidad y la autoimagen de sus dueños. Por ejemplo, los calendarios con fotos de ositos de peluche, medusas o dictadores famosos dicen *mucho* acerca de sus dueños.

Otra ventaja del calendario es la razón misma por la cual muchos gerentes todavía los prefieren por encima de sus congéneres más recientes: su simplicidad. En un calendario de escritorio en el cual aparece todo el mes, ¿qué es más sencillo que anotar un nombre y una hora en la casilla grande destinada al 21 de enero?

Capítulo 2: ¡Despierte, huela el aroma del café y organícese! 39

Más importante aún es que los calendarios, como las cucarachas, han sobrevivido a la prueba del tiempo. Desde las primeras versiones esculpidas en piedra hace miles de años por los aztecas, pueblo industrioso y visionario del mundo de los negocios, las personas han recurrido a los calendarios para conocer la fecha de hoy y de mañana.

Con un buen calendario confiable a la mano, no tendrá que preocuparse por baterías que se agotan o por los mensajes de error del *disco duro* que pueden aparecer ante sus ojos al tratar de ingresar al archivo donde tiene las citas de la semana. Mucho después de que su asistente personal digital haya caído en la obsolescencia y que su voluminosa agenda haya quedado relegada a un anaquel de su oficina (para ayudar a guardar polvo y continuar exudando pequeñas cantidades de *l'essence de management*), su calendario continuará siendo el fiel caballito de trabajo, llevando el registro de su programa día por día.

La agenda funcional de moda

Si le parece que los calendarios son muy limitados — o demasiado anticuados y poco atractivos — la agenda ofrece algo para todo el mundo. ¿Qué es exactamente una agenda? Básicamente es un calendario a base de esteroides. Y no cualquier clase de esteroides. Estamos hablando de ésos que ponen fin a la carrera en las grandes ligas o en los juegos olímpicos. (Véanse las figuras 2-1 y 2-2).

Domingo	Lunes	Martes	Miércoles	Jueves	Viernes	Sábado
	1	2	3	4	5	6
7	8	9	10	11	12	13
14	15	16	17	18	19	20
21	22	23	24	25	26	27
28	29	30	notas			

Figura 2-1: Éste es su calendario.

Abril

Parte I: Entonces, ¿usted desea ser gerente?

17 Abril	Viernes		1998
Cosas para hacer hoy		Citas para hoy	
	8		
	9		
	10		
	11		
	12		
	1		
	2		
	3		
	4		

Figura 2-2: Éste es su calendario con régimen de esteroides.

Una agenda puede ser cualquier cosa que uno quiera. En muchas compañías, el paso de los gerentes a las filas de los *creyentes* ha sido marcado por un celo casi religioso. Las sesiones de capacitación sobre cómo usar las agendas se asemejan a las viejas reuniones de motivación durante las cuales los fieles creyentes dan testimonio de la manera como sus agendas los han salvado del fracaso laboral y personal y de la condenación eterna. A los gerentes se les entregan las agendas en un solemne ritual de transición, y los elegidos las llevan por la organización como placas honoríficas forradas en vinilo que imita el cuero.

Antes de recibir mi agenda, era como una oveja descarriada. Mi vida era un verdadero desastre hasta que encontré la respuesta a mis oraciones. Olvidaba las prioridades, extraviaba los números telefónicos y — el colmo de los pecados — dejaba pasar el día de la secretaria sin un regalo. Estaba perdido, pero ahora he hallado el camino. ¡Aleluya! ¡He visto la luz!

Y considerando el costo de los sistemas más completos, más vale que tengan un beneficio positivo y cuantificable para las utilidades de la empresa. A continuación puede formarse una idea del universo increíble de características y opciones disponibles para el atareado gerente:

Capítulo 2: ¡Despierte, huela el aroma del café y organícese!

✔ **La encuadernación:** La encuadernación establece el tono de lo que hay entre las pastas. No solamente vienen en cuatro tamaños diferentes sino que las encuadernaciones también vienen en vinilo que imita el cuero y cuero de verdad. Los fanáticos de la moda pueden conseguir versiones forradas en tela de gobelino y becerro tejido junto con portachequeras y bolsos del mismo material. *¡Très chic!*

✔ **Lista de actividades del día por orden de prioridad:** En ella se anotan por orden todas las labores del día. Basta con borrar la actividad una vez realizada o pasarla para el día siguiente cuando no es posible terminarla. También está la posibilidad de imaginar que se ha cumplido. Usted ya es gerente, y, por tanto, la decisión es suya.

✔ **Programa de citas:** Ésta es una versión tradicional del calendario clásico de citas. En él se incluyen las horas de las reuniones, citas y demás sucesos importantes (y triviales también).

✔ **Registro de gastos diarios:** Esta sección se utiliza para llevar el registro de los almuerzos de trabajo, el kilometraje y otros gastos de trabajo. ¡Jamás se sabe cuándo llegará la visita del gobierno!

✔ **Registro diario de sucesos:** Por fortuna, estas agendas incluyen una página completa para anotar los sucesos del día — mucho espacio para tomar notas, hacer dibujitos o practicar escribir el título del nuevo cargo que ocupará cuando reciba el ascenso por el que se ha estado esforzando.

✔ **Directorio de teléfonos/direcciones:** Nombres. Números telefónicos. Direcciones. Números de fax. Códigos postales. Todo por orden alfabético y disponible con un simple movimiento de la mano. Imagine las posibilidades.

✔ **Valores y metas:** No solamente para hoy sino para el resto de la vida. Deténgase en esta sección; es cosa seria. ¿Quizás "Acabar con el hambre en el mundo" o "Encontrar una cura para el cáncer"?

✔ **Marbetes, marbetes y más marbetes:** Además del sistema básico de manejo de la información, hay marbetes que marcan las secciones para anotar información sobre las finanzas personales; información esencial como el tipo de sangre y el mecánico automotor; cuadros de consulta rápida para conversiones métricas, zonas de tiempo y códigos postales; un calendario mensual para anotar todo un mes de cosas; y calendarios para planeación futura (para anotar sucesos tales como los cambios de aceite hasta seis años en el futuro). Si eso no es suficiente para mantenerlo ocupado durante los próximos dos años, puede escoger entre muchas otras opciones como listas de contactos, planificador del menú, lista de mercado, registros de cheques, reuniones, archivos de clientes y planificadores de comunicación personal.

¡ADVERTENCIA!

Infortunadamente, las ventajas de las agendas — completas, flexibles y susceptibles de crecer — pueden ser al mismo tiempo sus peores desventajas. No podemos negar que tener calendario, directorio, páginas de citas, prioridades, metas diarias, semanales, anuales y quinquenales, listas de cumpleaños y de aniversarios, y otros datos importantes en un solo lugar es algo de gran utilidad. Pero para ser sinceros (¿o no, Bob?), algunas agendas pueden convertirse en una carga abrumadora para sus dueños, tanto desde el punto de vista de su peso físico como de su exigencia permanente de actualización y mantenimiento.

Y que el cielo lo proteja de *extraviar* su agenda. Cuando se utiliza correctamente, ella se convierte en el depósito indispensable de cada uno de los datos que usted necesita para sobrevivir en el mundo empresarial. Si la pierde, despídase de la vida. A diferencia de un archivo de computador, no hay manera de oprimir un botón para hacer una copia de la información en un disco flexible o en una cinta.

¡ADVERTENCIA!

No olvide que su patrón puede confiscar los calendarios y agendas el día en que usted renuncie o sea despedido, y un tribunal puede exigir que sean presentados como evidencia en caso de que usted o su compañía sean demandados. ¿Cree que esa posibilidad podría amordazar su estilo o producir un efecto negativo en la clase de información que registra en su agenda? Quizás muy pronto se pueda comprar una póliza de seguros para agendas extraviadas. Imagine la publicidad: ¿*Perdió la vida cuando extravió su agenda? Siéntase amparado hasta en los momentos en que no la tenga en sus manos.*

La alternativa digital

Aunque los organizadores electrónicos, los asistentes personales digitales y los programas de computador para manejar la información personal todavía tienen un largo camino por recorrer antes de ser aceptados de manera generalizada, cada vez es mayor el número de gerentes que comienzan a depender de esas herramientas para organizar su vida de trabajo. Las alternativas computarizadas, comparadas con sus equivalentes anticuados hechos de árboles muertos, ofrecen una alternativa cada vez más viable para los gerentes ocupados que están dispuestos a lanzarse sobre la ola de la nueva tecnología de la información.

Si usted creía que las agendas personales ofrecían muchas opciones, todavía no ha visto nada. Cuando piense en la alternativa digital para organizarse, primero hágase estas preguntas:

Capítulo 2: ¡Despierte, huela el aroma del café y organícese! 43

✔ **¿Qué espero de este organizador?** Esta pregunta es importante porque cada producto ofrece su propia mezcla de beneficios y limitaciones, a veces única. ¿Le gustaría un sistema que le permitiera llevar un registro de sus citas? No hay problema. ¿Qué tal una alarma que le recuerde hacer esa llamada a su cliente en Francia? Fácil. ¿Enviar y recibir telefacsímiles? Hummm. Eso ya es un poco más difícil. Enviar y recibir mensajes de correo electrónico por el mundo entero por línea telefónica corriente? Hay menos productos que lo pueden hacer. ¿Qué tal la capacidad de transmitir por teléfono celular, la disponibilidad de un buscapersonas y el reconocimiento de voz o de escritura, todo en uno? Este grupo de productos es todavía más reducido.

✔ **¿De qué tamaño la deseo?** Aunque la tecnología de la información es cada vez más pequeña, de mayor capacidad, mejor precio, el tamaño todavía es un problema en el caso de muchos productos. El tamaño de los productos electrónicos oscila entre el reloj de pulsera que recibe y muestra en pantalla las citas y demás datos descargados desde el computador personal de gran capacidad — y algo voluminoso — y computadores portátiles o de escritorio dotados de programas para manejar información personal. En general, aunque no siempre, cuanto más pequeño el producto, menor el número de características que ofrece. Por otro lado, cuantas más características le exija a su compañero electrónico, le será más difícil llevarlo con usted por su mayor tamaño.

✔ **¿Cuánto deseo gastar?** Por tan sólo un par de cientos de dólares podrá comprar un organizador electrónico simple pero relativamente poderoso. Por otro par de cientos de dólares adicionales podrá comprar un asistente personal digital completo, capaz de enviar y recibir correo electrónico a distancia por la red de computadores de su compañía o a través de la Internet y de realizar otras actividades de computación. Por unos cientos de dólares más puede comprar un computador portátil básico capaz de realizar todo lo anterior, y más. Por US$6 000+ se consiguen los computadores portátiles más poderosos — con capacidad para hacer de todo, salvo preparar la cena y sacar a pasear al perro. Como es obvio, son muchas las posibilidades que debe considerar.

Ahora que tiene una idea de los tropiezos que encontrará en su búsqueda de un sistema electrónico de planificación, considere las diversas formas en que los fabricantes se las arreglan para arrebatarle el dinero que ha ganado con el sudor de su frente para pasarlo de su billetera a la de ellos.

El organizador electrónico: ¿una calculadora adulta o un computador enano?

Hace ya un tiempo que los organizadores electrónicos entraron en el mercado. Durante los últimos diez años ha venido aumentando la capacidad de las calculadoras producidas por compañías como Casio, Hewlett-Packard y Texas Instruments. Estos productos que antes no eran más que sumadoras en miniatura, evolucionaron hasta convertirse en aparatos a base de microprocesadores que caben en la palma de la mano e incorporan entradas y salidas alfanuméricas, comunicaciones, capacidades de manejo de contacto, y más. Esos productos han desdibujado la línea que alguna vez separó a las calculadoras de los computadores.

La mayoría de estos organizadores electrónicos personales — como la línea OmniGo de Hewlett-Packard — permiten llevar un registro de citas, números telefónicos, cronogramas e información financiera; tomar notas y realizar otras tareas básicas de organización. Algunos hasta envían y reciben telefacsímiles y cumplen funciones limitadas de procesamiento de texto y hojas electrónicas.

A medida que la tecnología y las interfaces con el usuario continúan mejorando, los gerentes comienzan a descubrir la versatilidad, la facilidad de uso y la eficacia de esos productos en cuanto a su costo. Manifiesta Lori Burke, directora de comunicaciones del Hogar para los Veteranos Desposeídos de Nueva Inglaterra, quien es usuaria de OmniGo: "Finalmente encontré una manera fácil de tener a la mano mi información personal y de trabajo — incluidos mis presupuestos — sin tener que gastar una fortuna o tomar un curso para aprender a usar el aparato". Con el sistema operativo GEOS de tipo intuitivo y gráfico, las aplicaciones están tan sólo a unas teclas y toques de distancia.

Del lado positivo de esta ecuación está el hecho de que los organizadores electrónicos son compactos y cada vez más capaces. Por una fracción del precio de los asistentes personales digitales (véase la sección siguiente) o de los computadores portátiles, muchos gerentes han encontrado en ellos una herramienta indispensable para el trabajo.

Del lado negativo, los teclados minúsculos incorporados en la mayoría de estas unidades son inadecuados cuando es necesario ingresar una cantidad apreciable de datos. Para superar este problema, algunos sistemas ofrecen opciones de conectividad, que permiten conectar el organizador al computador personal. Estas opciones facilitan mucho la vida — en particular si usted tiene listas eternas de números telefónicos y direcciones para ingresar en su organizador.

Asistentes digitales personales: el futuro ya llegó

El desarrollo reciente de los *asistentes digitales personales* — computadores en miniatura en los cuales se pueden ingresar los datos con lápiz — es lo más interesante que ha aparecido en el frente de la organización gerencial desde que las agendas ascendieron al trono hace varios años. Ahora no solamente puede usted tener el registro del calendario sino que además puede realizar una amplia gama de actividades asombrosas en un sistema verdaderamente portátil y con una flexibilidad casi ilimitada — a cualquier hora, en cualquier momento.

El asistente digital Envoy de Motorola es un ejemplo excelente de lo que se ha logrado en materia de tecnología para organización personal. Si estas características no le producen una descarga de adrenalina ni le paralizan el corazón por dos segundos, entonces no imaginamos qué pueda hacerlo. Usted podrá:

- ✔ Planear su calendario diario.
- ✔ Manejar contactos de negocios.
- ✔ Enviar y recibir mensajes electrónicos de manera inalámbrica.
- ✔ Enviar mensajes a máquinas de telefacsímil.
- ✔ Utilizar la capacidad de red incorporada.
- ✔ Verificar horarios de las aerolíneas y cotizaciones de la bolsa de valores.
- ✔ Averiguar cuál es la capital de Guam.

¿Qué podría ser más fabuloso, eficaz y eficiente que llevar toda su información y su capacidad de comunicación portátil en un solo aparato electrónico? Con su tecnología de telefonía celular ya incorporada, el Envoy de 1.7 libras de peso realmente lo liberará de las cadenas de la oficina. ¡Viva la revolución!

Computadores: la manera de mantenerse organizado en casa, en la oficina y durante los viajes

Los computadores personales se han convertido en accesorios de las oficinas y los hogares de la nación y del mundo entero. Bien sea su computador un Macintosh, o bien un PC compatible con IBM, bien sea grande o pequeño, lo más probable es que usted dependa de él para realizar su trabajo. Si así es, usted puede utilizar una amplia variedad de programas de manejo de la información personal. Algunos, como ACT, el popular administrador de contactos, se pueden comprar como programas independientes. Otros — como Schedule+, que forma parte del conjunto de programas de Microsoft Office — vienen como parte de un paquete. Hasta Franklin Quest Co. ha incursionado en este mercado con su paquete ASCEND, una versión electrónica de su popular línea de agendas personales.

Aunque los computadores de escritorio son de gran utilidad para realizar labores de organización desde un puesto fijo — como actualizar cronogramas y contactos y después imprimirlos para llevarlos en el maletín — los computadores portátiles han revolucionado el panorama global de los negocios. Los computadores portátiles tienen la misma capacidad de los de escritorio y pueden funcionar varias horas solamente con baterías. Con los modems incorporados, la capacidad de conectarse a una red a distancia, y la posibilidad de correr programas complejos, los computadores portátiles les permiten a las personas de negocios llevar sus oficinas a dondequiera que vayan: a la carretera, a la oficina del cliente, a una habitación de hotel, al otro lado de la ciudad o al otro lado del océano.

Dedique unos momentos a revisar las características del Microsoft Schedule+, un paquete típico para el manejo de la información personal. Aunque las características exactas de cada uno de los programas varía de acuerdo con el fabricante, las contenidas en el Schedule+ son comunes a la mayoría.

✔ Listas de cosas por hacer.

✔ Registro de citas.

✔ Registro de actividades.

✔ Manejo de contactos.

✔ Intercalación de correo.

✔ Libreta de direcciones.

✔ Programación de reuniones.

De acuerdo con Microsoft, la idea del Schedule+ es facilitarles a los usuarios la visualización de sus citas, el manejo de las actividades y el registro de sus contactos claves. Además, Microsoft desarrolló el Schedule+ teniendo presente su transportabilidad. Permite transferir archivos de un computador de escritorio a otro portátil o a un organizador electrónico; hace posible que la persona tenga a la mano toda la información importante de su negocio en cualquier momento y en cualquier lugar. (Véase la figura 2-3.)

Capítulo 2: ¡Despierte, huela el aroma del café y organícese! 47

Bob Nelson	D	L	M	M	J	V	S
				1	2	3	4
Martes, 14 de abril de 1998	5	6	7	8	9	10	11
	12	13	14	15	16	17	18
	19	20	21	22	23	24	25
	26	27	28	29	30		

Hora	Actividad
8:00	Desayuno de trabajo con Boswell @ Hyatt
:30	
9:00	
:30	
10:00	Reunión del equipo de gerencia
:30	
11:00	
:30	
12:00	
:30	Recoger la ropa en la lavandería

Figura 2-3: Con el programa diario del Schedule+, hasta usted mismo sabrá lo que debe hacer hoy.

Con un clic del ratón del computador, usted podrá optar por ver su programa de actividades durante días, semanas o meses. ¿Necesita cambiar la fecha de una cita? No hay problema: basta con hacer clic y pasar la cita al día y a la hora que desee. Su administrador de contactos le permite anotar nombres, números de teléfono, fax y celulares, además de otros datos importantes, como las fechas de los cumpleaños de sus clientes y los nombres de sus cónyuges.

Podrá programar rápidamente sus reuniones con sus compañeros de trabajo en la misma red de computadores por medio de un "Meeting Wizard" especial, y podrá enviar de antemano las copias de las agendas de las reuniones junto con la convocatoria. Y si las personas convocadas viven en la otra costa o en otro país, el Schedule+ ajusta automáticamente las horas de las reuniones de acuerdo con las zonas de tiempo de los receptores.

Parte I: Entonces, ¿usted desea ser gerente?

> **INFORMACIÓN TÉCNICA**
>
> ## Un escenario relacionado con el asistente digital personal
>
> Usted ha programado un almuerzo de trabajo para hablar de los problemas recientes de despacho de un producto con uno de sus mejores clientes. Esa mañana, saca su programación diaria y toma nota de la hora y el lugar de la reunión. Sólo en caso de que pueda olvidarlo, pone la alarma para que suene exactamente una hora antes de la hora fijada. Cuando se dirige a la reunión en un taxi, usted repasa las notas que preparó y estudia rápidamente sus prioridades del día y del resto de la semana. Aprovechando el viaje corto hasta el otro lado de la ciudad, escribe a mano una nota para recordar que debe verificar cómo va el plan de desarrollo del proyecto de Ohio en el que trabaja su personal.
>
> Cuando llega a la reunión, guarda su asistente digital en el maletín y toma asiento en la mesa de su cliente. Mientras éste descarga toda su historia de tristeza y melancolía, usted saca su asistente digital y anota algunas cosas en su superficie. Tras crear un memorando detallado de las quejas de su cliente, lo envía a los departamentos de despacho y de servicio al cliente por correo electrónico. Realiza esta labor en minutos a través del teléfono celular incorporado en su asistente digital — sin levantarse ni una sola vez de la mesa. Con unos cuantos golpes de su lápiz habrá terminado el trabajo. Antes de llegar a los postres, recibe un mensaje del departamento de despachos en el cual se detalla el plan para corregir los problemas. Tras revisar el memorando con su cliente, usted le ofrece enviarle una copia por fax a la oficina — la encontrará cuando regrese de almorzar.
>
> ¡Qué maravilla! ¡Veamos si eso mismo puede hacer su viejo calendario de escritorio!

El Schedule+ facilita las actividades de gerencia. No solamente podrá seguirles la pista a sus actividades sino que su computador también le recordará cuando se haya pasado la fecha en que debía completar una labor. Además, podrá organizar las labores por proyecto y ordenarlas de acuerdo con su prioridad. (Vea la figura 2-5.)

De acuerdo con Microsoft, la capacidad para imprimir de varias maneras fue la solicitud más importante de los usuarios de Schedule+. En respuesta a esa solicitud, Microsoft incorporó más de 1 500 maneras de imprimir cosas tales como programas personales, actividades y listas de contactos. Por último, como se explica en la sección siguiente, el Schedule+ puede descargar información seleccionada directamente en el reloj Data Link de Timex. Entonces su gerente de información personal podrá estar con usted donde quiera que usted vaya.

Capítulo 2: ¡Despierte, huela el aroma del café y organícese! 49

Bob Nelson	D	L	M	M	J	V	S
				1	2	3	4
Martes, 14 de abril de 1998	5	6	7	8	9	10	11
	12	13	14	15	16	17	18
	19	20	21	22	23	24	25
	26	27	28	29	30		

Lista de cosas por hacer:

1. Realizar evaluaciones de desempeño; comienzan el sábado 18, terminan el martes 21.
2. Liquidación de cuentas de activos; viernes 17.
3. Borrador de la carta contacto de la agencia; viernes 1° de mayo/98.

Figura 2-5:
Con la característica de programación de actividades del Schedule+ se acabaron las excusas.

¿Cuándo un reloj es más que un reloj?

Un reloj es más que un reloj cuando es un organizador personal que sencillamente tiene la particularidad de ser reloj al mismo tiempo. Nacido de una sociedad entre Timex, el veterano fabricante de relojes, y Microsoft, el gigante de los gigas, el reloj Data Link hace mucho más que el reloj corriente.

INFORMACIÓN TÉCNICA

Por medio de un fotorreceptor especial, el reloj Data Link puede recibir y mostrar en pantalla la información del Microsoft Schedule+ directamente a partir de la pantalla de su computador portátil o de escritorio. No se necesitan cables ni aparatos. Basta con oprimir un botón y usted podrá transmitir a su reloj cerca de 70 citas, números telefónicos, aniversarios y listas de cosas pendientes — suficiente trabajo hasta para más de una semana fuera de la oficina.

¿Cómo funciona este reloj en la práctica? Según Peter, quien hizo un estudio exhaustivo de campo sobre el Data Link para este libro, no cabe duda de que el reloj es "sensacional".

RECUERDE

Para la atareada persona de negocios que vive a la carrera, este aparato puede ser la salvación. No hay necesidad de cargar agendas voluminosas, ni luchar con un teclado minúsculo para ingresar los mensajes. Basta con organizar el programa de actividades en el computador de escritorio o en el portátil, descargar los datos en el reloj, y listo. Desde luego que no podrá tomar notas, ni cambiar las fechas programadas en el **reloj** cuando esté lejos de su computador, pero ése es un precio reducido por la transportabilidad *total*. Además, ¡estos relojes tienen un diseño sensacional! Si tan sólo pudiera programar su reloj para que lo reemplazara en sus reuniones semanales con el personal, realmente tendría una maravilla.

Cómo escoger su agenda personal

Escoger la agenda personal es una decisión muy personal. Lo mejor para una persona ciertamente no es lo mejor para otra. Pero en lugar de dedicar días enteros a analizar las opciones disponibles, sencillamente escoja y láncese al agua. Ya es gerente. Tiene derecho a cambiar de opinión con la rapidez y la frecuencia que desee. El hecho es que la mayoría de las personas de empresa todavía utilizan los sistemas a base de lápiz y papel, a pesar de la proliferación de las alternativas electrónicas. Según Day-Timer Technologies, el 85 por ciento de las personas de negocios usuarias de administradores de información personal *también* utilizan sistemas de papel.

El punto es el siguiente: Conseguir un sistema — cualquiera que sea — y comenzar a utilizarlo inmediatamente es mejor que descuidar esta tarea vital de un gerente. Con todas las opciones disponibles, *alguna* tendrá que acomodarse a su personalidad *y* a su bolsillo. No cabe duda de que cualquiera que sea el sistema de agenda que escoja — anticuado o moderno, de baja o de alta tecnología, viejo o nuevo — no tiene absolutamente *ninguna* excusa para no organizarse. ¡Ya mismo!

Estar preparado para la siguiente crisis

En la gerencia, como en la guerra y muchas otras actividades, usted es tan bueno como su último triunfo. Así como siempre debe estar atento a la siguiente oportunidad, también debe estar preparado para la siguiente crisis. Ésa es toda la finalidad de ser organizado. No se puede permitir el lujo de perder tiempo en cosas triviales cuando los asuntos que producen un impacto significativo en sus clientes o en su organización merecen toda su atención.

Aunque hay literalmente cientos de productos y técnicas para hacer que su tiempo sea productivo (describimos los más importantes en este capítulo), ninguno de ellos vale un céntimo si usted no logra reducir al mínimo las personas y las cosas que le hacen perder su precioso tiempo. Todos los días usted está sometido a un verdadero bombardeo de cosas que le pueden hacer perder su tiempo: citas no programadas, reuniones que se pasan del tiempo asignado, correo inservible, un colaborador que se queja de su sueldo y actividades triviales que no contribuyen en nada a mejorar su productividad. Todas esas cosas conspiran para convertirlo en un gerente ineficiente.

Lo que hoy parece un problema menor puede convertirse rápidamente en un desastre — y así será si usted no identifica su importancia a tiempo y lo enfrenta inmediatamente. Su primera prioridad debe ser clasificar por orden de importancia todo lo que haga en su día de vida laboral. Y una vez que haya identificado sus prioridades, dedíquese *a los asuntos de mayor prioridad*. Por último, resista a toda costa la tentación de dejarse llevar por otras actividades menos importantes. La cuestión es que si no establece ni cumple sus prioridades, alguien se las impondrá. *Las personas que no tienen metas caen bajo el control de quienes sí las tienen*.

A pesar de tantas nubes negras, hay esperanza. Sí le será posible tomar las riendas de su vida de negocios. En resumen, necesita un sistema que le permita organizarse y hacerle seguimiento a las cosas importantes, filtrando al mismo tiempo las cosas que carecen de importancia. Independientemente de cuál sea su sistema y de la manera como decida ponerlo en práctica, cerciórese de seguir estas pautas generales:

✔ **Compre un calendario de planificación y manténgalo actualizado.** Trátese de un anticuado calendario de escritorio o de la más moderna y asombrosa agenda electrónica, es lo mismo. Lo importante es que consiga algo y lo utilice religiosamente.

✔ **Destine 20 minutos al comienzo de la jornada de trabajo a establecer sus prioridades del día.** Saque tiempo para ahorrar tiempo. Haga que ese tiempo sea solamente suyo desviando las llamadas al correo oral y dejando libre ese período. Si le es difícil sacar ese tiempo, anote en su calendario una cita con usted mismo.

✔ **Ocúpese primero de su prioridad más importante y deje para lo último la menos importante.** Aunque esta sugerencia parece obvia, es muy grande la tentación de dedicarse primero a las actividades fáciles, rápidas y de poco valor, y dejar para el final las más difíciles pero de mayor valor. Infortunadamente, si se pasa el día ocupándose de todo lo demás, el "más tarde" llega cuando ya es demasiado tarde.

✔ **Si tiene asistente, asígnele la labor de interceptar y destruir toda la correspondencia inútil.** Mejor aún, destrúyala antes de que llegue a su escritorio. Póngase en contacto con los autores de toda esa basura y solicíteles que retiren su nombre de la lista de correo. Si no dan su brazo a torcer, ¡amenácelos con ponerlos en su propia lista de correo!

✔ **Destine por lo menos 20 minutos al terminar el día a atar los cabos sueltos.** Repase el trabajo que no logró terminar y asígneselo a sus empleados, páseles la información a sus colegas, archive las cosas que debe conservar y arroje a la basura todo lo que no necesita. Por último, revise rápidamente sus citas para el día siguiente.

Al tomar las riendas de su vida laboral, usted tendrá siempre el control de sus prioridades y su programa de trabajo. Aunque siempre surgirán crisis o emergencias que no podrá controlar, por lo menos tendrá en orden todo aquello que *sí* puede controlar. No solamente eso, sino que estará mejor preparado para enfrentar la crisis inevitable cuando ésta se presente. Es algo que debe hacer por usted mismo, sus empleados y su organización.

No olvide que juró organizarse y mantenerse organizado. *Nosotros* no lo hemos olvidado, y lo obligaremos a cumplir. Organizarse es quizás lo más importante que puede hacer para ser más eficiente como gerente. *No podrá dirigir a otros mientras no pueda dirigirse a usted mismo.* Su vida de trabajo cambiará de una manera sustancial y cuantificable — ¡se lo garantizamos!

Ponga a prueba sus nuevos conocimientos

¿Cuántas veces debe tocar un documento?

A. Por lo menos diez veces antes de archivarlo.

B. Una vez.

C. Depende de la cantidad de café que le derrame encima.

D. Cuantas más veces, mejor.

¿Cuál es el mejor organizador personal?

A. La agenda forrada en cuero de Corinto.

B. El que suena más fuerte cuando lo lanza contra la pared.

C. El que más impresione al jefe y a los compañeros de trabajo.

D. Es cuestión personal — el que le dé mejor resultado a usted.

Capítulo 3
Delegar: lograr que se hagan las cosas sin matarse

Este capítulo le permitirá:
▶ Dirigir delegando.
▶ Destruir los mitos sobre la delegación.
▶ Poner en práctica la delegación.
▶ Escoger las actividades que puede delegar.
▶ Supervisar a sus empleados.

*E*l poder de una administración eficaz no emana solamente de sus esfuerzos personales (lamentamos tirar al suelo su ilusión) sino de la suma de los esfuerzos de todos los integrantes de su grupo de trabajo. Si tuviera a su cargo unos pocos empleados, quizás podría hacer el trabajo de todo el grupo si se lo propusiera, aunque eso le significaría un esfuerzo extraordinario.

Sin embargo, al tener a su cargo una organización de gran tamaño, usted no puede ser buen gerente si trata de hacer todo el trabajo de su grupo. Lo más probable es que todos lo vean como un *microgerente* — de ésos que se enredan demasiado en los detalles insignificantes de la administración — con más tiempo para el trabajo de los demás que para el suyo. Y peor aún, sus empleados asumirán menos responsabilidad del trabajo que les corresponde porque usted está siempre ahí para hacerlo (o supervisarlo).

Los gerentes asignan la responsabilidad de realizar una labor mediante la *delegación*. Tal como lo explicamos en este capítulo, no basta con asignar la actividad y después desaparecer. Seguramente habrá oído comentarios como éste: "Señora Sharon, ¿qué debo hacer ahora?" Para que la delegación surta efecto, los gerentes también deben concederles autoridad a sus empleados y cerciorarse de que tengan los recursos necesarios para hacer bien el trabajo. Por último, los gerentes que han aprendido a delegar como verdaderos expertos, supervisan el avance de sus empleados hacia las metas establecidas.

Delegar: la primera herramienta de un gerente

Ahora que es gerente, debe desarrollar habilidades en muchos campos distintos. No solamente necesita buenas habilidades técnicas, analíticas y organizacionales sino que debe tener buenas habilidades personales. De todas ellas, la que influirá de manera decisiva en su eficacia será la habilidad de delegar bien. Delegar es la primera herramienta de un gerente, y no saber hacerlo bien es la causa principal de fracaso.

¿Por qué les es tan difícil a los gerentes delegar? Hay varias razones:

- ✔ Están tan ocupados que no tienen tiempo suficiente.
- ✔ No confían en que los empleados realicen la actividad correctamente y a tiempo.
- ✔ No saben delegar con eficacia.

O quizás no están convencidos todavía de las bondades de la delegación. Si usted pertenece a este gran grupo de gerentes renuentes (¡Oiga! ¡Usted, el de la última fila! ¡Sí, usted!), he aquí las razones por las cuales debe desechar sus nociones preconcebidas y sus inhibiciones y comenzar a delegar hoy mismo.

- ✔ **Su éxito como gerente depende de eso.** Los gerentes que logran dirigir con éxito un grupo de trabajadores — cada uno de ellos con responsabilidades concretas por distintos aspectos del desempeño del grupo — demuestran que están listos para retos más grandes y mejores. Los retos más grandes y mejores suelen venir acompañados de cargos y sueldos más grandes y mejores, y de todas esas cosas agradables de la vida laboral, como una oficina con ventanas y máquinas que realmente funcionan.

- ✔ **Usted no puede hacerlo todo.** Por maravilloso que usted sea como gerente, echarse sobre los hombros toda la carga de lograr las metas de su organización no le favorecerá, a menos que desee agotarse hasta morir prematuramente. Además, ¿no sería agradable ver cómo es la vida por fuera de las cuatro paredes de su oficina, por lo menos de vez en cuando?

✔ **Su trabajo es concentrar sus esfuerzos en las cosas que usted puede hacer y su personal no.** Por eso le pagan un sueldo alto — para que sea gerente, no programador, ni asistente de contabilidad, ni representante de servicio al cliente. Haga *su* trabajo y permita que sus empleados hagan el de ellos.

✔ **Delegando se logra mayor participación de los trabajadores de la organización.** Cuando usted les concede responsabilidad y autoridad a los empleados para que realicen las actividades — sea en grupo o en forma individual —, ellos responden participando más en las operaciones cotidianas de la organización. En lugar de ser unos bobalicones sin responsabilidad ni autoridad, se convierten en piezas vitales para el éxito de la unidad de trabajo y de toda la organización. *¿Lo que usted me está diciendo es que si yo tengo éxito, todos tendremos éxito?* Exactamente.

✔ **Por medio de la delegación usted puede fomentar el desarrollo de sus empleados.** Si usted toma todas las decisiones y aporta todas las ideas, sus empleados jamás aprenderán a tomar la iniciativa ni a asumir la responsabilidad de culminar con éxito las actividades. Y si no aprenden, adivine: ¿Quién tendrá la carga eterna de hacer las cosas? (Mírese en el espejo.)

Como gerente, *usted* tiene la responsabilidad final de ver que su departamento cumpla lo que se le ha asignado. Sin embargo, no es práctico ni conveniente que los gerentes ejecuten personalmente todas las actividades necesarias para que el departamento cumpla sus responsabilidades o para que ellos puedan cumplir las metas de la organización.

Digamos, por ejemplo, que usted es gerente del departamento de contabilidad de una firma que desarrolla programas de computador. Cuando la firma tenía solamente cinco empleados y ventas anuales de US$500 000, usted podía perfectamente facturar pedidos, pagarles a los proveedores, llevar la nómina y ocuparse de los impuestos de la compañía. Pero ahora que hay 150 empleados y las ventas son de US$50 millones al año, ni siquiera puede pretender hacerlo todo — no tiene horas suficientes en el día. (La última vez que verificamos, el día todavía era de 24 horas, y no había planes para agregar más.) Ahora cuenta con empleados que se encargan de las cuentas por pagar, las cuentas por cobrar y la nómina, y un contador público juramentado que se encarga de los impuestos de renta.

Cada uno de los empleados a quienes usted ha asignado una función específica tiene los conocimientos y las habilidades de su campo de trabajo. Desde luego que usted podría generar la nómina si quisiera pero, ¿querría hacerlo? El encargado de la nómina quizás lo hace mucho mejor y más rápido.

Por otra parte, usted está especialmente calificado para cumplir con un sinnúmero de responsabilidades en su organización. Entre ellas podrían estar desarrollar y vigilar el presupuesto de operaciones, realizar evaluaciones de desempeño, ayudar a planear la dirección de las adquisiciones de la empresa y escoger el sabor del café que se bebe en su departamento. Más adelante le diremos cuáles actividades debe delegar y cuáles conservar. Sin embargo, primero veamos algunas de las nociones erradas más comunes acerca de este tema de la delegación.

Mitos sobre la delegación

Usted seguramente tendrá varias razones por las cuales se ha convencido de que *no* puede delegar el trabajo en sus empleados. Infortunadamente, esas razones le impedirán cumplir su labor de gerente con eficacia. ¿Acaso le suena familiar alguno de los mitos siguientes? *¡Y no mienta!*

Mito # 1: No se puede confiar en que los empleados sean responsables.

Si no puede confiar en sus empleados, ¿entonces en quién? Suponga que usted es el encargado de contratar por lo menos una parte del personal. Dejando de lado por el momento a quienes no contrató personalmente, lo más probable es que haya realizado un proceso bastante exhaustivo de contratación. ¿Recuerda la montaña de hojas de vida que tuvo que leer para luego clasificar a los candidatos como *ganadores, posibles ganadores* y *perdedores?* Tras horas dedicadas a clasificarlos y otras tantas a entrevistarlos, usted escogió a los mejores — los poseedores de las mejores habilidades, preparación y experiencia para el trabajo.

Escogió a esos empleados por considerar que tienen talento y merecen su confianza. Ahora su trabajo es entregarles esa confianza sin ataduras.

Por lo general uno cosecha lo que siembra. Los integrantes de su personal son empleados dispuestos, deseosos y capaces de asumir responsabilidades; lo único que necesitan es la oportunidad. Por supuesto, no todos van a poder manejar todas y cada una de las tareas que usted asigne. Si eso sucede, averigüe la razón. ¿Acaso el empleado necesita más capacitación? ¿Más tiempo? ¿Más práctica? O quizás usted deba encontrar una actividad que se ajuste más a la experiencia o a la disposición del empleado. Para contar con personas responsables es necesario asignar responsabilidad. Así es de sencillo.

Capítulo 3: Delegar: lograr que se hagan las cosas sin matarse 57

Mito # 2: Al delegar se pierde el control sobre la actividad y su resultado.

Cuando se delega correctamente *no* se pierde el control sobre la actividad o su resultado. Únicamente se pierde control sobre la manera como se llega al resultado. Imagine un mapa del mundo. ¿Cuántas maneras distintas hay de ir de San Francisco a París? ¿Una? ¿Un millón? Algunas son más rápidas que otras. Algunas ofrecen mejor paisaje y otras exigen muchos recursos. ¿Acaso las diferencias entre ellas implican que alguna sea equivocada por naturaleza? No. (Vea la figura 3-1.)

En los negocios hay un sinnúmero de maneras de realizar una actividad. Hasta las actividades compuestas de pasos altamente definidos — *siempre lo hemos hecho de esa manera* — deben dejar espacio para mejorar el proceso. ¿Por qué habría de ser su método el *único* apropiado para realizar una actividad? *¡Porque soy el jefe!* Lo sentimos, respuesta errónea. Su oficio es describirle a su empleado los resultados que desea y después permitirle decidir cómo llegar a ellos. Desde luego, usted debe estar dispuesto a ayudar y aconsejar a fin de que sus empleados puedan aprender de su experiencia si lo desean, pero eso no implica controlar el *cómo* sino más bien concentrarse en el *qué* y el *cuándo*.

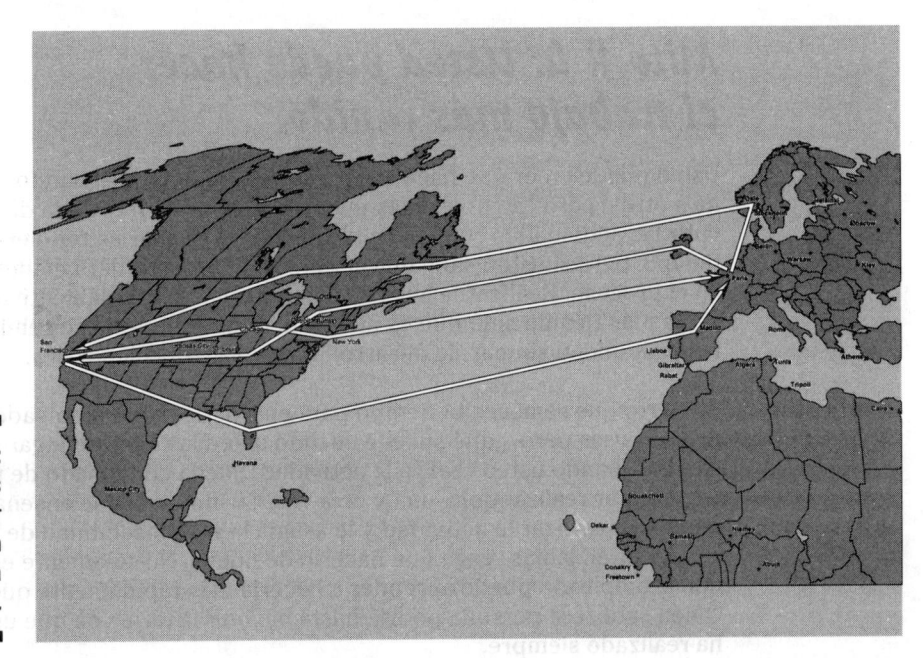

Figura 3-1: Hay muchas maneras de ir de San Francisco a París.

Mito # 3: Usted es el único que tiene todas las respuestas.

Esperamos que sea un chiste. Si cree que es el único que conoce todas las respuestas, ¡tenemos muchas cosas que contarle! Por inteligente que sea, si no es el único empleado de la compañía, no hay manera de que tenga la única respuesta a todas las inquietudes de la empresa — sencillamente no es posible.

Por otra parte, hay cierto grupo de gente que maneja una serie sorprendente de situaciones todos los días. Hablan con sus clientes, con sus proveedores, entre ellos mismos — todos los días sin falta. Muchos de los integrantes de ese grupo llevan allí mucho más tiempo que usted, y muchos permanecerán mucho después de que usted se haya ido. ¿Quiénes son esas personas? Sus empleados.

Sus empleados constituyen un manantial de experiencia y conocimientos sobre sus contactos de negocios y los detalles íntimos del funcionamiento de la organización. Muchas veces están más cerca de los clientes y de los problemas de la compañía que usted. Hacer caso omiso de sus sugerencias y sus consejos no solamente es una falta de respeto sino también una actitud miope e insensata. No desprecie este recurso. Está pagando por él, no importa que lo utilice o no.

Mito # 4: Usted puede hacer el trabajo más rápido.

Usted puede creer que hace el trabajo más rápido que cuando se lo asigna a otros, pero eso no es más que una ilusión. No hay duda de que discutir las actividades con los empleados para asignarlas requiere más tiempo, pero si usted sabe delegar bien, cada vez tardará menos tiempo en el proceso. Realizar la actividad usted mismo no solamente le representa más tiempo sino que es una manera de robarles a sus empleados la oportunidad sin par de desarrollar sus destrezas laborales.

Es cierto que se necesita tiempo para enseñarles a los empleados a hacer las cosas pero, ¿qué sucede cuando usted las hace en lugar de delegarlas? Cuando usted realiza la actividad, queda condenado de por vida a continuar realizándola, una y otra vez. Cuando usted le enseña a otra persona a realizar la actividad y le asigna la responsabilidad de llevarla a cabo, quizás jamás tenga que hacerlo de nuevo. No solamente eso, sino que el empleado puede aprender a hacerla más rápidamente que usted. Quién sabe, esa persona podría hasta *mejorar* la forma en que usted la ha realizado siempre.

Mito # 5: Al delegar se diluye la autoridad.

En realidad, al delegar sucede todo lo contrario — se *amplía* la autoridad. Usted es solamente una persona, y hay un límite a lo que puede hacer. Imagine que los 10, 20 ó 100 integrantes de su equipo trabajan para realizar sus metas comunes. Usted continúa fijando las metas y los cronogramas para alcanzarlas, pero cada empleado escoge su propia manera de llegar.

¿Se reduce su autoridad al delegar una actividad y transferir la autoridad al empleado para que pueda cumplir su cometido? No cabe duda de que la respuesta es no. ¿Qué pierde usted en la transacción? Nada. Su autoridad permanece intacta — independientemente de cuánta se proyecte a sus empleados. Eso es lo asombroso de la autoridad. Cuanta más se entrega a los empleados, más tiene toda la unidad de trabajo.

En esta transacción usted gana una fuerza laboral eficiente y eficaz — empleados verdaderamente facultados, llenos de entusiasmo por el trabajo y funcionando como miembros de un equipo — y la libertad para concentrarse en los asuntos que merecen toda su atención.

Mito # 6: Sus empleados recibirán el reconocimiento por un buen trabajo, y usted no.

Deshacerse de esta creencia es uno de los pasos más difíciles de la transición entre el ejecutor y el gerente de los ejecutores. Cuando usted es el ejecutor, recibe elogios por elaborar un informe notable, desarrollar un increíble análisis del mercado, o escribir un código de computación asombroso. Cuando pasa a ser gerente, su atención ya no se centra en realizar actividades individuales sino en su desempeño y su contribución a una meta de la organización o de un proyecto mediante el esfuerzo de otros. Aunque pueda haber sido el mejor digitador de datos en el mundo, ese talento deja de ser importante de la noche a la mañana. En su calidad de gerente se espera que desarrolle y dirija un *equipo* de los mejores digitadores de datos del mundo. Las destrezas necesarias son muy distintas, y su éxito depende de los esfuerzos indirectos de otros y del apoyo que usted les preste entre bambalinas.

Los gerentes sabios saben que cuando sus empleados brillan, ellos también brillan. Cuanto más delegue usted, mayor será el número de oportunidades en que sus empleados podrán brillar. Concédales a sus trabajadores la oportunidad de hacer una labor importante y bien realizada. Y cuando así sea, cerciórese de que todo el mundo se entere. Déles a sus empleados reconocimiento público y frecuente, y verá que estarán más dispuestos a hacer un buen trabajo para usted en el futuro. No olvide que a usted se le evalúa sobre la base del desempeño de su *equipo* — no de lo que usted puede realizar *personalmente*. El capítulo 6 abarca todo lo que usted ha querido saber sobre motivación y premios para los empleados.

Mito # 7: Al delegar se pierde flexibilidad.

Cuando usted hace las cosas, tiene el control total sobre el avance y la culminación de las actividades, ¿correcto? ¡No! ¿Cómo podría tenerlo si se ve obligado a hacer un acto de equilibrio con múltiples prioridades al mismo tiempo, por no mencionar la crisis inevitable *del día?* Ser flexible es bastante difícil cuando se tienen las manos en todo. Es imposible concentrarse en más de una actividad a la vez. Por tanto, mientras se concentra en una cosa, todas las demás quedan en espera. ¿Flexibilidad? ¡No!

Cuanto mayor sea el número de personas en quienes pueda delegar, mayor será su flexibilidad. Mientras sus empleados se ocupan de las actividades cotidianas necesarias para mantener la marcha de la empresa, *usted* queda libre para manejar las oportunidades y los problemas inesperados.

Mito # 8: Sus empleados están demasiado ocupados.

Si esa creencia no es un verdadero absurdo, no sabemos qué otra cosa podría ser. ¿Qué es lo que sus empleados hacen exactamente para no tener tiempo de aprender algo nuevo — algo que podría facilitarle a usted su trabajo y al mismo tiempo reforzar el desempeño de su unidad de trabajo?

Piense en su caso un momento. ¿Qué tiene su trabajo que lo hace regresar día tras día a la oficina? No, no nos referimos a su sueldo ni a los almuerzos. Estamos dispuestos a apostar que es la satisfacción que siente cuando enfrenta un nuevo desafío y sale airoso.

Ahora piense en sus empleados — la satisfacción que obtienen de su trabajo no es distinta de la suya. Están deseosos de enfrentar nuevos desafíos y salir vencedores también. Pero, ¿cómo hacerlo si usted no delega en ellos nuevas actividades? Son muchos los gerentes que han perdido buenos empleados por no satisfacer sus necesidades de esforzarse y crecer en su trabajo. Y son muchos los empleados que se han convertido en convidados de piedra porque sus gerentes se niegan a estimular su creatividad y su anhelo natural de aprender. ¡No aprenda estas lecciones a golpes!

Mito # 9: Los trabajadores no ven el cuadro completo.

¿Cómo pueden sus empleados ver el cuadro completo si usted no lo comparte con ellos? Sus empleados por lo general son especialistas en lo que hacen o en su campo de conocimiento. Es natural que a veces sufran de casos severos de visión de túnel mientras buscan la respuesta a la labor asignada o procesan sus transacciones de rutina. Tal como se dijo en el capítulo 1, su labor es proporcionarles a sus empleados una visión del destino al que desea llegar.

Infortunadamente, muchos gerentes se reservan información vital — información que podría aumentar la eficiencia de los empleados — con la esperanza de mantener un control estrecho sobre la conducta de los subalternos. Al mantener a sus empleados en la oscuridad, esos gerentes no logran los resultados mejores que esperan obtener. Al contrario, mutilan a la organización y la capacidad de su gente de aprender, crecer y llegar a formar una parte real de la organización.

Confíe en sus empleados

Dejando estos mitos de lado, no hay duda de que delegar *puede* producir temor, especialmente al principio. Pero como todo en la vida, cuanto más se hace, menos atemorizante se torna. Al delegar, usted deposita su confianza en otra persona. Si esa persona falla, la responsabilidad es de usted, independientemente de a quién le haya asignado el trabajo. Una frase como la siguiente seguramente no lo llevará muy lejos con su jefe: *Sí, sé que debíamos entregar esa propuesta al cliente hoy, pero Joe falló*. Al delegar las actividades, usted no renuncia automáticamente a su responsabilidad de llevarla a término con éxito.

Comenzar a delegar actividades en los empleados es como saltar por primera vez al vacío atado de los pies a una cuerda elástica: usted salta de esa pequeña plataforma a varios metros del suelo con la esperanza de que la cuerda no se rompa. Y no olvide que también sus empleados se sentirán algo nerviosos. La idea de desempeñar una nueva labor puede generarles dudas. Esa vacilación implica que usted debe proporcionarles todavía más apoyo a sus empleados mientras ellos se acomodan a sus nuevas funciones.

Los seis pasos para delegar

La delegación no sucede simplemente. Al igual que todas las demás actividades que usted realiza como gerente, requiere trabajo. Los seis pasos para delegar con éxito son los siguientes:

1. **Comunique la actividad.** Describa exactamente lo que desea que el empleado haga, para cuándo y cuáles son los resultados que espera obtener.

2. **Proporcione el contexto para la actividad.** Explique la razón por la cual se debe realizar la actividad, su importancia dentro del esquema global de las cosas y las complicaciones posibles que podrían surgir durante su realización.

3. **Establezca los parámetros.** Convenga con el empleado los parámetros que utilizará para medir si la actividad ha culminado con éxito. Estos parámetros deben ser alcanzables y realistas.

4. **Conceda autoridad.** Concédales a los empleados la autoridad necesaria para realizar la actividad sin encontrar tropiezos permanentes o tener que competir con otros empleados.

5. **Preste apoyo.** Identifique los recursos necesarios para que el empleado pueda realizar la actividad y póngalos a su disposición. Para culminar una actividad pueden hacer falta dinero, capacitación, asesoría y otros recursos.

6. **Obtenga un compromiso.** Cerciórese de que su empleado haya aceptado la responsabilidad. Confirme las expectativas de usted y la claridad y el compromiso de su empleado frente a la actividad.

No cabe duda de que la delegación beneficia por igual a los trabajadores y a los gerentes cuando se hace correctamente. ¿Entonces por qué usted no delega más trabajo en sus empleados? Quizás no está seguro de *qué* delegar. Aunque prácticamente cualquier actividad se puede delegar, hay algunas cosas de rutina que el gerente debe delegar y otras que no se deben dejar jamás en manos de los empleados.

Lo que debe y no debe delegar

En teoría, usted podría delegar todo en sus empleados. Pero si delega todas sus responsabilidades, ¿entonces por qué habría de molestarse la empresa en pagarle un sueldo? Es obvio que hay algunas tareas que usted debe esforzarse por delegar y otras que debe hacer usted mismo. Al fin y al cabo, hay una razón por la cual usted es el gerente y sus empleados no.

Al delegar, comience con actividades simples que no afecten de manera importante a la compañía si no se cumplen a tiempo o dentro del presupuesto. A medida que sus empleados adquieran mayor confianza y experiencia, comience a delegar actividades de mayor nivel. Evalúe cuidadosamente la pericia de sus empleados y asigne actividades correspondientes a ese nivel o apenas un poco más exigentes. Fije los cronogramas y supervise el desempeño de los empleados frente a dichos cronogramas. Una vez que aprenda el juego, verá que no hay nada que temer al delegar.

Cosas que debe delegar siempre

Hay ciertas actividades que, por naturaleza, se prestan a ser delegadas. Como gerente, usted debe aprovechar cada oportunidad para delegar las siguientes actividades en sus empleados:

Trabajo minucioso

Para un gerente no hay tiempo más desperdiciado que el dedicado a desenredar los detalles — usted sabe, tareas como revisar páginas y páginas de cifras, pasar días buscando un error de computación, o auditar personalmente las planillas de tiempo de sus empleados. El viejo dicho dice que el 80 por ciento del trabajo genera el 20 por ciento de los resultados, lo cual ilustra la razón por la cual usted fue seleccionado para trabajar como gerente. No hay duda de que puede quedarse andando en círculos alrededor de cualquiera de esas tareas técnicas minuciosas que solía realizar todo el tiempo.

Pero ahora que es gerente, la compañía le paga para que coordine los esfuerzos de todo un equipo de personas hacia una meta común — no solamente para realizar una actividad. Ponga los detalles en manos de sus empleados. Concentre sus esfuerzos en las actividades que generen mayor rendimiento y que le permitan apalancar con mayor eficacia el trabajo de todos los empleados.

Recopilar información

Navegar por la red mundial de computadores buscando información sobre sus competidores, pasar horas leyendo ejemplares de la revista *Fortune*, o dedicar semanas a los anaqueles de los libros de consulta de la biblioteca local no son maneras eficaces de emplear su tiempo como gerente. A pesar de esto, la mayoría de los gerentes se dejan arrastrar hacia esa trampa. No solamente es agradable leer periódicos, informes, libros, revistas etc., sino que es una manera fácil de aplazar las tareas más difíciles de un gerente. A usted se le paga por ver el cuadro completo — por recopilar distintos puntos de vista y encontrarles alguna lógica. Eso es algo que puede hacer con mucha mayor eficiencia si otra persona se encarga de recopilar la información necesaria, con lo cual usted queda libre para analizar los distintos puntos de vista y diseñar soluciones para los problemas.

Asignaciones repetitivas

Qué manera tan fabulosa de hacer las labores de rutina: asignárselas a los empleados. *Listo — esto deberá mantenerlos ocupados durante los próximos años.* Muchas de las actividades de la organización se repiten una y otra vez: redactar el informe semanal de producción, revisar el informe quincenal de gastos con respecto al presupuesto, y aprobar la cuenta telefónica mensual, son apenas unos pocos ejemplos. Su tiempo es muy importante para desperdiciarlo en actividades rutinarias que aprendió a dominar hace años.

Si se encuentra atrapado realizando actividades de rutina, analice primero sus características particulares. ¿Con cuánta frecuencia se repiten? ¿Podría preverlas con tiempo suficiente para que un empleado las pueda realizar con éxito? ¿Qué debe hacer para capacitar a sus empleados a fin de que puedan realizar las actividades? Una vez que tenga las respuestas a estas preguntas, desarrolle un cronograma y asígneles las labores a sus empleados.

Reemplazos

¿Es preciso que usted esté en todas partes a toda hora? No solamente no puede hacerlo, sino que *no debe* estar en todas partes a toda hora. Cada día, sus empleados tienen numerosas oportunidades para tomar su lugar. Exposiciones, llamadas de conferencia, visitas a los clientes y reuniones, por citar solamente algunas. Habrá casos, como las exposiciones de presupuesto, en que usted debe estar presente. Sin embargo, en muchos otros casos, realmente no importa que usted asista o envíe un representante en su lugar.

La próxima vez que alguien convoque una reunión y solicite su presencia, envíe a uno de sus empleados en su lugar. Este simple acto lo beneficiará de muchas maneras. No solamente tendrá una o dos horas adicionales en su programa del día sino que su empleado podrá resumir los resultados de la reunión y presentarle solamente las decisiones más importantes. En caso de no haberse llegado a ninguna decisión, por lo menos no habrá perdido su valioso tiempo en otra reunión inútil. En todo caso, su empleado tendrá la oportunidad de asumir algunas responsabilidades nuevas, y usted la de dedicar el tiempo que necesita a sus actividades más importantes.

Responsabilidades futuras

Como gerente, usted debe estar atento a las oportunidades para capacitar a sus empleados a fin de que puedan enfrentar las responsabilidades futuras. Por ejemplo, una de sus funciones esenciales podría ser desarrollar el presupuesto anual para su departamento. Si permite que uno o más empleados le ayuden — quizás a recopilar información básica sobre el mercado u otros datos —, sus empleados tendrán una idea de lo que se necesita para elaborar un presupuesto.

No caiga en la trampa de creer que la única manera de capacitar a los empleados es inscribiéndolos en un curso costoso dado por una persona que se presenta con un folleto costoso pero no sabe nada acerca del negocio de usted. En su propia empresa abundan las oportunidades para capacitar al personal. Cerca del 90 por ciento del desarrollo laboral ocurre en el trabajo. De esa manera, la capacitación no solamente es gratuita sino que al asignarles a los empleados labores cada vez más importantes, usted contribuye a darles seguridad y a abrirles el camino para ascender en la organización.

Evite delegar estos asuntos

Algunas tareas vienen con el cargo de gerente. Si usted delega las siguientes actividades, estará faltando a sus responsabilidades fundamentales de gerencia.

Visión y metas a largo plazo

En su calidad de gerente, usted ocupa una posición única. Esa situación en lo alto de la organización le brinda una perspectiva singular acerca de las necesidades de la organización. Tal como se dijo en el capítulo 1, una de las funciones claves de la gerencia es la visión. Aunque los empleados de cualquier nivel de la compañía pueden hacer aportes y sugerencias para ayudarle a forjar sus puntos de vista, es a *usted* a quien le compete desarrollar la visión y las metas a largo plazo de la organización. Los empleados sencillamente no pueden decidir cada uno por sí mismo cuál ha de ser la dirección de la organización. Ésta funciona de una manera mucho más eficaz cuando todo el mundo se mueve hacia un mismo rumbo.

Evaluaciones de desempeño, disciplina y asesoría

En la empresa moderna es difícil encontrar intimidad entre gerentes y empleados. La mayoría de los gerentes tienen suerte de poder articular un "buenos días" o "buenas noches" en medio de la agitación de una jornada típica de trabajo. Ante los horarios atestados de todo el mundo, a veces pasarán días sin que usted pueda hablar con uno o más de sus empleados. *Ah, hola. ¿No nos hemos conocido antes? Su cara me parece familiar.*

Sin embargo, en algunas ocasiones es absolutamente *necesario* destinar tiempo a los empleados. Al disciplinar y asesorar a su personal, usted le brinda precisamente la clase de aporte que solamente usted puede proporcionar. Usted fija las metas de sus empleados y establece los parámetros con los cuales habrá de medir su progreso. Es usted quien inevitablemente decide si un empleado cumplió las marcas establecidas o si se quedó corto. Ésta es una labor que no puede delegar, porque todo el mundo pierde.

Situaciones delicadas desde el punto de vista político

Algunas situaciones sencillamente son demasiado delicadas desde el punto de vista político para dejarlas en manos de los empleados. Digamos, por ejemplo, que usted está a cargo de la auditoría de los gastos de viaje en su organización. Como resultado de su revisión, descubre que un integrante del equipo ejecutivo de la corporación ha realizado varios viajes personales con fondos de la compañía. ¿Le asigna a un empleado la responsabilidad de informar de esta situación explosiva? *Mira, Susan, yo tenía la esperanza de que tú le presentaras esta información a la junta directiva, porque yo no quiero estar cerca cuando se descubra esta bomba.* ¡No!

Esas situaciones no solamente exigen toda su atención y toda su pericia, sino que colocar a un empleado en la línea de fuego en medio de semejante situación explosiva es una injusticia. Algunas veces es duro ser gerente, pero la verdad es que *a usted* le pagan por tomar las decisiones difíciles y recibir todo el calor político que su trabajo genera.

Asignaciones personales

En algunas ocasiones, su jefe le asignará una tarea concreta con la intención de que usted la realice personalmente. Él tendrá buenas razones para hacerlo: quizás usted tenga una perspectiva única que nadie más tiene en la organización, o una habilidad singular necesaria para realizar la actividad con rapidez y exactitud. Cualquiera que sea la situación, si le asignan una actividad con la expectativa de que solamente usted ha de realizarla, entonces no la delegue en su personal. Podrá solicitar ayuda para conseguir la información necesaria, pero deberá reservarse la responsabilidad de ejecutar la tarea usted mismo.

Circunstancias confidenciales o delicadas

Como gerente, seguramente usted tendrá acceso a información a la cual no pueden acceder sus empleados. Las cifras de sueldos y salarios, la información confidencial y las evaluaciones del personal son ejemplos de la clase de información que solamente los gerentes conocen. Revelarles esta información a personas inadecuadas podría representar un daño serio para la organización. Por ejemplo, la información sobre salarios debe ser confidencial. Asimismo, si sus competidores pudieran apropiarse de algún proceso secreto al cual su compañía ha dedicado incontables horas y mucho dinero, el impacto sobre la organización podría ser devastador. A menos que sea absolutamente necesario compartir la información con su personal, usted debe reservarse todas las actividades relacionadas con esa clase de información.

Controlarse en lugar de controlar

Aquí es donde la delegación se torna difícil. Supongamos que usted superó los obstáculos iniciales — ya le asignó una actividad a su empleado, y espera ansiosamente ver el resultado. Ya definió el alcance de la actividad y proporcionó la capacitación y los recursos adecuados para cumplirla. No solamente eso sino que explicó cuáles son los resultados que espera obtener y la fecha exacta en que desea verlos. ¿Qué hace ahora?

He aquí una alternativa: Una hora o dos después de asignar la tarea, verifica el progreso. Dos horas después, verifica de nuevo. A medida que se aproxima rápidamente la fecha límite, aumenta la frecuencia de sus controles hasta que, por último, su empleado gasta más tiempo contestando a sus preguntas sobre el progreso alcanzado que dedicándose a realizar la actividad asignada. Y no solamente eso sino que cada vez que usted exige conocer los detalles del progreso, el empleado se distrae cada vez más y se siente frustrado ante su aparente falta de confianza en las habilidades de él. Cuando llega la hora señalada, presenta el resultado a tiempo, pero éste es incompleto e inexacto.

> ## Cuando la delegación resulta mal
>
> Algunas veces la delegación resulta mal, muy mal. ¿Cómo identificar las señales de peligro antes de que sea demasiado tarde, y qué puede hacerse para salvar el día? Hay varias maneras de supervisar el desempeño de su personal:
>
> ✔ **Un sistema formal de rastreo:** Establezca un sistema formal para seguir la pista de las asignaciones y las fechas de terminación. Este sistema puede ser manual o computarizado.
>
> ✔ **Seguimiento personal:** Complemente su sistema formal de rastreo con un sistema informal de visita a los empleados para verificar su progreso con regularidad.
>
> ✔ **Muestreo:** Tome muestras periódicas del trabajo de su personal y cerciórese de que cumpla las normas acordadas.
>
> ✔ **Informes de progreso:** Solicite informes periódicos del progreso del trabajo; ésta es una manera de detectar a tiempo los problemas y los logros.
>
> Si descubre que sus empleados tienen dificultades, hay varias alternativas para ponerlos nuevamente en el camino:
>
> ✔ **Asesoría:** Discuta los problemas con sus empleados y acuerden un plan para corregirlos.
>
> ✔ **Asumir el control:** Si los problemas continúan a pesar de sus esfuerzos para resolverlos mediante una asesoría, retire la autoridad conferida al empleado para realizar el trabajo en forma autónoma. (El empleado continúa trabajando en la actividad, pero bajo su orientación y su autoridad.)
>
> ✔ **Reasignar actividades:** Ésta es la solución definitiva cuando la delegación resulta mal. Si sus empleados no pueden realizar las actividades asignadas, entrégueselas a otras personas mejor calificadas para llevarlas a término correctamente.

He aquí otra alternativa: No hacer nada después de asignarle la tarea al empleado. Sí, entendió correctamente. No hacer nada. En lugar de verificar el progreso de su empleado y ofrecerle su apoyo, sencillamente asigna la tarea y se concentra en otros asuntos. Cuando llegue la hora indicada, se sorprenderá al ver que la tarea no ha sido terminada. Cuando le pregunte a su empleada por qué no logró la meta asignada de común acuerdo, ella le dirá que no pudo obtener cierta información y que en lugar de molestarlo con el problema, decidió desarrollar la información ella misma.

Es obvio que ninguno de los extremos es una forma productiva de supervisar el proceso de delegación. Sin embargo, en el camino medio está la respuesta para manejar esta labor delicada pero esencial de la gerencia.

Cada empleado es único. Mientras un estilo de supervisión puede servir con un empleado, puede no servir con otro. Los empleados nuevos o

Capítulo 3: Delegar: lograr que se hagan las cosas sin matarse 69

inexpertos, por supuesto, necesitan más atención y ayuda que los empleados veteranos en sus cargos — sea que se den cuenta o no. Los más experimentados no necesitan la atención cotidiana que necesitan los novatos y, de hecho, podrían tomar a mal los intentos de usted por inmiscuirse en su manera de realizar las tareas asignadas.

Para supervisar eficazmente la delegación es necesario:

✔ **Acomodar su enfoque al empleado.** Si su empleado realiza el trabajo con supervisión mínima de su parte, establezca un sistema de control con sólo unos pocos puntos de verificación en el proceso. Si es un empleado que *necesita* mayor atención, diseñe un sistema con *muchos* puntos de control en el camino hacia la terminación.

✔ **Utilice concienzudamente un sistema escrito o computarizado para seguir la pista de las tareas asignadas a sus empleados.** Utilice la agenda, el asistente digital personal o el programa de manejo del tiempo que corrió a comprar después de leer el capítulo 2, a fin de seguirle la pista al qué, quién y cuándo de las actividades asignadas. En la figura 3-2 aparece el módulo de rastreo de actividades del programa Schedule+ de Microsoft. Es importante el compromiso de organizarse. ¡Hágalo!

✔ **Mantenga abiertas las líneas de comunicación.** Cerciórese de que sus empleados sepan que usted *desea* que le notifiquen cuando haya algo que no puedan resolver. Averigüe si necesitan más capacitación o mejores recursos. Es mejor averiguarlo al comienzo — cuando todavía puede hacer algo al respecto — y no cuando ya sea demasiado tarde.

Bob Nelson

Martes, 14 de abril de 1998

D	L	M	M	J	V	S
			1	2	3	4
5	6	7	8	9	10	11
12	13	14	15	16	17	18
19	20	21	22	23	24	25
26	27	28	29	30		

Lista de cosas por hacer:

1
  1 Realizar evaluaciones de desempeño; comienza el sábado 25 de abril, termina martes 28.
2
  2 Liquidar cuentas de activos; viernes 17 de abril/98.
3
  3 Redactar carta a contacto en Agencia; viernes 1° de mayo/98.

Figura 3-2:
Módulo de actividades del Schedule+ de Microsoft.

✔ **Hágales el seguimiento a los acuerdos hechos con los empleados.** Si un informe se demora en llegar, averigüe la razón. A pesar de la tentación de dejar pasar esas fallas pequeñas *(El pobre hombre ha tenido dificultades en su casa últimamente)*, el hecho de no prestarles atención ejerce un resultado negativo tanto para usted como para sus empleados. Asegúrese de que éstos comprendan la importancia de asumir la responsabilidad personal de su trabajo y que la posibilidad de que los miembros del grupo alcancen las metas depende de que ellos cumplan sus compromisos.

✔ **Premie el desempeño que cumpla o supere sus expectativas y asesore a quienes no cumplan conforme a lo esperado.** Si usted no les hace ver a sus empleados que no han cumplido sus expectativas, lo más probable es que continúen fallando. Hágales un gran favor a ellos y a la organización, y a usted mismo, haciendo notar las cosas buenas *y* malas que hagan sus empleados. En los capítulos 7 y 10 encontrará muchos más detalles sobre cómo asesorarlos.

Ponga a prueba sus nuevos conocimientos

¿Cuáles son algunos de los beneficios más importantes de delegar el trabajo en los empleados?

A. Aumenta la motivación de los empleados y se crea una unidad de trabajo más eficiente y eficaz.

B. Sus horas del almuerzo se alargan.

C. Puede culpar a los empleados cuando las cosas salgan mal y llevarse el crédito cuando salgan bien.

D. Podrá jubilarse sin tener que abandonar la organización o aceptar un menor sueldo.

¿Debe utilizar un sistema formal para hacerles seguimiento a las tareas asignadas a los empleados?

A. No. Usted podrá recordar cada tarea asignada y el plazo fijado.

B. No. Usted no quiere que sus empleados piensen que usted es demasiado autocrático.

C. Sí. Un sistema formal para hacerles seguimiento a las tareas asignadas le asegura que éstas se cumplan a tiempo.

D. No. Cuando usted delega una labor supone que sus empleados se responsabilizan de ella.

Capítulo 4
Póngase a la cabeza, en la cola, o quítese del camino

Este capítulo le permitirá:
▶ Comparar liderazgo y gerencia.
▶ Llegar a ser líder.
▶ Concentrarse en los rasgos fundamentales de un líder.
▶ Adaptar su estilo de liderazgo.

¿Qué es lo que hace a un líder? Son incontables los libros escritos, innumerables los vídeos producidos e interminables los seminarios dados sobre el tema del liderazgo. Sin embargo, el liderazgo es una cualidad que escapa a muchos de quienes lo persiguen.

Los estudios han demostrado que los rasgos más importantes comunes a todos los buenos líderes son el optimismo y la confianza. Es decir, son personas con actitud positiva, seguras de sí mismas y de su habilidad para influir en los demás y ejercer un impacto en el futuro. El liderazgo y la gerencia, aunque semejantes, son distintos; el liderazgo va mucho más allá que la gerencia. Un gerente puede ser organizado y realizar las cosas con eficiencia sin ser líder — alguien que inspira a otros a dar lo mejor de sí mismos. De acuerdo con el visionario de la gerencia Peter Drucker, el liderazgo es el recurso fundamental pero el más escaso de toda empresa. Nosotros, basados en la investigación informal sobre el tema, coincidimos plenamente con esa opinión.

Todos los integrantes de una organización desean trabajar para los líderes. Los trabajadores desean que los hombres y las mujeres para quienes trabajan den muestras de liderazgo. *Me gustaría que mi jefe tomara una decisión; de lo contrario estaré trabajando en vano hasta que lo haga. Prefiero esperar que él diga qué desea que yo haga.* Y esperan — hasta que el jefe finalmente se da cuenta de que el proyecto tiene dos meses de atraso. Los altos ejecutivos desean que los hombres y las mujeres que trabajan para ellos den muestras de liderazgo. *¡Usted debe asumir la responsabilidad de su departamento y poner las cifras en balance positivo antes de que termine el año fiscal!* Y los empleados desean que sus compañeros den muestras de liderazgo. *¡Si él no pone orden en ese proceso de facturación, tendré que hacerlo yo mismo!*

Un líder es muchas cosas para muchas personas. En este capítulo nos referiremos a las habilidades y los atributos fundamentales que convierten a un buen gerente en un gran líder. Tal como lo explica este capítulo, el liderazgo es el ejercicio de una amplia gama de habilidades — dominar una característica particular no transforma a la persona en líder de la noche a la mañana. Sin embargo, verá que algunas de las habilidades de liderazgo que enumeramos a continuación también son funciones claves de la gerencia en este decenio de los 90 (las que describimos en el capítulo 1). No es ninguna coincidencia.

Diferencias entre gerencia y liderazgo

Ser un buen gerente es un gran logro. La gerencia no es tarea fácil desde ningún punto de vista, y dominar la amplia gama de habilidades requeridas es un proceso que tarda años. Los mejores gerentes hacen su trabajo de manera eficaz y eficiente, sin aspavientos. Como la persona que hay entre bambalinas durante una maravillosa función deportiva o teatral, los mejores gerentes suelen ser los que se notan menos.

Los grandes gerentes son expertos en optimizar la organización con la cual cuentan a fin de lograr sus metas y hacer su trabajo. Por necesidad, se concentran en *el aquí y el ahora* — no en el potencial fabuloso que el futuro puede ofrecer. Se espera que los gerentes realicen las cosas *en el presente* no en algún momento indefinido y nebuloso en el futuro. *¡No me diga lo que piensa hacer por mí el año próximo o el que le sigue! ¡Quiero resultados, y los quiero ahora!* Sin embargo, no basta con tener buenos gerentes en la organización.

Las organizaciones extraordinarias necesitan gerentes extraordinarios. Sin embargo, una gerencia extraordinaria no necesariamente hace a una organización extraordinaria. Para que una organización pueda ser grande, debe tener también gran liderazgo.

Los líderes tienen visión. Miran más allá del aquí y el ahora para ver el amplio potencial de sus organizaciones. Y aunque los grandes líderes también saben realizar eficazmente las cosas dentro de la organización, logran sus metas de manera diferente de como lo hacen los gerentes.

Los gerentes utilizan políticas, procedimientos, cronogramas, incentivos, etapas, disciplina y otros mecanismos para motivar a sus empleados a fin de lograr las metas de la organización. *¿Cómo? ¿No cumplió la etapa del proyecto fijada para marzo? Usted sabe que no podemos permitirnos el lujo de retrasarnos — la campaña de marketing ya comenzó. Por favor revise su cronograma y elabore un informe detallado en que explique cómo piensa ponerse al día. Espero tener ese informe en mi escritorio a primera hora de la mañana.* Y si incumple alguna otra etapa, la amenaza del castigo o el despido es una de las herramientas que un gerente hábil siempre puede utilizar.

Por su parte, los líderes desafían a sus empleados a alcanzar las metas de la organización presentándoles una visión incitante del futuro y desencadenando su potencial. Piense en los grandes líderes de los últimos tiempos. El presidente John F. Kennedy desafió al pueblo estadounidense a llevar a un hombre a la luna. Y así se hizo. Lee Iacocca desafió a la gerencia y a los trabajadores de Chrysler Corporation a arrancar a la compañía de las garras del desastre financiero para construir una corporación nueva que se pusiera a la vanguardia en innovación de producto y rentabilidad. Y así lo hicieron. Jack Welch, de General Electric, desafía a sus trabajadores a ayudar a la compañía a lograr el primero o segundo lugar en todas las empresas que posee. Y así lo hacen.

Todos estos líderes tienen una característica común. Todos han sabido proyectar una visión incitante que se ha adueñado de la mente de sus seguidores, para luego desafiarlos a convertir en realidad esas visiones. Sin la visión de los líderes y sin el aporte del trabajo, la energía y la innovación de sus seguidores, los Estados Unidos no habrían puesto jamás a un hombre en la Luna, el nombre de Chrysler habría ocupado un lugar secundario en la historia, y General Electric no sería la empresa tan exitosa que es hoy.

Lo que hacen los líderes

Las habilidades necesarias para ser líder no son un secreto; lo que sucede es que algunos gerentes han aprendido a utilizarlas, y otros no. Y aunque parezca que algunas personas son líderes de nacimiento, cualquiera puede aprender lo que hacen los líderes y la manera de aplicar esas habilidades.

Incitar a la acción

A pesar de lo que algunos gerentes creen, son pocos los trabajadores que no desean sentirse orgullosos de su organización y que, de tener la oportunidad, no lo entregarían todo a una causa en la cual creen. En toda organización hay una fuente enorme de creatividad esperando a ser aprovechada. Los líderes lo saben, e inspiran a sus empleados para que tomen la iniciativa y realicen grandes cosas.

Los líderes conocen el valor de los empleados y su importancia crucial para alcanzar las metas de una compañía. ¿Conocen los gerentes de *su* empresa la importancia de *sus* empleados? Vea lo que estos gerentes dijeron en el libro de Bob Nelson, *1001 Formas de recompensar a los empleados*.

- ✔ El presidente de Ford Motor Company, Harold A. Poling, dice: "Uno de los recursos fundamentales de una operación de talla mundial es aprovechar el poder creativo e intelectual de todos y cada uno de los empleados".

- ✔ Según Paul M. Cook, fundador y presidente de Raychem Corporation, "la mayoría de las personas, sean ingenieros, gerentes de empresa u operarios de máquinas, desean ser creativas. Buscan identificarse con los éxitos de su profesión y su organización. Desean aportarle a la sociedad más comodidad, mejor salud y más emoción".

- ✔ Bill Hewlett, cofundador y líder de Hewlett-Packard, dice: "Los hombres y las mujeres desean hacer un buen trabajo, un trabajo creativo, y lo hacen cuando el ambiente que se les proporciona es propicio".

Infortunadamente, son pocos los gerentes que premian a sus empleados por ser creativos o por salirse de los límites impuestos por la descripción de su cargo. Son demasiados los gerentes que buscan trabajadores que hagan exactamente lo ordenado, y nada más. Esta práctica constituye un desperdicio enorme de creatividad, ideas y motivación.

Válgase de su influencia como gerente para ayudar a sus empleados a *crear* energía en su trabajo en lugar de agotarlos con la burocracia, los trámites, las políticas y el énfasis en evitar los errores.

Los líderes son diferentes. En lugar de agotar la energía de sus empleados, liberan la energía natural que hay en ellos. Lo hacen eliminando del camino de sus empleados todos los obstáculos para la creatividad y el orgullo, y creando una visión incitante por la cual estén dispuestos a luchar. El líder les ayuda a los empleados a aprovechar la energía y la iniciativa que ellos mismos no sabían que tenían.

Forje una visión incitante para sus empleados y después despeje el camino hacia la creatividad y el orgullo. La visión debe exigir un *esfuerzo*, pero no hasta el punto de que sea *imposible* hacerlo.

Comunicar

Los líderes se comprometen a comunicarse con sus empleados y mantenerlos informados sobre la organización. Los empleados desean ser parte integrante de sus organizaciones y que sus opiniones y sugerencias sean tomadas en cuenta. Los grandes líderes se ganan el compromiso de sus trabajadores construyendo enlaces de comunicación en toda la organización — de arriba abajo, de abajo arriba, y de lado a lado.

¿Cómo construir entonces los enlaces de comunicación en su organización? Piense en las experiencias de los siguientes líderes, mencionadas en el libro de Bob, *1001 formas de recompensar a los empleados:*

- ✔ Donald Petersen, presidente y gerente general de Ford Motor Company, dice: "Cuando comencé a visitar las plantas y a reunirme con los empleados, me tranquilizaba al percibir la enorme energía positiva que afloraba en nuestras conversaciones. Un hombre dijo que llevaba veinticinco años en Ford y había detestado cada minuto de su trabajo hasta el día en que alguien le pidió su opinión. Dijo que esa pregunta había transformado su trabajo".

- ✔ Andrea Nieman, asistente administrativa de Rolm Corporation, resume de la siguiente manera el compromiso de su compañía con la comunicación: "Rolm reconoce que las personas son su mayor activo. Aquí no existe esa actitud de «ellos» y «nosotros»; todo el mundo es importante. La alta gerencia se deja ver y es accesible. Siempre hay tiempo para hablar, encontrar soluciones y ejecutar cambios".

- ✔ Dice Robert Hauptfuhrer, presidente y gerente general de Oryx Energy: "Basta con brindarles a las personas la oportunidad no solamente de hacer un trabajo sino de dejar una huella, para que reaccionen, se pongan los patines y corran a cerciorarse de que así sea".

Cuando Bob asumió el cargo de gerente de departamento en Blanchard Training and Development, se comprometió con sus subalternos a comunicarse con ellos. Para hacer realidad su compromiso, Bob agregó algunos detalles: prometió comunicar los resultados de todas las reuniones del equipo ejecutivo en un lapso de 24 horas. El departamento de Bob valoraba esta información sobre las reuniones porque, a través de esa comunicación, los trataba a todos como si fueran colegas, no subalternos.

Los grandes líderes saben que el liderazgo no es una calle de una sola dirección. El liderazgo de los años 90 es un intercambio de ideas en que los líderes crean una visión y los trabajadores de toda la organización desarrollan y comunican las ideas sobre la mejor manera de alcanzar la visión. El viejo modelo de mando y control de una sola dirección ya no funciona. Ordenarles a los trabajadores bien puede funcionar en el ejército, pero no sirve en absoluto como método para manejar las operaciones cotidianas de una empresa. La mayoría de los empleados no están dispuestos a limitarse a cumplir órdenes todo el día. Si usted todavía cree que así es como son las cosas, tan sólo se engaña a usted mismo.

Apoyar y facilitar

Los grandes líderes crean ambientes en los cuales los empleados se sienten seguros para hablar, decir la verdad y correr riesgos. Es increíble la forma como muchos gerentes castigan a sus empleados por señalar los problemas que encuentran, disentir de las opiniones de la gerencia, o sencillamente expresar su opinión. Pero más increíble todavía es que muchos gerentes castigan a sus empleados por correr riesgos y fallar, en lugar de ayudarlos a triunfar la siguiente vez.

Los grandes líderes apoyan a sus empleados y les facilitan el camino hacia el éxito. El jefe de una organización para la cual trabajó Peter alguna vez, hacía todo lo contrario. En lugar de liderar a sus empleados mediante la fuerza de una visión y la inspiración, los empujaba con los látigos del temor y la intimidación. Los integrantes del equipo de gerencia vivían atemorizados por su temperamento, el cual podía estallar sin previo aviso y sin razón aparente. Un número no reducido de gerentes llevaba las cicatrices y los moretones psicológicos de sus frecuentes estallidos en público. En lugar de contribuir al bienestar de la organización, algunos gerentes optaron por esconderse entre sus conchas y hablar lo menos posible en presencia de ese jefe. Veamos lo que dicen estos gerentes en *1001 formas de recompensar a los empleados*.

✔ Catherine Meek, presidente de la empresa asesora en remuneraciones Meek and Associates, dice: "Con los veinte años que llevo trabajando en esto y los miles de empleados a quienes he entrevistado en cientos de compañías, si tuviera que escoger un mensaje que emerge con toda claridad y fuerza, diría que las empresas son pésimas cuando se trata de reconocer los aportes de la gente. Es lo primero que los empleados nos dicen. «Ni siquiera me importa el dinero; si el jefe tan sólo reconociera que existo. La única vez que se fijan en mí es cuando hago algo mal. Nadie me dice nada cuando hago un buen trabajo»".

- ✔ Según Lonnie Blittle, trabajador de la línea de ensamble de Nissan Motor Manufacturing Corporation U.S.A.: "No hay esa atmósfera de misterio con los gerentes a puerta cerrada y todo el mundo esperando el momento de la explosión. Ellos están con nosotros, trabajando a la par, en lugar de andar por ahí parados con las manos en la cintura".

- ✔ James Berdahl, vicepresidente de marketing de Business Incentives, dice: "Las personas desean sentir que tienen el poder de encontrar mejores maneras de hacer las cosas y de asumir la responsabilidad de su propio ambiente. El hecho de permitírselo ha influido notablemente en su desempeño en el trabajo y también en su satisfacción con la compañía".

En lugar de abandonar a sus empleados a merced de los tiburones, los grandes líderes les lanzan salvavidas cuando las olas se agitan. Aunque los líderes les dan rienda suelta para que ellos escojan la manera de alcanzar las metas de la organización, siempre permanecen al fondo — dispuestos a ayudar y apoyar a los trabajadores cuando sea necesario. Con la confianza que les inspira esta red de seguridad, los empleados se muestran más dispuestos a hacer un esfuerzo y correr unos riesgos que pueden traducirse en beneficios enormes para sus organizaciones.

Características primordiales del liderazgo

El nuevo entorno empresarial de los años 90 y el futuro está marcado por un cambio constante e implacable. Quizás de lo único que usted podrá estar seguro es de que *todo cambiará*. Y después de que cambie, cambiará otra vez. Y otra vez. Y otra vez. (¡Huy!, Disculpe, el teclado se quedó pegado un momento ahí.)

Más vale que comience a acostumbrarse desde ahora, porque ésa será nuestra forma de vida en los negocios en el futuro previsible. Sin embargo, aunque son muchas las cosas que cambian, el liderazgo extraordinario permanece imperturbable — como una roca sólida frente a las tormentas del cambio. Muchos de los rasgos de los grandes líderes han permanecido iguales a través de los años, y continúan siendo valorados altamente en la actualidad. Las secciones siguientes describen esas características primordiales del liderazgo.

Principales tendencias empresariales para tener presentes

Según Stanley Bing, perspicaz columnista de la revista *Fortune,* hay numerosas tendencias arrasando el entorno de los negocios. Una de las principales es la necesidad de que los gerentes sean consecuentes con lo que dicen y lo que hacen. Ser consecuente con lo que se dice significa *sonar* como si uno supiera lo que está haciendo, y ser consecuente con lo que se hace implica ir más allá para dar la *impresión* de saber lo que se está haciendo — sea verdad o no.

Tal como lo muestra el gráfico, el porcentaje de ejecutivos consecuentes con lo que dicen y de los consecuentes con lo que hacen ha venido aumentando desde los años 70. Sin embargo, la capacidad de ser al mismo tiempo consecuentes con lo que dicen y lo que hacen ha venido declinando constantemente desde que alcanzara su nivel más alto hace unos veinte años. He aquí algunos consejos de Bing con respecto a estos rasgos cruciales del líder:

✔ "Primero, sea siempre consecuente con lo que dice, aunque los demás parezcan no comprenderlo. Todo depende de la coherencia y de la impresión proyectada; de manera que ¡adelante!

✔ Segundo, si usted no está en condiciones de ser consecuente con lo que dice a causa de un superior o porque tiene la boca llena, limítese a ser consecuente con lo que hace, y así proyecta en silencio y con dignidad las cualidades necesarias de un ejecutivo.

✔ Tercero, no trate de hacer ambas cosas hasta que las haya perfeccionado. No hay nada más patético que una persona que trata de hablar y hacer al mismo tiempo sólo para enredarse delante de los empleados irrespetuosos que lo rodean con una sonrisa. ¡Practique primero!"

(Fuente: *Fortune,* 18 de septiembre de 1995)

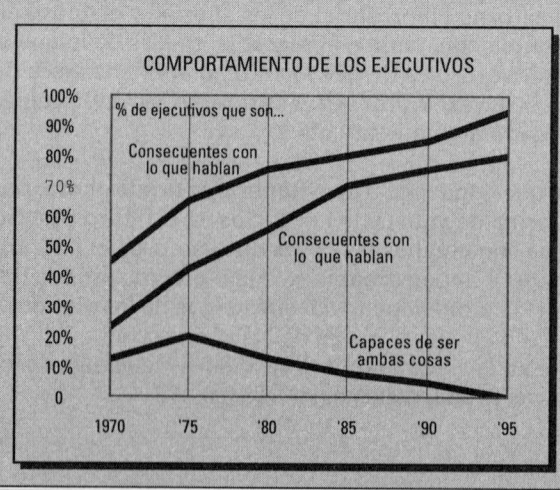

COMPORTAMIENTO DE LOS EJECUTIVOS

% de ejecutivos que son...
- Consecuentes con lo que hablan
- Consecuentes con lo que hablan
- Capaces de ser ambas cosas

(1970, '75, '80, '85, '90, '95)

Optimismo

Para los grandes líderes, el futuro siempre es un lugar maravilloso. Aunque el camino hacia sus metas esté sembrado de adversidad y exija gran esfuerzo, los líderes siempre miran hacia el futuro llenos de una gran promesa y optimismo. Ese optimismo se convierte en un aura que irradia de todos los grandes líderes y envuelve a todas las personas que entran en contacto con ellos.

Las personas desean sentirse bien consigo mismas y su futuro, y desean estar a las órdenes de un triunfador. Por tanto, hay una atracción natural entre los trabajadores y las personas optimistas, mas no así con las pesimistas. ¿Quién querría trabajar para alguien que no hace más que predicar el fracaso y la fatalidad del futuro de la empresa? Los líderes de esa clase sólo logran desmotivar a sus empleados y colaboradores, y los obligan a dedicarse a pulir sus hojas de vida en lugar de concentrarse en mejorar sus organizaciones.

El optimismo es contagioso; en poco tiempo, un gran líder puede convertir una organización llena de pesimistas en un lugar pletórico de sentimientos positivos hacia el futuro. Esta emoción genera mayor productividad y mejora el ambiente de la organización. La moral aumenta y también el renglón de utilidades de la compañía.

Sea optimista. Contagie con su entusiasmo a quienes lo rodean.

Seguridad

Los grandes líderes jamás dudan de poder lograr lo que se proponen... por lo menos no en público. ¿Qué? ¿Hay una montaña de 6 000 metros bloqueando el camino? No importa, la escalamos. ¿Que nuestra meta está del otro lado del océano? No importa, lo cruzamos a nado. Mmmm... ¿un abismo sin fondo nos cierra el paso? Pues bien, saltamos. Cualquiera que sea el desafío, encontraremos la manera de superarlo.

Los líderes seguros de sí mismos crean seguidores seguros, razón por la cual a las organizaciones dirigidas por líderes seguros no hay quien las frene. Los empleados de una organización son el reflejo de la conducta de sus líderes. Cuando los líderes son tímidos e inseguros, los trabajadores (y el renglón de utilidades) también lo son. Cuando los líderes se muestran seguros de sí mismos, los trabajadores siguen su ejemplo, con unos resultados realmente asombrosos.

Sea un líder seguro. Así incitará a sus empleados a dar lo mejor de sí mismos y, al mismo tiempo, los ayudará a confiar más en sus habilidades.

Integridad

Una de las características que distingue a los grandes líderes del resto de la gente es la integridad: la conducta ética, los valores y el sentido del juego limpio. Las personas honestas — y nos referimos a *usted* — desean seguir a líderes honestos. En una encuesta reciente, la integridad apareció como el rasgo *más* deseable en un líder. Cuando los líderes de una organización actúan con integridad, la organización puede cambiar la vida de los empleados, los clientes y las demás personas que entren en contacto con ella, de una manera muy real y positiva. A su vez, esto se traduce en sentimientos positivos hacia la organización.

La mayoría de los estadounidenses que trabajan dedican una tercera parte (o más) de sus horas de vigilia al trabajo. Trátese de producir aparatos de iluminación, disponer de basura radiactiva, desarrollar programas de realidad virtual o entregar pizzas, las personas desean formar parte de una organización que deje una huella positiva en su vida. Sin duda, el dinero es importante — todo el mundo debe pagar las cuotas del vehículo y comprar zapatos para los hijos —, pero son pocas las personas que no dirían que el dinero es una retribución *extrínseca* secundaria con respecto a las satisfacciones *intrínsecas* derivadas de su trabajo.

Los cinco principios para cimentar el poder de la ética en la organización

En su libro *The Power of Ethical Management*, Ken Blanchard y Norman Vincent Peale plantean cinco principios para desencadenar el poder de la ética en cualquier organización. Así lo señalan los autores en la introducción del libro: "Creemos que el primer paso hacia el éxito de una empresa es tener un código de moral sólido. Creemos que los gerentes con ética están destinados a triunfar".

Blanchard y Peale dicen que los cinco principios para desencadenar el poder de la ética en la organización son:

✔ **Propósito:** La misión de nuestra organización viene desde arriba. Nuestro camino está marcado por unos valores, unas esperanzas y una visión que nos ayudan a saber cuáles conductas son aceptables y cuáles no.

✔ **Orgullo:** Nos sentimos orgullosos de nosotros mismos y de nuestra organización. Sabemos que este sentimiento nos permitirá resistir la tentación de faltar a la ética.

✔ **Paciencia:** Creemos que aferrándonos a nuestra ética finalmente alcanzaremos el éxito. Esto implica mantener un equilibrio entre obtener los resultados y poner atención a la forma como los obtenemos.

✔ **Persistencia:** Tenemos el compromiso de vivir de acuerdo con los principios de la ética. Estamos comprometidos con nuestro compromiso. Nos cercioramos de que nuestros actos sean consecuentes con nuestro propósito.

✔ **Perspectiva:** Nuestros gerentes y empleados se detienen a reflexionar, toman nota de dónde estamos, evalúan hacia dónde vamos y determinan la manera de llegar allá.

Decisión

Los mejores líderes son decididos. Si hay una queja que se oye con mucha frecuencia en las empresas es que los jefes son indecisos. A pesar de que tomar decisiones es una de las razones principales por las cuales se contrata a una persona para ser gerente, no son muchos los individuos que están dispuestos a arriesgarse a tomar una decisión *errónea*. En lugar de tomar decisiones erradas — y tener que enfrentar las consecuencias — muchos de los mal llamados líderes prefieren aplazar indefinidamente la decisión y continúan buscando más información, alternativas y opiniones de terceros. Tienen la esperanza de que los sucesos hagan innecesaria la decisión, o que otra persona tome las riendas y tome la decisión por ellos.

Los grandes líderes deciden. Eso no significa que lo hagan con la imprudencia del héroe del oeste que apunta y dispara sin pensar. No, los grandes líderes dedican el tiempo necesario a conseguir la información, las personas o los recursos que requieren para tomar una decisión bien pensada dentro de un lapso de tiempo razonable. Si tienen los datos a la mano, perfecto. Si no, el líder sopesa la información disponible frente a la urgencia relativa de la decisión, y actúa en conformidad.

Sea decidido. No espere a que los sucesos tomen las decisiones por usted. Algunas veces, decidir — aunque la decisión sea errónea — es mejor que no decidir.

El estilo según la necesidad: liderazgo situacional

En la actualidad no basta un solo estilo de liderazgo para dirigir a los empleados. La reducción del tamaño de las empresas, la mayor competencia global y otros factores no solamente han modificado radicalmente el entorno laboral durante los últimos años sino que también los trabajadores mismos han cambiado. Si usted desea ser un buen gerente, no podrá aplicar un solo estilo de liderazgo sino que deberá recurrir a distintos estilos, de acuerdo con las necesidades variadas de sus empleados.

El liderazgo situacional consiste en adaptar para cada tarea el estilo de liderazgo del gerente con el fin de ajustarlo al nivel de desarrollo del empleado. El resultado final es el convencimiento de que no existe una forma particular mejor de administrar a las personas. Un estilo de liderazgo que funcione para un empleado nuevo e inexperto posiblemente fracase con quien ya tiene experiencia. Y entre empleados aparentemente idénticos, cada cual tiene necesidades propias y únicas.

En el liderazgo situacional intervienen tres factores cuya combinación determina el resultado:

- ✔ La cantidad de orientación que les proporciona el líder a los empleados.
- ✔ La cantidad de apoyo que proporciona el líder.
- ✔ La capacidad de los empleados para desempeñar tareas y funciones o para lograr objetivos.

El liderazgo comprende cuatro estilos diferentes. Estos cuatro estilos dependen del grado de dirección y de apoyo que demuestre el líder en su comportamiento. Cada uno de los estilos es apropiado según las necesidades particulares de los subalternos.

Dirigir

Dirigir es la manifestación de un comportamiento con alto nivel de autoridad y bajo nivel de apoyo. En esta modalidad, los líderes les comunican a los trabajadores exactamente lo que esperan de ellos, y cuándo y cómo hacerlo. Este estilo es apropiado para los nuevos empleados o para aquéllos a quienes se les ha asignado una nueva actividad. Estos *novatos entusiastas* aportan energía e interés a un nuevo trabajo o actividad, pero necesitan conocer con claridad el rumbo. Este estilo *no* es apropiado para los empleados veteranos, quienes podrían asociar el estilo directivo de sus jefes a falta de confianza en sus capacidades.

He aquí un ejemplo: Suponga que tiene un par de nuevos empleados a quienes se ha encargado la responsabilidad de ensamblar un producto complicado — quizás un aparato de lujo, para trabajo pesado. Es tan complicado el producto que tienen un procedimiento de cinco páginas y cuarenta y siete pasos para ensamblarlo. Es obvio que si usted sienta a los empleados en los sitios designados, les da copias del procedimiento y los deja para que se las arreglen como puedan, el resultado será un par de empleados frustrados y unos cuantos aparatos de lujo y alto poder bastante horribles.

Una estrategia mucho mejor es aplicar un liderazgo *directivo*. Destine tiempo a sentarse con sus nuevos empleados y a darles indicaciones claras, repasando el proceso con ellos. O pídale a uno de sus mejores ensambladores que entrene a los nuevos empleados en el proceso. Si los novatos cometen un error, corríjalos inmediatamente. En esta etapa del aprendizaje, los nuevos empleados deben seguir sus instrucciones al pie de la letra. No es un momento apropiado para que den rienda suelta a su creatividad. Una vez que dominen la tarea, podrán dedicarse a mejorarla.

Instruir

Cuando un líder aplica un comportamiento con alto grado de dirección y de apoyo, hace lo que se conoce como *instruir*. Este estilo es el más indicado cuando un empleado todavía necesita orientación para aprender a realizar una tarea y además una buena dosis de apoyo y estímulo para culminarla con éxito. En esta situación, el empleado ha tenido problemas para dominar la tarea y ha perdido el entusiasmo. En otras palabras, la luna de miel ha terminado y el empleado se ha convertido en un *aprendiz desilusionado*.

Para comprender la manera como esta modalidad de instrucción funciona, piense en nuestro ejemplo de los empleados que están aprendiendo a ensamblar el aparato de lujo. Los empleados han seguido sus instrucciones y tratan de armar los aparatos por sí solos. Ponen todo el empeño en el trabajo, pero por la complejidad del procedimiento de cuarenta y siete pasos, continúan teniendo problemas.

Como instructor, usted debe visitar con frecuencia a sus nuevos empleados para ver cómo van. Si ve que necesitan ayuda para culminar su actividad correctamente, su labor es estimularlos y orientarlos como lo haría un instructor. Quizás deba repasar el proceso paso a paso con ellos, o aclarar una o dos preguntas concretas. No espere que sus empleados le soliciten instrucción. Es probable que ni siquiera se den cuenta de que necesitan instrucción, o que se sientan demasiado avergonzados para pedir ayuda.

Algo que debe recordar es que, tanto en el deporte como en los negocios, los instructores dirigen los equipos, pero *no participan en el juego;* proporcionan capacitación, orientación, dirección y apoyo irrestricto, pero mientras los equipos trabajan, el instructor debe observar desde la banda lateral.

Apoyar

Los líderes que presentan un comportamiento con alto grado de apoyo y bajo nivel de dirección *apoyan* a sus empleados. Esta forma de liderazgo se utiliza cuando los empleados han aprendido y demostrado las destrezas necesarias para realizar la actividad deseada pero todavía no tienen confianza para repetirla correctamente una y otra vez. Los empleados que se encuentran en esta etapa de desarrollo se denominan *cautelosos*, y necesitan que sus líderes los alienten para continuar realizando un buen trabajo.

Volvamos a nuestros ensambladores de aparatos. En realidad, ya no son tan novatos. Han comenzado a comprender su trabajo, y por lo general aciertan. A medida que mejora su desempeño, comienzan a dominar la actividad y, por ende, a pensar en otros métodos para realizarla.

En esta etapa, el papel del líder cambia de nuevo. En lugar de brindar el alto nivel de dirección característico del estilo instructivo, el líder se concentra en apoyar a los empleados. Éstos no buscan orientación para enfrentar sus desafíos, pero sí necesitan apoyo adicional — alguien que los escuche y les ayude a desarrollar confianza. Los gerentes que brindan apoyo lo hacen siempre que es necesario hasta que los empleados desarrollan confianza en sus habilidades y destrezas.

Solicíteles ideas y sugerencias a sus empleados sobre otras maneras de realizar mejor el trabajo. Cuando usted les pide a los empleados su aporte, crea una oportunidad de aprendizaje puesto que ellos se ven precisados a pensar en los detalles de su trabajo y en la manera de mejorarlos. Es una manera de reforzar la seguridad en ellos mismos puesto que les demuestra que confía en sus opiniones.

Algunas de las ideas de sus empleados pueden ser geniales — y otras no tanto. Pero si usted explica exactamente por qué una idea ha de funcionar o no, les enseñará todavía más acerca de los procesos del trabajo y del proceso de decisión utilizado para evaluar las nuevas ideas. Este aprendizaje es de valor incalculable para sus empleados porque les permite independizarse cada vez más de su supervisión cotidiana.

Delegar

Por último, la *delegación* ocurre cuando los líderes les proporcionan poca dirección y poco apoyo a sus empleados. Este estilo de liderazgo se presta mejor para los empleados que son hábiles y tienen confianza para cumplir sus obligaciones. Esas personas son las de *más alto desempeño* y pueden asumir un grado considerable de responsabilidad para realizar las actividades con poca dirección o apoyo de los líderes.

Ahora, nuestros ensambladores de aparatos de lujo pueden trabajar de manera independiente y con poca o ninguna supervisión. Hacen bien su trabajo, y si usted les permite implantar mejoras sin necesidad de otorgarles una autorización explícita, lo harán. Durante el proceso, sus empleados habrán descubierto maneras de mejorar la eficiencia de su actividad. Ahora, en lugar de cuarenta y siete pasos para ensamblar el aparato, quizás hayan reducido el procedimiento a treinta y cinco, ahorrándole así a la compañía tiempo y dinero, y mejorando al mismo tiempo la calidad del producto terminado.

Sin duda usted conocerá muchos ejemplos de esta clase de empleados. Quizás su gerente de ventas cumple siempre las metas fijadas y a tiempo. O quizás el encargado de la correspondencia hace su trabajo perfectamente todos los días, sin necesidad de supervisión. Podría ser el gerente de programas que autónomamente se reúne con los clientes, fija plazos para terminar los proyectos y supervisa el avance del equipo hacia las metas.

Como líder, su interés debe ser motivar a tantos empleados como pueda a través de las distintas etapas hasta que lleguen al nivel de más alto desempeño lo más rápidamente posible. Aunque no se trata de apremiar a los empleados a fin de que desempeñen funciones para las cuales no están preparados, cuanto más pronto pueda delegar en ellos una actividad, más tiempo tendrá disponible para concentrarse en las labores que solamente usted está en capacidad de realizar.

Ponga a prueba sus nuevos conocimientos

¿Cuáles son las tres cosas más importantes que hacen los líderes?

A. Reunirse y comer.

B. Pagar la cuenta de los almuerzos de trabajo, hacer declaraciones importantes y llevar la cuenta de la asistencia de los empleados.

C. Incitar a la acción, comunicar, apoyar y facilitar.

D. Vestirse para el éxito, asistir a las universidades indicadas y ascender los escalones de la corporación.

¿Cuáles son las cuatro fases del liderazgo situacional?

A. Dirigir, controlar, castigar y despedir.

B. En realidad, solamente son tres fases.

C. Dirigir, instruir, apoyar y delegar.

D. Ninguna de las anteriores.

Parte II
Gerencia: un asunto humano

La 5ª ola   por Rich Tennant

"PARA UN ENFOQUE UN POCO MÁS AGRESIVO, TENEMOS NUESTRA SERIE DE AFICHES DE MOTIVACIÓN TITULADA "O SI NO..."

En esta parte ...

Si algo es la gerencia es un asunto *humano*. Los mejores gerentes trabajan bien con toda clase de personas. En esta parte le mostramos cómo contratar empleados extraordinarios, inspirarlos para que den lo mejor de sí mismos e instruirlos.

Capítulo 5
Contratar: la decisión del millón

Este capítulo le permitirá:
- Identificar sus necesidades.
- Reclutar nuevos empleados.
- Saber qué debe y qué no debe hacer durante las entrevistas.
- Evaluar a los candidatos.
- Tomar la gran decisión.

Es difícil encontrar buenos empleados. Si recientemente usted tuvo el privilegio de anunciar una vacante, sabe que es cierto. He aquí la situación: Usted pone el anuncio y espera a recibir las hojas de vida de los candidatos más inteligentes y mejores. Dos días después, está feliz viendo un montón de hojas de vida listas para su escrutinio. ¿Cuántas hay? ¿100? ¿200? ¡Cuántas respuestas!

Pero su alegría no tarda en convertirse en desilusión una vez iniciado el escrutinio. *"¿Por qué presentó la solicitud este tipo? ¡Ni siquiera tiene los años de experiencia exigidos!" "¿Qué? Esta mujer jamás ha realizado esta clase de trabajo". "¿Acaso es un chiste? ¡Este hombre seguramente contestó otro anuncio!"*

Encontrar y contratar a los mejores candidatos para un puesto jamás ha sido fácil. Infortunadamente, con todas las reducciones de personal y la reducción del tamaño de las empresas estadounidenses, son muchas las personas que buscan trabajo. Su tarea es averiguar cómo encontrar los mejores candidatos entre ese mar de desechos de la reingeniería. Los ingresos que un trabajador estadounidense promedio recibe durante toda su vida laboral se calculan en US$1 millón. Contratar en realidad es la decisión del millón.

Su misión, si decide aceptarla, es encontrar los candidatos con las mejores calificaciones para llenar la vacante. Tendrá a su disposición toda una serie de herramientas, pero su presupuesto es limitado. Tendrá que ser recursivo y valerse de toda su astucia pero, por encima de todo, deberá conservar la cordura en todo momento. Una vez hallados los candidatos, su labor consiste en reducir la selección a una persona y garantizar que el proceso de reclutamiento culmine con el ingreso definitivo de esa persona en la empresa. Deberá tener éxito en su misión porque no hay espacio para fallar. Buena suerte. Esta cinta se autodestruirá en cinco segundos.

Definir las características de sus nuevos empleados

Los empleadores buscan muchas cualidades en los aspirantes. ¿Qué busca *usted* al entrevistar? La lista siguiente le dará una idea de las cualidades que los empleadores consideran de vital importancia al contratar nuevos empleados. Es probable que otras características, como buenas destrezas en el golf, poca vida social, u otra, sean de interés particular para usted.

- ✔ **Deseo de trabajar:** Ser buen trabajador puede compensar la falta de experiencia o capacitación. Usted debe tratar de contratar personas dispuestas a hacer cualquier cosa para realizar el trabajo. Por otro lado, no hay capacitación que pueda compensar la falta de iniciativa o la ética de trabajo. Aunque no lo sabrá a ciencia cierta hasta que contrate, si interroga a los candidatos a fondo podrá hacerse una idea acerca de su ética de trabajo (o, por lo menos, de lo que desean que usted *crea* sobre su ética de trabajo).

- ✔ **Buena actitud:** Aunque no todo el mundo tiene la misma definición de una "buena" actitud, una persona positiva, amable y dispuesta a colaborar hace mucho más agradable la vida en la oficina y facilita el trabajo de *todo el mundo.* Al entrevistar a los aspirantes, piense cómo será trabajar con ellos durante los próximos cinco o diez años.

- ✔ **Experiencia:** Cuando Peter se graduó en la Universidad de Stanford, pensó muy ingenuamente que sería contratado inmediatamente en virtud del peso de su diploma. Sin embargo, carecía de un elemento de importancia crucial en el proceso de contratación: la experiencia. La entrevista brinda la oportunidad de formular preguntas muy directas que le revelarán si el candidato realmente está en condiciones de hacer el trabajo.

- ✔ **Estabilidad:** Uno no puede contratar a una persona hoy sólo para descubrir que mañana ya está buscando su siguiente empleo. Usted podrá darse una idea de la estabilidad laboral de una persona (o de la falta de ella) preguntando durante cuánto tiempo trabajó para su empleador anterior y la razón de su retiro. No sólo eso sino que podrá disfrutar las explicaciones de los candidatos que insisten en estar cansados de ir de aquí para allá y están dispuestos a sentar la cabeza.

- ✔ **Inteligencia:** Las personas inteligentes suelen encontrar soluciones mejores y más rápidas para los problemas que se les atraviesan. En el mundo de los negocios, las personas con inteligencia *práctica* son más importantes que las que tienen inteligencia *académica*. A menos, obviamente, que el empleador sea una editorial.

- ✔ **Responsabilidad:** Busque personas dispuestas a asumir la responsabilidad del cargo. Las preguntas sobre los proyectos en que los candidatos han participado y su función concreta dentro de ellos le ayudarán a darse una idea clara sobre esta cualidad. Detalles como presentarse a la entrevista y llevar calcetines del mismo color pueden también ser indicios del sentido de responsabilidad del aspirante.

Contratar a las personas indicadas es una de las tareas más importantes de un gerente. Infortunadamente, los gerentes suelen dedicar muy poco tiempo a esta tarea, descuidar su preparación y acelerar el proceso de las entrevistas. Como muchas otras cosas en la vida, los resultados derivados del proceso de contratación son directamente proporcionales al tiempo dedicado. Si usted se dedica a buscar los mejores candidatos para un cargo, la probabilidad de encontrarlos será mucho mayor. Si lo deja al azar, seguramente lo decepcionará lo que encuentre.

Definir el cargo antes de comenzar

¿Es nuevo el cargo, o se trata de llenar uno ya existente? Cualquiera que sea el caso, antes de iniciar el proceso de reclutamiento debe determinar con precisión los parámetros según los cuales evaluará a los aspirantes. Cuanto más clara su necesidad, más fácil y menos arbitrario será su proceso de selección.

Si el cargo es nuevo, aproveche la oportunidad para diseñar al candidato ideal. Elabore una descripción detallada de todas las funciones y responsabilidades del cargo, las calificaciones mínimas necesarias y la experiencia requerida. Si el cargo exige saber WordPerfect, anótelo. ¡No tenga miedo! No podrá llenar la vacante con un experto en ese programa si no incluye el requisito como elemento fundamental de la descripción del cargo. Cuanto más esfuerzo le dedique a la descripción del cargo, menos tendrá que trabajar después de contratar a la persona.

Si el cargo ya existe, revise cuidadosamente la descripción de él y haga los cambios necesarios. La descripción del cargo debe reflejar con exactitud las funciones y los requisitos. Contratar a una nueva persona para llenar un cargo existente, equivale a comenzar con la pizarra limpia. Por ejemplo, quizás usted haya tenido dificultades para lograr que el empleado anterior aceptara ciertas nuevas funciones, como llevar el tiempo en las reuniones del personal o llenar vales de viaje. Si agrega estas nuevas responsabilidades a la descripción del cargo antes de iniciar el proceso de reclutamiento, sus expectativas quedarán claras y no tendrá que pelear con el nuevo empleado para que realice el trabajo.

Por último, antes de comenzar a reclutar, utilice la mejor y más reciente descripción del cargo para enumerar las cualidades más importantes que busca en la nueva persona. Utilice la lista como guía durante la entrevista. Si toma como guía los requisitos del cargo lo más seguro es que consiga a la persona que busca.

Elaborar el esquema de la entrevista tiene otra ventaja: podrá documentar con facilidad las razones por las cuales no contrató a los candidatos que no fueron aptos para los cargos. Preste mucha atención a eso. Si alguna vez es demandado por un aspirante descontento — y esas demandas son más comunes de lo que podría imaginar — agradecerá haber dedicado un esfuerzo adicional a ese aspecto del proceso de contratación.

Cómo encontrar personas buenas

Las personas son el corazón de toda empresa. Cuanto mejores sean las personas encargadas del funcionamiento de la empresa, mejor será la empresa. Algunas personas están hechas para sus cargos. Quizás usted conozca a algunas de ellas — alguien que florece en la recepción o alguien que nació para vender. Piense cuán extraordinaria podría ser su organización si pudiera llenar *cada uno* de los cargos con personas nacidas para desempeñarlos.

Asimismo, equivocarse al contratar puede convertir el trabajo en una experiencia desastrosa. Los efectos negativos de contratar a una persona inadecuada pueden resonar por toda la organización durante años. Si como gerente usted le da la espalda al problema, correrá el riesgo de perder a sus buenos empleados. No hay palabras para resaltar la importancia de contratar personas idóneas. ¿Quiere usted dedicar unas cuantas horas de más al principio para encontrar a los mejores candidatos, o dedicar horas interminables a tratar de enderezar a un empleado problema?

Capítulo 5: Contratar: la decisión del millón

Por supuesto, por muy importante que sea el proceso de entrevista para seleccionar a los mejores candidatos para los cargos, usted no tendrá a nadie a quien entrevistar si no tiene un buen sistema para encontrar buenos aspirantes. ¿Entonces dónde encontrar los mejores candidatos para sus cargos?

La respuesta simple es en todas partes. Claro que algunos sitios son mejores que otros — probablemente no encontrará a la persona para manejar el proyecto del reactor nuclear de su laboratorio anunciando al dorso de las cajas de fósforos — pero realmente nunca se sabe de dónde podrá salir su siguiente programador estrella o periodista de talla mundial. ¡Hasta podrían estar trabajando para la competencia en este mismo momento!

En las secciones siguientes presentamos algunos de los mejores métodos para encontrar candidatos para los cargos. Su labor es desarrollar una campaña de reclutamiento encaminada a encontrar la clase de personas que desea contratar. Y no recurra únicamente a su departamento de recursos humanos; seguramente usted sabe mejor dónde encontrar las personas que necesita (sin pretender ofender a las personas de ese departamento). Cerciórese de que tomen en cuenta las opiniones de usted.

- ✔ **Busque bien dentro de la empresa:** En la mayoría de los casos, el primer sitio para buscar candidatos es dentro de la misma organización. Si usted ha hecho un esfuerzo por capacitar y desarrollar a los empleados, seguramente tendrá muchos candidatos en quienes pensar para las vacantes. Busque por fuera únicamente cuando haya agotado sus candidatos internos. De esta manera, el proceso de contratar no solamente será más económico y fácil, sino que tendrá empleados más felices, la moral subirá y tendrá *nuevos empleados* que ya conocen a fondo la organización.

- ✔ **Referencias personales:** Usted podrá encontrar candidatos excepcionales recomendados por otros colaboradores de la empresa, colegas profesionales, amigos, parientes o vecinos. ¿Quién mejor para presentar a un candidato que alguien cuya opinión usted valora y acepta? Las nociones que tengan las personas que recomiendan a los candidatos sobre sus fortalezas y debilidades serán mucho más perceptivas que la simple lectura de una hoja de vida. Cuando usted se disponga a llenar una vacante, haga pública su intención hasta donde sea posible.

- ✔ **Agencias temporales:** Contratar empleados *temporales* se ha convertido en rutina en muchas compañías. Cuando a usted sencillamente le sea preciso llenar un cargo crítico durante un período corto de tiempo, la mejor alternativa son las agencias temporales.

Lo mejor de este recurso es que usted tendrá la oportunidad de poner a prueba a los empleados antes de quedarse con ellos. Si no le agradan, no hay problema. Basta con llamar a la agencia, y ésta tendrá los reemplazos en un abrir y cerrar de ojos. Pero si le agradan los empleados temporales, la mayoría de las agencias permiten que sean contratados por una tarifa nominal o después de un compromiso de tiempo mínimo. Desde el lado que se le mire, es un recurso positivo.

✔ **Asociaciones profesionales:** La mayoría de las profesiones están agrupadas en asociaciones que velan por sus intereses. Bien sea un médico (miembro de la Asociación Médica Americana), o bien un conductor de camión (miembro del Sindicato de Transportistas), siempre podrá encontrar una asociación laboral. Hasta hay asociaciones de asociaciones. Los boletines, las revistas y los comunicados de las asociaciones son medios excelentes para anunciar las vacantes cuando se busca un área de conocimiento especial, puesto que el público ya ha sido seleccionado.

✔ **Agencias de empleo:** Si la vacante es para un cargo muy especializado, si usted está reclutando en un mercado muy pequeño, o sencillamente prefiere que otra persona se encargue de reclutar y seleccionar a los solicitantes, las agencias de empleo son una buena alternativa. Aunque las agencias suelen localizar candidatos calificados para cargos administrativos o de nivel inferior, quizás necesite la ayuda de una empresa especializada en buscar ejecutivos cuando se trate de llenar los cargos de alto nivel.

✔ **Internet:** Cada día es mayor el número de compañías que descubren las ventajas de usar la Internet como medio para contratar. Aunque los académicos y los científicos han utilizado los grupos de noticias de la Internet desde hace mucho tiempo para anunciar y buscar posiciones en sus campos de trabajo, ahora las corporaciones comienzan a seguir su ejemplo. La proliferación de páginas de corporaciones en la red mundial de computadores (World Wide Web) ha agregado toda una nueva dimensión al proceso de reclutamiento. Las páginas de la red permiten presentar información casi ilimitada en cantidad y contenido acerca de la empresa y las vacantes — en forma de texto, audio, gráficos y vídeo. Las páginas funcionan las 24 horas del día, 7 días a la semana.

✔ **Publicidad:** Los anuncios publicitarios no sólo son relativamente económicos sino una manera fácil de presentarle el mensaje a un segmento grande de posibles aspirantes. Usted puede anunciar en la prensa local o en las publicaciones de circulación nacional. La desventaja es que podría acabar estudiando cientos o miles de solicitudes de personas no calificadas para encontrar unas pocas extraordinarias. Pero para eso está el departamento de recursos humanos, ¿no es así?

Usted puede ser el entrevistador más grande del mundo

¿Qué clase de entrevistador es usted? ¿Dedica varias horas a preparar las entrevistas — revisar hojas de vida, revisar las descripciones de los cargos, redactar una y otra vez las preguntas hasta tenerlas tan afiladas como una cuchilla de afeitar? ¿O es la clase de entrevistador que, a causa de sus ocupaciones, comienza a prepararse para la entrevista cuando la recepcionista le avisa que el candidato lo espera?

El secreto para llegar a ser el entrevistador más grande del mundo radica en dedicar tiempo *en serio* a prepararse para las entrevistas. ¿Recuerda cuánto tiempo dedicó a prepararse para su cargo actual? No fue cosa de entrar, sentarse y ser contratado, ¿verdad? Seguramente pasó horas estudiando a la compañía, sus productos y servicios, su situación financiera, su mercado y otros datos. Seguramente remozó sus habilidades y hasta representó su papel con un amigo o frente al espejo. ¿No cree que debe dedicar al proceso de entrevista al menos la misma cantidad de tiempo que los aspirantes?

Formular las preguntas correctas

Ante todo, la esencia del proceso de entrevista está en las preguntas formuladas y las respuestas obtenidas. Se obtienen las mejores respuestas cuando se hacen las mejores preguntas. Las malas preguntas por lo general provocan respuestas pésimas — respuestas que no le indican si el candidato es el apropiado para el cargo.

Un gran entrevistador formula preguntas excepcionales. "¿Cómo podré formular preguntas excepcionales?", dirá usted. De acuerdo con Richard Nelson Bolles, todas las preguntas de una entrevista se pueden clasificar en una de las siguientes cuatro categorías:

✔ **¿Por qué está usted aquí?** En serio. ¿Por qué razón se tomó el aspirante la molestia de someterse a una entrevista de todo el día? Sólo hay una forma de averiguarlo — preguntando. Quizás suponga que esa persona responderá que desea trabajar en su compañía, pero podría sorprenderse con lo que descubrirá.

Bruce Hatz, gerente de personal de Hewlett-Packard, cuenta la historia de un aspirante que olvidó que estaba solicitando empleo en Hewlett-Packard. Durante toda la entrevista, el solicitante se refirió a la compañía por el nombre de uno de sus competidores. (Fuente:

San José Mercury-News en America Online, tomado de la red el 12/6/95.)

✔ **¿Qué nos ofrece?** ¡Ésta es siempre una consideración muy importante! Desde luego que todos sus candidatos pretenderán deslumbrarlo con una personalidad arrolladora, experiencia, ética del trabajo y amor al trabajo en equipo. Eso prácticamente se cae de su peso. Sin embargo, a pesar de lo que muchas personas que buscan empleo creen, la cuestión no es "¿Qué puede hacer la compañía por mí?" — por lo menos no desde el punto de vista de quien contrata. La pregunta cuya respuesta usted desea oír es: "¿Qué puede hacer usted por nosotros?"

Martha Stoodley, ex empleada de reclutamiento de Advanced Micro Devices, Inc., cuenta la historia del aspirante que golpeó el escritorio de ella y exigió una bonificación inicial. Y esto antes de que comenzara la entrevista. No nos sorprende que ese candidato haya salido de allí sin el empleo y sin la bonificación. (Fuente: *San Jose Mercury-News* en America Online, tomado de la red el 12/6/95.)

✔ **¿Qué clase de persona es usted?** Pocos candidatos serán ángeles o demonios absolutos, pero no olvide que usted pasará mucho tiempo con la persona que contrate. Trate de contratar a una persona cuya compañía usted pueda disfrutar durante las horas, las semanas y los años interminables que les esperan — por no hablar de las fiestas, los almuerzos campestres de la compañía, y muchas otras ocasiones sociales a las que deberán asistir. (Bueno, al menos alguien a quien pueda tolerar unas cuantas horas de vez en cuando.) También es importante confirmar unos pocos detalles menores: ¿Se comportan con honestidad y ética los candidatos? ¿Están de acuerdo con usted con respecto al horario de trabajo, la responsabilidad, etc.? ¿Serán empleados responsables y confiables?

✔ **¿Podemos pagarle lo que pide?** De nada sirve encontrar el candidato perfecto para que al final de la entrevista descubra que en materia de remuneración los separa una distancia como de la Tierra a la Luna. Recuerde que el sueldo real que se les paga a los trabajadores es solamente parte de un paquete completo de prestaciones. Aunque no pueda reunir más dinero para los sueldos de unos candidatos especialmente buenos, quizás pueda ofrecerles mejores beneficios, una oficina más agradable, un título más destacado, o la llave del sauna para ejecutivos.

Cosas que debe hacer durante la entrevista

REGLA GENERAL

¿Qué debe hacer entonces a fin de prepararse para las entrevistas? A continuación encontrará una lista de ideas que le servirán de punto de partida:

✔ **Revise las hojas de vida de cada uno de los aspirantes esa misma mañana, antes de iniciar las entrevistas.** No solamente es mala cosa esperar para leer las hojas de vida durante las entrevistas sino que perderá la oportunidad de acomodar sus preguntas a esas pequeñas sorpresas que suelen aparecer en las hojas de vida.

✔ **Familiarícese a fondo con la descripción del cargo.** ¿Conoce *todas* las responsabilidades y las exigencias del cargo? *¿De verdad?* Decirles a los aspirantes que el cargo exige responsabilidades que en realidad no exige no está nada bien. Está *definitivamente* mal sorprender a las personas recién contratadas con obligaciones que ni siquiera mencionó durante la entrevista — especialmente cuando son de gran calibre.

✔ **Anote las preguntas antes de la entrevista.** Elabore una lista de la experiencia, las habilidades y las cualidades principales que busca en los candidatos y utilícela como guía para sus preguntas. Es probable que algunas de sus preguntas den lugar a otras que no había previsto. No se abstenga de formularlas, puesto que arrojarán más luz acerca del candidato y le ayudarán a aclarar la información contenida en la lista inicial.

✔ **Escoja un ambiente cómodo para *ambos*.** Lo más seguro es que su entrevistado se sienta incómodo a pesar de todos sus esfuerzos. Pero eso no significa que también u*sted* deba estar incómodo. Cerciórese de que el sitio sea bien ventilado, privado y protegido de las interrupciones. El teléfono no debe sonar, y sus empleados no deben entrar y salir durante la entrevista. El desempeño de los aspirantes es mejor cuando no pierden el hilo a causa de las distracciones.

✔ **Evite hacer gala de su poder durante la entrevista.** Olvide los viejos trucos de encandilar a sus aspirantes con reflectores potentes, subir la temperatura del recinto o recortar las patas de los asientos (¡sí, *algunos* gerentes todavía lo hacen!) para ganar una ventaja artificial sobre sus candidatos. ¡Aterrice — son los años 90, por Dios!

✔ **Tome muchas notas.** No confíe en su memoria cuando se trate de entrevistar a un candidato para un cargo. Si entrevista a más de dos personas, podrá olvidar fácilmente quién dijo qué y cuáles fueron sus impresiones sobre el desempeño de cada cual. Las notas no solamente le ayudarán a recordar quién es quién sino que serán una herramienta importante cuando llegue el momento de evaluar a los candidatos. Además, le servirán para impresionar a su jefe.

Como seguramente habrá entendido, las preguntas de la entrevista son uno de los mejores medios para determinar si un candidato es el indicado para su empresa. Aunque es conveniente un poco de charla trivial para tranquilizar a los candidatos, la esencia de la entrevista debe girar alrededor de las preguntas enumeradas. Lo más importante es no darse por vencido. Insista hasta que esté seguro de que tiene la información necesaria para tomar una decisión.

No olvide tomar muchas notas durante la entrevista. No caiga en la tentación de hacer dibujos de caras alegres o de ese automóvil que lo viene desvelando hace rato. Anote los puntos claves de las respuestas de los candidatos y las reacciones a las preguntas. Por ejemplo, si pregunta la razón por la cual el candidato dejó su puesto anterior y éste se pone *realmente* nervioso, tome nota de esa reacción. Por último, anote sus propias impresiones sobre los candidatos:

✔ "Destacada ejecutora — la estrella de la clase".

✔ "Fantástica experiencia en el desarrollo de aplicaciones en un ambiente cliente-servidor. El mejor candidato hasta el momento".

✔ "Caramba, ¿y éste de dónde salió?

Prácticas inconvenientes

Este tema probablemente merece todo un capítulo. Si usted ha sido gerente desde hace algún tiempo, sabrá que las entrevistas pueden degenerar en situaciones bastante sorpresivas y que ciertas preguntas pueden llevar a un terreno pantanoso cuando se comete el error de formularlas.

Algunas de las cosas que debe evitar son sencillamente de buenas prácticas comerciales. Por ejemplo, aceptar una invitación de un aspirante no es muy buena idea.

Además están los errores de implicaciones *legales* — ésos que pueden terminar con usted y la empresa ante un tribunal. La entrevista es un aspecto delicado del proceso de contratación a causa de la posibilidad de una discriminación. Por ejemplo, aunque se les puede preguntar a los aspirantes que si pueden desempeñar las funciones del cargo, no se les puede preguntar si son incapaces. A causa de la naturaleza delicada del proceso de la entrevista, es preciso saber cuáles son las preguntas que jamás debe formularle a un aspirante. El siguiente es un resumen corto de la clase de temas que podrían — según las circunstancias exactas — crear dificultades para usted y para su empresa.

- ✔ Raza o color de la piel.
- ✔ Lugar de origen.
- ✔ Sexo del candidato.
- ✔ Estado civil.
- ✔ Religión (o falta de ella).
- ✔ Historial de arrestos o sentencias.
- ✔ Estatura y peso.
- ✔ Deudas del candidato.
- ✔ Incapacidades del aspirante.

El punto es que *ninguno* de estos temas son necesarios para determinar la capacidad de un aspirante para realizar el trabajo. Por tanto, limítese a las preguntas relacionadas directamente con la capacidad del candidato para desempeñar las funciones que el cargo exige. Hacer lo contrario es correr un claro riesgo legal.

Evaluar a los candidatos

Ésta es la parte verdaderamente divertida del proceso de contratación. Si usted se ha preparado bien, tendrá una selección asombrosa de candidatos para escoger, habrá reducido la búsqueda a aquéllos que demuestran el mejor potencial para sobresalir en el cargo, y los habrá entrevistado para determinar si en realidad cumplen las promesas de las hojas de vida. Pero antes de tomar una decisión final, necesita un poco más de información.

Verificar las referencias

¡Qué maravilla! ¡Qué hoja de vida! ¡Qué entrevista! ¡Qué candidato! ¿Le sorprendería saber que ese fabuloso proyecto de empleado jamás estuvo en Yale? ¿O que en realidad no fue el gerente de cuenta en esa campaña nacional de marketing? ¿O que su último supervisor no tiene una opinión muy alta de sus habilidades analíticas?

Cinco pasos para una mejor entrevista

Toda entrevista consta de los siguientes cinco pasos:

1. Saludar al aspirante.

Salude a sus aspirantes con calidez y converse con ellos informalmente para ayudarles a relajarse. Hablar sobre el clima, la dificultad para encontrar la dirección o la forma en que se enteraron de la vacante son algunos de los recursos de siempre.

2. Resumir el cargo.

Describa en pocas palabras el cargo, la clase de persona que busca y el proceso de entrevista que usted utiliza.

3. Preguntar.

Sus preguntas deben ser concernientes al cargo y abarcar la experiencia laboral del candidato, su formación y otros temas afines.

4. Sondear las fortalezas y las debilidades del candidato.

Aunque pedirles a los candidatos que describan sus fortalezas y sus debilidades podría parecer un estereotipo, las respuestas pueden ser muy reveladoras. No tema, pregunte. Lo retamos a que lo haga.

5. Concluir la entrevista.

Permítales a los candidatos ofrecer otra información que consideren necesaria para su decisión. Agradézcales su interés y hágales saber cuándo pueden esperar una respuesta de la empresa.

La hoja de vida y la entrevista son herramientas maravillosas, pero una referencia es quizás la única posibilidad de saber si los candidatos son lo que dicen ser, antes de tomar la decisión de contratar. De acuerdo con la organización, usted podría estar obligado a obtener referencias. O quizás sea el departamento de recursos humanos el encargado de verificar las referencias. Como sea, jamás contrate un nuevo empleado sin antes hacer una verificación *exhaustiva* de sus antecedentes.

Los dos objetivos de verificar las referencias son confirmar la información proporcionada por los aspirantes y oír opiniones francas sobre la realidad de los candidatos y su comportamiento en el trabajo. Limite sus preguntas al trabajo que el aspirante tendría que realizar. Como en la entrevista, no conviene hacer preguntas que puedan considerarse discriminatorias para los candidatos.

✔ **Verifique las referencias académicas.** Es sorprendente el número de personas que exageran o sencillamente mienten cuando hablan de su formación educativa. Ése es el punto de partida de su investigación. Si el aspirante mintió a ese respecto, lo más probable es que haya hecho lo mismo con el resto de la información, de manera que más vale descartarlo antes de dedicarle más esfuerzo.

✔ **Llame a los supervisores actuales y anteriores.** Cada vez es más difícil obtener información de los empleadores. Muchos empresarios temen una demanda por difamación en caso de decir algo negativo acerca de sus subalternos actuales o anteriores. De todas maneras no pierde nada con probar. Podrá tener una idea mucho más clara de sus candidatos si habla directamente con los supervisores actuales o anteriores y no con los departamentos de recursos humanos de las empresas, en particular si los supervisores con quienes hable ya no trabajan en la empresa. Lo máximo que puede lograr de la gente de recursos humanos es la confirmación de que el candidato trabajó en la empresa durante un determinado período.

✔ **Hable con su red de asociados.** Si usted es miembro de una asociación profesional, un sindicato o un grupo semejante de personas afines en el campo laboral, podrá conversar con los demás miembros de ese grupo para ver si alguien conoce a sus candidatos. Por ejemplo, si usted es contador público juramentado y desea averiguar acerca de unos pocos aspirantes para su vacante, puede verificar con los colegas de su asociación profesional para ver si alguien sabe algo sobre ellos.

✔ **Recurra a un psíquico profesional.** Es sólo una broma. Sin embargo, cuando uno escucha los testimonios de los anuncios informativos transmitidos por televisión durante la programación nocturna, uno pensaría que jamás debe dar un solo paso sin antes consultar al psíquico o astrólogo de cabecera. Y la llamada se puede cargar a la tarjeta VISA o Mastercard. Si este método le sirvió a la ex primera dama, Nancy Reagan, ¿por qué no habría de servirle a usted?

Repasar las notas

Tomó notas, ¿no es así? Llegó el momento de sacarlas del cajón y repasarlas. Revise el paquete de información de cada candidato — uno por uno — y compare los resultados con los criterios previamente establecidos. Lea las hojas de vida, sus notas y los resultados de la verificación de las referencias. ¿Cómo se ven frente a las normas fijadas para el cargo? ¿Ve posibles ganadores a estas alturas? ¿Posibles perdedores? Divida los expedientes de los candidatos en tres montones:

✔ **Ganadores:** Son los candidatos más indicados para el puesto. Usted no dudaría en contratar a cualquiera de ellos.

✔ **Posibles ganadores:** Son candidatos cuestionables por alguna razón. Quizás no tienen tanta experiencia como los demás o no lo impresionaron con las habilidades de que hicieron gala durante la presentación. No son perdedores o ganadores definitivos, y pensaría en contratarlos únicamente tras una investigación más a fondo o si no logra contratar a ninguno de los del grupo de ganadores.

✔ **Perdedores:** Estos candidatos sencillamente no cumplen los requisitos para el puesto. Por ninguna razón pensaría en contratarlos.

La segunda (o tercera) ronda

Si usted es un gerente ocupado, seguramente se sentirá presionado para hacer las cosas lo más rápido posible y podrá sucumbir a la tentación de tomar atajos para llegar a la meta. Parece que todo fuera para ayer — o quizás anteayer. ¿Cuándo tiene la oportunidad de dedicar todo el tiempo que quisiera a terminar una actividad o un proyecto? El tiempo es precioso cuando otros diez proyectos esperan su atención, y todavía más valioso cuando está tratando de llenar una vacante crítica para la organización y debe contratar a alguien ahora mismo.

REGLA GENERAL

Contratar es una de las actividades de su trabajo que no permite tomar atajos. Para encontrar los mejores candidatos para los puestos vacantes es necesario invertir de verdad en tiempo y recursos. El futuro de la compañía depende de eso.

Según sean las políticas o la cultura de la organización, o si todavía no está seguro de cuál es el mejor candidato, podría optar por varias rondas de entrevistas. Con ese esquema, las entrevistas iniciales de tamización son realizadas por los supervisores o gerentes de nivel inferior, o por un grupo entrevistador. Los candidatos aprobados en esa ronda son invitados a una segunda entrevista con un gerente de mayor nivel. Por último, los dos o tres mejores candidatos se entrevistan con el gerente de más alto nivel en la organización.

La decisión final sobre el número de rondas y los niveles de entrevistas depende de la naturaleza del cargo mismo. Si se trata de un puesto sencillo o de un nivel relativamente bajo en la organización, una sola entrevista telefónica podría ser suficiente para identificar al mejor candidato para el puesto. Pero si el cargo es complejo o de un nivel relativamente alto en la organización, podrían requerirse varias rondas de sondeo y entrevistas personales para encontrar al mejor candidato.

Contratar a los mejores (y desechar a los demás)

El primer paso para tomar la decisión de contratar consiste en clasificar a los candidatos dentro de los grupos de ganadores, posibles ganadores y perdedores, identificados durante la fase de evaluación del proceso. Usted no tiene que molestarse en clasificar a los perdedores porque no tiene intenciones de contratarlos. El mejor candidato dentro de su grupo de ganadores debe ocupar el primer lugar, después el segundo, y así sucesivamente. Si ha hecho bien las cosas, llegado a este punto de proceso ya debe tener una idea clara de los mejores candidatos para el cargo.

El siguiente paso es tomar el teléfono y ofrecerle el puesto a su primer elegido. No pierda tiempo — nunca se sabe si el candidato ha acudido a entrevistas en otras empresas. Sería una pena invertir tanto tiempo en el proceso de contratación sólo para descubrir que la persona acaba de vincularse a una empresa de la competencia. Si usted no puede llegar a un acuerdo con su primera alternativa dentro de un plazo razonable, proceda con la segunda persona de la lista. Continúe con el proceso hasta que logre contratar o agote la lista de candidatos.

En las secciones siguientes encontrará sugerencias para tener presentes durante el proceso de clasificar a los candidatos y tomar la decisión final.

Sea objetivo

En algunos casos, usted podría preferir a ciertos candidatos por su personalidad o carisma personal — independientemente de sus habilidades o experiencia laboral. En algunas ocasiones, el deseo de favorecer a esos candidatos puede impedirle ver sus lados flacos y llevarlo a desechar a otro candidato mejor calificado aunque quizás menos encantador.

Sea objetivo. Piense en el trabajo que la persona ha de desempeñar y en las destrezas y calificaciones que necesitará para triunfar. ¿Tienen sus candidatos esas destrezas y calificaciones? ¿Qué se necesitaría para considerar a los candidatos plenamente calificados para el puesto?

No se deje impresionar por la apariencia, la personalidad arrolladora, el peinado costoso o la colonia sumamente fina de sus candidatos. Ninguna de esas cosas le dirá cuán bien habrán de desempeñar el trabajo. Los hechos que debe considerar están consignados en la hoja de vida, las notas de la entrevista y la verificación de las referencias. Si se limita a los hechos, no podrá equivocarse.

Despójese de sus prejuicios antes de comenzar

La discriminación no solamente es ilegal sino una práctica empresarial nociva. Podríamos dedicar páginas enteras al tema, pero preferimos una frase corta y simple.

El talento no conoce fronteras. No conoce color, raza, género, incapacidad física, religión, credo o país de origen. Si usted hace caso omiso del talento a causa del empaque en el cual se lo presentan, tanto usted como la organización perderán. No hay más que decir.

Confíe en su intuición

Habrá ocasiones en que deberá decidir entre dos candidatos igualmente calificados o tomar la decisión sobre un candidato marginal que promete. ¿Qué puede hacer si tras evaluar todos los datos objetivos y dar rienda suelta a su lado analítico aún no logra dilucidar quién es el ganador?

Preste atención a su yo interior. Abra las puertas de su corazón, sus sentimientos y su intuición. ¿Qué le dicen sus entrañas? Esperamos que el mensaje no sea de náusea. Aunque dos candidatos tengan aparentemente las mismas capacidades y habilidades, ¿siente que uno está mejor calificado para el puesto que el otro? Si es así, adelante. Por más que desee llegar a una decisión lo más objetiva posible, una vez que se introduce el elemento humano en el proceso decisorio es imposible evitar una cierta medida de subjetividad.

Si, a pesar de todo, el dilema continúa, lance al aire una moneda para ver quién gana. Si se siente a gusto con el resultado dictado por el azar, habrá tomado la decisión correcta. Si no era ése el resultado que esperaba, entonces sabrá que su candidato es la otra persona.

Después del ofrecimiento

¿Qué puede hacer si, Dios no lo quiera, no logra contratar a ninguna persona de su lista de ganadores? Es una situación dura, pero nadie ha dicho que ser gerente sea fácil. Vuelva los ojos sobre la pila de posibles ganadores. ¿Qué se necesitaría para convertir a esos posibles ganadores en ganadores? Si la respuesta es tan simple como uno o dos cursos de capacitación, piense seriamente en esos candidatos — con el entendido de que deberá programarlos para la capacitación poco tiempo después de contratarlos. Quizás necesiten un poco más de experiencia para ser ganadores. Podrá entonces juzgar si la experiencia que tienen es suficiente para permitirles sobrevivir hasta adquirir el nivel de experiencia que usted busca. Si no, es mejor continuar buscando el candidato indicado. Después de todo, esa persona quizás permanezca en la empresa mucho tiempo, de manera que esperar hasta encontrar al mejor candidato es lo más sensato.

Si se ve obligado a recurrir a la lista de posibles ganadores y ninguno de los candidatos parece dar la talla para el puesto, no contrate sólo por llenar la vacante. Si lo hace, podría estar cometiendo un grave error. Contratar empleados es mucho más fácil que *des*contratarlos. Reparar el daño que una mala contratación puede desencadenar — contra los demás trabajadores, los clientes y la organización — puede requerir años y mucho dinero. ¡No solamente eso sino que puede convertirse en un verdadero dolor de cabeza! Hay otras alternativas, como redefinir el cargo, evaluar nuevamente a otros empleados actuales o contratar a una persona temporal para ver si una contratación arriesgada funciona.

Ponga a prueba sus nuevos conocimientos

¿Qué es lo primero que debe hacer para buscar candidatos calificados para sus vacantes?

A. Anunciar en un diario de circulación nacional.

B. Buscar dentro de su propia organización.

C. Llamar a sus competidores.

D. Publicar un anuncio al lado del supermercado local más importante.

¿Cuáles son las preguntas que no debe formular jamás durante una entrevista?

A. Está muy lindo su yarmulke. ¿Es usted judío?

B. ¡Qué bello vestido! ¿Está embarazada?

C. ¡No había visto una falda tan hermosa! ¿Es usted escocés?

D. Todas las anteriores.

Capítulo 6
Inspirar a los empleados a mejorar su desempeño

Este capítulo le permitirá:
- Conocer el "principio de gerencia más grande del mundo".
- Descubrir lo que motiva a sus empleados.
- Decidir cuáles comportamientos premiar.
- Comenzar con lo positivo.
- Premiar las cosas pequeñas.
- Utilizar las recompensas no monetarias.

La pregunta de cómo motivar a los empleados ha pesado sobre las cabezas de los gerentes desde que se inventó la gerencia. (Un cúmulo de evidencia antropológica indica que se inventó por la época de Pedro Picapiedra y Pablo Mármol.) Fundamentalmente, buena parte del aspecto humano de la gerencia se reduce a dominar las habilidades y las técnicas para motivar a la gente — para que sean empleados mejores y más productivos, enamorados de su trabajo más que de cualquier otra cosa en el mundo. Está bien — quizás sea suficiente con que les *agrade* el trabajo y no se quejen demasiado.

La mayoría de los gerentes reconocen dos maneras de motivar a los empleados: el premio y el castigo. Si los empleados hacen lo que usted (el gerente) desea, el resultado es un premio traducido en cosas que desean: dinero, retribuciones, reconocimiento, cargos importantes, etc. Por otro lado, si los empleados no hacen lo que usted desea, el resultado es un castigo traducido en cosas que no desean: amonestaciones, advertencias, degradaciones, despidos, etc. Por naturaleza (humana), los empleados se sienten atraídos por las cosas placenteras y huyen de lo que les representa un castigo. Son muchas las teorías sobre motivación y recompensa que han surgido para luego desaparecer, pero la práctica de la motivación continúa reduciéndose a estas dos tácticas fundamentales.

Este capítulo se refiere al aspecto positivo de la motivación de los empleados: los premios. Si usted está deseoso de leer sobre los castigos, lamentamos decirle que ése es el tema del capítulo 15. Además, 200 años de investigación en el campo de la ciencia conductista y estudios extensos de la Universidad del Estado de Ohio han demostrado que, a la larga, los empleados rinden mucho más cuando se utilizan las técnicas positivas de motivación en lugar de las consecuencias conductistas negativas. Como dice el dicho: "Es más fácil atrapar moscas con miel que con vinagre".

No estamos diciendo que no haya lugar para el castigo; a veces no queda otra salida que castigar, regañar o hasta despedir a los empleados. Sin embargo, antes de recurrir a esos medios, cerciórese de agotar todos los esfuerzos de reconocimiento positivo, alabanza y recompensas para estimular los comportamientos que busca. Si lo hace, su compañía sería un lugar mucho más amable para trabajar.

Si usted dirige a base de *refuerzos positivos* no solamente podrá inspirar a los empleados para que hagan lo que usted desea sino que podrá desarrollar personas mucho más felices y productivas — ¡y *esa* combinación es muy difícil de superar!

El principio de gerencia más grande del mundo

Usted está a punto de conocer el secreto del principio de gerencia más grande del mundo. Es una regla simple que le ahorrará horas de frustración y trabajo adicional y a la compañía miles, o quizá millones, de dólares. Suena realmente asombroso, ¿verdad? ¿Está listo? Bien, aquí va:

Se obtiene aquello que se premia.

No es tan simple como parece

Ahora bien, no se deje engañar por la aparente simplicidad de esa afirmación. He aquí la razón: Usted podrá creer que está premiando a sus empleados para que hagan lo que usted desea pero, ¿en realidad es así?

Considere el ejemplo siguiente: Usted tiene dos empleados. El empleado A tiene un gran talento, mientras que el empleado B tiene un desempeño marginal. Usted les asigna actividades semejantes a ambos. El empleado

A termina la actividad antes del límite de entrega, sin ningún error. Como ha terminado antes de tiempo, usted le asigna otras dos tareas. Mientras tanto, el empleado B no solamente está retrasado sino que cuando finalmente entrega el informe solicitado, está lleno de errores. Como el tiempo apremia, usted acepta los resultados del empleado B y los corrige usted mismo.

¿Qué está mal en esa situación? ¿Quién ha sido recompensado realmente: el empleado A o el B?

Si respondió B, tiene razón. Este empleado ha aprendido que no hay problema en entregar un trabajo mal hecho y fuera de tiempo. No sólo eso sino que se da cuenta de que usted (el gerente) se encarga de arreglarlo personalmente. Vaya premio para un empleado que realmente no merece nada. (¡No cabe duda de que el empleado B lo tiene a usted bien entrenado!)

Por otra parte, darle más trabajo al empleado A por ser diligente y sobresaliente, es en realidad un castigo. Aunque usted piense que no hay nada de malo en asignarle más trabajo al empleado A, éste no es ningún tonto. Cuando se da cuenta de que lo único que obtiene por destacarse en lo que hace es más trabajo (mientras que el empleado B se sale con la suya y trabaja *menos),* no le agrada en lo más mínimo. Y si usted termina concediéndoles a ambos empleados básicamente el mismo incremento salarial (y cree que no se enterarán), empeorará el problema todavía más.

Si esa situación continúa, *todos* sus mejores empleados con el tiempo se darán cuenta de que en nada se benefician dando lo mejor de sí mismos. En consecuencia, dejarán el cargo para buscar una organización que valore su contribución, o sencillamente aflojarán y se olvidarán de hacer su mejor trabajo. ¿Para qué molestarse? A nadie (es decir, a usted, el gerente) parece importarle de todas maneras.

Motivación a granel

Nosotros hablamos de *motivación a granel* cuando se da a todo el mundo el mismo incentivo — trátese de un alza salarial igual, reconocimiento igual o incluso cantidad de tiempo igual. Aunque, en principio, este tratamiento podría parecer justo, no lo es.

No hay nada más injusto que tratar por igual a personas que rinden de manera diferente.

Parte II: Gerencia: un asunto humano

HISTORIAS REALES

Bob tiene una historia fabulosa sobre un gran fabricante de equipos aeroespaciales de California que decidió tener un gesto amable y agradecer a *todos* sus empleados en Navidad con un pavo para las festividades. Hasta aquí suena muy bien, ¿verdad? El problema fue el siguiente: Algunos empleados se dieron cuenta de que sus pavos eran más pequeños que los de sus compañeros. Las quejas no tardaron en dejarse oír en las oficinas ejecutivas — los empleados que habían recibido los pavos pequeños pensaban que estaban siendo castigados por mal desempeño.

Como es obvio, la gerencia no podía permitir que esa idea equivocada prevaleciera. Por tanto, se le ordenó al proveedor de los pavos de Navidad que al año siguiente, todos los pavos *debían* pesar lo mismo. Infortunadamente, el proveedor tuvo que notificar a la compañía que, a pesar de los rumores en sentido contrario, el Señor no creaba a todos los pavos iguales y sería imposible proporcionar miles de pavos de peso idéntico. Ante el dilema, la gerencia hizo lo único que podía hacer: adjuntó a cada pavo de Navidad una nota en la que decía: "El peso de su pavo no refleja necesariamente su desempeño durante este año". Hmmm.

Las quejas continuaron, y la situación empeoró. Algunos empleados dijeron que debieran permitirles escoger entre pavo y jamón; otros preferían una canasta de frutas, y así sucesivamente. A medida que pasaban los años, la gerencia se vio en la necesidad de contratar a un administrador de pavos de jornada completa. Por último, el programa del pavo anual de Navidad llegó a su fin cuando la gerencia descubrió que ciertos empleados estaban tan desilusionados que tiraban los pavos y llenaban de herramientas de la compañía las cajas, las cuales pasaban por seguridad sin ser revisadas.

¿Logró la compañía su objetivo de una recompensa igual para todos? Claro que no. Aunque el programa del pavo de Navidad costó una suma apreciable de dinero, no mejoró la moral ni el desempeño de los empleados sino que le generó a la gerencia toda una serie de nuevos problemas.

RECUERDE

No olvide el principio de gerencia más grande del mundo: se obtiene lo que se premia. Antes de embarcarse en un sistema para premiar a sus empleados, asegúrese de conocer con exactitud los comportamientos que desea recompensar y acomode los premios a dichos comportamientos.

CONSEJO

Una vez implantado el sistema de retribuciones para sus empleados, verifíquelo periódicamente para ver si está arrojando los resultados que desea. Si no es así, cámbielo.

¿Qué motiva a los empleados?

Ahora le contaremos un gran secreto. Este secreto es la clave para motivar a los empleados y lograr que hagan lo que usted desea. No necesita asistir a un seminario de todo un día o vincularse al club del vídeo de la semana para gerentes a fin de descubrir este secreto: ¡Se lo estamos revelando aquí mismo y ahora, sin costo adicional!

Lo que motiva a algunos empleados no motiva a otros.

En otras palabras, no existe una receta única para motivar a todos sus empleados. Cada empleado tiene sus propias fuentes de motivación y *su* trabajo es averiguar cuáles son. Aunque es bastante fácil comprender este concepto, descubrir los factores que motivan a la gente no es tan fácil. Como es poco probable que sus empleados entren mañana en su oficina, se sienten frente a usted y le cuenten qué es lo que los motiva, *usted* debe preparar el terreno para averiguar qué es exactamente lo que los motiva.

La forma más simple de averiguar cómo motivar a los empleados es preguntando. Los gerentes suelen suponer que los empleados sólo desean dinero, y ellos mismos se sorprenden cuando oyen de labios de los interesados que hay *otras* cosas — como ser reconocido por hacer un buen trabajo, tener mayor autonomía para decidir, o tener un horario de trabajo más flexible. Esas cosas pueden ser mucho más estimulantes que el dinero.

Como gerente, usted se interesa; desea averiguar lo que motiva a sus empleados y utilizar esa información con fundamento para su programa de retribuciones para los empleados. Piense en lo siguiente mientras prepara el terreno para sus esfuerzos:

- ✔ Primero, cree un ambiente en el que sus empleados se sientan apoyados.
- ✔ Acto seguido, elabore un plan para diseñar y ejecutar su programa de retribuciones.
- ✔ Por último, prepárese para modificar su plan basándose en lo que funcione y en lo que no funcione.

Crear un ambiente de apoyo

Las nuevas realidades de la empresa en los años 90 traen consigo la necesidad de buscar nuevas formas de motivar a los empleados. La motivación ya no es una proposición absoluta sobre *mi manera o la calle*. La increíble aceleración del cambio en los negocios y la tecnología se produce de la mano de una gran expansión global de las fuerzas de la competencia. Ante las presiones ejercidas desde todos los puntos por esas fuerzas, los gerentes apenas pueden mantenerse al día sobre lo que los empleados deben hacer como para saber qué deben decirles que hagan. En efecto, una tendencia que ha cobrado mucha fuerza es que los gerentes dirigen a personas que realizan labores que los propios gerentes jamás han realizado. (Por suerte, con un poco de tiempo y confianza, la mayoría de los empleados logran averiguar por sí mismos lo que deben hacer.)

Los gerentes con vocación para inspirar deben hacer suyas estas fuerzas cambiantes y estas tendencias gerenciales. En lugar de utilizar el poder de su *posición* para motivar a los empleados, los gerentes deben recurrir al poder de sus *ideas*. En lugar de amenazar e intimidar para lograr que se hagan las cosas, los gerentes deben crear un ambiente que promueva la creatividad, en el cual los empleados se sientan apoyados.

Como gerente, usted puede crear ese ambiente de apoyo de las siguientes maneras:

✔ **Haga que sus empleados se sientan seguros.** ¿Se sienten sus empleados tranquilos cuando se trata de comunicar *malas* noticias y no solamente *buenas* noticias? Si la respuesta es negativa, usted no ha creado un ambiente seguro para sus empleados. *Todo el mundo* comete errores; así es como la gente aprende. Si desea empleados motivados, allane el camino para que corran riesgos y puedan comunicarle a la vez las cosas buenas y malas. Para hacerlo, domine su tentación de castigarlos cuando cometen un error. ¡Por lo menos agradezca que estén haciendo algo!

✔ **Abra los canales de comunicación.** La posibilidad de que *todos* sus empleados puedan comunicarse abierta y sinceramente entre sí es crucial para el éxito de la organización, e influye de manera decisiva en la motivación. En los años 90, el principal factor de diferenciación con la competencia podría ser la comunicación rápida y eficiente de la información por toda la organización. Estimule a sus empleados a hablar, a hacer sugerencias y a romper las barreras de la organización — la departamentalización arraigada, los territorios y demás obstáculos — que los separan entre sí: donde quiera y cuando quiera que las encuentren.

✔ **Construya y cultive la confianza y el respeto.** Los empleados respetados y en quienes los gerentes han depositado confianza se sienten motivados a dar lo mejor de sí mismos. Al incluir a los empleados en el proceso decisorio, los gerentes de hoy aprovechan mejores ideas (más fáciles de poner en práctica) y al mismo tiempo mejoran la moral, la lealtad y el compromiso de su personal. *Apuesto a que nuestros empleados de ventas pueden encontrar la mejor manera de manejar este problema.*

✔ **Desarrolle su mejor activo: sus empleados.** Contribuyendo a satisfacer las necesidades de sus empleados, usted también satisface las necesidades de la organización. Desafíe a sus empleados a mejorar sus habilidades y sus conocimientos y proporcióneles el apoyo y la capacitación que necesiten para hacerlo. Concentre su atención en el progreso positivo alcanzado, y elogie y premie ese progreso siempre que le sea posible.

Es preciso tener un plan

La motivación de los empleados no ocurre por accidente — usted necesita un plan para reforzar el comportamiento que espera de su personal. En general, los empleados se sienten más motivados ante la posibilidad de obtener una retribución que ante el temor del castigo. Es obvio que un sistema de retribuciones bien pensado y planeado es esencial para crear una fuerza laboral motivada y eficaz. El siguiente es un curso corto sobre la manera de implantar un sistema de recompensas en su organización:

✔ **Vincule los premios a las metas de la organización.** Para cumplir su propósito, los premios deben reforzar el comportamiento que permite lograr una de las metas de la organización. Las retribuciones se deben estructurar a fin de aumentar la frecuencia de los comportamientos deseados y disminuir la frecuencia de los comportamientos indeseables. ¡Asegúrese de que así sea!

✔ **Defina los parámetros y la mecánica.** Una vez identificados los comportamientos que desea reforzar, identifique los mecanismos específicos del sistema de recompensas y establezca unas reglas claras y fáciles de comprender a todo nivel. Asegúrese de que los objetivos sean alcanzables y de que todos los empleados tengan la oportunidad de ser premiados. Por ejemplo, es necesario que también los oficinistas aspiren a los premios — no solamente los vendedores o el personal de fábrica.

✔ **Obtenga compromiso y apoyo.** Es obvio que deberá comunicarles su nuevo programa de retribuciones a los empleados. Muchas organizaciones hacen públicos sus programas en reuniones de grupo; los presentan como actividades positivas y divertidas que benefician tanto al personal como a la empresa. Para obtener los mejores resultados, planee y ejecute su programa de recompensas con la participación directa de los empleados.

Parte II: Gerencia: un asunto humano

✔ **Supervise la eficacia.** ¿El sistema de recompensas está produciendo los resultados que usted espera? Si no es así, analice nuevamente los comportamientos que desea reforzar y cerciórese de que exista un vínculo estrecho con las recompensas. Hasta los programas de recompensas más exitosos pierden eficacia con el tiempo, cuando los empleados comienzan a darlos por sentados. Mantenga su programa siempre renovado eliminando los premios que hayan perdido brillo e incluyendo otros nuevos de vez en cuando.

Cosas que se deben premiar

La mayoría de los gerentes premian las cosas equivocadas — si es que premian a los empleados. Esta tendencia ha desencadenado una crisis de proporciones épicas en el sistema tradicional de incentivos y motivación de las empresas estadounidenses. Piense en las siguientes estadísticas citadas en *Management Accounting* de noviembre de 1995:

✔ Solamente un 3 por ciento del salario básico separa a los empleados promedio de los empleados sobresalientes en las empresas estadounidenses.

✔ El 81 por ciento de los trabajadores estadounidenses dicen que no recibirían recompensas por aumentar su productividad.

✔ El 60 por ciento de los gerentes estadounidenses dicen que no recibirían aumentos en su remuneración por aumentar su desempeño.

¡Tal parece que *aquí hay un problema serio*! Si los gerentes y los trabajadores estadounidenses no reciben retribuciones por mejorar su productividad y su desempeño, ¿sobre *qué* base se les premia entonces? Como lo señalamos en el ejemplo de los pavos de Navidad, los empleados muchas veces son premiados sencillamente por no faltar a la oficina. ¿Acaso no es *ésa* la razón por la cual reciben un sueldo?

Para que un programa de incentivos produzca efectos significativos y duraderos debe girar alrededor del *desempeño*. Nada menos y nada más.

"Pero aguarde un segundo", dirá usted; "eso no es justo con los empleados que no tienen el mismo talento que los más sobresalientes". Si así es como piensa usted, lo sacaremos de ese error en este preciso instante. *Todo el mundo*, independientemente de su inteligencia, talento o productividad, puede mejorar su desempeño en el trabajo.

Supongamos que el empleado A produce 100 aparatos por hora y repite su mismo nivel de desempeño día tras día. Por otra parte, el empleado B produce 75 aparatos por hora, pero mejora su productividad a 85. ¿A quién se debiera recompensar? *¡Al empleado B!* Este ejemplo caracteriza el tipo de cosa que se debe premiar: el esfuerzo por *mejorar* el desempeño, no el simple hecho de *mantener* un determinado nivel (sin importar cuán bueno sea).

Los siguientes son ejemplos de *mediciones basadas en el desempeño* que todo gerente debe reconocer y premiar. ¿Cuáles parámetros debe *usted* controlar, medir y premiar en *su* organización? ¡No olvide que el simple hecho de presentarse a trabajar no cuenta!

- ✔ Disminución de defectos de 25 por cada 1 000 piezas a 10 por 1 000.
- ✔ Aumento del 20 por ciento en las ventas anuales.
- ✔ Reorganización del sistema de registros del departamento con asignación de códigos de color para aumentar la eficiencia del proceso de archivo y recuperación.
- ✔ Los gastos administrativos se mantienen en el 90 por ciento del presupuesto autorizado.
- ✔ Se logra distribuir la correspondencia de la organización en una hora en lugar de una hora y media.

Comience con lo positivo

Como lo anotamos al comienzo de este capítulo, usted tendrá mayor oportunidad de conducir a sus empleados hacia un mejor nivel de resultados si se concentra en las realizaciones positivas en lugar de buscar fallas y castigar los resultados negativos. A pesar de esta realidad, la principal manera de proceder de muchos gerentes es amonestando a los empleados por sus errores en lugar de felicitarlos por sus logros.

En un estudio reciente, el 58 por ciento de los empleados afirmaron que rara vez recibían un agradecimiento personal de sus gerentes por hacer un buen trabajo, aunque para ellos esa forma de reconocimiento era el incentivo que más los motivaba. También calificaron el agradecimiento por *escrito* como el segundo incentivo que más los motivaba, y el 76 por ciento de ellos dijeron que rara vez recibían dicho agradecimiento. Estas estadísticas podrían explicar por qué la falta de elogios y reconocimiento es una de las principales razones por las cuales los empleados dejan sus cargos en la actualidad.

Años de investigación psicológica han demostrado claramente que el refuerzo positivo funciona mucho mejor que el refuerzo negativo, por varias razones. Sin entrar en detalles técnicos, las razones son que el refuerzo positivo 1) *aumenta* la frecuencia de los comportamientos deseados y 2) genera buenos sentimientos entre los empleados.

Por otra parte, aunque el refuerzo negativo puede disminuir la frecuencia de los comportamientos indeseables, no necesariamente conduce a la expresión del comportamiento deseado. En lugar de sentirse motivados para mejorar, los empleados que solamente oyen críticas, con el tiempo tienden a evitar el contacto con sus gerentes siempre que les es posible. Además, el refuerzo negativo (en particular cuando se manifiesta de tal manera que degrada a los empleados y la imagen de sí mismos) puede generar un enorme malestar entre los trabajadores. Y a los empleados descontentos con sus empleadores les es mucho más difícil realizar un buen trabajo que a los que se sienten a gusto.

Las ideas siguientes le ayudarán a buscar lo positivo en sus empleados y a reforzar los comportamientos deseados:

✔ **Concédales a sus empleados el beneficio de la duda.** ¿Realmente cree que sus empleados desean trabajar *mal*? A menos que estén empeñados deliberadamente en sabotear a la empresa, nadie desea trabajar mal. *Su* responsabilidad es averiguar qué puede hacer para ayudarles a realizar un buen trabajo. La capacitación, el estímulo y el apoyo son las primeras alternativas, no las reprimendas o el castigo.

✔ **Espere mucho de las capacidades de sus empleados.** Si *usted* cree que sus empleados pueden llegar a sobresalir, muy pronto también ellos lo creerán. Cuando Peter era niño, sus padres rara vez tenían que castigarlo cuando hacía algo mal. Sólo con oír las palabras "*Sabemos* que puedes hacerlo mejor" regresaba al buen camino.

✔ **Sorprenda a sus empleados cuando estén haciendo las cosas bien.** Aunque la mayoría de los empleados trabajan bien, los gerentes, por naturaleza, tienden a fijarse en las cosas que hacen mal. En lugar de sorprender constantemente a sus empleados cometiendo errores, sorpréndalos cuando estén trabajando bien. De esa manera no sólo podrá reforzar los comportamientos deseados sino que hará sentir bien a los empleados trabajando para usted y para la empresa.

Celebre los detalles

Le tenemos una pregunta: "¿Debe premiar a sus empleados por sus pequeños logros de todos los días, o guardar la retribución para cuando se anoten una gran victoria?" La respuesta a esta pregunta está en la forma en que la mayoría de nosotros realizamos nuestro trabajo de todos los días.

El hecho simple es el siguiente: Para el 99.9 por ciento de la gente, el trabajo no es una cadena de éxitos deslumbrantes consecutivos. La verdad es que la mayor parte del trabajo está hecho de actividades rutinarias, las cuales se cumplen en silencio y sin mayor bombo. Por ejemplo, el día típico de un gerente puede constar de una o dos horas para leer memorandos y mensajes de correo electrónico, oír los mensajes orales y hablar por teléfono. Después pasa otras dos horas en reuniones, y quizás otra hora en conversaciones personales con otros ejecutivos y con sus subalternos. Con otras dos horas dedicadas a elaborar informes o llenar formularios, el gerente realmente dedica muy poco tiempo a tomar decisiones — la actividad que produce el mayor impacto en la organización.

Para un trabajador de línea, esta escasez de oportunidades para lucirse ante los demás es todavía más pronunciada. Si su trabajo es ensamblar motores para podadoras de césped todo el día (y lo hace bien todo el tiempo), ¿cuándo podrá tener la ocasión de sobresalir a los ojos de su supervisor?

Hemos dado un gran rodeo para decir que los logros notables suelen ser pocos y muy espaciados — independientemente del lugar que la persona ocupe en el organigrama. El trabajo está hecho de una serie de logros pequeños que finalmente se traducen en grandes realizaciones. Si usted espera para premiar a sus empleados por un gran éxito, quizás tenga que esperar mucho tiempo.

AmEx reconoce a los trabajadores extraordinarios

¿Si pudiera aumentar el ingreso neto de su organización en un 500 por ciento en un lapso de diez años, destinaría tiempo a retribuir a sus mejores trabajadores? La división de The Travel Related Services de American Express lo hizo, creando su programa de "Trabajadores extraordinarios" para reconocer y premiar el desempeño excepcional de los trabajadores. El programa aceptaba nominaciones por parte de empleados, supervisores y hasta de los clientes. Los ganadores del premio del "trabajador extraordinario" eran a la vez candidatos al "Gran Premio" otorgado por un comité directivo mundial. Además de un viaje totalmente pago para dos personas a Nueva York, los ganadores del Gran Premio recibían US$4 000 en cheques de viajero de American Express, un prendedor de platino representativo del premio y un certificado.

(Fuente: Nelson, *1001 formas de recompensar a los empleados*)

REGLA GENERAL: Por tanto, es *indispensable* premiar a los empleados por sus logros menores y también por sus grandes éxitos. Usted bien puede fijar una meta elevada que les exija a los empleados un esfuerzo adicional y mucha fuerza de voluntad, pero recuerde que elogiarlos a lo largo del camino hacia la meta es tan importante como premiarlos cuando lleguen.

El dinero no es importante (¡en serio!)

Quizás usted piense que el dinero es el incentivo más apreciado por sus empleados. Al fin y al cabo, ¿quién no se emociona al recibir una bonificación en efectivo o un aumento de sueldo? *Con la cabeza llena de imágenes de riquezas incalculables, juró eterna devoción a su empresa.* El problema es que el dinero en realidad *no* es uno de los principales factores que motivan a los empleados — por lo menos no como la mayoría de los gerentes creen.

La remuneración es un derecho

No cabe duda de que el dinero es importante para los empleados. Lo necesitan para pagar cuentas, comprar alimentos y ropa, alquilar una película el viernes por la noche, comprar gasolina para el vehículo y cubrir las demás necesidades de la vida. Hay una gran motivación para conseguir el dinero suficiente para cubrir las necesidades básicas. Sin embargo, una vez que los empleados obtienen dicha suma para cubrir lo esencial, el dinero comienza a perder lustre, y otros incentivos — de hecho no monetarios — adquieren más importancia.

En otras palabras, los empleados consideran que el dinero que reciben por trabajar (bien en forma de sueldo, o bien en bonificaciones) es el pago justo por la mano de obra que aportan a la organización. Los empleados consideran que su remuneración es *un derecho*. Por otra parte, el reconocimiento es un *obsequio* y, recurrir a él le ayuda a usted, como gerente, a obtener los mejores esfuerzos de cada uno de ellos.

Incentivos que se convierten en derechos

HISTORIAS REALES: Los empleados que reciben bonificaciones anuales y otras recompensas monetarias periódicamente no tardan en considerar esas sumas adicionales como parte de su remuneración básica. Peter trabajó una vez en una compañía donde recibía una bonificación anual equivalente casi al 10 por ciento de su remuneración anual. La primera vez que la recibió se emocionó muchísimo. Su motivación alcanzó niveles nunca vistos y juró lealtad eterna a la empresa.

Sin embargo, cuando Peter se dio cuenta de que esa bonificación sería un suceso anual, no tardó en darla por sentado. En su mente, convirtió el premio (por trabajo superior a la descripción básica de su cargo) en parte del paquete básico de compensación. Desde su punto de vista, su sueldo anual estaba constituido por su sueldo básico más la bonificación anual. Hasta centró sus planes de gastos de vacaciones sobre el supuesto de que recibiría la bonificación en una fecha determinada, lo cual se cumplía sin falta.

Y, por supuesto, si llegaba un año en que no recibía bonificación, el resultado era un sentimiento de desilusión y hostilidad abierta.

Hace veinte años, Peter Drucker, experto en gerencia, dio en el clavo cuando afirmó lo siguiente en su libro *Management: Tasks, Responsibilities, Practices:* "Los incentivos económicos se están convirtiendo en derechos en lugar de premios. Las alzas por méritos siempre se presentan como premios por desempeño excepcional. Y en menos de un abrir y cerrar de ojos, se convierten en un derecho. Negar un aumento de sueldo por méritos u otorgar uno demasiado pequeño adquiere visos de castigo. La demanda creciente de recompensas materiales está destruyendo rápidamente su utilidad como incentivos y herramientas de la gerencia".

La ineficacia del dinero como factor de motivación para los empleados es a la vez buena y mala noticia. Comenzaremos con la mala noticia. Muchos gerentes han invertido grandes sumas en programas de retribución en efectivo, los cuales, en su mayoría, no han producido en la motivación el efecto positivo que se esperaba. Aunque no queremos decir que lo que se invierte en esos programas es dinero *perdido*, creemos que hay otras maneras más eficaces de utilizar el dinero. De hecho, con otros programas se pueden obtener resultados mejores a un costo mucho menor.

Aquí está la buena noticia: Como usted ya sabe que el dinero no es un buen medio para motivar, podrá concentrar su atención en medios que *sí* son eficaces. Además, las mejores retribuciones cuestan muy poco o casi nada.

¿Qué es lo que motiva a los empleados de hoy?

Según el Dr. Gerald Graham de la Universidad Estatal de Wichita, los incentivos más motivadores (de acuerdo con los empleados) son:

✔ **Los emanados de la gerencia:** En lugar de emanar de algún nebuloso comité ad hoc, del nivel "corporativo" o de la nada, el reconocimiento más valorado es el que proviene directamente del jefe inmediato o del gerente.

✔ **Los que se basan en el desempeño**: Los empleados desean recibir reconocimiento por *el trabajo para el cual fueron contratados*. Por tanto, los incentivos más eficaces se basan en el desempeño y no en cosas sin relación alguna con él como la asistencia, el vestuario o sacar de un sombrero el número favorecido durante la reunión mensual de ventas.

Pero usted es un gerente ocupado. Las retribuciones en dinero son convenientes porque basta con solicitar un cheque una vez al año para salir de la motivación anual. Este asunto del reconocimiento emanado de la gerencia y que se basa en el desempeño suena a mucho trabajo. Para ser sinceros, manejar un programa eficaz de retribuciones en realidad le exige más trabajo a usted que manejar uno sencillo pero ineficaz. Pero tal como se lo hemos demostrado, los mejores premios son bastante simples, y una vez que se acostumbre a usarlos, podrá integrarlos fácilmente en su rutina diaria. *Hacerlo es parte de la labor de un gerente en la actualidad.*

No olvide que no debe reservar el reconocimiento solamente para las ocasiones especiales. Sus empleados hacen cosas buenas — cosas que usted desea que hagan — todos los días. Sorpréndalos cuando estén haciendo algo bien y premie sus triunfos con regularidad y frecuencia.

Los incentivos enumerados a continuación se pueden poner en práctica fácilmente, requieren poco tiempo y son muy valorados por los empleados:

✔ Felicitaciones personales o escritas de usted (el gerente) por un trabajo bien hecho.

✔ Reconocimiento público, concedido por usted (el gerente) en forma visible, por un buen desempeño en el trabajo.

✔ Reuniones para reforzar la moral celebrando los éxitos.

✔ Tiempo libre.

✔ Solicitar a los empleados sus opiniones e incluirlos en el proceso de decisión.

Si desea una lista realmente exhaustiva de incentivos que *sí* funcionan, consulte el éxito de librería de Bob, *1001 formas de recompensar a los empleados*.

Diez de las principales maneras de motivar a los empleados

#1 Agradézcales personalmente a los empleados que hayan hecho un buen trabajo — frente a frente, por escrito, o ambas cosas. Hágalo en el momento apropiado, con frecuencia y con sinceridad.

#2 Esté dispuesto a dedicar tiempo a reunirse con ellos y oírlos — tanto como lo necesiten o deseen.

#3 Ofrézcales información específica y frecuente sobre su desempeño. Apóyelos en sus esfuerzos por mejorar.

#4 Reconozca, premie y promueva a los trabajadores de desempeño extraordinario; hable con los trabajadores mediocres o marginales para que mejoren o se vayan.

#5 Proporcione información sobre la forma en que la compañía gana o pierde dinero, los productos que están por salir, los servicios y las estrategias para competir. Explique el papel del empleado dentro del plan global.

#6 Invite a los empleados a participar en las decisiones, especialmente en las que los afecten. Participación significa compromiso.

#7 Concédales la oportunidad de crecer y adquirir nuevas destrezas; estimúlelos para que den lo mejor de sí mismos. Muéstreles cómo puede ayudarles a alcanzar sus metas personales a la vez que logran las metas de la organización. Establezca una alianza con cada uno de sus empleados.

#8 Proporcióneles un sentido de pertenencia en su trabajo y en su ambiente laboral. Esa pertenencia puede ser simbólica (por ejemplo, tarjetas de presentación para *todos* los empleados, sea que las necesiten o no para hacer su trabajo.)

#9 Trate de crear un ambiente de trabajo abierto, ameno y de confianza. Fomente las nuevas ideas, las sugerencias y la iniciativa. Aprenda de los errores en lugar de castigarlos.

#10 Celebre los éxitos — de la compañía, del departamento y de las personas. Destine tiempo a reuniones y actividades encaminadas a fortalecer la moral y el sentido de equipo. Sea creativo e innovador.

La clave para motivar a sus empleados está en sus manos

La experiencia nos dice que la mayoría de los gerentes piensan que sus empleados deciden cuál ha de ser su nivel de motivación. Los gerentes tienden a pensar que algunos empleados tienen buenas actitudes por naturaleza, que otros tienen malas actitudes por naturaleza y que ellos (los gerentes) no pueden hacer mayor cosa por modificar esa realidad. *Me estoy cansando de su actitud negativa. ¡A menos que cambie, no podrá llegar a ninguna parte en esta compañía!*

Por conveniente que sea censurar a los empleados por sus malas actitudes, mirarse en el espejo podría ser un acto de mayor honestidad. Los estudios demuestran que los *gerentes* son el factor principal que determina el nivel de motivación de los empleados. ¿Reconocen a los empleados cuando realizan un buen trabajo? ¿Les brindan un ambiente de trabajo agradable y en el cual se sientan apoyados? ¿Crean un sentido de una misión conjunta y de trabajo en equipo en la organización? ¿Tratan a sus empleados como a iguales? ¿Evitan el favoritismo? ¿Dedican tiempo a escuchar cuando los empleados necesitan hablar?

Usted determina en gran medida el nivel de motivación de sus empleados. Y cuando llegue el momento de premiar, usted es la mejor persona para hacerlo, premiándolos en forma justa y equitativa.

Al premiar, tenga presente que los empleados no desean favores, y además *detestan* el favoritismo. No conceda premios si no son merecidos. No solamente reducirá el valor del incentivo ante el empleado que lo recibió sino que también perderá credibilidad a los ojos de sus demás empleados. La *credibilidad* a los ojos de sus empleados es una de las cualidades más importantes que puede desarrollar; si la pierde, se arriesga a perderlo todo.

Ponga a prueba sus nuevos conocimientos

¿Cuáles son las dos mejores maneras de motivar a los empleados?

A. Premio y castigo.

B. Temor e intimidación.

C. Dinero y más dinero.

D. El oprobio y la humillación en público.

¿Cuál es el principio de gerencia más grande del mundo?

A. Sin dolor no hay premio.

B. Dividir para triunfar.

C. Se obtiene lo que se premia.

D. Comprar barato, vender caro.

Capítulo 7
Si tiene dudas, instruya

Este capítulo le permitirá:
- Comprender qué es lo que hace a un instructor.
- Desarrollar destrezas básicas de instrucción.
- Identificar los momentos cruciales de la instrucción.
- Considerar las semejanzas entre el deporte y los negocios.

Al remitirse a las distintas parte del libro, usted notará que hay algunos hilos comunes. Esos hilos son el alma y el corazón de la nueva realidad de la gerencia en los años 90.

Uno de los temas que se repite es el nuevo papel de los gerentes como personas que apoyan y estimulan a sus empleados en lugar de ordenarles lo que deben hacer (o limitarse a esperar que rindan). Los mejores gerentes son instructores — es decir, personas que orientan, discuten y alientan a los demás a lo largo del camino. Con la ayuda de esos instructores, los empleados pueden producir resultados notables, las organizaciones funcionan mejor que nunca y usted podrá dormir tranquilamente, sabiendo que todo está bien.

En el capítulo 4 nos referimos al *liderazgo situacional*. Esta forma de liderazgo consiste en adaptar el estilo de gerencia al nivel de desarrollo de los empleados. De los cuatro estilos del modelo de liderazgo situacional — dirigir, instruir, apoyar y delegar — el primero y el último son los más rápidos, razón por la cual existe la tentación de abusar de ellos. Los gerentes ocupados se inclinan a 1) decirles a los empleados exactamente lo que deben hacer (dirigir) o a 2) dejar que los empleados realicen las tareas por sí mismos (delegar).

Los estilos del segundo y el tercer nivel — instruir y apoyar — requieren más tiempo y esfuerzo, por lo cual pueden ser relegados o subutilizados. ¡Claro que usted no descuidaría su labor de instruir y apoyar! En este capítulo combinamos estos dos estilos de liderazgo bajo el rótulo global de *instruir*.

RECUERDE

La instrucción es una parte crucial del proceso de aprendizaje de los empleados que se encuentran desarrollando destrezas, conocimientos y seguridad en sí mismos. El aprendizaje no es eficaz cuando el gerente se limita a decirles a los empleados lo que deben hacer. En realidad, lo que suele suceder es que no aprenden nada.

PERLA DE SABIDURÍA

Como dice la máxima:

>Dime... y olvidaré
>Muéstrame... y recordaré
>Involúcrame... y comprenderé

Tampoco es eficaz el aprendizaje de los empleados cuando usted les entrega una tarea sin ningún tipo de instrucción y apoyo. Claro está que los buenos empleados lograrán descifrar el asunto finalmente, pero desperdiciarán en ello mucho tiempo y energía. *Imagino que tendré que avanzar a tropezones hasta que comprenda de qué se trata todo esto.*

Entre estos dos extremos — recibir órdenes y tener que trabajar sin ninguna clase de apoyo — hay un término medio perfecto en el cual los empleados florecen y la organización prospera. Es una tierra feliz en donde todo el mundo vive en paz y armonía.

¿Cómo es un instructor?

Suponemos que usted tiene una idea bastante clara de lo que significa ser gerente. Sin embargo, *¿en realidad* sabe lo que significa ser instructor? Un instructor es colega, consejero, animador, todo en uno. Tomando esa definición, ¿es usted instructor? ¿Y su jefe? ¿O el jefe de su jefe? ¿Por qué sí o por qué no?

Estamos seguros de que usted sabe perfectamente cuál es el papel de un instructor en otros contextos diferentes de la empresa. Un instructor de teatro casi siempre es un actor talentoso. El oficio del instructor de teatro es hacer ensayos para escoger personajes, asignar papeles, ensayar las obras, entrenar y dirigir a los actores durante los ensayos y apoyarlos y estimularlos durante la representación en el escenario.

Instruir a un grupo de individuos no es fácil, y se necesitan determinadas características para ser un mejor instructor. Por suerte, como sucede con la mayoría de las demás destrezas empresariales, es posible aprender, practicar y mejorar los rasgos de un buen instructor. Siempre hay espacio para mejorar, y los mejores instructores son los primeros en admitirlo.

Capítulo 7: Si tiene dudas, instruya

La lista siguiente destaca las características importantes de un instructor:

- ✔ **Los instructores fijan metas.** Bien sea la visión de una organización convertirse en el principal proveedor de tarjetas lógicas del mundo, o aumentar los ingresos por ventas en un 20 por ciento al año, o simplemente pintar las paredes de la sala de descanso antes de que termine el año, los instructores trabajan conjuntamente con sus empleados para fijar las metas y los plazos para cumplirlas. Después se apartan para dejar que sus empleados escojan la mejor manera de alcanzar sus metas.

- ✔ **Los instructores apoyan y estimulan.** Es fácil que los empleados — hasta los mejores y más veteranos — se desalienten algunas veces. Cuando los empleados están aprendiendo nuevas actividades, cuando se pierde una cuenta de muchos años, o cuando los negocios van mal, los instructores están ahí, listos para intervenir y ayudar a los miembros del equipo a superar la peor parte. *Está bien, Clara. Ese error fue una oportunidad para aprender y estoy seguro de que la próxima vez lo hará correctamente.*

- ✔ **Los instructores ponen por encima del éxito individual el éxito del equipo.** El desempeño de todo el equipo es la mayor preocupación, no las capacidades estelares de uno de sus miembros. Los instructores saben que una sola persona no puede conducir al equipo hasta el éxito, puesto que para triunfar se necesitan los esfuerzos aunados de todo un grupo. Desarrollar destrezas de trabajo en equipo es un paso vital para el progreso de un empleado en la organización.

- ✔ **Los instructores saben evaluar rápidamente los talentos y las deficiencias de los miembros del equipo.** Los mejores instructores identifican rápidamente las fortalezas y las debilidades de los integrantes de su equipo y, por tanto, adaptan su enfoque de acuerdo con cada persona. Por ejemplo, si uno de los integrantes tiene una gran habilidad analítica pero poca habilidad para exponer en público, el instructor se concentra en apoyar a esa persona para que mejore ese aspecto débil. *Sabes, Mark, me gustaría dedicarte un tiempo para que mejores la eficacia de tus presentaciones con diapositivas.*

- ✔ **Los instructores inspiran a los miembros de su equipo.** Por medio de su apoyo y su orientación, los instructores inspiran a los integrantes de su equipo para que alcancen los niveles más elevados de desempeño. Los equipos integrados por personas inspiradas están dispuestos a hacer lo que sea necesario para alcanzar las metas de la organización.

- ✔ **Los instructores crean ambientes propicios para el éxito.** Los instructores más sobresalientes se aseguran de que el sitio de trabajo tenga la estructura necesaria para permitirles a los miembros correr

Transformación de la cultura corporativa de Kodak

Aunque fue durante mucho tiempo el líder mundial en tecnología de fotografía, Kodak ha estado en peligro de quedarse a la zaga ahora que la tecnología de las imágenes digitales comienza a predominar y que las compañías como Sony, Hewlett-Packard y Casio se apoderan de parte del mercado. A pesar de los miles de millones invertidos en investigación y desarrollo y de las numerosas reestructuraciones durante los últimos diez años, Kodak ganó más en 1982 que en 1993. Tratando de hacer un cambio radical en la empresa, a fines de 1993 Kodak contrató a George Fisher, el entonces presidente de Motorola, para tomar las riendas de la empresa.

Además de vender las divisiones de productos domésticos y salud por US$7 900 millones, Fisher se dedicó a transformar la cultura corporativa de Kodak. Según Fisher: "En esta compañía hay cosas que los propios textos señalan como negativas. Las decisiones se toman con mucha lentitud. La gente no corre riesgos". Mientras los anteriores presidentes de Kodak se habían inclinado a ser autocráticos y estrictamente jerárquicos, Fisher está promoviendo un ambiente más informal, en el cual los empleados se sienten estimulados a comunicarse entre sí y a aventurarse. Fisher, a quien se le suele encontrar la mayoría de las mañanas desayunando con los empleados, rara vez alza la voz con ira, y estimula a los empleados a enviarle mensajes de correo electrónico a través del computador. Fisher responde los treinta y más mensajes que recibe todos los días por medio de notas manuscritas que hace llegar a los autores de los mensajes.

(Fuente: *Business Week,* 13 de febrero de 1995)

riesgos y rebasar sus límites sin temor a represalias en caso de fracasar.

Los instructores están siempre a mano para asesorar a sus empleados, o sencillamente para oír sus problemas si es necesario. *Carol, ¿tienes un minuto para hablar de un problema personal?*

✔ **Los instructores ofrecen retroalimentación.** La comunicación y la retroalimentación entre instructor y empleado es un elemento crítico del proceso de instrucción. Los empleados deben saber cuál es su situación en la organización — qué están haciendo bien y qué están haciendo mal. Igualmente importante es que los empleados informen a sus instructores si necesitan ayuda o asistencia. Y este diálogo entre las partes debe ser oportuno y constante, y no un suceso reservado para la evaluación anual.

Instrucción: la lección corta

Además de las funciones obvias de apoyar y estimular a los empleados en busca de las metas de la organización, los instructores también les enseñan a sus empleados la *manera* de alcanzar dichas metas. Basados en su propia experiencia, los instructores guían a los trabajadores paso a paso para enseñarles los procesos y los procedimientos del trabajo. Una vez que los empleados aprenden a realizar una actividad, el instructor les delega toda la autoridad y la responsabilidad de su realización.

Cuando se trata de transmitir habilidades específicas, no hay mejor manera de enseñar ni mejor forma de aprender que el método de *hablar y mostrar*. Este método — desarrollado por un complejo industrial de los Estados Unidos después de la Segunda Guerra Mundial en su desesperación por capacitar a los nuevos empleados en los procesos de fabricación — es magnífico por su simplicidad y eficacia.

La instrucción a base de hablar y mostrar tiene tres pasos:

1. *Usted hace, usted dice.* **Siéntese con sus empleados y explique el procedimiento a grandes rasgos mientras realiza la actividad.**

   En la oficina de Peter, como en tantas empresas de hoy, los computadores son una herramienta crucial para realizar el trabajo. Cuando Peter necesita instruir a un nuevo empleado en el uso de una técnica misteriosa de procesamiento de texto u hoja electrónica, lo primero que hace es explicarle la técnica al empleado mientras la demuestra. "Oprimo el botón izquierdo del ratón sobre el comando de 'insertar' situado en la barra de herramientas y tiro hacia abajo para ver el menú. Escojo el símbolo que deseo en el menú, coloco la flecha sobre él y oprimo el ratón para seleccionarlo. Después llevo la flecha sobre el comando 'insertar' y oprimo el ratón para colocar el símbolo en el documento; después llevo la flecha al comando 'cerrar', oprimo nuevamente y termino".

2. *Ellos hacen, usted habla.* **Ahora es el turno de los empleados de realizar el procedimiento mientras usted explica cada uno de los pasos.**

   "Oprima el botón de la izquierda del ratón sobre el comando 'insertar' de la barra de herramientas y jale hacia abajo para ver el menú. Bien. Ahora lleve la flecha sobre la palabra 'símbolo' y oprima nuevamente. ¡Perfecto! Escoja el símbolo que desea del menú y ponga la flecha encima. Oprima para seleccionarlo. Muy bien. Lleve la flecha al comando 'insertar' y oprima el ratón para incluir el símbolo en el documento. Está bien, ya casi termina. Lleve la flecha al comando 'cerrar' y oprima nuevamente para terminar. ¡Listo!"

3. *Ellos hacen, ellos hablan.* **Por último, mientras usted observa, sus empleados realizan nuevamente la tarea explicando en voz alta lo que hacen.**

"Está bien, Ernesto, es su turno. Quiero que inserte un símbolo en su documento y me diga lo que está haciendo".

"Está bien, Peter. Primero oprimo el botón izquierdo del ratón sobre el comando 'insertar' en la barra de herramientas y tiro hacia abajo para ver el menú. Después llevo la flecha a la palabra 'símbolo' y oprimo de nuevo. Escojo el símbolo que deseo del menú, pongo la flecha encima y oprimo el ratón para seleccionarlo. Después pongo la flecha sobre el comando 'insertar' y oprimo para incluir el símbolo en el documento. Por último, llevo la flecha sobre el comando 'cerrar' y oprimo de nuevo para terminar. ¡Lo hice!"

Instruir: la búsqueda diaria de momentos críticos

A pesar de las ideas contrarias, el 90 por ciento del trabajo de un gerente no es un gran acontecimiento — ese destello de inteligencia que permite crear mercados de la nada, la negociación espectacular que conduce a niveles nunca vistos de cooperación entre el sindicato y la gerencia, o el golpe maestro que pone a la empresa a la altura de las grandes ligas. No, el 90 por ciento del trabajo de un gerente está hecho de esfuerzos cotidianos para reducir los problemas y forjar talentos.

Los mejores instructores están siempre a la expectativa de *momentos críticos* — las oportunidades de tener éxito que todos los días se les presentan a los empleados.

Momentos críticos que se convierten en éxitos resonantes

Los grandes éxitos — triunfos contra la competencia, aumentos increíbles de los ingresos por ventas o utilidades, nuevos productos asombrosos — por lo general son el resultado de una base sólida de éxitos pequeños acumulados a lo largo del camino. Lograr que el sistema de correo oral responda mejor a las necesidades de los clientes, enviar a un empleado a un seminario sobre manejo del tiempo, obtener un contrato de ventas excepcional, realizar una evaluación significativa de desempeño de un empleado, almorzar con un posible cliente — cada una de esas cosas es un momento crítico en un día de trabajo común y corriente. Aunque ninguno de los sucesos sea espectacular de por sí, sumados en el tiempo pueden transformarse en grandes logros.

En eso consiste el trabajo del instructor. En lugar de poner una carga de dinamita para transformar la organización de un solo golpe (y correr el riesgo de destruirla con todo y empleados), los instructores son como los albañiles de la antigüedad que construyeron las pirámides de Egipto. El movimiento y la colocación de cada una de las piedras quizás no representó mayor cosa como actividad independiente. Sin embargo, cada piedra fue un paso importante para la realización del resultado final: la construcción de unas estructuras sobrecogedoras que han sobrevivido a miles de años de guerras, ataques climáticos y turistas.

Instrucción a base de momentos críticos

Los instructores le dan importancia al tiempo que dedican diariamente a ayudar a los empleados a triunfar — a evaluar su progreso y a averiguar lo que pueden hacer para ayudarles a aprovechar los momentos críticos que se les presentan todos los días. Los instructores complementan y refuerzan las habilidades y la experiencia de sus empleados aportando sus propias habilidades y experiencias. Premian el desempeño positivo y ayudan a sus empleados a aprender lecciones importantes de sus errores — lecciones que, a su vez, les ayudan a mejorar el desempeño futuro.

Por ejemplo, suponga que entre su personal de ventas hay una joven aprendiz sin experiencia pero inteligente y llena de energía. Ella ha hecho una gran labor contactando clientes y haciendo visitas de ventas, pero todavía no ha logrado su primer negocio. Cuando habla con ella al respecto, ella confiesa que se siente muy nerviosa con respecto a su momento crítico personal: teme confundirse delante del cliente y echar a perder el negocio en el último minuto. Necesita instrucción.

Estas pautas le ayudarán a usted como instructor a manejar las preocupaciones de cualquier empleado.

- ✔ **Reúnase con el empleado.** Concierte una cita con su empleado tan pronto como sea posible a fin de tener una charla informal sobre sus preocupaciones. Busque un sitio tranquilo y sin distracciones, ponga el teléfono en espera o desvíe las llamadas al correo oral.

- ✔ **¡Escuche!** Evite los sermones y las soluciones instantáneas. Antes de abrir la boca, pídale a su empleado un recuento de la situación, de sus preocupaciones y de las posibles soluciones en las que haya pensado. Deje hablar a su empleado y limítese a oír.

✔ **Refuerce lo positivo.** Comience por señalar las cosas que el empleado hizo *bien* en la situación. Hágale saber cuándo está en el camino correcto. Déle retroalimentación positiva sobre su desempeño.

✔ **Destaque los aspectos que se pueden mejorar.** Señale las cosas que su empleado debe hacer para mejorar y dígale lo que usted puede hacer para ayudarle. Lleguen a un acuerdo con respecto a la ayuda que usted está dispuesto a proporcionar, trátese de mayor capacitación, un aumento de presupuesto, más tiempo, o lo que haga falta. Muestre con entusiasmo que confía en la capacidad del empleado para hacer un gran trabajo.

✔ **Llegue hasta el final.** Una vez que determine lo que puede hacer para apoyar a su empleado, ¡hágalo! Verifique periódicamente el progreso de su empleado y ofrézcale su apoyo en la medida en que lo considere necesario.

Por encima de todo, sea paciente. Instruir es algo que usted no puede realizar únicamente conforme a *sus* propias condiciones. Desde un principio, comprenda que cada persona es diferente. Algunos empleados son más sagaces que otros y algunos necesitan más tiempo para desarrollarse. Las diferencias en habilidad no significan que un empleado sea mejor o peor que sus compañeros, solamente diferente. Así como se necesita tiempo para construir las relaciones y la confianza en los negocios, también los empleados necesitan tiempo para desarrollar habilidades y experiencia.

Las herramientas del instructor

La instrucción no es una actividad unidimensional. Como cada persona es diferente, los mejores instructores acomodan su enfoque a las necesidades específicas de cada uno de los integrantes del equipo. Si uno de los miembros del equipo es independiente y solamente necesita orientación ocasional, el instructor debe reconocer la posición del empleado y proporcionarle el nivel de apoyo correspondiente. El apoyo puede asumir la forma de una verificación ocasional del progreso durante una ronda por la oficina. Si, por otra parte, otro miembro del equipo es inseguro y necesita mucha orientación, el instructor reconoce esa posición y le proporciona la ayuda necesaria. En este caso, el apoyo puede traducirse en reuniones frecuentes y formales con el empleado a fin de evaluar su progreso y darle los consejos y la orientación necesarios.

Capítulo 7: Si tiene dudas, instruya *131*

REGLA GENERAL

Aunque cada instructor tiene su propio estilo, los más eficientes emplean determinadas técnicas para obtener el mejor desempeño de los miembros de su equipo.

✔ **Dedique tiempo a los miembros del equipo.** La gerencia es ante todo una labor humana. Parte de ser buen gerente e instructor es estar disponible para los empleados cuando éstos necesitan ayuda. Si usted no está disponible, sus empleados buscarán otros caminos para satisfacer sus necesidades — o sencillamente dejarán de esforzarse por trabajar con usted. Mantenga su puerta siempre abierta y recuerde que sus *empleados* son su primera prioridad. Realice su trabajo caminando por ahí — es decir, salga periódicamente de su oficina y visite a sus empleados en *sus* sitios de trabajo. ¿Que si tengo un minuto, Elaine? Por supuesto, siempre tengo tiempo para usted y para los demás miembros de mi personal.

✔ **Cree un contexto y una visión.** En lugar de limitarse a indicarles a los empleados *qué* deben hacer, los buenos instructores explican las razones. Los instructores proporcionan a sus empleados un concepto y la perspectiva de un *cuadro completo*. En lugar de inundarlos con largas listas de lo que deben y no deben hacer, les explican

HISTORIAS REALES

A veces el instructor necesita un instructor

Algunas veces, hasta los instructores necesitan instrucción. Scott McNealy, de cuarenta y dos años de edad, presidente de Sun Microsystems, ha utilizado una combinación de empuje, pasión y estrictos controles financieros para impulsar a su compañía desde un nivel de ventas de US$39 millones en 1984, año en que tomó posesión de su cargo, hasta un nivel de US$6 000 millones en 1995. McNealy ha impulsado la idea de la computación en red desde hace años — mucho antes de convertirse la Internet en el lugar de moda. En la actualidad, Sun controla el 35 por ciento del mercado mundial en servidores para la red mundial de computadores [World Wide Web] y un gran número de compañías — entre ellas Gap, Federal Express y AT&T Universal Card Services — han adoptado las redes de Sun listas para Internet para su uso interno.

Sin embargo, a pesar de su éxito, Scott McNealy contrató a un "instructor para el presidente" con el propósito de que le ayudara a ser todavía más eficiente. El instructor, Chuck Raben, de Delta Consulting Group, Inc., les pidió a los gerentes de McNealy un informe sobre los aspectos en los cuales creían que su jefe podía mejorar. Raben compiló las encuestas y resumió las respuestas. El resultado fue que, de acuerdo con el equipo de gerentes de Sun, McNealy debía aprender a escuchar mejor. En consecuencia, McNealy lleva siempre consigo un recordatorio para responder a los puntos que sus gerentes plantean durante las reuniones.

(Fuente: *Business Week,* 22 de enero de 1996)

cómo funciona un sistema o procedimiento y después definen los papeles que han de desempeñar dentro del esquema de las cosas. *Chris, usted desempeña un papel vital para la salud y la vitalidad financiera de nuestra compañía. Al asegurarse de que nuestros clientes paguen sus facturas dentro de un lapso de 30 días después del despacho de los productos, podemos mantener un flujo de fondos positivo y pagar nuestras obligaciones, tales como alquiler, electricidad, y su sueldo, a tiempo.*

✔ **Transfiera conocimientos y perspectiva.** Una de las grandes ventajas de tener un buen instructor es la oportunidad de aprender de alguien con mayor experiencia. Los instructores transfieren sus conocimientos y su perspectiva personal en respuesta a las necesidades únicas de cada uno de los integrantes de su equipo. *Enfrentamos exactamente la misma situación hace cinco años, Ricardo. Le diré lo que hicimos en esa época, y quisiera que me dijera si cree que tendría lógica ahora.*

✔ **Servir de caja de resonancia.** Los instructores hablan con sus empleados de las nuevas ideas y los nuevos enfoques para resolver los problemas. Juntos pueden considerar las implicaciones de los distintos enfoques para manejar un problema y representar los papeles de los clientes a fin de identificar sus reacciones antes de poner en práctica las ideas. Escuchando activamente, los instructores ayudan a sus empleados a resolver los obstáculos y diseñar ellos mismos las mejores soluciones. *Está bien, David, usted me dijo que no cree que su cliente acepte el aumento del 20 por ciento en el precio. ¿Qué alternativas tiene usted para presentarle el aumento, y cree que algunas sean más fáciles de digerir que otras?*

✔ **Obtener los recursos necesarios.** Algunas veces, los instructores pueden ayudar a sus empleados a pasar de un desempeño marginal a uno sobresaliente con sólo proporcionarles los recursos que necesitan. Éstos pueden ser de muchos tipos: dinero, tiempo, personal, equipo u otros activos tangibles. *Entonces, Julián, ¿está seguro de que podemos mejorar nuestro flujo de caja si nombramos otros dos empleados en cobranzas? Está bien, probemos.*

✔ **Ofrecer una mano amiga.** Para el empleado que está aprendiendo un nuevo trabajo y todavía tiene la responsabilidad de responder por su cargo anterior, la carga total de trabajo puede ser abrumadora. Los instructores pueden ayudar a sus colaboradores durante esta fase de transición reasignándoles sus deberes actuales a otros empleados, autorizando tiempo adicional o tomando otras medidas para aliviar la presión. *John, mientras aprende a detectar fallas en el nuevo servidor de la red, le asignaré su trabajo de mantenimiento a Raquel. Al terminar esta semana, nos reuniremos nuevamente para ver cómo va.*

Metáforas de instrucción para el éxito empresarial

En los negocios son muchas las veces que nos recuerdan que, en lo que se refiere a instruir y trabajar en equipo, la metáfora de la empresa como un equipo deportivo triunfador es *muy* diciente. En muchas organizaciones, los presidentes contratan deportistas e instructores profesionales para que les den conferencias a los empleados sobre la importancia de jugar en equipo y vencer; a los gerentes se les llama por el nombre de *instructores* o *líderes de equipo;* y a los empleados se les llama *jugadores* o *integrantes del equipo.*

En esta situación, sería difícil hacer caso omiso de las coincidencias obvias entre la instrucción deportiva y la instrucción empresarial. Por tanto, sacaremos esto de nuestro sistema de una vez para siempre y nos abstendremos de hacer los paralelos entre el deporte y la empresa en lo que resta del libro, pero sólo después de la lista siguiente de citas del libro de Gerald Tomlinson, *Speaker's Treasury of Sports Anecdotes, Stories, and Humor.* ¡Lo prometemos!

- ✔ Lou Holtz, entrenador principal del equipo de fútbol americano de Notre Dame, dijo lo siguiente sobre su manera de ver la instrucción: "No creo que la disciplina sea obligar a alguien a hacer algo. Es hacerle ver los beneficios que obtendrá a la larga".

- ✔ La teoría de Bum Phillips, ex entrenador principal de los Houston Oilers con respecto al fútbol americano, podría aplicarse igualmente bien a los negocios. "Hay dos clases de jugadores de fútbol que no valen ni un céntimo: el que jamás obedece las órdenes y el que nunca hace otra cosa que lo que se le ordena".

- ✔ John Wooden, el extraordinario entrenador de baloncesto de la Universidad de California de los Ángeles dijo una vez: "Cuando no se cometen errores no se hace nada. Estoy convencido de que un ejecutor siempre comete errores".

- ✔ John Madden, ex entrenador del equipo de fútbol de los Oakland Raiders, resumió su filosofía de esta manera: "Yo no quería un juego grandioso de vez en cuando, deseaba un juego sólido todo el tiempo".

Parte II: Gerencia: un asunto humano

Ponga a prueba sus nuevos conocimientos

¿Cuáles son las tres funciones claves de un instructor?

A. Fijar metas, instruir y ofrecer retroalimentación.

B. Motivar, intimidar y culpar.

C. Castigar, postergar y dar pátina.

D. Ninguna de las anteriores.

¿Cuáles son los tres pasos de la instrucción basada en hablar y mostrar?

A. Yo muestro; usted habla; los dos hacemos.

B. Usted muestra, ellos hablan; nosotros instruimos.

C. Hugo, Paco y Luis.

D. Usted hace, usted habla; ellos hacen, usted habla; y ellos hacen, ellos hablan.

Parte III
Cómo hacer que las cosas sucedan

La 5ª ola   por Rich Tennant

"COMO EQUIPO HAN HECHO UNA LABOR EXTRAORDINARIA DE RECOLECCIÓN DE PARTES DEL CUERPO. SÓLO HAY UNA COSA — Y QUIZÁS NO FUI LO SUFICIENTEMENTE CLARO EN ESO — Y ES QUE TODOS HAN TRAÍDO LA MIIISMA PARTE DEL CUERPO".

En esta parte...

Los empleados sin metas son empleados a la deriva. Y una vez que usted establezca las metas con sus empleados, deberá poder medir el progreso de ellos hacia el objetivo. Esta parte trata del establecimiento de metas con los empleados, la medición del desempeño y la realización *correcta* de las evaluaciones de desempeño.

Capítulo 8
Establecer metas no es difícil

Este capítulo le permitirá:
▶ Relacionar las metas con su visión.
▶ Crear metas INTELIGENTES.
▶ Concentrarse en *menos* metas.
▶ Comunicar sus metas.
▶ Llegar hasta el final.
▶ Identificar las fuentes de poder.

Si se le pregunta a cualquier grupo de trabajadores cuál es la primera obligación de un gerente, una de las respuestas más frecuentes seguramente será: *Establecer metas*. Si establecer metas está cerca del final de la lista, usted *sabrá* que hay un problema. En la mayoría de las compañías, la alta gerencia marca el rumbo general de la organización. Los gerentes de nivel medio (al menos los que todavía quedan) son los encargados de desarrollar las metas y los planes para seguir ese rumbo fijado por la alta gerencia. Los gerentes y los empleados trabajan de la mano para fijar las metas y desarrollar los cronogramas para llegar a ellas.

En su calidad de gerente probablemente usted viva inmerso en metas — no solamente suyas, sino de sus empleados, su departamento y su organización. Esta inundación de metas puede ser abrumadora por la dificultad para sopesar la importancia relativa de cada una. *¿Debo dedicarme primero a la meta del departamento de mejorar el tiempo de rotación, o debo ponerme a trabajar en la meta fijada por mi jefe de terminar el presupuesto? O quizás sea más importante la meta de la compañía de mejorar el servicio al cliente. Bueno, creo que optaré por la meta de la división de poner en práctica un nuevo sistema para mejorar la calidad.*

¡ADVERTENCIA! Tal como descubrirá en este capítulo, tener *demasiadas* metas a veces es tan malo como no tener ninguna.

PERLA DE SABIDURÍA Las metas imprimen dirección y propósito. No olvide que lo que se puede *ver*, se puede *lograr*. Las metas le ayudan a ver hacia dónde va y el camino para llegar allá.

Si no sabe para dónde va, ¿cómo sabrá que ya llegó?

¿Alguna vez ha pensado que el cuento de *Alicia en el País de las Maravillas* de Lewis Carrol ofrece lecciones importantes para mejorar la vida de su empresa? Si leyó el cuento en la infancia, recordará la conversación entre Alicia y el gato de Cheshire sobre la importancia de fijar metas. Recordemos este pasaje del libro de Carrol en el cual Alicia le pide consejo al gato de Cheshire para decidir qué camino tomar.

— ¿Quisiera, por favor, decirme en qué dirección partir desde aquí?
— Eso depende mucho de adónde desees ir —dijo el gato.
— Realmente no me interesa un sitio en particular —dijo Alicia.
— Entonces no importa cuál camino tomes —dijo el gato.
— Siempre y cuando que llegue a *alguna parte* —agregó Alicia a manera de explicación.
— Ah, sin duda llegarás —dijo el gato—, siempre y cuando que camines el tiempo suficiente.

REGLA GENERAL Llegar a *cualquier parte* no exige esfuerzo alguno. Basta con no hacer nada y, en un abrir y cerrar de ojos, usted estará allí. Sin embargo, si desea llegar a un destino *importante*, primero debe decidir cuál es ese destino. Y una vez que decida a dónde quiere ir, es preciso trazar los planes que le permitan llegar allá. Esta práctica es tan válida en los negocios como en la vida cotidiana.

Por ejemplo, suponga que tiene la visión de crear una nueva oficina de ventas en Chicago a fin de prestar mejor servicio a sus cuentas del Medio Oeste. ¿Qué hará para convertir en realidad esa visión? Tiene tres alternativas: 1) Un enfoque sin planes ni metas, 2) un enfoque con metas y debidamente planeado y 3) la esperanza de una oración. ¿Cuál cree usted que sea el camino más acertado para llegar a la meta? ¡Vamos, adivine!

Si adivinó que era el enfoque sin planes ni metas, debiera darle vergüenza. Por favor preséntese en el salón de estudio y escriba 500 veces: *Una meta es un sueño con un límite de tiempo*. Ahora, nada de conversar con sus compañeros o de perder el tiempo. ¡Lo tenemos en la mira!

Si adivinó que era el enfoque con metas y debidamente planeado, se ha hecho merecedor de una enorme estrella de oro y de un sitio en el salón de la fama de *Gerencia para dummies*. Con gusto le enviaremos su estrella de oro si nos envía un mensaje corto a nombre del editor. ¡Felicitaciones!

Las siguientes son las razones principales por las cuales debería fijar metas siempre que desee lograr un objetivo de importancia:

- ✔ **Las metas imprimen dirección.** Para nuestro ejemplo anterior (abrir una oficina de ventas en Chicago), seguramente podrá encontrar un millón de formas diferentes para prestarles mejor servicio a sus clientes del Medio Oeste. Sin embargo, para hacer algo concreto, debe fijar una visión definida — un objetivo hacia el cual apuntar y enfilar sus esfuerzos y los de la organización. Después podrá traducir esa visión en *metas* que lo lleven hasta donde desea ir. *Sin* metas estará condenado a perder un sinnúmero de horas vagando a la deriva. *Con* metas, podrá enfocar sus esfuerzos y los de su personal únicamente en aquellas actividades que los lleven hacia su destino — en este caso, abrir una oficina de ventas en Chicago.

- ✔ **Las metas le indican cuánto camino ha recorrido.** Las metas representan marcas en el camino hacia la visión. Si identifica siete metas diferentes para llegar a su destino final y logra tres de ellas, sabrá que le esperan otras cuatro. Es decir, sabrá exactamente en qué punto del camino se encuentra y cuánta distancia le queda por recorrer.

- ✔ **Las metas le ayudan a sentir que la visión es alcanzable.** No es posible convertir en realidad una visión de un solo golpe — se necesitan varios pasos pequeños para llegar al final del camino. Si la visión es abrir una nueva oficina de ventas en Chicago, usted no puede aspirar a proclamar su visión el viernes y estar completamente instalado y funcionando el lunes. Deberá lograr varias metas — desde buscar el local, hasta contratar y volver a situar al personal, imprimir papelería y tarjetas de presentación — antes de llegar al final del camino. Las metas le permitirán cumplir su visión dividiendo el esfuerzo en partes más pequeñas que, una vez realizadas, generan un gran resultado.

- ✔ **Las metas dan claridad a la función de cada cual.** Cuando usted les anuncie su visión a los empleados, éstos se formarán *cierta* idea de hacia dónde desea usted ir, pero *no* tendrán la más mínima idea de cómo llegar allá. Cuando sus empleados, llenos de buenas intenciones, pongan manos a la obra para ayudarle a convertir en realidad su visión, algunos duplicarán los esfuerzos de otros, se descuidarán algunas actividades y algunos empleados sencillamente harán algo completamente ajeno a la visión (con la esperanza de que usted no note la diferencia). Al fijar las metas con los empleados, todos tendrán una idea clara de las actividades, de las responsabilidades de cada cual y de lo que se espera de cada empleado.

✔ **Las metas le proporcionan a la gente algo por lo cual luchar.** Sin adentrarnos en una disquisición filosófica o teológica, creemos que la gente se siente más motivada cuando tiene el desafío de lograr una meta superior a su nivel normal de desempeño. Las metas no solamente generan un sentido de propósito sino que también alivian el aburrimiento que le produce a la gente realizar el mismo trabajo día tras día.

Para que las metas sean útiles, deben tener relación directa con la visión que aguarda al final del camino. Para mantenerse adelante de la competencia, o sencillamente para no desaparecer, las organizaciones crean visiones apremiantes, y los gerentes y empleados trabajan de la mano para lograr las metas que finalmente convertirán en realidad esa visión. Veamos estos ejemplos de visiones atrayentes que impulsan el desarrollo de las metas en varias organizaciones exitosas:

✔ Samsung es una compañía coreana con ventas por US$54 000 millones. Fabrica maquinaria pesada, productos electrónicos y químicos, y además ofrece servicios de seguros, tarjetas de crédito y financiación. En Samsung, la gerencia ha creado una visión clara y apremiante que impulsa las metas de la organización. La visión de Samsung es llegar a ser uno de los diez "generadores de tecnología" más grandes del mundo.

✔ Motorola, reconocida por su obsesión con la calidad, ha establecido una visión realmente increíble para el decenio siguiente. Su objetivo para el año 2000 es no más de dos errores de producción por cada mil millones de productos.

✔ Hace casi un siglo, el presidente de AT&T creó la siguiente visión para su empresa: El sueño de un servicio de telefonía mundial que fuera bueno, económico y rápido. Ahora, con la explosión de la informática que ha traído consigo oportunidades increíbles para la industria de las telecomunicaciones, AT&T se ha visto en la necesidad de crear una nueva visión, la cual consiste en ser "uno de los principales fabricantes dentro del movimiento y el manejo mundial de la información".

(Fuente: James Stoner, R. Edward Freeman y Daniel Gilbert, Jr., *Management.*)

Metas INTELIGENTES

Uno encuentra toda clase de metas en todo tipo de organizaciones. Algunas metas son específicas y a corto plazo (*a partir del próximo mes aumentaremos la producción en dos unidades por empleado por hora*), otras son vagas y a largo plazo (*en un plazo de cinco años, seremos una organización que aprende*). Algunas metas son claras para los empleados (*los trabajadores de línea no tendrán más de 20 devoluciones por mes*), otras son difíciles de comprender y están sujetas a muchas interpretaciones (*durante el próximo año fiscal, los empleados deberán mostrar más respeto los unos por los otros*). Y otras metas se pueden alcanzar con relativa facilidad (*el personal de recepción responderá siempre antes de la tercera vez que suene el teléfono*), pero otras son prácticamente imposibles de lograr (*todos los empleados deberán dominar los cinco idiomas que hablan nuestros clientes antes de terminar el año fiscal*).

¿Cómo saber qué clase de meta fijar? El único propósito de fijar las metas es *lograrlas*. De nada sirve tomarse la molestia de convocar reuniones, analizar las necesidades de la organización y consumir un tiempo precioso para terminar con unas metas que jamás se logran. Infortunadamente, eso es lo que muchos gerentes hacen con su tiempo.

Las mejores metas son las metas *INTELIGENTES*. Este término describe las cinco características de unas metas bien diseñadas.

✔ **Específicas:** Las metas deben enunciarse con claridad y sin ambigüedad; en esto de fijar metas no caben las frases caprichosas ni las perogrulladas. Cuando las metas son específicas les comunican a los empleados exactamente lo que se espera de ellos, cuándo y en qué medida. Como las metas son específicas, usted podrá medir fácilmente el progreso de sus empleados hacia ellas.

✔ **Mensurables:** ¿De qué sirve una meta que no se pueda medir? Si sus metas no son mensurables, jamás sabrá si sus empleados están progresando hacia su realización. No solamente eso sino que sus empleados no se sentirán motivados a completar sus metas si no tienen marcas en el camino que les indiquen cuánto han progresado.

✔ **Alcanzables:** Las metas deben ser realistas y realizables por empleados corrientes. Las mejores metas son las que exigen un poco de esfuerzo adicional, pero sin llegar a extremos. Esto quiere decir que no esté fuera del alcance pero tampoco por debajo del nivel de desempeño estándar. Las metas demasiado elevadas o demasiado bajas pierden todo significado, y los empleados con el tiempo se olvidan de ellas.

✔ **Pertinentes:** Las metas deben ser una herramienta importante dentro del gran plan para realizar la visión y la misión de la empresa. Hemos sabido que el 80 por ciento de la productividad de los empleados se deriva apenas del 20 por ciento de sus actividades. ¡Ya podrá imaginarse a dónde va a parar el otro 80 por ciento de las actividades! Este coeficiente es una derivación de la regla del 80/20 del economista italiano Vilfredo Pareto. Dicha regla plantea que el 80 por ciento de la riqueza de la mayoría de los países está en manos del 20 por ciento de la población, y ha sido aplicada a muchos otros campos desde su descubrimiento. Las metas pertinentes van dirigidas a ese 20 por ciento de las actividades de los empleados que producen un impacto sustancial en el desempeño y acercan a la empresa a la realización de la visión. (Fuente: Blanchard, Schewe, Nelson & Hiam, *Exploring the World of Business*.)

✔ **Limitadas por el tiempo:** Las metas deben tener un punto de partida, un punto de llegada y un plazo fijo. El compromiso con unos plazos determinados ayuda a los empleados a concentrar sus esfuerzos en llegar a la meta el día señalado, o antes. Las metas sin fecha límite o sin cronogramas tienden a ser sepultadas bajo las crisis cotidianas que nunca faltan en una organización.

Las metas INTELIGENTES producen organizaciones inteligentes. En nuestra experiencia, muchos supervisores y gerentes olvidan fijar metas conjuntamente con sus empleados. Y muchas veces, los que sí lo hacen fijan metas ambiguas, vagas, sin fundamento real y sin relación con la visión de la organización, imposibles de medir y desmotivadoras. Desarrollando metas INTELIGENTES con sus empleados, usted podrá evitar esas trampas y garantizar al mismo tiempo el avance de su organización y del personal.

Aunque el sistema INTELIGENTE para fijar metas sirve de guía para enmarcar unas metas eficaces, hay otras cosas que deben tenerse presentes. Son consideraciones que ayudan a garantizar que las metas, convenidas conjuntamente con los empleados, puedan ser comprendidas fácilmente y logradas por cualquier persona de la organización.

✔ **Cerciórese de que las metas tengan relación con el papel del empleado dentro de la organización.** Es mucho más fácil para los empleados esforzarse por alcanzar las metas de la organización cuando éstas forman parte de su trabajo. Por ejemplo, suponga que usted establece la meta de "elevar la producción en un 2 por ciento trimestral" para los empleados encargados de soldar una tarjeta de circuitos. Esos empleados pasan casi cada segundo de su trabajo persiguiendo esa meta porque forma parte íntegra de su función. Sin embargo, si a esos mismos empleados les fija la meta de "mejorar la diversidad de la organización", ¿exactamente qué tiene que ver eso con la función de los empleados de línea? Nada. La meta puede sonar elevada y ser importante para la organización, pero como los empleados de línea no toman las decisiones de contratación, lo único que logrará usted es desperdiciar su tiempo y el de ellos con esa meta particular.

✔ **Siempre que le sea posible, utilice los valores como guía de conducta.** ¿Cuál es el valor más importante de su organización? En el caso de General Electric probablemente sea llegar a ser el número 1 o el número 2 en ventas en todos los negocios en los cuales tiene presencia.

Este valor, traducido en meta para todos los empleados es algo muy claro en lo que todos pueden participar. Trátese de un vicepresidente corporativo o de una recepcionista, la adhesión a los valores de la corporación es parte innegable de sus metas. Este punto de mira común permite ver con claridad si la organización está logrando su meta y si los empleados están haciendo lo suyo para ayudar.

✔ **Las metas simples son mejores.** Mientras más fáciles de comprender sean las metas, mayor la probabilidad de que los empleados se esfuercen por lograrlas. Las metas deben expresarse en una sola frase, de manera concisa, apremiante y fácil de leer y comprender.

Las metas de más de una frase en realidad son plurales. Si encuentra un planteamiento que encierra muchas metas, descompóngalo en metas singulares de una sola frase. Las descripciones de más de una página en realidad no son metas; son libros. Por tanto, archívelas en la biblioteca y pruebe de nuevo.

La fijación de metas: cuanto menos mejor

Peter recuerda la escena como si fuera ayer. En su organización se había tomado la decisión de desarrollar un plan estratégico a largo plazo. (La planeación estratégica estaba *de moda* en ese momento, y parecía algo muy bueno.) Se reclutó todo el equipo de gerencia para este esfuerzo y se programaron varias reuniones de planeación de un día entero, se contrató a un consultor muy costoso y se les anunció a los empleados que algo se estaba cocinando en lo alto de la compañía.

El equipo de gerencia se dedicó de lleno al esfuerzo de planeación. ¿Cuál era la razón de ser de la organización? ¿Quiénes eran sus clientes? ¿Cuáles eran sus valores? ¿Cuál era su misión? ¿Cuáles eran sus metas? ¿Cómo sabrían que se habían logrado? Sesión tras sesión, idea tras idea, no tardaron en pegar en todas las paredes más de doce hojas de tablero de papel rebosantes de metas para la organización. *Mejorar el servicio al cliente. Agilizar la terminación de los proyectos. Arreglar el sistema de calefacción y de aire acondicionado en la sede de la casa matriz.* Y muchas más — en total, ¡más de 200!

Cuando terminó la última reunión de planeación, los gerentes se felicitaron por su logro colectivo y regresaron a su trabajo de todos los días. Las metas no tardaron en caer en el olvido — las hojas en que estaban escritas terminaron muy bien dobladas y guardadas en algún archivador. Entre tanto, las actividades continuaron como siempre y el esfuerzo de planeación a largo plazo entró en un período prolongado de hibernación. Los empleados de la organización — a quienes se les había informado que el equipo de gerencia se había embarcado en un proceso histórico de planeación estratégica — acabaron por cansarse de preguntar por él. *Seguramente fue otra de esas modas de la gerencia.* Sí.

Claro que algunas de las ideas lograron filtrarse a la organización, pero la mayoría de las metas creadas por la gerencia pasaron rápidamente al olvido, acabaron sepultadas debajo de las demás prioridades, o sencillamente desdeñadas. Según nuestra experiencia, el motivo principal por el cual se presentan estas situaciones es que los gerentes — en medio de sus esfuerzos sinceros por arreglar *todos* los problemas de la organización lo antes posible — generan *demasiadas* metas.

¿Por qué no siempre es mejor tener bastantes metas? Cuanto mayor el número de metas menor la posibilidad de concentrar los esfuerzos y de hacer algo realmente. Por magnífico gerente o empleado que usted sea, no hay manera de que pueda concentrarse en todo al mismo tiempo. Es como tratar de hacer malabares. La mayoría de las personas pueden manejar una o dos bolas al mismo tiempo — se lanza una al aire y se atrapa, y después se lanza la otra y se atrapa. Concentrarse en lanzar y atrapar solamente un par de bolas es relativamente fácil.

Pero imagine lo que sucede cuando incluyen más bolas en la mezcla: ¿Comienza a serle imposible mantenerlas todas en el aire? ¿Ya ha dejado caer algunas? Y agreguemos un poco de picante a las cosas. Mientras usted trata desesperadamente de mantener todas las bolas en el aire, alguien interfiere su actividad. *¡Acaba de dañarse el sistema telefónico y nuestro proveedor dice que no puede venir a repararlo antes de la próxima semana!* Claro que ahí no termina todo. Mientras trata de hacer malabares con ese nuevo problema — dejando caer las bolas todo el tiempo — su jefe le lanza un par de papas calientes. *¡Estos contratos de ventas deben salir esta noche! Don Gruñón está esperando su llamada.* ¡Cataplum! Ni siquiera los *mejores* gerentes pueden mantener todas las bolas en el aire y además ocuparse de las interferencias y las papas calientes, sin dejar caer algunas.

Esta ilustración demuestra por qué cuando los gerentes establecen demasiadas metas sus planes se ven relegados a medida que los empleados se doblan bajo la carga de las demás necesidades de la organización. A los ojos de los trabajadores ocupados, tener demasiadas metas acaba siendo lo mismo que no tener meta alguna. *¿Para qué molestarse? De todas maneras no lograré hacer mayor cosa.*

Cuando de metas se trata, menos *equivale* a más.

Las siguientes son algunas pautas que le ayudarán a escoger las metas acertadas para su organización — en un número correcto.

- ✔ **Escoja dos o tres metas en las cuales concentrar su atención.** No podrá hacer todo a la vez y no puede aspirar a que sus empleados lo hagan. Unas pocas metas será lo máximo que podrá tratar de conquistar en un momento determinado. Cuando se escogen demasiadas metas, sus esfuerzos y los de su personal se diluyen, y todo el proceso puede terminar en caos.

- ✔ **Escoja las metas más pertinentes.** Algunas metas permiten avanzar mucho más hacia el cumplimiento de la visión que otras. Como la jornada laboral no es eterna, es lógico concentrar los esfuerzos en aquellas pocas metas que produzcan los mejores resultados, en lugar de atacar un montón de metas cuyo producto relativo sea menor.

- ✔ **Concéntrese en las metas más estrechamente relacionadas con la misión de la organización.** Usted podría tener la tentación de perseguir unas metas desafiantes, interesantes y divertidas pero que no tienen mucha relación con la misión de la organización. Absténgase.

- ✔ **Revise periódicamente las metas y actualícelas según sea necesario.** Los negocios están muy lejos de ser estáticos, de manera que es importante evaluar periódicamente las metas para verificar que continúen siendo pertinentes para la visión que busca convertir en realidad. Si lo son, maravilloso, y siga adelante. Si no, reúnase con sus empleados para establecer nuevas metas y diseñar el cronograma para su realización.

En su celo por hacer muchas cosas en el menor tiempo posible, evite asumir la carga de un exceso de metas. Esa carga podría ser demasiado pesada para usted y también para sus empleados. Es mucho mejor establecer unas pocas metas realmente importantes y concentrar los esfuerzos en lograrlas. No olvide que la gerencia no es un juego de triunfos espectaculares consecutivos sino el trabajo gradual de enfrentar los desafíos y las oportunidades para mejorar la organización. Tenga esto presente y establezca sus metas en conformidad.

Éstas son las metas (comuníquelas)

Tener metas es excelente, pero ¿cómo informar a los empleados? Como ya sabe usted, las metas emanan de la visión de la organización. Establecer metas es una manera de ayudar a los empleados a concentrar sus esfuerzos en realizar la visión dentro del plazo deseado. Hay muchas maneras de comunicar las metas a los empleados, pero unas son mejores que otras. En todos los casos, las metas se deben comunicar claramente para que sean comprendidas, y deben seguirse hasta el final.

Comunicar la visión de la organización es tan importante como comunicar metas específicas. La visión se debe comunicar en todas las formas posibles, con tanta frecuencia como sea posible, a la totalidad de la organización y a otras personas importantes como clientes, proveedores, etc. Y es necesario tener presentes los obstáculos que podrían impedir la comunicación: muchas veces, la visión de la organización es recalcada en una serie de reuniones agotadoras de la gerencia que dejan a los participantes (¡a ustedes, los gerentes!) cansados y vencidos. Cuando finalmente logran desarrollar una visión para la compañía, todos están hastiados de ella y ansiosos por continuar con algo nuevo.

Muchas organizaciones tiran la toalla en ese punto crucial y, por tanto, tardan en comunicar la visión. Además, cada uno de los niveles de la organización tiene la tendencia natural a arrebatarle a la visión parte de su energía, de manera que cuando se logra filtrar hasta el nivel de los trabajadores de primera línea, la visión ha perdido vitalidad y brillo.

Cuando comunique la visión y las metas, hágalo con energía, proyectando un sentido de urgencia e importancia. Se trata del futuro de la organización y de los empleados — no de una bagatela. Si sus empleados no perciben su interés por la visión, ¿por qué habrían de interesarse? Sencillamente no lo harán.

Las compañías generalmente anuncian sus visiones con bombo y platillos. A continuación hay algunos ejemplos comunes de la forma en que las empresas anuncian y comunican la visión:

✔ Realizando reuniones gigantescas con los empleados durante las cuales se revela la visión en medio de discursos candentes.

Mientras las luces de los reflectores recorren el salón y una cascada de globos desciende del techo, el presidente se levanta para dirigirse a la multitud: "Señoras y señores, es para mí un orgullo descubrir ante ustedes la nueva visión de nuestra compañía: un centavo ahorrado es un centavo ganado".

El poder de la meta anual en Marmot Mountain

En 1991, cuando Steve Crisafulli fue nombrado presidente de Marmot Mountain, empresa productora de ropa deportiva de alta calidad con sede en Colorado, no tardó en descubrir que la compañía tenía problemas muy serios. Según Crisafulli, Marmot "no tenía registros de crédito, tenía un sistema computarizado de inventario totalmente inservible y tenía un atraso de seis meses en sus estados financieros. Jamás había visto una compañía tan mal parada desde el punto de vista operativo". El plan de Crisafulli era desarrollar metas específicas para llevar a la compañía a convertir en realidad su visión de rentabilidad. Sin embargo, el plan no se cumpliría de un solo golpe, sino paso a paso. "La manera de manejar una empresa pequeña es concentrándose en una o dos cosas pequeñas", dice Crisafulli.

El primer problema al cual Crisafulli le dedicó su atención fue el de los despachos de la mercancía a tiempo. Uno de los ejemplos especialmente desastrosos del problema tradicional de Marmot en esta área fue no haber despachado toda la línea de ropa de invierno de 1989 hasta enero de 1990 a causa de las interrupciones por el Día del Trabajo. Como consecuencia, las ventas descendieron estrepitosamente. A fines de 1991, Crisafulli convirtió la entrega oportuna de los productos de Marmot en la primera prioridad de la compañía. Los empleados acordaron la meta de despachar la línea de ropa de invierno de 1992 a más tardar a mediados de septiembre. Para lograr la meta se instituyeron unas reuniones diarias del equipo de gerencia, los gerentes comenzaron a comunicarse entre sí y con los trabajadores, se enviaron inspectores de control de calidad a verificar el progreso de los proveedores, y se incrementaron los presupuestos de marketing.

Dice Crisafulli: "Por lo general, lo más escaso en las compañías pequeñas son los recursos. La gente se queja de no tener dinero suficiente, pero la verdad es que el recurso más escaso es el tiempo. La gente trata de hacer demasiadas cosas a la ligera y al tratar de avanzar en un frente tan grande, no llega a ninguna parte".

Para acortar la historia, Marmot no solamente logró su meta sino que toda la línea de ropa de invierno se despachó dos semanas antes del plazo fijado de mediados de septiembre de 1992. Las ventas aumentaron de cerca de US$5 millones a comienzos de los años 90, a US$11 millones en 1994, con proyecciones de crecimiento del 40 por ciento hasta el final del decenio. La compañía y su presidente todavía se aferran a ese enfoque específico que los salvó de la quiebra. Durante la reunión anual de estrategia, el equipo de gerencia de Marmot escoge la meta única para el año siguiente. Crisafulli dice: "Hasta ahora no nos ha fallado. Ésa es la belleza del sistema: cuando la atención está puesta en una sola cosa, no es difícil de lograr. Es mucho más fácil que tratar de cumplir veinte metas diferentes". Amén.

(Fuente: *Inc. Magazine,* agosto de 1995)

✔ Escribiendo la visión en todas partes — en las tarjetas de presentación, en los membretes de la papelería, en afiches enormes fijados en las paredes de la planta, en los boletines, en las tarjetas de identificación de los empleados, etc.

✔ Alentando a los gerentes a "ensalzar" la visión durante las reuniones con los empleados o siempre que haya una interacción verbal.

PERLA DE SABIDURÍA

No cabe duda de que al comunicar la visión de la organización, claramente, cuanta más cantidad más alegría — la manera no es tan importante. Asegúrese de comunicar la visión lo antes posible y con mucha frecuencia.

Por otra parte, las metas son mucho más personales, y el método empleado para comunicarlas debe ser mucho más formal y directo. Las pautas siguientes le serán útiles:

REGLA GENERAL

✔ Asegúrese de tener las metas por escrito.

✔ Haga siempre reuniones personales con cada uno de sus empleados para presentar, discutir y asignar las metas.

Si la distancia física o algún otro motivo le impiden realizar una reunión personal, utilice el teléfono. El objetivo es asegurarse de que los empleados conozcan las metas, las comprendan y tengan la oportunidad de solicitar aclaraciones.

✔ Reúna a su equipo para presentar las metas que le atañen a él.

Las metas se pueden asignar en forma colectiva en lugar de individual. Si ése es el caso, reúna al equipo y explique el papel de él y de cada uno de los integrantes en la culminación exitosa de la meta propuesta. Asegúrese de que todos los miembros del equipo comprendan exactamente lo que deben hacer. Despierte su entusiasmo y proporciónales el espacio libre que necesitan para trabajar. En el capítulo 12 describimos más detalladamente la función de los equipos.

✔ Obtenga el compromiso de sus empleados, a nivel individual o de grupo, para con el logro exitoso de las metas.

CONSEJO

Pídales a sus empleados que elaboren y presenten planes y cronogramas, explicando cómo piensan lograr las metas asignadas en las fechas acordadas. Una vez los empleados hayan enfilado baterías hacia las metas, controle periódicamente su progreso para verificar que no hayan perdido el rumbo y concierte reuniones en caso de que sea necesario ayudarles a resolver algún problema.

Hallmark tiene muchas maneras de comunicar sus metas

La gerencia de Hallmark Cards, Inc., la compañía productora de tarjetas de felicitación más grande del mundo, cree firmemente en el valor de comunicarles a sus empleados la visión, las metas y la información vital de la empresa. El presidente y gerente general de Hallmark, Irvine O. Hockaday, Jr., dice: "La única ventaja sostenible de una corporación está en la energía y la inteligencia de su gente. Para aprovecharlas, el líder debe forjar una visión, facultar a sus empleados, fomentar el trabajo en equipo y avivar el fuego de la competencia", *Chief Executive,* marzo de 1993.

Para apuntalar su compromiso de comunicarse con los empleados, Hallmark desarrolló un portafolio complejo de publicaciones formales para los empleados. Además de *Noon News,* el boletín diario para todos los empleados, Hallmark publica *Crown,* una revista bimensual para los empleados, y un boletín para los gerentes titulado *Directions.* Sin embargo, el compromiso de la compañía con la comunicación no termina con los boletines y las revistas — Hockaday invita periódicamente a los empleados de toda la organización a compartir una comida con él con el propósito de intercambiar información.

Malabares con las prioridades: No le quite el ojo a la bola

Ahora que ha identificado las metas importantes para usted y su organización, comienza la parte difícil. ¿Cómo mantener a los empleados — y para el caso, cómo mantenerse usted mismo — con la mira puesta en la realización de las metas fijadas?

El proceso de fijar metas generalmente genera mucha emoción y energía entre los empleados — bien sea que se establezcan en reuniones de grupo o en encuentros individuales. Pero la emoción y la energía no tardan en disiparse cuando cada uno regresa a su escritorio a trabajar. Usted, como gerente, debe tomar las medidas necesarias para garantizar que la organización continúe con la mira puesta en las metas y no en otros asuntos (menos importantes pero más urgentes de momento). Aceptamos que eso es más fácil de decir que de hacer.

Mantener la atención en las metas puede ser difícil en *extremo* — en particular cuando las personas tienen mucho trabajo y las metas se *suman* a las responsabilidades de todos los días. Piense en las situaciones que se pelean por su atención durante un día laboral típico.

✔ ¿Cuántas veces se ha sentado a su escritorio por la mañana para ordenar sus prioridades del día sólo para tener que deshacerlas cinco minutos después al recibir una llamada de su jefe?

¡Miguel, necesito que suspenda todo lo que esté haciendo para que se dedique a elaborar un informe para el gerente general en este mismo instante!

✔ ¿Cuántas veces ha tenido que atender a un empleado que tiene un problema?

Disculpe, Miguel, pero creo que sería mejor que se enterara de este problema antes de que adquiera dimensiones mayores. María y Antonio discutieron, y María amenazó con renunciar. No podemos permitirnos el lujo de perderla — especialmente ahora. Ella es la clave del proceso de desarrollo. ¿Qué podemos hacer?

✔ ¿Recuerda haber acudido a una reunión de quince minutos en la que quedó atrapado durante varias horas?

¿Hay alguna pregunta sobre los pasos 1 a 14 del nuevo proceso de reclutamiento? Bien, entonces comencemos con los pasos 15 a 35.

Hay muchísimas cosas que los pueden apartar a usted y a sus empleados del camino y hacerles perder la atención que necesitan para lograr las metas de la organización. Uno de los problemas más grandes de los empleados es confundir *actividad* con *resultados*. ¿Conoce a alguien que trabaja durante horas interminables — hasta la medianoche y durante los fines de semana — pero que nunca logra terminar nada? Aunque un empleado así parece no descansar jamás, el problema es que trabaja en las cosas *equivocadas*. Tal como lo mencionamos en el capítulo 2, esa situación se denomina la *trampa de la actividad*, y en ella pueden caer fácilmente usted y sus empleados. *¡Auxilio, me caí y no puedo salir!*

Anteriormente mencionamos la regla general que dice que el 80 por ciento de la productividad de los trabajadores se deriva del 20 por ciento de su actividad. La otra cara de esta regla es que solamente el 20 por ciento de la productividad de los trabajadores se deriva del 80 por ciento de su actividad. Esta estadística ilustra la trampa de la actividad en acción. ¿Qué hace *usted* en un día común y corriente? Más importante todavía, ¿qué hace usted con el 80 por ciento de su tiempo que le genera tan pocos resultados? Es posible salirse de la trampa de la actividad y asumir el control de los cronogramas y las prioridades. Sin embargo, para ello necesita *fuerza de voluntad* y fijar la mente en una sola cosa: lograr sus metas.

Lograr sus metas es cosa suya — nadie, ni siquiera su jefe (en particular su jefe) le podrá allanar el camino para que pueda concentrarse en lograr sus metas. Es usted quien debe asumir las riendas y ¡ahora! Si no controla su propio programa de trabajo, los demás lo harán en su lugar.

A continuación presentamos algunas sugerencias para ayudarles a usted y a sus empleados a salir de la trampa de la actividad:

✔ **¡Atienda primero a su primera prioridad!** Con todas las distracciones que compiten por su atención, la tentación constante de trabajar primero en lo más fácil y dejar lo difícil para hacerlo en último lugar, y con las interrupciones de las personas que sólo desean conversar o contarle sus cuitas, concentrarse en la primera prioridad *siempre* es todo un reto. Sin embargo, si no realiza su primera prioridad en primer término, lo más probable es que caiga en la trampa de la actividad. Es decir, es casi seguro que encuentre las mismas prioridades en su lista de cosas pendientes todos los días, semana tras semana, mes tras mes.

✔ **¡Organícese!** Remítase al capítulo 2 para una diatriba completa sobre las razones por las cuales es importante organizarse y manejar el tiempo de manera eficaz. Para el objeto de este capítulo, baste con decir que, si está organizado perderá menos tiempo tratando de averiguar qué *debiera* estar haciendo y podría dedicar más tiempo a *hacer* lo que debiera estar haciendo.

✔ **¡Sólo diga no!** Si alguien intenta pasarle sus problemas, sencillamente diga no. Si usted es gerente, probablemente no haya otra cosa que más le agrade que aceptar nuevos retos y resolver problemas. El conflicto se presenta cuando no logra resolver sus problemas por estar tratando de resolver los de otra persona. Es necesario mantenerse siempre alerta y luchar contra la tentación de desperdiciar el día en actividades sin sentido. Pregúntese siempre: "¿Esto de qué manera contribuye al logro de mis metas?" Mantenga la mente fija en sus *propias* metas y niéguese a convertir en suyos los problemas de otros.

Utilice su poder: Convierta en realidad sus metas

Ahora que ha creado un conjunto de metas maravillosas con sus empleados, ¿cómo cerciorarse de que se logren? ¿Cómo convertir sus prioridades en las prioridades de sus *empleados*? Las mejores metas del mundo carecen de sentido si no se logran. Usted puede optar por dejarle al azar este paso crucial del proceso, o asumir las riendas.

Usted tiene el poder de convertir las metas en realidad.

Por estos días, el vocablo poder ha adquirido una mala connotación. Como reacción a los estilos autocráticos de liderazgo que prevalecieron en muchas corporaciones estadounidenses hasta hace pocos años, los empleados han venido exigiendo (y las organizaciones lo han ofrecido cada vez en mayor medida) un estilo de administración más humano y centrado en los principios.

En nuestra opinión, el poder en sí no es malo — todos poseemos muchas fuentes de poder en nuestro interior. Y no solamente tenemos poder sino que lo ejercemos para controlar o para influir en la gente y en los sucesos que nos rodean diariamente. En general, el poder es algo positivo en la vida. Sin embargo, también *puede* ser negativo cuando se abusa de él. La manipulación, la explotación y la coacción no tienen espacio alguno en las empresas de los años 90.

Usted puede utilizar ese poder interior en su beneficio — y en beneficio de quienes lo rodean — si lo enfoca hacia la realización de las metas de su organización. Las personas y los sistemas suelen caer en la rutina o en patrones de comportamiento improductivo difíciles de romper. El poder debidamente aplicado le puede imprimir nueva vitalidad a la gente y a los sistemas y los impulsa en la dirección correcta — la que lleva al logro de las metas.

Todo el mundo tiene cinco fuentes primarias de poder, y cada uno de nosotros posee fortalezas y debilidades relacionadas con esas fuentes. Es importante que reconozcamos nuestros puntos débiles y nuestros puntos fuertes a fin de poder utilizarlos en nuestro provecho. Mientras usted lee la descripción de las cinco fuentes de poder, piense en sus fortalezas y en sus debilidades personales.

- ✔ **Poder personal:** Es el poder emanado de la personalidad. Su pasión por la grandeza, la fuerza de sus convicciones, su capacidad para comunicar e inspirar, su carisma personal y sus destrezas de líder se suman para forjar su poder personal.

- ✔ **Poder de la relación:** Todos tenemos relaciones con otras personas en el trabajo. Estas interacciones contribuyen al poder de la relación que ejercemos en nuestras oficinas. Entre las fuentes de este poder está la amistad estrecha con los altos ejecutivos, los socios o los propietarios, con personas que nos deben favores y con los colaboradores que nos proporcionan información que normalmente no podríamos obtener a través de las relaciones laborales formales.

- ✔ **Poder de la posición:** Esta clase de poder emana estrictamente del nivel que usted ocupe en la organización, y es función de la autoridad que ejerce para mandar sobre los recursos humanos y financieros. Aunque el poder de la posición de la recepcionista de su organización probablemente sea mínimo, el del presidente o dueño de la empresa es el primero en la lista.

✔ **Poder del conocimiento:** Para ver el poder del conocimiento en acción, sencillamente observe lo que sucede la próxima vez que se caiga la red de computadores de su organización. Entonces sabrá quién tiene *realmente* el poder en una organización (en este caso, el administrador de la red de computadores). El poder del conocimiento se deriva de la pericia particular y la experiencia acumulada en el transcurso de una carrera. El poder del conocimiento también se deriva de los títulos académicos (maestría en administración de empresas, por ejemplo) o de una capacitación especial.

✔ **Poder del oficio:** El poder del oficio se deriva de la actividad o el proceso realizado en el trabajo. Como seguramente usted habrá presenciado en muchas ocasiones, las personas pueden facilitar o impedir los esfuerzos de sus compañeros y de los demás aplicando el poder del oficio. Por ejemplo, cuando usted presenta una reclamación de pago a su compañía de seguros y pasan meses sin recibir noticia alguna (*Caramba, parece que no aparece su reclamación en nuestro computador. ¿Está seguro de que la presentó? ¡Sería mejor que enviara otra, para estar seguros!*) está experimentando el otro lado del poder del oficio.

Si usted tiene debilidades en ciertas fuentes de poder, no hay razón por la cual no las pueda mejorar. Por ejemplo, puede trabajar en su poder de relación haciendo un esfuerzo concertado por conocer mejor a sus colaboradores y cultivar relaciones con gerentes o ejecutivos de mayor rango. En lugar de declinar las invitaciones para reunirse con sus compañeros después del trabajo, salga con ellos — diviértase y fortalezca su poder de relación al mismo tiempo.

Si desea aumentar su poder personal, hay muchas maneras de mejorar en ese campo. Puede vincularse a un grupo sin ánimo de lucro dedicado a ayudar a la gente a mejorar la habilidad de hablar en público. También puede matricularse en algún programa de automejoramiento, y muchos otros.

Tome conciencia de las fuentes de su poder y utilícelas de manera positiva para ayudarse y ayudar a sus empleados a lograr las metas de la organización. Es mucho lo que un poco de poder puede lograr cuando se trata de hacer las cosas.

Ponga a prueba sus nuevos conocimientos

¿Cuáles son las características de las metas INTELIGENTES?

A. Son vistosas, atractivas, regulares, pequeñas y generan dinero.

B. Son exitosas, mediadoras, sintonizadas, reactivas y totales.

C. Son superficiales, meditativas, altruistas, raras y tubulares.

D. Son específicas, mensurables, alcanzables, pertinentes y limitadas en el tiempo.

¿Cuáles son las cinco fuentes de poder en una organización?

A. La presidenta de la corporación y sus cuatro vicepresidentes.

B. Eso depende.

C. Personal, de relación, de posición, de conocimiento y de oficio.

D. Ninguna de las anteriores.

Capítulo 9
Medir y controlar el desempeño individual

Este capítulo le permitirá:
▶ Cuantificar sus metas.
▶ Desarrollar un sistema de retroalimentación sobre el desempeño.
▶ Poner en práctica su sistema.
▶ Representar sus resultados gráficamente.
▶ Sacar el mayor provecho de la información.

*E*n el capítulo 8 nos referimos en detalle a las razones y las consecuencias de fijar metas. Fijar metas en una organización es de vital importancia — metas para las personas, metas para los equipos y metas para toda la organización. Sin embargo, igualmente importante es garantizar que la organización avance hacia la culminación de sus metas (de la manera acordada y dentro de los plazos fijados). El desempeño de la organización depende del desempeño de cada una de las personas que trabajan en ella. Este capítulo trata precisamente el tema de cómo convertir en realidad las metas.

Medir y controlar el desempeño de las personas de la organización es como caminar por la cuerda floja: hay que tratar de no excederse en medir o controlar a los empleados, puesto que eso solamente generaría una burocracia y unos trámites innecesarios que pueden afectar negativamente a la capacidad de los empleados para hacer su trabajo. Tampoco se trata de no medir o controlar lo suficiente a los empleados. Esa falta de vigilancia puede crear sorpresas desagradables cuando se vence el plazo de una actividad, se sobrepasa el presupuesto o no se hace nada. *¿Qué? ¿No está lista todavía la conversión de la base de datos de los clientes? Le prometí al vicepresidente de ventas que tendríamos eso listo hace dos semanas. ¡Llegó el momento de que rueden algunas cabezas — fue un placer trabajar con usted!*

Por favor, recuerde que (como gerente) su meta primordial al medir y controlar el desempeño de sus empleados no es castigarlos por cometer un error o incumplir un plazo — es ayudarles a mantenerse dentro del conograma y averiguar si necesitan ayuda o recursos adicionales para hacerlo. Son pocos los empleados que reconocen que necesitan ayuda para realizar una labor asignada — cualquiera que sea la razón. Precisamente a causa de esta renuencia usted debe verificar sistemáticamente el progreso de sus empleados y proporcionarles retroalimentación sobre su desempeño con regularidad.

Si no controla, jamás llegará a su destino. No abandone a la suerte la realización de sus metas; desarrolle sistemas para controlar el progreso y cerciórese de que sus metas se cumplan.

No deje de mirar la bola

El primer paso para verificar el progreso de sus empleados es identificar los indicadores claves del éxito en alcanzar una meta. Si sigue el consejo del capítulo 8, procederá a establecer, junto con sus empleados, unas metas concisas y poco numerosas. Y como serán metas INTELIGENTES (específicas, mensurables, alcanzables, pertinentes y limitadas en el tiempo), podrá medirlas y establecer unos plazos claros.

Si usted cuantifica una meta en términos numéricos precisos, sus empleados no tendrán confusiones acerca de la manera como se ha de medir su desempeño y sobre si su desempeño es adecuado (o deja mucho que desear). Si mide el desempeño basándose en la cantidad de ruedas dentadas producidas por hora, sus empleados sabrán exactamente a qué se refiere. Si la meta contra la cual mide a sus empleados es producir 100 ruedas dentadas por hora, con una tasa de rechazos de una o menos ruedas, sus empleados comprenderán que si solamente producen 75 ruedas por hora de las cuales 10 son rechazadas, su desempeño será calificado de inaceptable. Así no le deja nada a la imaginación, y las metas no son susceptibles de interpretaciones o de ser modificadas según los caprichos de los distintos supervisores o gerentes.

La manera como usted mida y controle el progreso de sus empleados hacia el logro de las metas dependerá de la naturaleza de ellas. Por ejemplo, podrá medir algunas metas en función del tiempo, otras en función de unidades de producción y otras en función de la entrega de determinados productos del trabajo (como un informe o una propuesta de ventas). Los siguientes son ejemplos de diversas metas y de la manera de medirlas:

✔ **Meta:** Planear y ejecutar un boletín de la compañía antes de terminar el segundo trimestre del actual año fiscal.

   Parámetro de medición: La fecha concreta (por ejemplo, el 30 de junio) en la cual se despacha el boletín (tiempo).

✔ **Meta:** Aumentar de 20 a 25 el número diario de marcos de bicicleta de montaña producidos por cada empleado.

   Parámetro de medición: El número exacto de marcos de bicicleta producidos diariamente por cada empleado (cantidad).

✔ **Meta:** Aumentar en un 20 por ciento la rentabilidad del proyecto durante el año fiscal 1997.

   Parámetro de medición: El aumento porcentual total de las utilidades entre enero 1° y diciembre 31 de 1997 (aumento porcentual).

Aunque obviamente es importante destacar el momento en que los empleados logran sus metas, igualmente importante es concederles reconocimiento por los progresos logrados en el camino hacia la meta. Por ejemplo:

✔ La meta para los conductores es mantener un historial sin accidentes. Es una meta permanente para la cual no hay plazos determinados. Para estimular sus esfuerzos, usted despliega una pancarta enorme en un sitio visible del patio de vehículos en la que se lee: "153 días sin accidentes". Y aumentan el número por cada día que pase sin que los conductores tengan accidentes.

✔ La meta de los empleados contables es aumentar el número promedio de transacciones diarias de 150 a 175. Para rastrear su progreso, usted fija en un sitio visible un resumen de la producción diaria de cada empleado al terminar la semana. A medida que aumente la producción, usted elogia el progreso de sus empleados hacia la meta final.

✔ La meta para el personal de recepción es mejorar en un 10 por ciento el porcentaje de respuestas "excelentes" en las tarjetas que llenan los clientes. Usted tabula el recuento mensual para cada recepcionista y anuncia los resultados en las reuniones con el personal del departamento. La recepcionista con el total más alto al final del mes se hace merecedora de una invitación a almorzar con el gerente del departamento.

El secreto para medir y controlar el desempeño está en el poder de la retroalimentación positiva. Cuando usted da retroalimentación positiva (aumento en el número de unidades producidas, aumento porcentual de las ventas, etc.), fomenta el comportamiento que espera de sus empleados. Pero si su retroalimentación es negativa (número de errores, número de días laborales perdidos, etc.) no fomenta el comportamiento que usted desea, sino que desestimula los comportamientos que *no desea*. Y éstas son dos cosas *muy* distintas.

- ✔ **En lugar de medir esto:** Número de cartuchos defectuosos.

    Mida esto: Número de cartuchos ensamblados correctamente.

- ✔ **En lugar de medir esto:** Número de veces que ha llegado tarde.

    Mida esto: Número de días que ha llegado a tiempo.

- ✔ **En lugar de medir esto:** Cantidad de transacciones atrasadas.

    Mida esto: Cantidad de transacciones terminadas.

Quizás se pregunte si la retroalimentación con respecto al desempeño de sus empleados se debe ofrecer en público o en privado. ¿Usted qué piensa? ¿Prefiere presentar la información de tal manera que todos se enteren, o cree que podrá obtener una respuesta mejor si da la información de manera confidencial?

Nuestra experiencia como gerentes nos ha enseñado que la probabilidad de obtener los resultados que se buscan es mucho mayor cuando se presenta públicamente la información sobre la medición del desempeño. No hay nada más estimulante para el desempeño que la tendencia natural de los empleados a competir entre sí. Cuando los datos sobre el desempeño se mantienen ocultos, los empleados no pueden saber cómo van con respecto a los demás, de manera que no se sienten motivados a mejorar — a pesar del estímulo permanente del gerente. Pero cuando ven los resultados de su desempeño semanal o mensual en comparación con los de sus compañeros, se sienten invadidos súbitamente por el deseo de ocupar el primer puesto de la lista, con lo cual su desempeño mejora. No se trata de fomentar rivalidades destructivas, sino de estimular una lucha por la excelencia.

La manera absolutamente mejor de obtener resultados es incorporar en la conciencia diaria de sus empleados los datos sobre el progreso acumulado. Eso significa publicar los datos de desempeño de todos los empleados y fijarlos en un sitio donde todos los puedan ver.

¿Qué? ¿Le preocupa que a los empleados les dé vergüenza ver publicados los resultados de su desempeño? Hasta cierto punto, de eso se trata. Aunque no se busca humillar a los empleados delante de sus compañeros, sí conviene aprovechar el gran poder de la presión del grupo. A menos que los empleados que ocupan los últimos lugares de la lista semanal sean completamente indiferentes, lo más seguro es que harán lo necesario para remontar esa lista a toda costa. Eso inducirá a los mejores a esforzarse todavía más para no perder la delantera. En menos de nada, tendrá todo un grupo de trabajadores sobresalientes.

Desarrolle un sistema para ofrecer retroalimentación inmediata sobre el desempeño

Hay un número infinito de comportamientos o características del desempeño que se pueden medir. Usted y sus empleados deciden qué se ha de medir y los valores utilizados como referencia. Sea como sea, deberá tener presentes ciertas cosas cuando diseñe un sistema para medir y controlar el desempeño de sus empleados. Construya su sistema sobre las bases siguientes: *plazos, actividades, relaciones y cronogramas.* En las próximas secciones describimos cada uno de estos elementos.

Establezca sus puntos de control: las etapas

Toda meta necesita un punto de partida, un destino y distintos puntos a lo largo del camino para medir el progreso. Los etapas son los puntos de control, los sucesos y los marcadores que les indican a usted y a sus empleados cuánto camino han recorrido hacia las metas establecidas conjuntamente.

Por ejemplo, suponga que establecen la meta de terminar los presupuestos de la corporación en un plazo de tres meses. El tercer mojón en el camino hacia la meta final es que el borrador de los presupuestos departamentales sea presentado a los jefes de división a más tardar el primer día de junio. Si en esa fecha usted verifica con los jefes de división y los borradores de los presupuestos no han sido presentados, sabrá sin lugar a dudas que el proyecto está atrasado. Sin embargo, si todos los presupuestos quedan listos el 15 de mayo, usted sabrá que el proyecto va adelantado y que podrán llegar a la meta final de terminar los presupuestos corporativos antes de lo previsto.

Llegada a los puntos de control: las actividades

Las actividades son las acciones individuales que los empleados realizan para avanzar de un mojón a otro. Para llegar al tercer mojón de su proyecto presupuestario, sus empleados deberán realizar y culminar diversas actividades una vez que hayan llegado al segundo mojón del proyecto. En este ejemplo, las actividades podrían ser las siguientes:

✔ Revisar los informes de gastos del año anterior y determinar la relación, si la hay, con las actividades actuales.

✔ Revisar los informes actuales de gastos hasta la fecha y proyectar las cifras definitivas para el final del año.

✔ Reunirse con el personal del departamento para determinar sus necesidades de capacitación, viajes y equipo de capital para el año siguiente.

✔ Revisar las posibilidades de nuevas contrataciones, liquidaciones y aumentos de sueldo a fin de determinar el impacto sobre el costo de la nómina.

✔ Crear una hoja electrónica del presupuesto en borrador con cifras desarrolladas a partir de las actividades anteriores.

✔ Imprimir el borrador del presupuesto y verificar los resultados manualmente. Corregir las cifras e imprimir nuevamente si es necesario.

✔ Presentarle el borrador del presupuesto al gerente de la división.

Con cada una de las actividades, los empleados se acercan un poco más y más al tercer mojón del proyecto — terminar los borradores del presupuesto para la corporación antes del 1 junio. Por tanto, dichas actividades son un elemento crítico del desempeño de los empleados. Al desarrollar un plan para culminar un proyecto, ponga por escrito cada una de las actividades. De esa manera les será más fácil a los empleados enfilar sus esfuerzos porque sabrán exactamente lo que deben hacer para llegar a un mojón, cuánto camino han recorrido y cuánto más deben recorrer.

Secuencia de actividades: las relaciones

Las relaciones son la forma en que actúan entre sí las etapas y las actividades. Las relaciones prescriben y definen la secuencia correcta de las actividades que conducen a la realización exitosa y eficaz de las metas.

Aunque la secuencia *no siempre* importa, por lo general surte más efecto realizar determinadas actividades antes que otras y culminar ciertas etapas antes que otras.

Por ejemplo, en la lista anterior de actividades requeridas para culminar la tercera etapa del proyecto, a saber, presentar los borradores del presupuesto corporativo antes del 1 de junio, tratar de realizar la quinta actividad antes de la primera, la segunda, la tercera o la cuarta *no va a funcionar*. Si no se han definido las cifras correctas que deben incluirse en la hoja electrónica antes de llenar las casillas, los resultados no tendrán sentido alguno.

Sin embargo, tenga presente que puede haber más de una manera de culminar una etapa, y déles a sus empleados libertad para que encuentren sus propias maneras de alcanzar las metas. Así, los empleados se sentirán facultados para asumir la responsabilidad de su trabajo y de aprender de sus errores y triunfos. El resultado será un grupo de empleados felices, productivos y de alto desempeño.

Determine los tiempos: el cronograma

¿Cómo determinar los plazos para las distintas etapas y cuánto tiempo se necesitará para realizar todo el proyecto? La manera de hacerlo es calculando el cronograma para cada una de las actividades del plan. ¿Cuánto tiempo se necesita para revisar los informes actuales de gastos hasta la fecha y proyectar las cifras para el final del año? ¿Un día? ¿Una semana? ¿Cuánto tiempo se necesita para reunirse con todos los miembros de su personal a fin de evaluar sus necesidades?

Es importante que, basado en su experiencia y su formación, usted desarrolle cronogramas útiles y consecuentes con la realidad. Por ejemplo, usted quizás sepa que si todo sale a la perfección, las reuniones con todo el personal tardarán cuatro días exactamente. Sin embargo, también sabe que si surgen problemas, el proceso podría tardar seis días. Por tanto, para efectos de planeación, usted decide que cinco días es un plazo adecuado para destinar a esa actividad. Ese cronograma le permite *algo* de variabilidad en el desempeño, pero a la vez garantiza que se puedan lograr las metas a tiempo.

Si aplica cada una de las características — etapas, actividades, relaciones y cronogramas — tendrá unas metas susceptibles de ser medidas y controladas. Si no puede medir y controlar las metas, lo más seguro es que sus empleados jamás las cumplan y usted ni siquiera se enterará. ¿No sería una lástima?

PERLA DE SABIDURÍA

Aprender a medir en lugar de contar

Según Peter Drucker, el gurú de la gerencia, la mayoría de las personas de negocios dedican demasiado tiempo a contar y muy poco a medir el desempeño de sus organizaciones. ¿Qué quiere decir Drucker con esto? Se refiere a la tendencia de los gerentes a aplicar los controles gerenciales, es decir los presupuestos, con una gran estrechez de miras. Por ejemplo, la mayoría de los presupuestos tienen por objeto garantizar que los fondos de la empresa se gasten *únicamente* donde están autorizados. Son mecanismos de control para impedir que los gastos se salgan de control sin que nadie se dé cuenta, y para ello se cuenta la cantidad de dinero gastado en determinada actividad. Sin embargo, Drucker sugiere que, en lugar de usar los presupuestos para contar, se utilicen para medir. Los gerentes podrían hacerlo relacionando los gastos propuestos con los resultados *futuros* y dando información de seguimiento para demostrar si, en efecto, se alcanzaron los resultados.

Drucker hace un símil entre contar y el médico que utiliza una máquina de rayos X para diagnosticar una enfermedad. Aunque algunas dolencias como fracturas, neumonías y otras aparecen en las radiografías, otras enfermedades más serias como la leucemia, la hipertensión y el sida, no. Asimismo, la mayoría de los gerentes utilizan los sistemas de contabilidad para tomar una radiografía del desempeño financiero de su organización. Sin embargo, los sistemas de contabilidad no miden una pérdida catastrófica de participación en el mercado ni la incapacidad de la empresa para innovar hasta que es demasiado tarde y el paciente está grave — quizás sin posibilidad de recuperarse.

La medición y el control del desempeño en la práctica

La teoría es muy buena, pero la práctica es mejor. Hasta ahora hemos visto la teoría de medir y controlar el desempeño de los empleados, pero ha llegado el momento de ponerla en práctica. A continuación presentamos un par de casos reales para su deleite. En cada uno de ellos se toma un camino diferente para llegar a la misma meta: el desempeño exitoso de los empleados.

Primer caso: Desempeño de talla mundial

HISTORIAS REALES

Hace un par de años, Bob entró a dirigir el departamento encargado de moldear los productos conforme a las necesidades de los clientes de su organización. En ese momento, el departamento estaba en un estado lamentable — la gerencia de proyectos se hacía al azar en el mejor de los casos, no había un sistema claro de organización y los clientes debían esperar semanas o hasta meses para recibir los productos hechos a su medida, los cuales solían adolecer de incontables defectos. Era obvio que se necesitaba un cambio, y Bob fue el elegido para enderezar las cosas.

Después de revisar las operaciones del departamento y recopilar información de los clientes internos y externos, Bob generó una lista de las cosas que tendría que hacer para llevar a la organización a un nivel de desempeño de talla mundial. La esencia del plan de Bob era una renovación completa del sistema de medir y controlar el desempeño.

Primer paso: Fijar las metas con los empleados

Las dos primeras cosas que hizo Bob después de elaborar la lista de cosas que debía realizar fueron hablar con los empleados de su nuevo departamento y entrevistar a los usuarios. ¡Y no tuvo que rogarles para que hablaran! Cuando terminó de oír a todo el mundo, Bob había llenado varias hojas de comentarios negativos sobre el departamento, los procesos de trabajo, los procedimientos, y más. Un ejemplo vívido del tipo de problemas mencionados por los empleados ocurrió el primer día de trabajo de Bob en su nueva oficina cuando uno de los vendedores llamó para notificar unos cambios urgentes para uno de los proyectos terminado el día anterior y descubrió que el software se había extraviado. ¡Huy!

Todo desempeño comienza con metas claras. Una vez que Bob hubo identificado los obstáculos que les impedían a sus empleados hacer un buen trabajo, se sentó con ellos a hablar de las necesidades y los cambios del departamento. Como resultado de sus conversaciones fijaron unas metas aceptables para todos y un plan de trabajo para el departamento. Juntos, Bob y sus empleados sentaron las bases para el paso siguiente hacia un desempeño de talla mundial.

Segundo paso: Cambiar el sistema de control del desempeño

Al revisar los sistemas del departamento para medir y controlar el desempeño de los empleados, Bob no tardó en darse cuenta de que todos los parámetros de medición eran *negativos*. Sólo se habla de problemas: proyectos demorados, número de errores, pedidos atrasados, etc. No se llevaba cuenta de ningún parámetro *positivo* de desempeño.

Bob quiso desarrollar unos parámetros positivos a fin de establecer una base para el desempeño y crear un impulso positivo. Implantó un sistema nuevo centrado únicamente en *un* parámetro positivo de medición del desempeño: el número de proyectos terminados a tiempo. De apenas unos cuantos proyectos terminados a tiempo cuando Bob llegó a la dirección, el departamento logró 2 700 proyectos consecutivos cumplidos al cabo de dos años. Este incremento asombroso del desempeño no solamente le alegró la vida a Bob sino que cambió radicalmente la moral de los empleados. En lugar de temblar ante la solicitud de hacer un producto a la medida — y sentir que nadie apreciaba "lo suficiente" sus esfuerzos — los empleados esperaban con ansiedad el desafío de superar las elevadas normas de desempeño que ellos mismos habían fijado.

Tercer paso: Revisar el plan

Cuando mejoró el desempeño de los proyectos, Bob comenzó a exigir en otros frentes: cotizaciones de proyectos en 24 horas, elaboración de índices de proyectos, almacenamiento del software, agilización de los sistemas de regalías y facturación, y más. Simultáneamente con el plan y la ejecución de las mejoras, Bob se subió a la cuerda floja para equilibrar las necesidades de mejorar los sistemas a largo plazo con las necesidades inmediatas de trabajo.

La alta gerencia no tardó en notar lo que ocurría en el departamento de Bob. A medida que el desempeño continuaba mejorando, el trabajo del departamento pasó de ser un pasivo para la empresa (el que muchos vendedores rehusaban utilizar) a convertirse en una ventaja competitiva importante en el mercado. En ese momento, el departamento estaba terminando el 80 por ciento de sus proyectos en un plazo de tan sólo dos semanas después de recibida la solicitud.

Segundo caso: Ayudar a los empleados a dar el 100 por ciento

Quizás no siempre se busque medir los resultados que se desean para la organización sobre la base del número de aparatos producidos o del aumento porcentual de la contribución de un empleado a la rentabilidad. Algunas veces lo único que se desea es que los empleados lleguen a tiempo y por lo menos *den muestras* de disfrutar las ocho o nueve horas que pasan diariamente en el trabajo. Si la *moral* de los empleados es deficiente, su productividad seguramente lo será también.

Una encuesta de los empleados de Diamond Fiber Products, Inc., citada en el libro de Bob, *1001 formas de recompensar a los empleados,* reveló que el 79 por ciento de los trabajadores consideraban que no estaban siendo retribuidos por un trabajo bien hecho, el 65 por ciento de ellos pensaban que la gerencia les faltaba al respeto y el 56 por ciento asumían una actitud pesimista frente al trabajo. ¡No exactamente la fórmula para el éxito de una empresa! Por fortuna, los gerentes de la compañía se percataron de que había un problema (para decir lo menos) y esto fue lo que hicieron para remediarlo.

Primer paso: Crear un programa basado en los comportamientos deseados

El primer paso que dieron los gerentes de Diamond Fiber Products fue crear un nuevo club dentro de la compañía. Desarrollaron el Club de los 100 para reforzar los comportamientos que deseaban promover en toda la organización. Los comportamientos eran

- ✔ Asistencia
- ✔ Puntualidad
- ✔ Seguridad

El plan consistía en asignarles puntos a los empleados sobre la base de ciertos criterios mensurables relacionados con esos comportamientos. Todo empleado que reuniera un total de 100 puntos se haría merecedor de un premio — en este caso, una chaqueta de nylon con el logotipo de Diamond Fiber y la siguiente inscripción: *El Club de los 100.*

Segundo paso: Asignarles puntos a los comportamientos deseados

El siguiente paso consistió en asignarle puntos a cada comportamiento deseado. Si los empleados presentan o no el comportamiento deseado, pueden recibir o perder puntos. Por ejemplo, los empleados reciben 25 puntos anuales por asistencia perfecta. Sin embargo, por cada día completo o parcial sin acciones disciplinarias formales, reciben 20 puntos, y los empleados que trabajan todo un año sin sufrir accidentes de trabajo conducentes a tiempo perdido reciben 15 puntos. También pueden recibir puntos por hacer sugerencias encaminadas a ahorrar costos o a mejorar la seguridad, o por participar en proyectos de servicio comunitario, como donar sangre para la Cruz Roja.

Al asignar los puntos a cada comportamiento, la gerencia se cercioró de que el número de puntos fuera proporcional a la importancia del comportamiento para la organización. Además, aunque las metas numéricas no eran muy fáciles de lograr, pues exigían que los empleados hicieran esfuerzos adicionales, los gerentes se aseguraron de que no fueran imposibles y, por tanto, desmotivadoras.

Tercer paso: Medir y recompensar el comportamiento de los empleados

La esencia del programa de Diamond Fiber es medir y recompensar el comportamiento deseado de los empleados. Los supervisores y los gerentes siguen muy de cerca el desempeño de los trabajadores y asignan puntos por cada uno de los factores. Cuando los empleados alcanzan el anhelado nivel de los 100 puntos, son aceptados en el Club de los 100 y reciben sus chaquetas.

Podría pensarse que este programa es trivial. ¿A quién le interesaría *realmente* recibir una chaqueta con el logotipo de la empresa y las palabras *El Club de los 100* escritas en ella? ¡Pues precisamente a los empleados! Un cajero de un banco de la localidad cuenta la historia de una empleada de Diamond Fiber que se presentó una vez en el banco para exhibir orgullosamente su chaqueta delante de los clientes y los empleados de la institución. La mujer les dijo: "Mi patrón me regaló esta chaqueta por hacer un buen trabajo. Es la primera vez en los dieciocho años que llevo allí que han reconocido mi trabajo de todos los días".

Más diciente todavía es que, en el primer año del programa, Diamond Fiber ahorró US$5.2 millones, aumentó la productividad en 14.5 por ciento y redujo en 40 por ciento los errores relacionados con la calidad. No solamente eso, sino que el 79 por ciento de los empleados dijeron que ahora les interesaba mucho más la calidad de su trabajo que antes de la iniciación del programa; el 73 por ciento de ellos informaron que sentían que la compañía se interesaba por ellos como personas; y un 86 por ciento de los empleados dijeron que la compañía y la gerencia los consideraba "importantes" o "muy importantes". ¡No son malos los resultados para una chaqueta de color azul claro de tan sólo US$40!

Parámetros para medir el desempeño

En algunos casos, realmente no se necesita mayor cosa para medir el progreso de los empleados hacia una meta. Por ejemplo, si la meta es aumentar el número de aparatos producidos de 100 a 125 por hora, basta contar para saber si los empleados han logrado alcanzarla. ¡Lo la-

mento Estela, su promedio continúa siendo 120 por hora! Pero si la meta es fabricar el prototipo de un vehículo eléctrico en un término de seis meses, la labor de medir y controlar el desempeño individual se torna mucho más compleja y ambigua.

Aunque usted opte por anotar las distintas etapas y las actividades (como lo hicimos en el ejemplo de los presupuestos de una corporación al comienzo del capítulo), leer y comprender una representación gráfica del proyecto muchas veces es más fácil cuando el proyecto es complejo. Los parámetros de medición cumplen este servicio vital para empresas de todo el mundo durante las 24 horas del día, siete días a la semana.

Diagramas de barras

Los diagramas de barras, conocidos también como *diagramas de Gantt* (por ese famoso *[¿quién?]* ingeniero industrial Henry L. Gantt), son uno de los medios más simples y comunes para representar y controlar el avance de un proyecto. De un solo vistazo el gerente puede ver fácilmente en qué punto se debe encontrar el proyecto en una fecha determinada y compara el progreso real con el planeado.

Los tres elementos fundamentales de los diagramas de barras son los siguientes:

- ✔ **Línea de tiempo:** La línea de tiempo es la escala contra la cual se mide el progreso. Se puede expresar en las unidades que se desee: días, semanas, meses, o lo que sea más fácil para manejar el proyecto. En la mayoría de los diagramas de barras la línea de tiempo corresponde al eje horizontal (el *eje x,* para los expertos matemáticos).

- ✔ **Actividades:** Las actividades son cada una de las labores particulares que los empleados realizan para pasar de una etapa a otra. En un diagrama de barras, cada una de las actividades se representa — por lo general en orden cronológico — sobre el eje vertical del lado izquierdo del gráfico (es decir, el eje *y* de los matemáticos).

- ✔ **Barras:** No se puede pensar en un diagrama de barras sin barras. Éstas son los bloques abiertos que se dibujan en el diagrama para indicar el tiempo calculado para cada una de las actividades. Las barras cortas representan períodos cortos; las largas significan períodos largos. Lo interesante de las barras es que, apenas se termina una actividad, la barra correspondiente se sombrea, con lo cual se tiene una referencia visual de las actividades terminadas y de las que están por terminar.

Figura 9-1: Diagrama de barras que ilustra las actividades que conducen hasta la culminación de la tercera etapa.

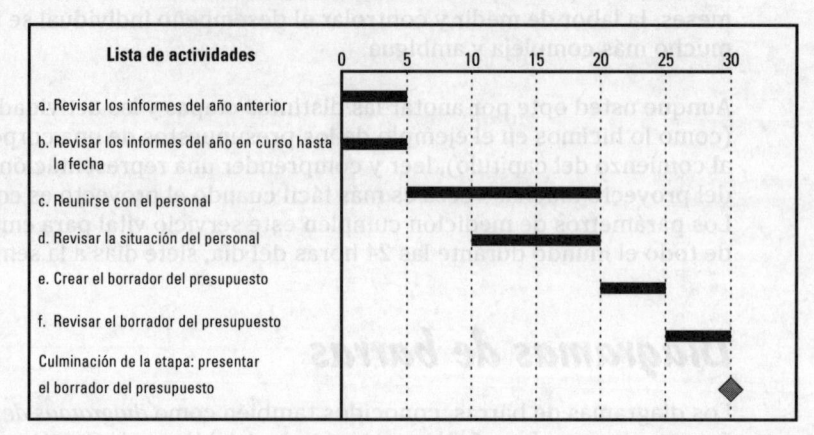

Tercera etapa: Presentación del borrador del presupuesto

Lista de actividades	0	5	10	15	20	25	30
a. Revisar los informes del año anterior							
b. Revisar los informes del año en curso hasta la fecha							
c. Reunirse con el personal							
d. Revisar la situación del personal							
e. Crear el borrador del presupuesto							
f. Revisar el borrador del presupuesto							
Culminación de la etapa: presentar el borrador del presupuesto							

Utilicemos el ejemplo anterior nuevamente para ilustrar el empleo del diagrama de barras. En la figura 9-1 aparece un diagrama de barras típico; en este caso, el diagrama ilustra las actividades que conducen hasta la tercera etapa del ejemplo del presupuesto de la corporación.

Tal como se indica en la figura 9-1, la línea de tiempo está en la parte superior del diagrama — tal como dijimos que estaría. En este ejemplo, el plazo abarca desde el 15 de abril hasta el 1º de junio, y cada incremento corresponde a una semana. La lista de las siete actividades necesarias para llegar a la tercera etapa aparece en el lado izquierdo del diagrama de barras. Por último están las barras perfectamente dibujadas que representan la esencia misma del diagrama de barras. Éstas se dejan en blanco hasta que se termina una actividad; claro que si lo desea, las puede colorear ahora.

Si todas las actividades se terminan de conformidad con el diagrama de barras, se podrá culminar esa tercera etapa el 1º de junio. Si algunas de las actividades tardan más tiempo del calculado, es posible que no se cumpla la etapa a tiempo y *alguien* acabe metido en un lío. Por otra parte, si algunas de las actividades tardan menos tiempo del calculado, será posible culminar la etapa *antes* de tiempo (¡lo cual suena a bonificación!).

Las ventajas del diagrama de Gantt son su simplicidad, la facilidad para elaborarlo y utilizarlo, y su bajo costo. Aunque es perfecto para un proyecto simple como elaborar un presupuesto, este tipo de diagrama generalmente no se presta para los proyectos grandes y complejos como construir una nave espacial o elaborar la declaración de renta.

Diagramas de flujo

Cuando las cosas se ponen difíciles es preciso echar mano de los recursos más sólidos, o sea los diagramas de flujo. Aunque los diagramas de barras sirven para proyectos sencillos, no permiten ilustrar el flujo secuencial de las actividades de un proyecto (y, por tanto, no son tan útiles para los proyectos complejos). Por otra parte, los diagramas de flujo permiten ilustrar esa secuencia de actividades. Aunque estos diagramas tienen una apariencia completamente diferente de la de los diagramas de barras, también tienen tres elementos fundamentales:

- ✔ **Actividades:** En el caso de los diagramas de flujo, las actividades están representadas por flechas. Las flechas conducen de un suceso a otro hasta que el proyecto llega a su fin. La longitud de las flechas no representa necesariamente la duración de una actividad. El propósito primordial de las flechas es ilustrar la relación secuencial entre una actividad y otra.

- ✔ **Sucesos:** Los sucesos, representados en los diagramas de flujo por círculos numerados, representan la culminación de determinada actividad.

- ✔ **Tiempo:** Los cálculos de tiempo se incluyen a lo largo de cada actividad (flecha) en el diagrama de flujo. Al sumar el número de unidades de tiempo a lo largo de determinado camino es posible calcular el tiempo total requerido para terminar una actividad.

En la figura 9-2 aparece el diagrama de flujo del ejemplo del presupuesto corporativo ilustrado en la figura 9-1. Como se aprecia, el diagrama de flujo muestra con exactitud la relación entre cada una de las actividades. Siguiendo el camino más largo en cuanto a tiempo, se puede identificar la *ruta crítica* del proyecto. Esta clase de análisis se denomina *método de la ruta crítica* y se basa en la suposición de que es posible calcular con un alto grado de certeza el tiempo requerido para culminar las distintas actividades. El método de la ruta crítica destaca las actividades que permiten determinar qué tan pronto es posible terminar un proyecto — en este caso, 30 días.

PERT, abreviatura (en inglés) de *técnica de evaluación y revisión de programas,* es una variación del método de la ruta crítica que se utiliza cuando *no es posible* calcular con suficiente certeza el tiempo necesario para realizar las diferentes actividades. Sobre la base de unas técnicas estadísticas muy interesantes (zzzzz...), la técnica PERT promedia una serie de tiempos posibles a fin de llegar a un cálculo para cada una de las actividades.

Parte III: Cómo hacer que las cosas sucedan

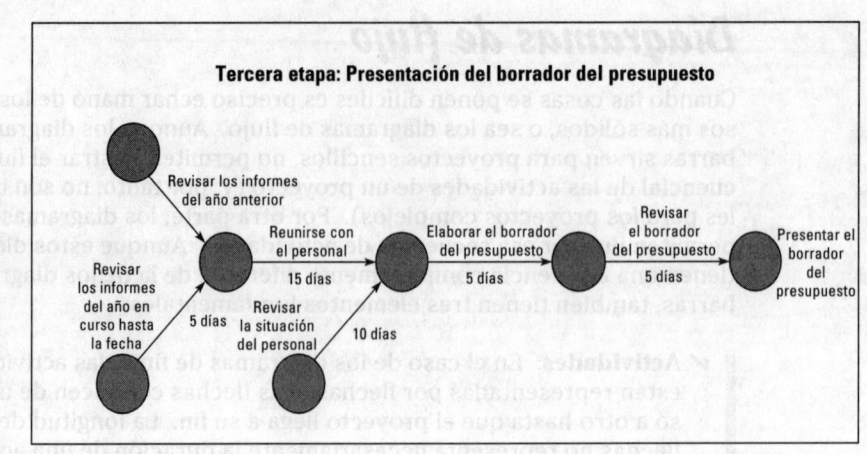

Tercera etapa: Presentación del borrador del presupuesto

Figura 9-2: Diagrama de flujo para el ejemplo del presupuesto de la corporación.

Revisar los informes del año anterior → Reunirse con el personal (15 días) → Elaborar el borrador del presupuesto (5 días) → Revisar el borrador del presupuesto (5 días) → Presentar el borrador del presupuesto

Revisar los informes del año en curso hasta la fecha (5 días) → Revisar la situación del personal (10 días)

Programas de computador

Afortunadamente para las personas que no tomaron cálculo en el último grado de la secundaria, el mundo maravilloso de los computadores y los programas ha llegado al campo del control y la medición de proyectos. Lo que antes implicaba horas enteras dibujando, borrando y volviendo a dibujar, se puede realizar ahora con unos cuantos golpecitos en el teclado.

Microsoft Project, uno de los paquetes comerciales de software más ampliamente utilizados actualmente para planear proyectos, permite crear y revisar fácil y rápidamente los cronogramas de los proyectos. Organizar un proyecto con Microsoft Project es tan fácil como decir 1, 2, 3:

✔ Ingrese las actividades que se van a realizar.

✔ Ingrese la secuencia de actividades y su relación de dependencia con otras actividades.

✔ Ingrese los recursos (personal y fondos) necesarios para realizar la actividad.

A medida que avanza el proyecto se pueden ingresar datos tales como las fechas reales de iniciación y terminación, los gastos reales, y todo lo necesario a fin de obtener un panorama real de la situación del proyecto en un momento determinado. Esos resultados se pueden imprimir en forma de tablas, cuadros o diagramas — según se prefiera — y guardarlos para referencia futura.

> ### Las seis fases de un proyecto
>
> Algunas técnicas gerenciales tienen una aceptación tan grande que son fotocopiadas y transmitidas de empleado a empleado y de compañía a compañía a través de un sistema informal de comunicación mucho más eficiente que el sistema *formal* de comunicación de muchas empresas. Esa clase de listas, diagramas y caricaturas ayudan a los empleados a encontrar algo de buen humor para alegrar la jornada de trabajo. La lista siguiente de las seis fases de un proyecto ha circulado por ahí desde hace años — nuestra copia parece pertenecer por lo menos a la quinta generación.
>
> 1. Entusiasmo
> 2. Desilusión
> 3. Pánico
> 4. Búsqueda de los culpables
> 5. Sanción para los inocentes
> 6. Elogios y honores para los que no participaron

Ya tiene los datos: ¿y ahora qué?

Usted ya estableció sus metas, los patrones de medición del desempeño, y tiene páginas de datos de cada uno de los empleados. ¿Ahora qué? Es hora de determinar si se han alcanzado los resultados esperados.

- ✔ **Compare los resultados con las expectativas:** ¿Cuál es la meta esperada? Suponga que la meta era terminar el análisis de costo/beneficio el 1º de noviembre. ¿En qué fecha se terminó el análisis? Se terminó el 17 de octubre, mucho antes de la fecha límite. ¡Maravilloso! La misión se cumplió y sobró tiempo.

- ✔ **Registre los resultados:** Tome nota de los resultados, y guárdelos en los archivos de cada uno de los empleados o imprímalos y colóquelos en un sitio visible del área de trabajo.

- ✔ **Elogie, instruya o aconseje a sus empleados:** Si el trabajo fue realizado correctamente, a tiempo y dentro del presupuesto, felicite a sus empleados por un trabajo bien hecho y retribúyalos en conformidad: una nota de aprecio, un día libre remunerado, una entrega formal de premios — lo que usted prefiera.

    Sin embargo, si no se alcanzaron los resultados esperados, averigüe la razón y lo que puede hacer para garantizar que la próxima vez *sí* se logren los resultados esperados. Si lo único que necesitan los empleados es más apoyo o estímulo, ayúdelos a mejorar su desempeño. Escuche a los empleados, remítalos a otros empleados o déles sus propios ejemplos personales. Si los malos resultados se deben a una dificultad más seria, aconseje o imponga medidas disciplinarias. (En el capítulo 15 encontrará más detalles sobre este aspecto.)

Ponga a prueba sus nuevos conocimientos

¿Cuáles son los cuatro componentes del sistema para medir y controlar el desempeño?

A. Control, actividad, relaciones y cronogramas.

B. Etapas, actividades, relaciones y enfoque sistemático.

C. Etapas, actividades, relaciones y cronogramas.

D. Ninguno de los anteriores.

¿Qué es la ruta crítica?

A. El tiempo más corto para terminar un proyecto.

B. El camino de menor resistencia.

C. La cantidad máxima de tiempo para terminar un proyecto.

D. El enfoque más difícil para un proyecto.

Capítulo 10
Evaluaciones de desempeño: No son necesariamente una pérdida de tiempo

Este capítulo le permitirá:
- Considerar la importancia de las evaluaciones de desempeño.
- Implantar normas y reglamentos.
- Desarrollar evaluaciones de desempeño.
- Evitar errores de evaluación.
- Hacer mejor las evaluaciones.
- Discutir los planes de remuneración y de desarrollo profesional.

Las evaluaciones oportunas y precisas son una herramienta de vital importancia para *todo* gerente, supervisor o persona que tenga gente a su cargo. Entonces, si las evaluaciones de desempeño son tan importantes para una administración exitosa del personal, ¿cómo se explica que la mayoría de los directivos *teman realizarlas* y que tantos empleados *teman* ser sometidos a ellas? De acuerdo con los estudios sobre el tema, el 40 por ciento de todos los trabajadores *jamás son someti*dos a una evaluación de desempeño. Y en el caso del otro 60 por ciento, las evaluaciones son mal hechas. Muy pocos empleados son sometidos formalmente a unas evaluaciones periódicas, realizadas con seriedad y a conciencia.

Si se le pregunta a cualquier gerente, supervisor o empleado si las evaluaciones formales son *realmente* necesarias, la respuesta seguramente será un *sí* rotundo. Sin embargo, ahondando en el asunto se da uno cuenta de que la realidad es algo diferente. Aunque para la mayoría de los gerentes las evaluaciones de desempeño son una herramienta importante y necesaria en el desarrollo del personal, y para reforzar el buen desempeño y corregir el malo, la verdad es que suelen hacerlas con escasa frecuencia y demasiado tarde. Muchas veces no cumplen su objetivo como herramienta para desarrollar a los empleados. Si las evaluaciones de desempeño han de ser deficientes, más vale no hacerlas, en especial si la alternativa es una labor de instrucción más frecuente.

En las secciones siguientes analizamos los beneficios de las evaluaciones de desempeño y exploramos las formas correctas e incorrectas de realizarlas.

Evaluaciones del desempeño: ¿Para qué molestarse?

Es posible encontrar muchas razones buenas para realizar las evaluaciones periódicas de los empleados. Las evaluaciones formales son apenas una parte del sistema de la organización para delegar, establecer metas, dar instrucción, motivar y proporcionar retroalimentación formal e informal sobre el desempeño de los empleados. Si usted se niega a creer lo que decimos, considere algunos de estos aspectos positivos de las evaluaciones de desempeño:

✔ **Una oportunidad para resumir el desempeño pasado y fijar metas nuevas:** Todos los empleados desean saber si están haciendo bien su trabajo. Las evaluaciones formales del desempeño *obligan* a los gerentes a comunicarles los resultados — tanto buenos como malos — y a fijar nuevas metas. En muchas organizaciones, la evaluación anual es la única ocasión en que los jefes y los gerentes conversan con sus empleados acerca de las expectativas de desempeño y los resultados de los esfuerzos realizados durante el período anterior.

✔ **Una oportunidad para comunicarse:** Es necesario comparar expectativas permanentemente. De hecho, pruebe lo siguiente con su jefe: Elabore una lista de sus diez actividades más importantes y pídale a él o a ella que haga una lista de las diez actividades que, en su opinión, son las más importantes en su cargo. ¡Sorpresa! Lo más probable es que las dos listas sean muy distintas. En promedio, las personas de empresa que hacen este ejercicio descubren que las listas coinciden solamente en un 40 por ciento en el mejor de los casos. Las evaluaciones de desempeño les ayudan al empleador y al empleado a comparar notas y asegurarse de que las responsabilidades y las prioridades estén en orden.

✔ **Un foro para el desarrollo profesional:** En muchas organizaciones, el desarrollo profesional tiene lugar como parte del proceso formal de evaluación del desempeño. Los gerentes y los empleados viven demasiado ocupados para sentarse a trazar los pasos necesarios para progresar en la organización o en la carrera. Las conversaciones sobre el desempeño y sobre la carrera profesional están estrechamente relacionadas, y el proceso formal de evaluación del desempeño brinda la oportunidad de matar dos pájaros de un tiro, o algo parecido.

✔ **Una documentación formal del desempeño del empleado:** Muchos empleados reciben gran cantidad de retroalimentación *informal* sobre su desempeño — por lo menos la de tipo negativo. *¿Que hizo qué? ¿Está loco?* La mayoría de esas reacciones informales son verbales y, por tanto, no quedan documentadas. Si usted busca reunir argumentos para ofrecer un ascenso a un empleado, podrá sustentar su caso con mayor facilidad si cuenta con bastante documentación escrita (incluidas las evaluaciones de desempeño) para justificar su decisión.

La lista anterior contiene razones muy importantes para realizar evaluaciones formales con regularidad. Sin embargo, piense en lo siguiente: Muchas compañías les han pagado *grandes* sumas de dinero a empleados y ex empleados que han ganado demandas por cancelación injustificada de su contrato o por otras decisiones laborales sesgadas. Imagine cuán solo se sentiría usted en el estrado de los testigos durante la escena siguiente, escena que se repite una y otra vez en la realidad de los juzgados:

Abogado: Entonces, gerente Márquez, ¿querría decirle a la corte exactamente por qué liquidó al empleado Dingdong?

Gerente Márquez (usted): Por supuesto, con mucho gusto. El empleado Dingdong era muy mal trabajador — sin duda alguna el peor de mi departamento.

Abogado: Durante los cinco años que mi cliente trabajó en su compañía, ¿alguna vez usted realizó evaluaciones formales de desempeño del empleado Dingdong?

Gerente Márquez (usted): Eh... bueno, no. Tuve la intención muchas veces, pero soy una persona muy ocupada. Nunca llegué a realizarlas.

Abogado: Gerente Márquez, ¿quiere usted decir que durante todo el tiempo que trabajó en su compañía, el empleado Dingdong jamás tuvo una evaluación formal de desempeño? ¿Exactamente cómo prentendía usted que mi cliente corrigiera su pésimo desempeño si usted jamás le proporcionó la información necesaria para hacerlo?

Gerente Márquez (usted): Ehhh...

Presentamos al señor Reglamento y la señora Norma

Ahora que ya se ha convencido de la necesidad de hacer evaluaciones formales de desempeño, seguramente estará preguntándose qué es exactamente lo que debe evaluar. Nos complace que haya preguntado. *Damas y caballeros, tenemos ahora el honor de presentarles al señor Reglamento y a la señora Norma.*

Las normas y el reglamento constituyen las reglas para la marcha en toda organización, y son la base para evaluar a los empleados.

Las *normas* son los comportamientos informales generalmente aceptados en el sitio de trabajo. Por ejemplo, es una norma el hecho de que todos los gerentes masculinos de su compañía se sientan inclinados a usar saco y corbata y todas las mujeres se sientan inclinadas a llevar traje sastre. Aunque no existe una regla formal que les *exija* a los gerentes vestir de esa manera, lo hacen de todos modos. Y no sólo lo hacen de buen grado, sino que quizás se sentirían desnudos sin esos "uniformes" autoimpuestos.

El *reglamento* representa las exigencias formales de una empresa. Comprende las reglas, las políticas, los procedimientos, las metas de desempeño y otras pautas formales — sean escritas o verbales. Un ejemplo de un reglamento es la política referente al acoso sexual. Si está bien redactada, la política les explica claramente a los empleados los límites de un comportamiento aceptable y también las consecuencias de su violación. Así, si un empleado actúa de manera contraria a la política, no hay motivo de sorpresa cuando se sanciona (o incluso se despide) al transgresor.

Aunque las normas y el reglamento se utilizan para evaluar el comportamiento del empleado, es importante conocer las diferencias entre los dos y saber cómo aplicarlos correctamente.

El reglamento suele ser claro y explícito. Si el reglamento de su departamento establece que los trabajadores deben producir un mínimo de 200 aparatos por hora, es fácil determinar si los empleados lo cumplen. Si solamente producen 100 aparatos por hora, obviamente han incumplido el reglamento. Si producen 300 aparatos por hora, es obvio que han superado lo impuesto por el reglamento (¡y usted deberá elevar ese tope!). Si la política de la empresa dice que los empleados deben trabajar cinco días a la semana, de lunes a viernes, exceptuando los días feriados, los empleados que se presenten a trabajar solamente tres días por semana habrán violado flagrantemente la regla exigida.

Como un *buen* reglamento (tome nota del término operativo: *bueno*) es claro y explícito, usted como gerente no tendrá dificultad alguna en tomarlo como parámetro de referencia para medir el desempeño del empleado y tomar sus decisiones sobre ascensos, sanciones y otros asuntos relacionados con el desempeño.

Pero las normas son algo muy distinto. Como no están escritas en piedra lo mismo que las políticas, las reglas o los procedimientos formales, son más difíciles de identificar y son mucho más subjetivas que el reglamento. Por esta razón, es más difícil para un gerente utilizar las normas como herramienta para medir el desempeño de los empleados. Tomemos como ejemplo la norma de tratar a los compañeros de trabajo con respeto — norma que cada día adquiere mayor popularidad al igual que la proliferación de los programas de diversidad en muchas organizaciones. ¿Exactamente cómo se mide el respeto? ¿El respeto es algo absoluto o existen grados de respeto susceptibles de cuantificarse y reportarse? ¿Dónde se traza la línea entre el respeto y la falta de respeto?

Como puede ver, el problema de usar las normas para medir el desempeño del empleado es que dependen de la situación — un comportamiento que podría ser aceptable para un gerente podría no serlo para otro. Además, un comportamiento que un gerente considera tolerable en un empleado (quizás el preferido) puede ser completamente inaceptable para ese gerente en otro empleado.

No estamos diciendo que las normas sean menos importantes que los reglamentos. La realidad es que violar las normas de una organización puede ser tan grave como violar el reglamento. ¿Alguna vez ha conocido a un empleado de gran talento pero *un auténtico dolor de cabeza?* Peter ha tenido uno o dos asistentes cuyo desempeño era superior a todo lo establecido, pero cuyo comportamiento sembraba un verdadero caos en la organización. No había una semana en que Peter no recibiera una llamada de un empleado que había sido ofendido o insultado por uno de esos asistentes. Peter comenzó a dedicar demasiado tiempo a corregir los daños generados por esas violaciones permanentes de las normas de la organización. Cuando las cosas llegaron a ese punto se dio cuenta de que debía convertir esas violaciones en un problema de desempeño y aconsejar a sus empleados al respecto.

CONSEJO: No está mal una ligera violación de las normas, y es algo de esperarse. Pero cuando el dolor se convierte en jaqueca e interfiere el desempeño de los demás empleados, es preciso fijar un límite.

El proceso de evaluación del desempeño

Al igual que con todo en la vida, hay una forma correcta y otra incorrecta de realizar la evaluación del desempeño. Considerando la importancia de este proceso para usted, los empleados y la organización, lo más conveniente es realizarlo de la forma *correcta*.

Muchos gerentes ven el proceso de evaluación del desempeño desde una perspectiva muy miope: ¿Cómo salir de esto lo más pronto posible para poder continuar con mi *verdadero* trabajo? (cualquiera que sea su *verdadero* trabajo como gerentes). En su afán de terminar la evaluación, muchos gerentes sencillamente toman unos pocos ejemplos del desempeño reciente de los empleados y basan en ellos toda su evaluación. Y como son pocos los gerentes que les proporcionan información permanente y relevante a sus empleados con respecto a su desempeño para que puedan mejorar en su trabajo, la evaluación se convierte en un asunto temido — lleno de sorpresas y angustia. O puede venir tan endulzada que se convierte en un ejercicio inocuo de la gerencia. ¡Ésa no es la forma *correcta* de evaluar a los empleados!

El proceso de evaluar a los empleados va mucho *más allá* de la parte escrita. A continuación encontrará cinco pasos que le ayudarán a cubrir todo el alcance del proceso; aplíquelos al evaluar el desempeño de sus empleados:

1. **Fije metas, expectativas y parámetros.**

   Para que sus empleados puedan alcanzar sus metas o cumplir sus expectativas, usted debe fijarlas conjuntamente con ellos y desarrollar los parámetros para medir el desempeño. Después de hacer todo eso, es preciso *comunicar* lo acordado — *antes* de evaluar a los empleados, no *después*. En efecto, la revisión del desempeño realmente comienza el primer día de trabajo. Explíqueles a sus empleados en ese mismo momento cómo serán evaluados, el proceso y los formatos que se utilizarán.

   REGLA GENERAL: Cerciórese de que las descripciones de los cargos sean claras y explícitas y de que tanto usted como sus empleados comprendan y acuerden los parámetros de medición. Este proceso es de doble vía. Asegúrese de que los empleados tengan voz en el establecimiento de las metas y los parámetros de medición.

2. **Proporcione retroalimentación continua y concreta.**

   Sorprenda a sus empleados haciendo las cosas bien — todos los días de la semana — y hágaselo saber en ese preciso momento. Si los sorprende haciendo algo mal (¡nadie es perfecto!), hágaselo saber también. La retroalimentación es *mucho* más eficaz cuando se ofrece con regularidad y frecuencia que cuando se guarda para una ocasión especial (conocida también como *la paliza*, si la retroalimentación es negativa). Las mejores evaluaciones son las que traen menos sorpresas.

3. **Prepare una evaluación formal por escrito.**

   Las exigencias para la evaluación formal del desempeño varían en todas las organizaciones. Algunas evaluaciones son formularios sencillos de una sola página en los cuales se deben marcar unas cuantas casillas, mientras que otras son extravagancias de muchas páginas que exigen extensos textos de apoyo. Independientemente de las exigencias de su organización, la evaluación formal del desempeño debe ser un resumen de los sucesos importantes del período evaluado — sucesos previamente discutidos con los empleados. Sustente sus palabras con ejemplos y realice evaluaciones que tengan significado para sus empleados. Esto se logra concentrando la atención en las metas, las expectativas y los parámetros de medición desarrollados en el primer paso del proceso.

   Para verificar la validez, pídale al empleado que llene su propia evaluación, y compare sus comentarios (los del jefe) con los del empleado; las diferencias deben convertirse en tema de discusión.

4. **Dialogue personalmente con el empleado acerca de la evaluación formal del desempeño.**

   No hay nada como el toque personal para comunicarse con los empleados. Destine tiempo *de calidad* a reunirse con sus empleados a hablar de la evaluación. *No es*tamos hablando de cinco o diez minutos sino de una hora *cuando menos* — ¡quizá más! Cuando se trata de reuniones formales para hablar del desempeño, menos definitivamente *no* es más. Escoja un sitio cómodo sin distracciones. El almuerzo es un momento ideal para ese efecto. Las reuniones deben ser positivas y animadas. Aunque deba hablar de problemas de desempeño, centre la charla en las formas en que usted y el empleado pueden *colaborar* para resolverlos.

5. **Establezca nuevas metas y expectativas y nuevos parámetros de medición.**

    Las reuniones formales de evaluación les dan a usted y a su empleado la oportunidad de apartarse de los asuntos ineludibles de todos los días durante unos momentos para mirar el cuadro completo desde lejos. Es una oportunidad para que ambos repasen y analicen las cosas que han salido bien y aquéllas que quizás podrían haber resultado mejor. Sobre la base de ese análisis, usted podrá establecer nuevas metas y expectativas y nuevos parámetros de medición para el siguiente período de evaluación. El último paso del proceso de evaluación del desempeño se convierte en el primero, para iniciar el ciclo nuevamente.

Aunque la mayoría de las evaluaciones formales del desempeño se realice una o dos veces al año, como gerente usted debe ofrecerles a sus empleados retroalimentación informal a tiempo y con frecuencia. Si los sorprende haciendo algo bien, hágaselo saber — ¡en ese preciso momento! No espere un año para elogiarlos. Asimismo, si el desempeño de sus empleados declina, hágales saber su preocupación mientras el comportamiento indeseado está todavía fresco en su mente.

Por encima de todo, no guarde los casos de mal desempeño en una bolsa de reprimendas para verterlas después sobre los empleados en algún futuro lejano. La paliza no solamente no genera en sus empleados el comportamiento deseado, sino que puede costarle a usted el respeto de sus subalternos.

Errores comunes de los evaluadores

Los evaluadores pueden caer fácilmente en ciertas trampas del proceso de evaluación. Para evitar un mal paso que puede terminar en un pie atrapado en una de esas trampas y muy adolorido, recuerde estos errores que suelen cometer los evaluadores:

✓ **El efecto del aura:** Esto sucede cuando el empleado es tan bueno en determinada área de desempeño que usted termina por pasar por alto sus deficiencias en otras áreas. Por ejemplo, usted podría asignarle una alta calificación (el aura) a su vendedora estrella (a quien la empresa necesita desesperadamente para garantizar el aumento de los ingresos por ventas) a pesar de que ella rehúsa terminar y presentar los informes dentro de los plazos exigidos.

Se invierten las cosas: Evaluaciones hacia arriba y de 360 grados

Recientemente surgió un nuevo tipo de evaluación. En lugar de la situación clásica en la cual los gerentes evalúan a sus empleados, se ha dado un giro total para que los trabajadores evalúen el desempeño de sus jefes. Si usted cree que ser evaluado por su jefe es un proceso incómodo, todavía no ha visto nada. No hay nada parecido a lo que se siente cuando un grupo de empleados proporciona información directa y sincera sobre las cosas que usted hace para dificultarles a ellos el trabajo. ¡Huy!

Sin embargo, pese a la incomodidad que usted pueda sentir, esa evaluación *ascendente* tiene un valor inapreciable — ¿quién mejor para evaluar el impacto *real* que usted ejerce en la organización que sus propios empleados? El sistema funciona tan bien que compañías de las 500 de *Fortune*, como Federal Express y otras, han institucionalizado esta forma de evaluación, integrándola a la cultura corporativa. Según una encuesta reciente, cerca del 15 por ciento de las empresas estadounidenses están utilizando alguna forma de evaluación ascendente para evaluar el desempeño de sus directivos.

También ha adquirido popularidad la evaluación de 360 grados utilizada por compañías como Levi Strauss & Co. y Boeing Co. En Levi, el proceso implica que todos los empleados son evaluados por sus jefes y sus subalternos y sus colegas. Los resultados pueden ser sorprendentes para el empleado afortunado que es objeto de la evaluación y descubre que los demás lo ven menos quimérico e interesado de lo que él pensaba.

- ✔ **El efecto de la horquilla:** Contrario al efecto del aura, el efecto de la horquilla ocurre cuando usted permite que un caso de desempeño mediocre afecte adversamente a toda la evaluación de un empleado. Por ejemplo, su asistente administrativo ha trabajado muy bien durante los meses anteriores a la evaluación, pero la semana pasada incumplió el plazo para presentarle a un cliente una propuesta para continuar con la cuenta de publicidad. Su empresa perdió la cuenta y usted reaccionó calificando duramente al empleado en la evaluación.

- ✔ **Estereotipos:** Esto ocurre cuando usted permite que las nociones preconcebidas sobre un empleado influyan en su calificación. Por ejemplo, usted puede estar convencido de que las mujeres son mejores ensambladoras de piezas electrónicas que los hombres. El resultado es que, por ese estereotipo, usted les concede automáticamente el beneficio de la duda a las mujeres, junto con una calificación más alta, mientras que los hombres se ven precisados a demostrar lo que valen para que usted los tome en serio.

- ✔ **Comparaciones:** Muchas veces, cuando se califica a dos empleados simultáneamente, se puede caer en la tentación de comparar desempeños. Si uno de ellos es particularmente bueno, el otro puede salir mal librado en la comparación, a pesar de su nivel individual de desempeño. Y al contrario, si uno de los empleados es particularmente malo, el otro puede salir demasiado bien librado en la comparación. La evaluación de una persona debe ser independiente y no estar sujeta al nivel de desempeño de los otros empleados.

- ✔ **Imitaciones:** Es natural que a la gente le agraden las personas que más se parecen. Por eso usted puede caer fácilmente en la trampa de asignarles una alta calificación a los empleados cuyo comportamiento es más parecido al suyo, y una calificación baja a los que menos se le parecen. Aunque eso es maravilloso para los empleados a quienes usted favorece, no lo es para los demás. Oiga este consejo: No caiga en esa trampa.

- ✔ **La buena persona:** Una de las razones por las cuales muchos gerentes temen las evaluaciones es porque se ven obligados a reconocer las fallas de sus empleados y a discutirlas con ellos. Son pocos los gerentes que *disfrutan* dándoles malas noticias a sus empleados, pero es muy importante que éstos oigan las noticias malas y también las buenas. De otra manera, los empleados no sabrán en qué deben mejorar. Y si no lo saben, no podrán hacerlo.

¿Por qué salen mal las evaluaciones?

La experiencia nos ha enseñado que son pocas las evaluaciones bien hechas. Muchas veces no solamente están mal escritas — sin ejemplos y sin pautas relevantes — sino que el proceso principal de la evaluación de desempeño, la *comunicación,* rara vez recibe el tiempo y la atención que merece. En consecuencia, las evaluaciones no suelen producir el impacto que los gerentes y los supervisores buscan obtener.

El proceso de evaluación puede estar rodeado de un verdadero temor — de ambos lados de la ecuación. Muchas veces los gerentes no se sienten aptos para esa labor, y los empleados no reciben la clase de información oportuna y de calidad que necesitan para hacer su trabajo lo mejor posible. Además de todo está la tensión subyacente que suele acompañar al proceso de evaluación del desempeño, derivada del hecho de que la mayoría de las compañías vinculan las alzas de salario y las bonificaciones a las evaluaciones. Las evaluaciones centradas en la remuneración y no en el desempeño, o la ausencia de éstas, no escasean.

¿Por qué salen mal tantas evaluaciones de desempeño?

No deje caer la bola

RECUERDE

Para empezar, aunque el proceso de evaluar el desempeño es bastante simple, se necesita mucho más que sólo llenar un formulario de tres páginas una vez al año y después reunirse con los empleados durante 15 minutos para comunicar los resultados de la evaluación. El proceso de evaluación del desempeño comienza el mismo día en que se contratan los empleados, se prolonga durante cada día que esos empleados están bajo su supervisión y termina tan sólo cuando salen del ámbito de su responsabilidad a causa de una transferencia, un ascenso o la liquidación del contrato.

El proceso *completo* consta de fijar metas con los empleados, controlar su desempeño, instruirlos, apoyarlos, aconsejarlos y proporcionarles retroalimentación continua acerca de su desempeño — tanto buena como mala. Si usted ha hecho todas esas cosas antes de sentarse para la sesión anual o semestral de evaluación con sus empleados, descubrirá que las evaluaciones constituyen un cierre placentero y una ocasión para revisar logros obtenidos en lugar de ser un momento de frustración para usted y para sus empleados.

¡ADVERTENCIA!

No sea de los gerentes que no proporcionan retroalimentación constante a sus empleados y sólo aguardan hasta la fecha programada para la evaluación. A pesar de sus mejores intenciones y de los mejores esfuerzos de sus empleados, las tareas pueden descarriarse. Los cronogramas se pueden dilatar, pueden surgir obstáculos en el camino y la confusión puede envolver un proyecto con sus horribles tentáculos. Sin embargo, si no ha montado sistemas para rastrear el progreso de sus empleados, seguramente reconocerá todas esas cosas cuando sea demasiado tarde, y usted terminará furioso y sus empleados con ojos negros a causa de sus errores.

¡ADVERTENCIA!

Todavía peor que esperar hasta que los empleados hayan fracasado para darles retroalimentación es acumular todas las fallas y luego bombardear con ellas a los empleados. Esta técnica, denominada *paliza, no es*, repetimos, *no es* la manera correcta de realizar las evaluaciones de desempeño. En lugar de corregir ligeramente el rumbo a lo largo del camino, los gerentes perversos emboscan a sus empleados con semanas, meses y hasta años de problemas acumulados para una ocasión especial. Y en lugar de ayudar a reforzar el *buen* comportamiento y el desempeño de los empleados, los gerentes amantes de las palizas dejan a los trabajadores confusos y atontados — preguntándose qué fue lo que les cayó encima.

Llamada de emergencia: ¡Me aporrearon!

Peter tardará mucho en olvidar una paliza especialmente dura que le propinó un gerente una bella mañana de sol. Un día — día que comenzó como cualquier otro — Peter tomó una carpeta de su casilla de cosas pendientes. La carpeta estaba sellada con grapas, algo muy común en esa organización, donde todas las actuaciones del personal se legaban en una carpeta. Pero las cinco o diez grapas de más que sellaban esa carpeta particular, parecían demasiadas. Peter abrió rápidamente la carpeta para ver qué contenía. Adentro había un memorando con una lista de incontables ejemplos de sus supuestos incumplimientos: proyectos terminados tarde, errores que habían provocado la interrupción abrupta de las actividades de la organización, y otras transgresiones serias a las expectativas de su jefe. ¡Qué horror!

Cuando Peter se recuperó del shock inicial que le produjo haber sido aporreado por el memorando (luchando en todo momento por vencer el impulso de pedir auxilio), observó un patrón interesante. Este patrón ilustra las desventajas del método de la paliza:

✔ Primero, el memorando no hacía mención — ni de paso — del 99 por ciento de las cosas que Peter y su departamento hacían bien y a tiempo todos los días.

✔ Segundo, en los casos en que los proyectos no habían culminado conforme a las expectativas de su jefe, éste no había comunicado *ninguna* expectativa — ni antes ni durante el transcurso del proyecto. Era el antiguo enfoque administrativo de "Ya les haré saber si eso no era lo que yo quería". *Peter* no supo que no había satisfecho las expectativas de su jefe sino después del hecho, cuando ya era demasiado tarde para hacer algo. El cadáver ya estaba frío y no había otra cosa que hacer que enterrarlo.

✔ Tercero, el jefe de Peter soltó la bomba y se fue a hacer otras cosas. No se programó una reunión de seguimiento; no se fijaron expectativas. Nada. *Niente*. Estaba listo el molde para la siguiente ronda de expectativas sin cumplir: *¡administración por emboscada!*

En lugar de verificar el progreso de Peter y brindarle instrucción y apoyo, el jefe de él optó por acumular las supuestas faltas para luego soltarlas todas a la vez sobre su cabeza. Aunque no hay duda de que esta emboscada exigió mucho menos tiempo que establecer y administrar un sistema permanente de control del desempeño, evaluación y retroalimentación, seguramente los resultados no fueron lo que el jefe de Peter pretendía. No solamente no se cumplieron sus expectativas (*¿cómo cum-*

plirlas si jamás se conocieron?) sino que no se hizo ningún cambio para garantizar que las expectativas pudieran cumplirse en el futuro.

Para que no haya sorpresas, prepárese

Si usted en realidad cumple con su labor como gerente, *no* tiene por qué haber sorpresas para sus empleados. Siga el ejemplo de los mejores gerentes: manténgase en contacto con sus empleados y ofrezca retroalimentación permanente acerca de su progreso. Así, cuando llegue el momento de sentarse con ellos para evaluar formalmente su desempeño, la sesión no será otra cosa que una recapitulación de los puntos que ya se han discutido durante el período de evaluación, en lugar de una emboscada. El diálogo permanente permite usar la evaluación formal para concentrarse en las cosas positivas en las que usted y sus empleados pueden trabajar juntos para obtener el mejor desempeño posible.

Ante todo, *¡prepárese* para evaluar a sus empleados!

Al igual que con las entrevistas, muchos gerentes dejan la preparación de las reuniones de evaluación para el último minuto — a veces hasta un rato antes de la hora fijada para la reunión con el empleado. "Oh, oh. Catalina llegará en cinco minutos. ¿Dónde puse esa carpeta? ¡Estaba aquí hace un minuto!"

La evaluación del desempeño es una labor de *todo el año*. Siempre que usted detecte un problema en el desempeño de sus empleados, hágaselo saber, tome nota e inclúyalo en la carpeta de cada individuo. Proceda igual siempre que sus empleados hagan algo extraordinario. De esta manera, cuando se disponga a realizar las evaluaciones periódicas, tendrá toda la información sobre la cual basar su calificación. Esta práctica no solamente facilita el proceso sino que imprime mucho más significado a la evaluación y la hace más productiva para los empleados.

Planes de carrera y discusiones sobre salarios

Una práctica común en muchas organizaciones es complementar las evaluaciones formales de desempeño (como si no fueran suficientes) con conversaciones sobre los planes de carrera y — lo mejor de todo — un aumento salarial para los empleados que se han esforzado más. Este enfoque en las evaluaciones de desempeño tiene unos pocos problemas. Bueno, está bien, ¡quizás algo más que unos pocos!

Habla la red

En la discusión siguiente, sostenida dentro del grupo de administración de personal del servicio de la revista *Inc.* en America Online, los participantes analizan las ventajas y desventajas de los distintos tipos de evaluaciones de desempeño.

Bizzwriter (Peter Economy): ¿Qué opina de ese mal necesario de la administración que son las evaluaciones de desempeño?

Fizza (Arthur Manuel, ingeniería industrial/ gerencia de planta, división Keithly Metrabyte de Keithley Instruments): Debo decir que la clase de evaluación que produjo el mayor efecto en mí fue un sistema denominado "Gestión para el desempeño". Se hizo tomando el aporte de mis colegas en el trabajo. Obtener información de las personas que se encuentran en el mismo nivel realmente le abre a uno los ojos, por decir lo menos. Se obtiene una idea muy clara de la clase de gerente que uno es y de lo que las personas piensan de nuestro desempeño. El mayor problema de este sistema es que es dispendioso.

Bizzwriter: Como pueden ver, las evaluaciones de los colegas pueden tener un impacto *muy* grande.

Abben (James Dierberger, Propietario, Synergetics): Como ingeniero de proyecto, alguna vez le pregunté a mi supervisor por qué los subalternos no realizaban evaluaciones de las destrezas de liderazgo de sus jefes. Me contestó que no se aprendería nada con esa "evaluación a la inversa". Pasó el tiempo y comencé a pedirle a mi personal que hiciera autoevaluaciones unos tres años antes de que se convirtieran en requisito. Yo hacía una y cada uno de ellos hacía la suya. Después me reunía con cada empleado para comparar las dos evaluaciones. Era algo excelente. Esto no es física nuclear. Tan sólo se necesita algo de ingenio y creatividad y el deseo de obtener lo mejor de los empleados.

Bizzwriter: Gracias por su aporte, Abben. Al parecer, las evaluaciones a la inversa han tenido buen resultado en su caso y en su organización.

MWEISBURGH (Mitchell Weisburgh, presidente, Personal Computer Learning Centers): Sin embargo, hay que tener cuidado con ciertas cosas, como la tendencia a que las evaluaciones se conviertan en concursos de popularidad. Un gerente puede sobrepasarse para obtener una buena calificación de sus empleados. Además, por claras que sean las cosas, cada persona califica conforme a su propia escala, de manera que para un grupo, 3 puede ser una calificación muy buena, mientras que para otro cualquier puntaje inferior a 4 es malo. Por último, nosotros ensayamos la evaluación entre gerentes y fue un desastre. Las respuestas reflejaban dobles intenciones. Era más cuestión de "¿Cómo me beneficiaré si califico bien a esta persona o cómo se verá afectada mi carrera si la califico con una mala nota?"

Bizzwriter: Aceptamos sus observaciones sobre los peligros de los concursos de popularidad y las dobles intenciones.

Primero, a pesar de la práctica de vincular las evaluaciones formales, los planes de carrera y los incrementos salariales, cada tema es independiente y debe ser considerado por separado. Sin embargo, como es tan difícil sentar a los gerentes (por sus incontables ocupaciones) durante algo más que unos pocos minutos, muchas compañías aprovechan la oportunidad para obtener tanto como sea posible de los pocos minutos que pueden exprimir de los horarios de sus gerentes. El resultado es el *festival de actividades de gerencia* montado alrededor de las evaluaciones formales de desempeño.

Segundo, al vincular el aumento salarial directamente a la evaluación formal del desempeño se crea una situación en la cual la angustia de los empleados respecto de la cuantía del incremento puede llegar a tal punto que no les permite oír lo que usted tiene que decir acerca de su desempeño. "Oh, Dios, realmente necesito un alza este año para poder comprar esa casa nueva". Claro que mientras están ensimismados asienten con la cabeza y con la voz, pero en realidad tienen la mente fija en el dinero — no en la palabrería que lo antecede. Dios lo libre de omitir mencionar el tema de un incremento salarial después de la tortura que sus empleados han padecido para salir airosos en la evaluación del desempeño.

Tercero, una mala noticia económica lleva al empleado a descontar cualquier buena noticia sobre su desempeño. "Lo siento, Sara, usted está muy por encima de las demás personas de este departamento, pero tengo las manos atadas. Me gustaría concederle un aumento de sueldo, pero no puedo". ¿Cuál será el mensaje que el empleado registrará? No hay duda de que la desilusión será grande. También es seguro que los empleados estrella comenzarán a preguntarse si en realidad vale la pena esforzarse tanto. ¿Para qué molestarse? Han obtenido el mismo incremento salarial que sus compañeros retirados hace cinco años — ¡nada!

Cuarto, al igual que con la información sobre el desempeño, el plan de carrera es un proceso que no debe ocurrir solamente una o dos veces al año. Usted y sus empleados deben estar alerta a las oportunidades para mejorar y desarrollar habilidades. Supongamos que usted se entera de una serie de cursos que serían perfectos para su asistente dos meses después de haber realizado la evaluación formal del desempeño. ¿Esperaría para hablar de eso hasta la siguiente evaluación, nueve meses después, o preferiría sentarse *inmediatamente* con su empleado para conversar de esa posibilidad? Más vale que no haya escogido la primera respuesta.

Por último, el proceso y las reuniones formales para evaluar el desempeño exigen la atención completa de parte suya y de sus empleados. Mezclarlos con otros temas, otros programas de trabajo y otra información

— por oportunos y bien intencionados que parezcan — solamente distrae a todo el mundo e impide apreciar la verdadera razón de la reunión, que es comunicar los resultados de la evaluación formal del desempeño y desarrollar estrategias para mejorar el desempeño futuro. Cualquier otra cosa constituirá un obstáculo.

Ponga a prueba sus nuevos conocimientos

¿Qué son las normas?

A. Los comportamientos informales considerados aceptables en un sitio de trabajo.

B. Lo que se le antoje al gerente.

C. Comportamientos formales que orientan la actuación de los empleados.

D. La mejor manera de hacer las cosas.

¿Cuál es el primer paso del proceso de evaluación del desempeño?

A. Calificar al empleado.

B. Fijar metas, expectativas y reglamentos.

C. Salir a almorzar con el empleado.

D. Ninguno de los anteriores.

Parte IV
Cómo trabajar con (otras) personas

La 5ª ola por Rich Tennant

"COMO TÉCNICO ES UN VERDADERO MAGO, PERO COMO GERENTE CARECE DE DESTREZAS PERSONALES".

En esta parte...

Ningún gerente es una isla. Los gerentes trabajan siempre con otras personas: clientes, equipos, compañeros de trabajo y jefes, para mencionar algunas. En esta parte del libro presentamos algunas destrezas esenciales para comunicarse de manera eficaz con otras personas, para trabajar en equipo y para manejar las políticas de la empresa en la oficina.

Capítulo 11
Cómo comunicar el mensaje

• •

Este capítulo le permitirá:
▶ Reconocer el valor superior de la comunicación informal sobre la comunicación formal.
▶ Descubrir nuevas maneras de comunicarse.
▶ Escuchar a los demás.
▶ Comunicar sus ideas por escrito.
▶ Hacer exposiciones.

• •

¿Cuán importante es comunicar su mensaje a los empleados, sus colegas, su jefe, los clientes y los compradores? *¡Mucho!* En la actualidad es imposible ser gerente si no se tiene la capacidad de comunicarse, y comunicarse eficazmente (bueno, por lo menos no un *buen* gerente).

Hoy más que nunca hay muchas maneras de comunicarse, y parece que habrá muchas más. Hace apenas veinte años era necesario dominar sólo unas cuantas destrezas de comunicación: Los teléfonos, las cartas, las conversaciones cara a cara y uno que otro discurso o exposición en público.

Pero en la actualidad hay todo tipo de modalidades nuevas e interesantes para comunicarse con la contraparte en el otro lado del mundo. Está el correo electrónico — tanto a través de las redes locales internas de las compañías como a través de Internet — el correo oral *[voice mail]*, los buscapersonas, las teleconferencias, el telefax, el teléfono celular, los enlaces vía satélite, etc. De hecho, en ciertas líneas aéreas ahora es posible comunicarse por teléfono con un pasajero *en la propia silla del avión.*

Este capítulo trata de la comunicación con los demás y, en particular, de la *manera* de comunicarse.

Comunicación: la piedra angular de la empresa

RECUERDE

La comunicación es crucial para el crecimiento y la supervivencia de la organización de los años 90. Independientemente del tamaño de la organización, la comunicación debe ser su piedra angular.

En la empresa, la comunicación ocurre en diversos formatos. La tabla 11-1 muestra el orden en el cual se produce el mayor volumen de la comunicación en las empresas. Pero hemos visto que el sistema de educación formal invierte ese orden, lo cual se ilustra en la tabla 11-2.

Tabla 11-1	Formato de la comunicación en las empresas
Formato de comunicación	*Frecuencia con la cual se utiliza*
Escuchar	El más frecuente
Hablar/exponer	Segundo más frecuente
Escribir	Tercero más frecuente
Leer	El menos frecuente

Tabla 11-2	Nuestra capacitación formal en comunicación
Formato de comunicación	*Capacitación suministrada*
Leer	Cuatro años
Escribir	Cuatro años
Hablar/exponer	Curso opcional
Escuchar	Se ofrece muy poca capacitación formal

Como puede ver, en las empresas es más importante la comunicación *informal* — no la comunicación *formal*. Muchos gerentes fallan porque no comprenden este punto crucial. Lo esencial no son los discursos ocasionales, ni los memorandos maravillosamente redactados, ni tampoco el tiempo dedicado a leer artículos sobre la teoría del caos. Es la comunicación con cada uno de sus empleados, día a día, cara a cara. Es escuchar *realmente* lo que opinan. ¿Sorprende entonces que la mayoría de los sistemas de educación primaria y secundaria no preparen adecuadamente a los estudiantes para el mundo empresarial?

Durante los últimos decenios se ha producido un cambio fundamental en el *estilo* de la comunicación empresarial. Hace mucho tiempo, la mayor parte de la comunicación en las empresas — bien fuera verbal o escrita — era muy formal y restringida. Era un estilo emanado de la vieja forma de ver a la empresa y a los trabajadores como una máquina gigantesca (o por lo menos jerárquica y apropiada). En esa visión obsoleta de la empresa, la jerarquía formal lo era *todo*. Existía una manera *correcta* y otra *incorrecta* para que uno de los trabajadores de planta comunicara cualquier idea que tuviera para mejorarles la vida a los clientes de la compañía y de paso ahorrar algo de dinero.

La manera *correcta* consistía en escribirle un memorando formal al jefe. Si al jefe le agradaba la idea, la pasaba al siguiente nivel y así sucesivamente hasta que llegaba a la cima de la organización. Si al gran jefe le agradaba la idea, colocaba un sello de aprobación en el memorando — seguramente escrito varias veces por cada uno de los gerentes que lo vio — y lo regresaba por la cadena para que la idea fuese puesta en práctica. El proceso era lento pero el procedimiento "apropiado".

La manera *incorrecta* consistía en saltarse alguno de los escalones de la jerarquía formal o implantar el cambio sin su aprobación. ¡Ay de los empleados que se atrevieran a salirse de las líneas aprobadas de comunicación! Eran rebeldes que atentaban contra el statu quo.

En la actualidad ha cambiado la manera como se comunican las personas de negocios. De hecho, la forma *incorrecta* de antes es ahora la *correcta*. La comunicación empresarial de hoy es, por encima de todo, informal y libre de jerarquías. Rápida y agresiva. Claro que la comunicación formal todavía tiene su lugar: contratos, licencias y cartas para los proveedores descarriados, por ejemplo. Después de todo, ¡tres cuartos de un millón de abogados estadounidenses no pueden estar equivocados! (¿O sí?)

La vanguardia de la comunicación

La explosión de la informática ha generado muchas formas novedosas de comunicación, en ocasiones sorprendentes y poderosas. Aunque nos guste o no, ya existen y no desaparecerán. No sólo eso, sino que hay muchas más en camino. Usted puede optar por no hacer caso de ellas y quedarse atrás, o decidirse a aprovechar esas nuevas tecnologías. ¿Qué decide?

El gerente de los años 90 ya no tiene necesidad de estar en una oficina para comunicarse con sus clientes y compañeros de trabajo. Puede estar en cualquier parte, y comunicarse a través de un teléfono celular, si está en un restaurante o en su vehículo, o marcar la Internet desde la cama en una cabaña perdida en medio del bosque. Lo único que necesita son las herramientas adecuadas.

No solamente se puede comunicar desde cualquier lugar, sino *a cualquier hora*. Las horas laborales solían ser eso — laborales. La oficina abría a las 9:00 A.M. y cerraba a las 5:00 P.M., de lunes a viernes. Hasta que aparecieron los contestadores automáticos y el correo oral hace relativamente poco tiempo, la única respuesta a una llamada fuera de esas horas laborales era un servicio de contestador o el repiqueteo del teléfono.

Con el advenimiento de las tecnologías basadas en microprocesadores, como el correo electrónico, el correo oral, las máquinas de fax y los servicios aéreos de mensajería nocturna, los negocios están pasando a ser un asunto de 24 horas. Ahora no solamente se pueden dejar mensajes a cualquier hora del día o de la noche en la mayoría de las empresas, sino que un usuario de correo oral puede acceder a los mensajes marcados con la fecha y la hora, desde cualquier lugar del mundo. Después es sólo cuestión de responderlos, transmitirlos a otros colegas o archivarlos para referencia futura.

Aunque muchas compañías comienzan a dotar a sus empleados con teléfonos celulares, buscapersonas, computadores portátiles y demás, no lo hacen solamente por facilitarles la vida. No es casualidad que los empleados que tienen esos equipos dediquen una mayor parte de su tiempo personal a trabajar para sus empleadores. Un estudio reciente de personas cuyas empresas las han dotado de equipo de telecomunicaciones indica que son empleados que trabajan un 20 ó 25 por ciento *en su tiempo personal*.

Los hoteles, las aerolíneas e incluso las agencias de alquiler de vehículos han incursionado en el campo de las comunicaciones universales, y suministran los medios y las facilidades para que las personas que viajan por negocios estén en contacto permanente con sus clientes. Un ejemplo es el Plan Empresarial Hyatt ofrecido por la cadena de hoteles Hyatt. Por 15 dólares adicionales a la tarifa de la habitación, el empresario obtiene espacio para trabajar, un escritorio y servicio telefónico sin cargo al cuarto, una máquina de fax en su habitación y acceso a fotocopiadoras e impresoras de computador las 24 horas de día. Para hacer más atractiva la oferta, Hyatt incluye un desayuno y el diario.

HISTORIAS REALES

La amenaza fatal de la comunicación

Algunas veces, la comunicación formal puede ser mala —especialmente cuando es producto de una burocracia excesiva. En su libro *The Tom Peters Seminar,* Tom Peters presenta un ejemplo maravilloso de la forma como el exceso de comunicación formal puede aniquilar a una empresa.

La organización Union Pacific Railroad se había acostumbrado a una jerarquía perfectamente sincronizada que amenazaba con llevarla por el camino del Tyrannosauros rex. Al parecer, cuando los inspectores de la vía férrea encontraban algún problema en el tramo de vía perteneciente a un cliente, en lugar de dirigirse a éste directamente tenían que comunicar el problema al jefe de área, quien a su vez lo comunicaba al asistente del jefe de trenes, que luego lo comunicaba al jefe de trenes. Éste transmitía el problema al superintendente de la división de transporte, quien a su vez lo comunicaba al superintendente general de la división, quien lo transmitía al superintendente regional de transporte, quien se encargaba de darlo a conocer al asistente del gerente general y éste al gerente general. Cuando el problema llegaba finalmente al último nivel de la rama operativa de la organización, debía ser comunicado en sentido horizontal al asistente del vicepresidente de ventas, jefe de la organización de ventas y marketing de Union Pacific, y de allí hacia abajo al gerente regional de ventas, y después al gerente del distrito de ventas. *Por último,* el problema llegaba a manos del representante de ventas, quien hacía su exposición al cliente, si es que éste todavía no había quebrado (no es chiste). ¡Uf!

Esta lamentable situación persistió hasta que Mike Walsh fue nombrado presidente de la compañía a finales de los años 80. Ciento veinte días después de ocupar el cargo, Walsh había eliminado seis niveles de la jerarquía de operaciones, es decir, dos terceras partes del total del personal de operaciones. Ahora, cuando los inspectores de la vía encuentran problemas en los tramos pertenecientes a los clientes, sencillamente se comunican con ellos directamente. Casi siempre los clientes reconocen la situación y Union Pacific procede a hacer las reparaciones necesarias. Sin enredos ni aspavientos.

Esta historia demuestra que un poco de sentido común es suficiente para poner a una compañía a andar nuevamente sobre rieles.

Más ágil, flexible y competitiva

El gerente de los años 90 es el mago del tiempo y el espacio. Todos conocemos el viejo dicho de que *es imposible estar en dos sitios al mismo tiempo.* Aunque esta afirmación era válida hace tiempo, la revolución de la información ha gestado cambios que han puesto de cabeza ese desgastado aforismo. Un gerente puede estar en cualquier lugar, a la hora que quiera, gracias a los medios basados en microprocesadores que hoy día se consiguen fácilmente.

¿Desea programar reuniones con clientes en cinco ciudades diferentes, confirmar su asistencia, registrar las fechas en el calendario personal, verificar todas sus notas, recibir un mensaje que le recuerde cada reunión media hora antes — todo eso mientras descansa en su habitación de hotel en Miami? Facilísimo. Solamente escriba un mensaje en su comunicador personal inteligente Envoy de Motorola equipado con modem celular, toque el ícono de la pantalla, y listo.

Cyrix Corporation, fabricante de microprocesadores que compiten directamente con los diseñados y fabricados por Intel, tiene tan sólo veinte personas en su equipo de ventas. Sin embargo, Cyrix ha encontrado la forma de multiplicar la eficacia de su fuerza de ventas. Cada vendedor de Cyrix trabaja desde su casa, con la ayuda de toda una serie de equipos modernos de informática al alcance de la mano. Cyrix dota a sus vendedores con buscapersonas, computadores personales tamaño libreta y teléfonos celulares. Además ha instalado un sistema sofisticado de procesamiento de pedidos para que puedan verificar existencias inmediatamente. En lugar de amarrar a sus vendedores con reuniones, informes y otros tropiezos burocráticos, Steve Domenik, vicepresidente de marketing de Cyrix, dice en la revista *Business Week,* del 18 de mayo de 1994: "Eliminando ese desperdicio de tiempo, podemos competir con compañías que tienen hasta 200 vendedores".

De acuerdo con *Business Week,* la innovación tecnológica da a las empresas pequeñas una ventaja sobre los competidores grandes. Tal como lo demostramos aquí, muchas de esas ventajas emanan directamente de la capacidad innata de las empresas pequeñas para trabajar *más rápido* que las empresas grandes.

✔ Libres de la burocracia y los sistemas costosos de información existentes, las compañías pequeñas pueden implantar las nuevas tecnologías con mayor rapidez y eficacia que las empresas grandes.

✔ Con los nuevos enlaces electrónicos entre empresas, la contratación externa por parte de las compañías grandes de funciones que van desde la contabilidad hasta el desarrollo de producto, se han abierto grandes oportunidades para las empresas pequeñas altamente calificadas.

✔ Los tableros electrónicos de noticias y los servicios de información en línea brindan a las compañías pequeñas acceso a más datos sobre mercados y oportunidades comerciales que nunca antes, lo cual les permite atacar rápidamente nuevas oportunidades.

✔ Los programas de producción y diseño ayudados por computador y las fábricas flexibles les permiten a las empresas pequeñas producir rápidamente numerosos prototipos a bajo costo y sin necesidad de grandes laboratorios de desarrollo de productos.

✔ Grupos de compañías pequeñas pueden utilizar fácilmente los enlaces de información para formar "corporaciones virtuales"; así ganan mercado mientras que cada una se concentra en lo que hace mejor.

✔ La computación móvil les permite a las compañías pequeñas competir alrededor del mundo sin establecer sucursales costosas.

Utilice los últimos avances de la tecnología en computación y telecomunicaciones para forjar una organización más ágil y flexible. Cuanto más rápidamente se distribuya la información y se reaccione a ella, más competitiva y exitosa será la empresa.

El fax y el correo electrónico

La *máquina de facsímil,* conocida también como *fax,* se ha convertido en poco tiempo en una necesidad de toda empresa seria. Esta máquina transmite en forma digital documentos tales como cartas, informes y fotografías a otra máquina igual de la cual sale una copia impresa del documento original. Las dos máquinas pueden estar separadas por un pasillo o por el océano — no importa. La tecnología del fax ha migrado a los computadores personales. En lugar de imprimir un documento primero para luego enviarlo por fax, es posible transmitir y recibir documentos directamente de un computador personal a otro.

El *correo electrónico,* conocido también por su forma abreviada en inglés, *e-mail,* es semejante al correo oral salvo por el hecho de que el sistema se basa en mensajes escritos y no hablados. Con el correo electrónico, los usuarios conectados a una red de computadores pueden enviar y recibir mensajes entre sí y anexar archivos de documentos a dichos mensajes. Por ejemplo, si usted está trabajando en el borrador de un informe sobre ventas de producto para su jefe, puede anexar una copia del mismo para que él la revise a un mensaje en el cual le comunica su progreso. Su jefe puede entonces realizar cambios en el archivo y devolvérselo junto con una nota agradeciéndole su esmero.

El correo electrónico permite a las personas de negocios responder con una agilidad mucho mayor a la que ofrece el sistema postal. No es casualidad que los usuarios de la comunicación en línea se refieran al sistema postal como *correo tortuga.* Mientras una carta enviada por correo de un país a otro puede tardar varios días en llegar, sólo se necesita hacer clic en el menú del computador, abrir el correo electrónico, y en cuestión de segundos el mensaje habrá llegado a su destino.

Utilice el fax y el correo electrónico para transmitir información instantáneamente. Así, su organización será más ágil y podrá responder con mayor prontitud a las necesidades de los clientes.

La red Internet

El 2 de septiembre de 1969, el grupo de algo más de cuarenta personas reunidas en un laboratorio del Boelter Hall de la Universidad de California en Los Ángeles, no tenía forma de saber que estaba presenciando el nacimiento de una amplia red de comunicaciones que unos 25 años más tarde abarcaría todos los continentes y estaría formada por millones de computadores en el mundo entero.

Internet es una red de cerca de 3 millones de computadores centrales *(hosts)* ubicados en instituciones educativas, empresas y laboratorios de investigación del mundo entero. No cabe duda de que es la red de computadores más grande del mundo, utilizada por cerca de 20 millones de personas para enviar mensajes de correo electrónico, mapas meteorológicos, vídeos, fotografías y una amplia gama de información diversa. Lo que hace única a la Internet es que no le pertenece a ninguna persona o entidad. Existe gracias a la inversión en recursos de computación realizada por numerosas organizaciones y a los esfuerzos voluntarios de miles de personas y organizaciones que han asumido la tarea de administrar el sistema.

A pesar de la atención que ha recibido por parte de los medios de comunicación, la Internet no es el alfa y omega de la superautopista de la información. Existen otras redes de computadores desde hace tiempo. CompuServe, America Online y Prodigy son redes comerciales, conocidas también como *servicios en línea*, que les permiten a los usuarios aprovechar bases enormes de datos y conversar en vivo con otros usuarios en el mundo entero. Cada servicio tiene su personalidad característica —Prodigy, por ejemplo, presenta anuncios comerciales en una casilla en la parte inferior de la pantalla— que atrae a diferentes usuarios dependiendo de sus preferencias personales o la clase de información que necesiten.

Cada red pelea por ofrecer a sus usuarios el paquete de servicios más atractivo. Así, los servicios en línea son cada vez más indispensables para los hombres y las mujeres de negocios. America Online, por ejemplo, ofrece una amplia variedad de temas, revistas electrónicas, materiales de consulta y tableros de noticias de interés para la gente de negocios. Algunas de las cosas que ofrecen son la revista *Business Week* en línea, The Nightly Business Report, y un área completa dedicada a las empresas pequeñas. Esta área contiene información sobre cómo iniciar una empresa, cómo obtener financiación y asistencia de la Administración de Empresas Pequeñas de los EE. UU., y tableros de noticias para compartir información y asesoría con otros propietarios de esa clase de compañías.

Según Andrew S. Grove, presidente de Intel, "Las compañías que utilizan el correo electrónico son más ágiles, mucho menos jerárquicas. Hay dos clases de compañías: las que operan de esta manera y las que no lo hacen... es cuestión de hacerlo o disponerse a desaparecer" (*Business Week*, mayo 18, 1994).

Capítulo 11: Cómo comunicar el mensaje   *199*

Computadores portátiles y asistentes digitales personales

En los *asistentes digitales personales,* o *PDAs [Personal digital assistants],* se combinan las características de un computador, un fax, un modem, las comunicaciones inalámbricas y el reconocimiento de escritura a mano en un aparato pequeño (del mismo tamaño de un libro de bolsillo) operado por baterías. En lugar de tener que manejar el teclado corriente de la mayoría de los computadores, en la superficie de trabajo del PDA se puede escribir manualmente con la ayuda de un punzón especial. El asistente digital personal, siendo la primera herramienta en la cual se combinan los mejores elementos de la era de la información con una verdadera portabilidad, ha abierto nuevos caminos para la persona de negocios que debe desplazarse constantemente.

Lo que más nos acerca a lo último en dispositivos de comunicación es la creciente integración de todos los sistemas antes mencionados — computadores personales, fax, correo electrónico, teléfonos celulares, etc. — en un sistema de negocios coherente en cual el todo es mucho más que la suma de sus partes. La *conectividad* de los computadores y otros dispositivos digitales está colocando al mundo empresarial en un nuevo nivel de sofisticación en el cual es posible generar, editar, transmitir, revisar y poner en práctica la información a través de una amplia gama de plataformas, sin tener que imprimir en ningún momento en papel. La conectividad es la capacidad de distintos aparatos electrónicos para enlazarse y comunicarse entre sí. Las diferencias claramente definidas que anteriormente separaban a las distintas plataformas (por ejemplo teléfonos y computadores) comienzan a desvanecerse y a perder cada vez más relevancia.

Por ejemplo, el computador portátil de Peter, un ThinkPad de IBM, combina todas las funciones que enumeramos a continuación en un aparato operado por baterías que pesa apenas 4.5 libras y tiene el tamaño de una agenda personal: computador, fax, teléfono, centro de correo oral, procesador de palabra, casilla de correo electrónico, calendario/agenda personal, administrador de contactos y (la característica predilecta de Peter) un juego de "pinball" en tres dimensiones. Si Peter necesita enviar un documento vía fax o conectarse a la Internet, puede hacerlo sin problema: es cuestión de conectar un cable telefónico, oprimir un par de teclas y el computador se encarga del resto. A cualquier hora y en cualquier lugar.

Con los computadores portátiles y los asistentes digitales personales usted podrá llevar consigo su oficina, dondequiera que vaya. Utilícelos para sacar a los empleados de *sus* oficinas y llevarlos a las oficinas de los *clientes*, donde generarán el mayor efecto sobre las utilidades de la organización.

Correo oral y buscapersonas

Los contestadores automáticos son una parte tan ubicua de nuestra cultura que, aunque en algún momento fueron novedad, en la actualidad la novedad es *no* tenerlos. La revolución de la informática ha tomado la idea básica del contestador automático y ha aumentado mil veces su poder. El resultado es el *correo oral*. El correo oral es un sistema digital basado en computador que permite a quien llama por teléfono dejar mensajes y al usuario manipular extensamente esos mensajes. Por ejemplo, el usuario de un sistema de correo oral puede tomar un mensaje y retransmitirlo a otro usuario del sistema junto con un comentario personal. Si el que llama también forma parte del sistema, el usuario puede enviar su respuesta verbal directamente a la casilla de quien inició la llamada y hasta grabar y difundir mensajes a listas de casillas de correo seleccionadas.

Buena parte de la emoción de esta nueva era de las telecomunicaciones ha girado alrededor de la *comunicación inalámbrica*. Los sistemas de comunicaciones inalámbricos funcionan por medio de frecuencias electromagnéticas de radio, luz infrarroja u otro tipo, a través de las cuales se transmite y se recibe la información. Aunque la comunicación inalámbrica no es un concepto nuevo — la radio y la televisión se inventaron hace ya muchos años — la conversión de aparatos tales como los teléfonos, los computadores y otros equipos de oficina en herramientas digitales de comunicación inalámbrica ha generado toda una oleada de entusiasmo.

El *buscapersonas* fue uno de los primeros dispositivos digitales de comunicación inalámbrica en ganar gran aceptación en el mundo empresarial. El buscapersonas es un pequeño receptor de radio — más pequeño que una baraja de naipes — en el cual aparece el número telefónico de quien llama. Para completar la comunicación, el propietario del buscapersonas llama al número telefónico que aparece en su pantalla. En los modelos más avanzados (y más costosos) también aparece el mensaje de quien llama o la grabación de los mensajes orales. Los buscapersonas son muy portátiles y, gracias al conjunto de satélites que giran alrededor de la tierra, pueden recibir mensajes casi en cualquier parte. De especial interés es la generación más reciente de buscapersonas capaces de recibir y enviar mensajes.

El correo oral y los buscapersonas permiten enviar y recibir mensajes en cualquier parte, a cualquier hora, y además ser notificado en el momento en que se recibe un mensaje. Utilice estos sistemas para que sus empleados tengan una mejor comunicación con sus compañeros de trabajo y sus clientes.

Teléfonos celulares y números personales como 800, 888 y 500

La comunicación entre aparatos cada día es más inalámbrica. De acuerdo con Lisa Pierce, gerente de producto de AT&T: "En este momento existe un cable físico que conecta a la compañía telefónica con la casa, y solamente cumple una función a la vez. Además, realiza esa única función a una velocidad relativamente lenta". La comunicación inalámbrica supera las limitaciones físicas de los cables y da lugar a un mundo de ofrecimientos por parte de los proveedores del servicio. Tal como anotó Kenneth S. Forbes III, presidente y director ejecutivo de MobileDigital Corporation, de Alameda, California, en el número de mayo de 1993 de la revista *Nation's Business:* "Considero que las comunicaciones inalámbricas constituyen quizás el último avance tecnológico en este campo durante los últimos decenios. La capacidad de hablar con cualquier persona mientras me movilizo en tiempo real sin que haya una intrusión es lo más cerca que podemos llegar de la proyección del pensamiento".

El *teléfono celular* imprimió un gran impulso a las comunicaciones inalámbricas. Un teléfono celular es un aparato portátil operado por baterías que transmite en una banda de radio especial de alta frecuencia. Aunque los teléfonos celulares fueron en algún momento poco menos que símbolos costosos de posición, ahora que sus precios se han desplomado se han convertido en herramientas esenciales de toda persona de negocios que se desplace permanentemente.

Aunque los teléfonos celulares llevan en el comercio algo más de diez años, la industria ha tenido un crecimiento meteórico. La industria celular se ufana en la actualidad de ventas superiores a los 15 000 millones de dólares anuales y más de 11 millones de abonados en los Estados Unidos únicamente. El teléfono celular aportó algo más que un simple aparato a la vida de la persona de negocios moderna — también aportó libertad. Libertad para hacer negocios sin las restricciones del entorno normal de la oficina, lejos de los escritorios, los teléfonos y nuestros paradigmas obsoletos y desgastados. Mark Adler, agente editorial de Washington, D.C., dice: "Me permite estar en la oficina dondequiera que me encuentre" *(Business Week,* mayo 18, 1994). De acuerdo con Adler, su teléfono celular le sirvió en una ocasión para cerrar un negocio de edición mientras miraba a su hija jugar en un parque de la localidad.

Sin duda, usted ya sabe cuán útiles son los números 800. Sus clientes y empleados pueden llamar gratuitamente desde cualquier lugar. Estas líneas han adquirido tanta popularidad que casi se han agotado en las compañías telefónicas. Ahora se ha unido al venerado prefijo 800 un nuevo número gratuito — 888 — para ayudar a la comunicación. A medida que crece el número de personas y empresas que adquieren números gratuitos para larga distancia, sin lugar a dudas comenzarán a perfilarse nuevos prefijos.

La adición más reciente a los prefijos de larga distancia es el número 500. AT&T introdujo este prefijo para resolver el problema creciente de personas de negocios que deben hacer malabares con varios números telefónicos. Por ejemplo, Peter tiene un número de marcación directa en la oficina donde trabaja de 9 a 5. Además tiene otro número para el buscapersonas oral que utiliza para recibir llamadas de los clientes que compran sus artículos sobre temas de negocios de las editoriales y de la administración de impuestos (¡la administración de impuestos *adora* a Peter!). Y no debemos olvidar su teléfono celular, con un número diferente. Y por supuesto, el número de su casa, el cual conocen su jefe, sus subalternos directos y ciertos clientes en caso de emergencia (sin llamadas después de las 9:00 P.M., ¡por favor!). Está también la otra línea de su casa dedicada al modem del computador y al fax. ¡Uf! Ahora, si alguien necesita comunicarse urgentemente con Peter a las 3:00 P.M., digamos... para notificarle que se ha ganado la lotería — ¿a cuál número debe llamar?

El prefijo 500 tiene por objeto resolver este problema brindando al abonado un solo número telefónico *inteligente* que se encargue de adivinar a cuál número llamar. Lo maravilloso de este número 500 es que uno puede programarlo para que monte un seguimiento de la persona y sus muchos aparatos de telecomunicaciones durante el día. El programa establecido permanece activo hasta que la persona lo modifica o lo cancela. Por ejemplo, cuando usted se sube a su automóvil en la mañana para ir a la oficina, su número 500 transmite sus llamadas directamente al teléfono del vehículo. Usted sabe que generalmente tarda una hora en llegar al trabajo todos los días, de manera que programa el número 500 para que transfiera las llamadas a la oficina transcurrido ese tiempo. Al salir de la oficina a las 5:00 P.M., el número 500 vuelve a transferir las llamadas nuevamente al teléfono del vehículo. Una hora más tarde cambia de nuevo el sistema de conmutación para transferir las llamadas al número de la casa. Fabuloso, ¿verdad? Bueno, ¡pues hay más!

Los teléfonos celulares y los números gratuitos hacen que usted sea más accesible a sus colegas y a sus clientes. Cerciórese de dotar a sus empleados con estas herramientas para que puedan comunicarse fácilmente y a bajo costo con todas las personas con quienes tienen relaciones de negocios.

Videoconferencias y reuniones electrónicas

No hace muchos años, si usted deseaba reunirse con los integrantes de su equipo de diseño en una de las plantas de la empresa, los ingenieros de producción en otra y los proveedores dispersos por todo el país, tenía que volar o conducir hasta un sitio centralizado para la reunión. Después de muchas horas de viaje y mucho dinero gastado, finalmente estaban juntas todas las personas en el mismo lugar y a la misma hora. ¡Y ni pensar en la posibilidad de haber olvidado algo en la oficina!

Pero llegaron los computadores al rescate. Con un computador, una cámara de vídeo y unos programas especiales se pueden montar videoconferencias, ¡en vivo y a todo color! Aunque los teléfonos se prestan muy bien para hacer negocios, algunas veces es necesario *ver* lo que un cliente trata de describir. Y a veces la contraparte necesita *ver* lo que usted trata de decir con gran esfuerzo. Ése es el milagro de la videoconferencia. ¿Qué prefiere usted, la opción A o la B?

- ✔ **Opción A:** "Bueno, Roberto, ya hice los cambios en las cifras de ventas e imprimí la nueva gráfica. Las ventas crecieron un 39.5 por ciento en 1995, es decir, 45.5 millones de dólares. Este aumento se debió a los esfuerzos de nuestra oficina de ventas del noroeste. En el primer trimestre de 1996 hubo un descenso hasta una cifra anual de 39.1 millones de dólares en ventas, principalmente por el deterioro de la actividad en las oficinas del centro-sur y el centro-norte, las cuales se rezagaron en un total de 4.2 millones de dólares. El segundo trimestre pinta mucho mejor. Parece que nos hemos recuperado para alcanzar una cifra anual de 44.7 millones de dólares. ¿Anotaste todo eso, Roberto?"

- ✔ **Opción B:** "Bueno, Roberto, ya efectué los cambios en las cifras de ventas e imprimí la nueva gráfica. Seguramente ya debe estar en la pantalla de tu computador. ¿Tienes alguna pregunta?"

Asimismo, se pueden enlazar grupos grandes de personas para realizar reuniones *virtuales,* en las cuales todo el mundo puede verse y oírse en tiempo real. Se acabaron las esperas interminables en los aeropuertos para tomar el último vuelo del día y las noches de insomnio en colchones llenos de turupes de algún pueblo perdido en la mitad de la nada. A menos, claro, que eso le agrade. Basta con encender el computador, activar la cámara de vídeo y disfrutar la reunión.

A medida que la capacidad de los computadores y los sistemas de telecomunicaciones aumenta, las videoconferencias son cada vez más comunes. Recurra a este medio para organizar reuniones de empleados ubicados en distintos sitios — sea del otro lado de la ciudad o en otro lugar del mundo. Así ahorrará muchísimo tiempo y dinero.

Escuchar

La ecuación de la comunicación tiene dos lados. Ya hemos hablado del aspecto en el que piensan la mayoría de las personas cuando oyen la palabra *comunicación:* el lado activo. Sin embargo, igualmente importante es el otro lado de la ecuación: escuchar.

Usted es una persona ocupada. Probablemente tiene diez millones de cosas en la cabeza: la propuesta que debe estar lista hoy, antes de las 5:00 P.M.; las hojas de cálculo del presupuesto que no concuerdan; el almuerzo. Y por si fuera poco, tiene a alguien en la oficina trayéndole los últimos rumores de la casa matriz. "¿Sabías que piensan despedir a Sandra?" Con tantas distracciones, no es raro que haya desarrollado la costumbre de sacar de sintonía a sus compañeros de trabajo.

¡No lo haga!

Si usted no le presta *toda* su atención a la persona que está al frente suyo, estará renunciando a muchas cosas y negándole otras tantas a su interlocutor. No solamente dejará de recibir el mensaje, sino que su falta de atención comunica otro mensaje muy claro: *realmente no me interesa lo que usted pueda decir.* ¿Ése es el mensaje que en realidad desea comunicar? Pero si escucha activamente, tendrá mayor probabilidad de comprender lo que la otra persona dice. Dependiendo del tema en cuestión, comprender puede ser *muy* importante.

No deje esta situación al azar. La comunicación es de doble vía y usted debe hacer lo suyo. Escuche activamente. Cuando alguien tenga algo que decirle, decida si quiere participar en la comunicación o dígale de plano a la persona que está ocupado y preferiría dejarlo para otro momento. "Lo siento, Antonio, debo terminar estos cálculos antes del almuerzo. ¿Podríamos hablar esta tarde?" Si opta por oír la comunicación, libere su mente de toda distracción. Olvide por un momento la propuesta que debe despachar en pocas horas, las hojas electrónicas y la sensación de hambre en la boca del estómago. Ponga toda su atención en la otra persona.

Claro está que eso es más fácil de decir que de hacer. ¿Cómo concentrarse en lo que le están diciendo sin permitir que las otras personas y cosas que compiten por su atención le distraigan? Es difícil, pero alguien debe hacerlo. Y ese alguien es *usted*.

- ✔ **Manifieste su interés:** Una de las mejores técnicas para escuchar consiste en interesarse por lo que el interlocutor dice. Por ejemplo, preste toda su atención y haga preguntas para aclarar lo que la otra persona dice. Podría decir: "Eso es muy interesante. ¿Cómo llegó a esa conclusión?" No hay nada peor para la comunicación que bostezar, mirar a todos lados o demostrar de alguna otra manera que no le interesa lo que le están diciendo. Cuanto más interés manifieste, más interesante encontrará a la persona.

- ✔ **No se distraiga:** Las personas hablan a una velocidad aproximada de 150 palabras por minuto. Sin embargo, *el pensamiento* viaja a 500 palabras por minuto. Esta diferencia deja mucho espacio libre para que la mente se distraiga. Haga un esfuerzo por mantener la mente fija en lo que la otra persona está diciendo. Si su mente comienza a distraerse, deténgala y tráigala de nuevo al presente.

- ✔ **Pregunte:** Si algo no está claro o no tiene lógica, formule las preguntas necesarias para aclarar el tema. Esta práctica no solamente favorece una comunicación eficiente y precisa, sino que también demuestra su interés en lo que la otra persona dice. *Escuchar reflexivamente,* es decir, resumir lo que la persona ha dicho y repetirlo en sus propias palabras, es una forma bastante eficaz para garantizar la precisión de la comunicación y manifestar interés. Podría decir, por ejemplo: " Entonces, ¿lo que está diciendo es que cree que podemos vender nuestro exceso de capacidad a otras empresas?"

- ✔ **Busque las claves:** ¿Qué es exactamente lo que su interlocutor pretende decir? Es muy fácil perderse en la jungla de detalles de una conversación y no ver los árboles. Mientras escucha, clasifique lo que su interlocutor dice: la información clave para la charla o la información carente de relevancia. Si necesita hacer preguntas para aclarar qué es qué, no dude en hacerlo; ¡pregunte! "¿Qué tiene que ver eso con el cumplimiento de nuestras metas?"

- ✔ **Evite las interrupciones:** Aunque está bien hacer preguntas aclaratorias o escuchar reflexivamente, interrumpir constantemente a la persona que habla o permitir que otros lo hagan no está bien. Cuando sostenga una conversación con un empleado, éste es lo más importante de su vida en ese momento. Si suena el teléfono, no responda — para eso está el correo oral. Si alguien golpea a la puerta y pregunta si no hay problema en interrumpir, diga que sí por el momento, pero que estará disponible cuando termine su conversación. Si se produce un incendio en el edificio, entonces está bien interrumpir a su interlocutor.

- ✔ **No escuche solamente con los oídos:** En la comunicación intervienen muchos otros componentes aparte del más obvio, el verbal. De acuerdo con los expertos en ese campo, ¡hasta un *90 por ciento* de la comunicación en una conversación típica no es verbal! Ese componente no verbal está formado por las expresiones faciales, la postura, la posición de los brazos y las piernas, y muchas otras cosas más. Teniendo esto en cuenta, al escuchar usted deberá utilizar todos sus sentidos, no solamente los oídos.

✔ **Tome notas:** Recordar todos los detalles de una conversación importante horas, días o semanas después puede ser bastante difícil. Cerciórese de tomar notas cuando lo considere necesario. Esto es de gran ayuda para recordar lo dicho. Además, cuando revise las notas más adelante, podrá tomarse tiempo para organizar los aspectos de la comunicación y llegar a conclusiones más claras.

Practicando estos hábitos al escuchar, recibirá el mensaje y sus colaboradores apreciarán el hecho de ser lo suficientemente importantes como para que usted les brinde toda su atención.

El poder de la palabra escrita

A primera vista usted podría pensar que la revolución de la información le ha restado importancia a la palabra escrita. Nada más apartado de la verdad. En efecto, en lugar de restarle importancia a la palabra escrita, la revolución de la información ha aumentado la diversidad de medios escritos que tenemos a nuestra disposición y también la velocidad con la cual pueden viajar los escritos. Hoy más que nunca es de vital importancia saber escribir bien, de manera concisa y con efecto.

Independientemente de si se trata de un mensaje de correo electrónico de tan sólo un párrafo o un informe de cien páginas para su jefe, la redacción en el mundo empresarial tiene características comunes. Repase la lista siguiente de sugerencias para escribir y no olvide practicarlas siempre que pueda. Cuanto más escriba, mejor lo hará. Por tanto, escriba, escriba y después escriba, un poco más.

✔ **¿Cuál es el punto?** Antes de armarse de lápiz y papel (o teclado y dedos) piense en el propósito de lo que va a escribir. ¿Qué clase de información trata de transmitir y qué reacción espera del lector? ¿Quién es su público y cuál es la mejor manera de llegar a él?

✔ **Organícese:** Ordene sus ideas antes de comenzar a escribir. Es útil apuntar unas cuantas notas o hacer una sinopsis de los puntos más importantes. Someta a prueba sus ideas con sus colaboradores o socios de negocios, o busque otras formas de pulirlas y verificar la realidad.

- ✔ **Escriba de la misma manera como usted habla:** La comunicación escrita tiene mucho más en común con la comunicación hablada de lo que la gente piensa. Los mejores escritos son los que más se asemejan al discurso normal de todos los días. Los estilos demasiado formales o rimbombantes son menos accesibles y más difíciles de comprender que la redacción informal, de manera que es mejor evitarlos a toda costa.

- ✔ **Sea breve y conciso:** Cada palabra que escriba debe tener un propósito. Plantee el asunto que va a tratar, susténtelo y luego pase al siguiente. *No* repita, *no* llene memorandos, cartas u otra correspondencia con datos innecesarios simplemente por dar una mejor impresión. Si puede expresar su idea en tres frases, no escriba tres párrafos ni tres páginas para lograr el mismo objetivo.

- ✔ **La sencillez es una virtud:** Evite la tendencia a utilizar una palabra rebuscada si puede usar una más simple. Tenga cuidado con la proliferación de siglas críticas y de jerga que solamente los muy conocedores de la industria comprenden. Prefiera la terminología común siempre que sea posible.

- ✔ **Redacte un borrador y luego una versión definitiva:** Son pocas las personas que logran organizar perfectamente sus ideas en el primer intento. Lo mejor es hacer un borrador sin preocuparse mucho por la redacción. Después se lee el borrador y se hacen las correcciones de contenido, legibilidad y gramática, y se continúa puliendo hasta que la redacción sea reluciente.

- ✔ **Comunique una actitud positiva:** A nadie le agrada leer memorandos, cartas, informes u otros escritos negativos. En lugar de transmitir los puntos y el propósito de cada uno, una redacción negativa por lo general sólo deja una mala impresión del autor mientras que el mensaje se pierde en medio del ruido. Escriba de manera activa, decidida y positiva. Aunque el mensaje lleve malas noticias, una redacción agradable transmite la sensación de que después de la tormenta viene la calma.

Si tiene interés en aprender a escribir mejor, son muchos los libros que puede consultar. Sin embargo, Peter no cambia por nada la regla siguiente, tomada del libro *The Elements of Style,* de William Strunk, Jr. y E. B. White:

> ***Omita las palabras innecesarias.*** Una redacción convincente es concisa. Las frases no deben contener palabras innecesarias, los párrafos no deben contener frases innecesarias, por la misma razón que no debe haber líneas innecesarias en un cuadro o piezas innecesarias en una máquina. Para lograr este objetivo el autor no sólo debe escribir frases cortas, evitar los detalles y presentar sólo un bosquejo de los temas, sino usar palabras dicientes.

Las exposiciones

Aunque para muchos la idea de pararse al frente de un grupo de personas es aterradora, la habilidad para hacer exposiciones orales, dar discursos y demás es clave para todo directivo. Claro está que algunos ejecutivos conocen el valor de presentar exposiciones eficaces. Esto dice Tom Peters, gurú de la administración, en su libro *The Pursuit of Wow!* cuando se refiere a la capacidad para mantener a un público pendiente hasta de los suspiros: "Déjenme comentar algo sobre hablar en público; es una experiencia sobrecogedora para cualquiera que tenga algo de modestia. Ha habido ocasiones en que he tenido al público en mis manos. Eso es verdadero poder".

Preparar la exposición

Al ver en acción a los grandes oradores o expositores, cualquiera pensaría que, dada su extraordinaria habilidad, no tienen que prepararse para hacer la exposición. Eso es lo mismo que decir que como una gimnasta olímpica realiza su rutina de piso con toda facilidad y perfección, nunca ha tenido que practicar. Lo que nunca se ven son los *años* de preparación casi diaria que culminan en esos 90 segundos de gloria.

La preparación es la clave para una exposición extraordinaria. Las sugerencias que aparecen a continuación le ayudarán:

- ✔ **Determine qué quiere lograr:** Describa brevemente los objetivos de su exposición. Exactamente, ¿qué pretende lograr? ¿Está tratando de convencer a quienes toman las decisiones de que deberían aumentarle el presupuesto o ampliar el plazo para diseñar un producto que funcione realmente? ¿Trata de educar a su público o enseñar un nuevo procedimiento a los empleados? ¿Trata de presentar premios a los empleados en una ceremonia formal? Cada una de esas situaciones exige un enfoque diferente, y la exposición debe adaptarse en conformidad.

- ✔ **Desarrolle la esencia de su exposición:** Haga un bosquejo de los puntos principales que desea comunicar a su auditorio. Debajo de cada uno de los puntos anote las ideas importantes para sustentar su presentación. No pretenda cubrir demasiado terreno; escoja únicamente unos cuantos puntos principales. Prepare las ayudas visuales que necesita para reforzar y comunicar las ideas expresadas.

- ✔ **Escriba la introducción y la conclusión:** Cuando termine de desarrollar la esencia de su exposición, piense en la introducción y la conclusión. Con la introducción se buscan tres propósitos: 1) Informar al auditorio la forma como se beneficiarán de la exposición, 2) informar al auditorio sobre *la razón* por la cual la exposición es importante para ellos y 3) conseguir la atención del público. La conclusión es el punto final de la exposición y con ella se buscan también tres propósitos: 1) Resumir brevemente los puntos principales, 2) remitir al público a lo dicho en la introducción, y 3) inspirar al auditorio.

✔ **Prepare sus notas:** Siempre es buena idea preparar notas para ayudarse durante la exposición. Las notas no sólo le sirven de orientación cuando pierda el hilo — le ayudan a tener seguridad — sino que también le garantizan no omitir ninguno de los puntos previstos. Las notas deben ser cortas pero concretas. La idea de las notas es iniciar su tren de pensamiento sobre cada uno de los puntos principales y secundarios, mas no ser el escrito de la exposición palabra por palabra.

✔ **La práctica hace al maestro:** Cuando haya estructurado su exposición, comience a ensayar. Dependiendo de su situación personal, quizá prefiera repasar sus notas unas cuantas veces la noche anterior al gran día. O quizá prefiera ensayar la exposición delante de un colaborador o de una cámara de vídeo para que pueda repasarla cuantas veces desee. No olvide: cuantas más exposiciones presente, mejor expositor será.

Nunca se está lo *suficientemente* preparado para una exposición. Aproveche al máximo el tiempo disponible antes de la presentación. La recompensa será grande cuando llegue el momento de pararse frente al auditorio e iniciar su trabajo de orador.

Una imagen vale más que mil palabras

Los estudios demuestran que cerca del 85 por ciento de toda la información recibida por el cerebro humano es visual. Piense en eso la próxima vez que se pare frente al público. Aunque las palabras pueden transmitir mucha información valiosa, lo más seguro es que el auditorio *retenga* más información si se la presenta en forma visual.

Tomemos el ejemplo siguiente. En una ocasión llamaron a Peter para que expusiera ante el equipo de altos ejecutivos de su compañía. El tema era el desempeño financiero más reciente del grupo de la compañía ubicado al occidente de los EE. UU. Al ver los metros y metros de datos financieros apilados hasta el techo, Peter comprendió que debía encontrar la forma de presentar la esencia del mensaje sin perderse en medio de los detalles ni confundir a su público. La figura 11-1 ilustra la presentación

Figura 11-1: Datos financieros en formato de hoja electrónica.

FINANZAS DEL GRUPO DEL OCCIDENTE

	Año pasado	Año actual
Mano de obra directa	US$19 887 000	US$21 896 000
Prestaciones sociales	7 504 000	8 259 000
Gastos generales aplicados	9 945 000	10 938 000
Costo del dinero	13 000	14 000
Viajes	2 801 000	1 952 000
Otros costos directos	278 000	356 000
Gastos generales y de administración aplicados	4 973 000	5 475 000
Total	US$45 401 000	US$48 890 000

de algunos de esos datos financieros en formato de hoja electrónica. Peter tenía además otro aliciente para limitarse a la esencia, y era haber visto lo que les sucedía a los directivos que trataban de presentar y explicar muchas cifras: se les enredaba la lengua y después se perdían. ¡Una situación nada elegante!

En todo caso, en lugar de desarrollar una larga exposición hablada, Peter pidió a su contralor que desarrollara un histograma simple que resumiera los montones de información financiera en una gráfica. Después imprimió el histograma en una transparencia para proyectar en la pantalla. La gráfica era una comparación del desempeño presente contra el desempeño del año anterior, y contenía solamente la información esencial para los encargados de tomar las decisiones. En la figura 11-2 aparece la versión mucho más pulida de la misma información financiera, en forma de histograma.

Al exponer, Peter fue breve y se concentró en explicar claramente los histogramas. Claro está que habría podido presentar el tema detallando las cifras, pero el resultado habría sido mucha charla y poca comunicación, mucho tiempo perdido y un grupo de ejecutivos mudos. Además, al recurrir a la simplicidad visual, Peter logró que su auditorio comprendiera el mensaje rápida y fácilmente, concentrándose en el mensaje y no en el medio de transmisión.

El siguiente es el postulado de Bob Nelson y Peter Economy sobre el aprendizaje visual:

Hasta no ver no creer (y seguramente tampoco será posible recordar).

Capítulo 11: Cómo comunicar el mensaje *211*

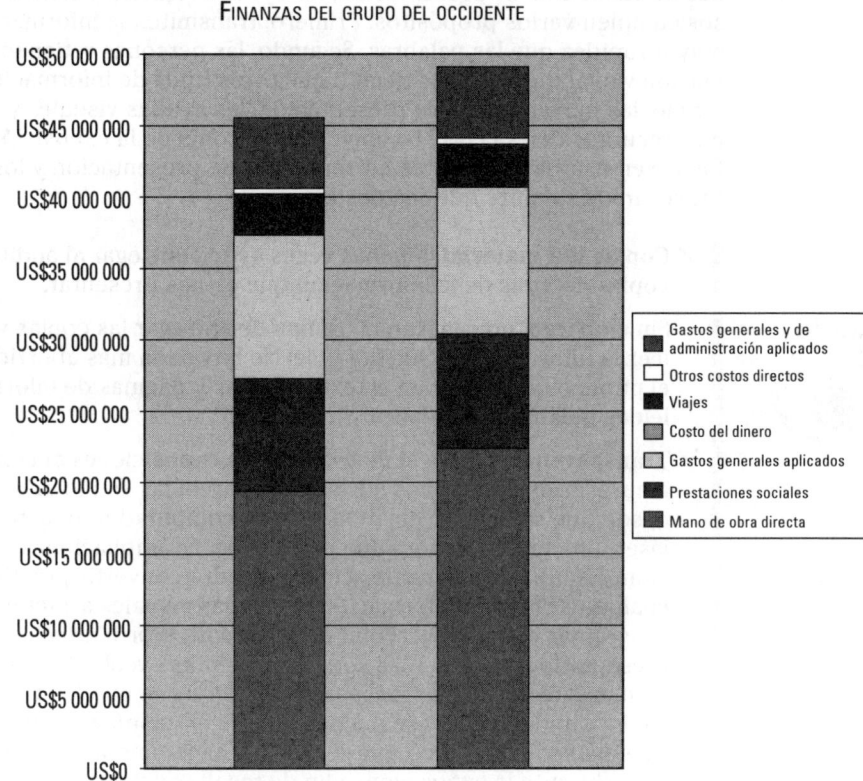

FINANZAS DEL GRUPO DEL OCCIDENTE

Figura 11-2:
Datos financieros en formato de histograma — ¡mucho mejor!

Leyenda:
- Gastos generales y de administración aplicados
- Otros costos directos
- Viajes
- Costo del dinero
- Gastos generales aplicados
- Prestaciones sociales
- Mano de obra directa

¿Qué efecto tiene esto en *sus* exposiciones? Siempre que sea posible, piense en maneras de presentar la información *visualmente*. A continuación le damos algunas alternativas:

- ✔ Fotografías
- ✔ Cuadros
- ✔ Exhibiciones
- ✔ Muestras de productos
- ✔ Prototipos
- ✔ Representación de papeles
- ✔ Gráficas
- ✔ Mapas

Las herramientas de presentación, las ayudas visuales y los demás recursos cumplen varios propósitos. Primero, transmiten la información con mayor rapidez que las palabras. Segundo, las personas retienen la información visual durante más tiempo que otros tipos de información. Por último, las herramientas de presentación, las ayudas visuales y los demás recursos de esa clase rompen la monotonía de la exposición oral. Piense en usar las siguientes herramientas de presentación y los siguientes recursos siempre que sea posible.

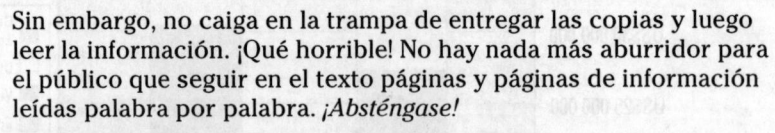

✔ **Copias del material:** Muchas veces ayuda entregar al auditorio copias escritas de la información que piensa presentar.

Sin embargo, no caiga en la trampa de entregar las copias y luego leer la información. ¡Qué horrible! No hay nada más aburridor para el público que seguir en el texto páginas y páginas de información leídas palabra por palabra. *¡Absténgase!*

✔ **Transparencias:** Para el maestro de las exposiciones al estilo de los empresarios de los años 90, las transparencias son lo más fabuloso desde que se inventó el jabón. Con su computador, una impresora láser, una fotocopiadora que permita hacer ampliaciones y reducciones, y una caja llena de acetatos, podrá convertir prácticamente cualquier clase de información en ayudas visuales atractivas. Los programas como PowerPoint de Microsoft, WordPerfect Presentation y Lotus 1-2-3 son herramientas excelentes para ese fin. Lo maravilloso de las transparencias es que se pueden producir fácil y rápidamente, y se pueden modificar cuantas veces se desee. No solamente eso, sino que se pueden hacer anotaciones sobre ellas durante la exposición, a fin de resaltar determinado punto.

✔ **Papelógrafos:** Si su público es reducido — por ejemplo, unas treinta personas — los papelógrafos son una forma muy práctica de presentar la información visual. Son esos pliegos *grandes* de papel colgados sobre un caballete al frente del salón. Puede montar toda su presentación en el papelógrafo *de antemano* y, al igual que con los acetatos, podrá hacer las anotaciones del caso para enfatizar sus puntos. Utilice distintos colores todo el tiempo para que la presentación sea más divertida. *¡Caramba!*

✔ **Diapositivas:** Para exposiciones ante auditorios *grandes,* las diapositivas fotográficas de 35 mm son el medio predilecto de los profesionales (¡pregúntele a Bob!). Las diapositivas no solamente tienen colorido, son nítidas y económicas, sino que en un carrusel no más grande que una pizza mediana de anchoas se pueden poner cien o más. Sin embargo, las diapositivas tienen un peligro. Lo que se ve no se puede cambiar — no hay forma de hacer cambios durante la exposición, ni de hacer anotaciones sobre ellas. En varias ocasiones, estando a 4 800 kilómetros de la oficina, Bob ha descubierto fallas importantes en sus diapositivas la noche antes de una exposición. Infortunadamente, en esos casos no ha tenido mayor posibilidad de corregir el error.

✔ **Tableros:** Cuando los grupos son pequeños, los tableros son de gran ayuda para ilustrar visualmente las ideas. Puede anotar los puntos principales en el tablero para enfatizar a medida que realiza su exposición y, si comete un error, es sólo cuestión de borrar y corregir.

Cuando utilice ayudas visuales tenga presente dos aspectos que le garantizarán la satisfacción de su auditorio. Primero, no trate de atiborrar las ayudas con demasiada información. Escriba con letras grandes, reduzca al mínimo la cantidad de palabras y números y aproveche bien los colores. Segundo, tenga todo listo con tiempo suficiente. No comience la exposición dedicando cinco minutos a montar el proyector o buscar entre un montón de transparencias en desorden. La impresión no será buena y su seguridad sufrirá un duro golpe. Por último, no olvide que *usted* es el centro de atención — no sus ayudas visuales. Utilícelas para *apoyar* su exposición, ¡no al revés!

La exposición

Ha terminado la espera y su auditorio se encuentra reunido, aguardando con ansia el momento de oír esas perlas de sabiduría que usted lanzará por todo el salón. En ese momento recibirá la retribución por las horas incontables de preparación. Siga los pasos siguiente al comenzar:

✔ **Tranquilícese:** No tiene razón alguna para estar nervioso. Se ha preparado perfectamente para su presentación. Sus notas están en orden, sus ayudas visuales están listas y su público está sinceramente interesado en lo que usted tiene para decirles. Mientras espera el comienzo de su exposición, respire profundamente y mantenga la mente lúcida.

✔ **Salude al auditorio:** Ésa es una de las ventajas de llegar temprano. A medida que van desfilando los miembros del público, salúdelos personalmente. Con eso no solamente establece un primer nivel de entendimiento e interés, sino que la posibilidad de hablar con los miembros del público antes de la exposición le ayudará a sentirse más confiado delante del grupo.

✔ **Escuche con atención su presentación:** Verifique que la información sea correcta y preste atención a cualquier comentario que pueda incorporar en sus palabras iniciales. Por ejemplo, si la persona que lo presenta menciona que, aparte de ser un gerente excepcional, usted también es amante del esquí, puede recurrir a alguna anécdota graciosa sobre ese deporte para abrir la exposición.

✔ **Espere hasta tener la atención del público:** Como presentador, deberá poder capturar toda la atención del auditorio. Una técnica especialmente eficaz es permanecer en silencio al frente del recinto hasta que todos tengan la atención puesta en usted. Claro que si con eso no lo logra, siempre puede recurrir a los viejos métodos: ¡amenazas e intimidación!

✔ **Empiece la exposición:** Comience por el principio, termine cuando haya llegado al final y diviértase el resto del camino. Recuerde la cita de Tom Peters sobre hablar en público que transcribimos al comienzo de esta sección. Es su oportunidad para sobresalir —¡aprovéchela al máximo!

Ponga a prueba sus nuevos conocimientos

¿Cuáles son, en orden de importancia, las distintas clases de comunicación empresarial?

A. Discursos, exposiciones formales y memorandos.

B. Cartas de negocios y conversaciones telefónicas.

C. Escuchar, hablar, escribir y leer.

D. Formal e informal.

¿Qué propósitos debe cumplir la introducción de su exposición?

A. Comunicar al auditorio el beneficio que obtendrá; informar por qué es importante la exposición y conseguir la atención del auditorio.

B. Proyectarse como persona conocedora e ingeniosa.

C. Llegar rápidamente a la conclusión.

D. Ninguna de las anteriores.

Capítulo 12
Es cuestión de trabajar en equipo

Este capítulo le permitirá:
▶ Aplanar la organización.
▶ Facultar a los empleados.
▶ Categorizar los equipos.
▶ Reconocer las ventajas de los equipos.
▶ Manejar la nueva tecnología y los equipos.
▶ Hacer que las reuniones funcionen.

Una revolución sacude actualmente al mundo empresarial. Es una revolución sobre quién decide qué trabajo realizar y cómo culminarlo. Es una revolución sobre las metas que debe fijarse la organización y quiénes han de ser los responsables de lograrlas. Es una revolución que afecta a todo el mundo dentro de la organización — desde la cima hasta la propia base. ¿Cuál es esa revolución? ¡Es refrescante! Es lo último en renovación. ¡Es la nueva Pepsi dietética! (¡Perdón! Comercial equivocado. Trataremos de nuevo.) Es la revolución de los equipos.

¿Qué es un equipo? Un equipo son dos o más personas que trabajan juntas para alcanzar una meta común.

RECUERDE

¿Por qué equipos? Los equipos son una forma fácil de aprovechar el conocimiento y los recursos de todos los empleados — no solamente los supervisores y gerentes — a fin de resolver los problemas de la organización. En un equipo bien estructurado se juntan empleados de distintas funciones y niveles de la organización para ayudar a encontrar la mejor forma de abordar un problema. Las compañías inteligentes han aprendido (y las menos inteligentes comienzan a comprender) que para continuar siendo competitivas ya no pueden depender exclusivamente de la orientación de la gerencia para desarrollar los procesos de trabajo y alcanzar las metas de la organización. Las compañías necesitan involucrar a los empleados que están más cerca de los problemas y de los clientes de la organización. ¿Y quiénes son esos empleados? — ¡los de primera línea!

Piense en esto. ¿Quién sabe más acerca de cómo manejar las necesidades de los clientes que entran por la puerta principal de una empresa: la recepcionista o el gerente del departamento al cual pertenece la recepcionista y que se encuentra tres niveles por encima de la línea de contacto con los clientes?

Aunque algunos gerentes podrían estar en desacuerdo (¡lo lamentamos!), muchos observadores, entre ellos nosotros, hemos llegado a la conclusión de que quien mejor conoce las necesidades de un cliente es el empleado más cercano a él.

PERLA DE SABIDURÍA

A la pregunta de por qué formar equipos el que mejor ha respondido es, tal vez, el experto en gerencia Peter Drucker cuando habló de la importancia de poner el conocimiento por encima del ego en la organización moderna. Drucker dice: "Ningún conocimiento es superior a otro; cada uno se juzga de acuerdo con su aporte a la actividad común y no con base en una superioridad o inferioridad inherente. Por lo tanto, en la organización moderna no debe haber jefes y subalternos. La organización debe estar estructurada como un equipo" *(Harvard Business Review,* septiembre-octubre, 1992).

Este capítulo trata de los cambios en el entorno empresarial que han sentado las bases de un movimiento hacia la creación de equipos, los principales tipos de equipos y la manera como operan, el impacto que ejerce en ellos la tecnología basada en computador y algunas ideas sobre cómo conducir las mejores reuniones.

La jerarquía cae en desuso

Los años 90 han presenciado un cambio fundamental en la distribución del poder y la autoridad en las organizaciones. Hasta hace poco, la mayoría de las estructuras eran verticales, con muchos niveles de gerentes y supervisores entre la alta gerencia y los trabajadores de primera línea. El modelo clásico de una organización vertical es el ejército. En el ejército, los soldados rasos le responden al cabo, éste al sargento, éste al capitán, y así sucesivamente hasta llegar al general. Cuando un general da una orden, ésta desciende de nivel en nivel hasta llegar al soldado o al oficial que debe ejecutarla.

Hasta hace poco, las compañías grandes como Ford, Exxon y AT&T no eran muy distintas de ese modelo jerárquico rígido. Con cientos de miles de empleados, estas compañías dependían — y en muchos casos todavía dependen — de una legión de supervisores y jefes encargados de controlar el trabajo, a los trabajadores que lo realizaban y el momento y la manera en que lo hacían. El principal objetivo de la alta gerencia era mandar y controlar los horarios, las actividades y los procesos de toma de decisiones para garantizar el cumplimiento de las metas de la compañía (¡y asegurar que los trabajadores no durmieran en horas hábiles!).

Se reduce el tamaño de las corporaciones estadounidenses

La falla fundamental del modelo jerárquico es que muchos supervisores y gerentes no contribuían de manera alguna a la producción de los productos o servicios de la compañía. En lugar de hacer cosas, en muchos casos los directivos sencillamente dirigían a otros gerentes y supervisores que servían de enlace entre niveles.

Hacían muy poco aparte de pasar documentos de un lado del escritorio al otro. En las peores circunstancias, los niveles de supervisores y gerentes en realidad obstaculizaban la capacidad de la organización para hacer las cosas — aumentando considerablemente el costo de hacer negocios y frenando el tiempo de respuesta de las decisiones. Aunque éste fue un problema al cual no se prestó atención mientras la economía estadounidense continuaba creciendo durante la última mitad del siglo xx, la recesión de finales de los años 80 y principios de los 90 fue un llamado de alerta que sacudió a todas esas compañías (pesadas, lentas y felices) poseedoras de una gerencia media improductiva — o peor aún, contraproducente.

Ninguna compañía, independientemente de su tamaño, parecía inmune a los efectos del descenso de la economía. El 2 de enero de 1996, AT&T anunció el despido de 40 000 empleados. Fue otro despido colectivo más después de otros anunciados previamente, para un total de 83 500 trabajadores. Hace pocos años, Chrysler tenía un empleado asalariado por cada veinticinco trabajadores por horas; esa relación es ahora de un empleado asalariado por cada cuarenta y ocho trabajadores por horas. Chrysler espera que esa relación aumente todavía más, a un asalariado por cada cien trabajadores por horas en el año 2000. En total, cerca de seis millones de trabajadores perdieron sus puestos por causa de la recesión que sacudió a las empresas estadounidenses a comienzos de los años 90. Muchos de esos trabajadores eran supervisores y gerentes medios.

Aunque la reducción del tamaño de las corporaciones estadounidenses a principios de los años 90 tuvo efectos negativos obvios en los empleados despedidos — y en muchos casos en sus esperanzas de una jubilación tranquila — esta nube negra tenía su halo dorado. En estas nuevas organizaciones, más planas, se creó vida nueva y se imprimió mayor ritmo en varias áreas importantes, a saber:

- ✔ **La toma de decisiones:** Las decisiones, que en el antiguo esquema agobiado de burocracia tomaban semanas o hasta meses, ahora se toman en horas o minutos.

- ✔ **La comunicación:** En lugar de ser interceptada y quizás hasta distorsionada por los muchos niveles gerenciales intermedios, la comunicación viaja ahora por una ruta más directa y rápida de los trabajadores de primera línea a la alta gerencia y viceversa. ¡Nada mejor para facilitar la comunicación que eliminar seis niveles gerenciales en una organización!

Esta transformación de empresas verticales a organizaciones horizontales también ha tenido un impacto crucial en los elementos financieros y organizacionales:

- ✔ **Beneficios cuantificables para las utilidades:** Al eliminar niveles gerenciales completos, muchas compañías lograron ahorros al reducir considerablemente en costos de personal, instalaciones físicas y almuerzos pagados por la empresa.

- ✔ **Movimiento de autoridad y poder:** De la cima de la organización a los empleados de primera línea, que tratan con los clientes día tras día. Ante la falta de interferencia de la gerencia media, los empleados de primera línea, naturalmente, reciben más autoridad, la cual muchos de ellos aceptan gustosamente.

El movimiento hacia la cooperación

Ahora más que nunca, los empleados están siendo premiados por cooperar entre sí en lugar de competir unos *contra* otros. Esta innovación en el ambiente empresarial de hoy es verdaderamente asombrosa. De acuerdo con David Ehlen, presidente de Wilson Learning, una firma de capacitación gerencial ubicada en Eden Prairie, Minnesota, el progreso en el nuevo mundo empresarial de los equipos "se mide no solamente sobre la base de la contribución individual sino de la eficacia de la colaboración de cada miembro del equipo" *(The Wall Street Journal*, febrero 12, 1993).

Unido a este desplazamiento de autoridad se ha producido un cambio fundamental en la manera como muchas empresas estructuran sus organizaciones. Han comenzado a apartarse de las estructuras tradicionales y las divisiones por funciones que solían separar a los departamentos entre sí. En su lugar están creando *equipos* conformados por empleados de distintos departamentos quienes trabajan juntos para realizar actividades y alcanzar metas comunes. Claro está que la mayoría de las empresas todavía organizan sus operaciones por departamentos, divisiones y demás, pero los gerentes inteligentes, en lugar de desalentar a los empleados, los animan a cruzar las barreras formales de la organización.

Su organización puede cosechar los beneficios siguientes si promueve la cooperación:

✔ **Reducir la competencia improductiva:** Cuando se promueve un ambiente de cooperación y de trabajo en equipo se limita la posibilidad de que los empleados lleguen a ser demasiado competitivos.

El exceso de competición, de continuar sin freno, acaba por cerrar la comunicación entre los empleados y a la larga reduce la eficacia de la organización (a medida que los empleados demasiado competitivos construyen y defienden sus propios feudos).

✔ **Compartir conocimiento:** El conocimiento es poder. Si usted está informado, tiene una clara ventaja sobre alguien que se encuentra en tinieblas — en particular si es *usted* quien tiene el dedo en el interruptor de la luz. En un ambiente de cooperación, los integrantes del equipo trabajan juntos y, por tanto, comparten sus distintos conocimientos y experiencias.

✔ **Promover la comunicación:** Los equipos ayudan a demoler los muros que separan los departamentos, las divisiones y otras estructuras formales de la organización, y promueven la comunicación entre todas las unidades.

✔ **Alcanzar metas comunes:** Cuando se crean equipos con personas de distintos departamentos se estimula a los trabajadores de todos los niveles o todas las partes de una empresa a trabajar juntos en el logro de metas comunes. No sólo eso, sino que los integrantes de un mismo equipo son la compañía perfecta durante los recesos para el café.

Facultar a los equipos

Como explicamos en la sección anterior, al aplanarse las estructuras organizacionales como consecuencia de la necesidad de reducir el tamaño de las empresas, los empleados obtienen más autoridad y autonomía con respecto a la alta gerencia. El resultado es mayor agilidad en la respuesta a las necesidades de los clientes y solución de los problemas en los niveles más bajos de la organización. La transferencia de poder, responsabilidad y autoridad de los niveles más altos a los más bajos lleva el nombre de facultar.

Al facultar a los trabajadores, los directivos depositan la responsabilidad de la toma de decisiones en aquellos empleados que están en mejor posición para decidir. Anteriormente, muchos gerentes pensaban que *ellos* eran quienes estaban en mejor posición para tomar las decisiones que tenían que ver con los productos o los clientes de una empresa. Cuán equivocados estaban. Aunque pudo haber sido cierto en algunos casos, su necesidad apremiante de controlar a los trabajadores y los procesos a toda costa por lo general no les permitía ver con claridad — hasta tal punto que el control llegaba a ser más importante que fomentar la iniciativa de los empleados.

El valor de una fuerza laboral facultada

Los gerentes eficientes de hoy conocen el valor de facultar a sus trabajadores. No solamente mejora el servicio a los clientes, sino que al delegar mayor responsabilidad y autoridad en los trabajadores de primera línea, los gerentes quedan en libertad para ocuparse de otras actividades importantes que solamente ellos pueden realizar, como la instrucción, el marketing, la planeación a largo plazo y el ejemplo. El resultado es una organización más eficiente y eficaz. Y no hay que olvidar la gran cantidad de karma bueno que se libera. Las compañías pueden anotarse éxitos cuando la gerencia está dispuesta a delegar la responsabilidad de ciertas actividades en los trabajadores de primera línea, tal como lo demuestran estas citas de la edición del 12 de febrero de 1993 de *The Wall Street Journal*:

✔ Los ochenta empleados de Techmetals, una pequeña compañía de galvanoplastia de Dayton, Ohio, participan en la distribución de la planta, la elaboración de los cronogramas y los programas de despachos. Según Lee Watson, director del programa de mejoramiento en Techmetals, la adopción de una estructura basada en equipos "sencillamente hizo de nosotros una empresa más eficiente, con mejores condiciones laborales y una fuerza de trabajo mejor capacitada".

✔ En el Country Cupboard, restaurante para camioneros de Lewisburg, Pennsylvania, los 350 empleados del negocio han asumido muchas de las responsabilidades que en otras empresas se reservan sólo a los gerentes. De acuerdo con la copropietaria Carole Baylor-Hamm, ahora puede manejar mucho mejor el negocio asignando las elaboración del presupuesto y las decisiones de planeación a sus empleados. Libre de la necesidad de realizar esas actividades dispendiosas, Baylor-Hamm ahora puede concentrar sus esfuerzos en aquellas labores para las cuales está mejor preparada que los demás.

Al facultar a los empleados también se fortalece enormemente la moral en la organización. Los gerentes que facultan a sus trabajadores demuestran que confían en su capacidad para tomar decisiones importantes para el éxito de la compañía.

Eric Gershman, fundador y presidente de Published Image, Inc., una pequeña editorial de boletines de noticias con sede en Boston, Massachusetts, luchaba por encontrar la manera de poner fin a la alta rotación de empleados, reforzar la moral de los trabajadores y a la vez mejorar el servicio al cliente. Según las palabras de Gershman: "Teníamos una compañía cuyos empleados creían que su trabajo era complacer al jefe en lugar del cliente. Necesitábamos cambiar la organización radicalmente" *(The Wall Street Journal,* septiembre 26, 1994).

Gershman encontró la solución asignando a los empleados a trabajar en equipos autodirigidos. Los directivos — denominados *instructores* — hacen las veces de asesores, mientras que los empleados se encargan de elaborar presupuestos, fijar sus propios cronogramas y recibir bonificaciones sobre la base del desempeño de sus equipos. Como resultado, los ingresos por ventas se duplicaron, de 2 millones de dólares en 1992 a 4 millones en 1993, y el márgen de utilidad subió del 3 al 20 por ciento durante el mismo período. Gershman no solamente logró las metas financieras fijadas para la empresa, sino que sus empleados se sienten mucho más satisfechos que antes de ser asignados a los equipos. Nada mal, ¿verdad?

¿Y la calidad?

Al movimiento de mejorar la calidad se le ha dado mucho bombo. Imitando a los competidores del Japón — conocidos por sus automóviles de alta calidad, sus productos electrónicos y el fugu (el exquisito pero mortífero plato de pescado) — en los años 80 los empresarios estadounidenses se embarcaron en una búsqueda de la calidad. Ellos no tardaron en descubrir que la piedra angular de muchos programas japoneses era la fuerza de ventas facultada para tomar decisiones en asuntos relacionados con sus procesos de trabajo.

Por ejemplo, los círculos de calidad — grupos de empleados que se reúnen con regularidad para sugerir maneras de mejorar la organización — han sido una de las técnicas japonesas más imitadas en lo referente a participación en las decisiones. Una sugerencia de un círculo de calidad pesa mucho en la gerencia.

Para la gerencia de Motorola, los equipos de trabajo son parte crucial de la estrategia para mejorar la calidad. Los equipos autodirigidos de la planta de producción de equipos celular es de Arlington Heights, Illinois, no solamente deciden acerca de sus programas de capacitación y los horarios de trabajo, sino que también participan en la contratación y el despido de trabajadores.

Ventajas de los equipos

Los equipos les ofrecen muchas ventajas a las empresas que los utilizan. Algunas de esas ventajas son mejores decisiones, mayor agilidad en el proceso decisorio y un mayor grado de desarrollo laboral. Quienes están más cerca de un trabajo conocen mejor las necesidades y los problemas asociados a ese cargo. Por tanto, la probabilidad de que las decisiones sean mejores aumenta cuando éstas son tomadas por un equipo.

No solamente existe el potencial de tomar mejores decisiones sino que también se pueden tomar con mayor rapidez. Como los integrantes del equipo están más de cerca de los problemas y trabajan muy cerca unos de otros, hay muy poca demora a causa de los canales de comunicación o de la necesidad de obtener la aprobación de otras personas de la organización.

Pequeños y ágiles

A las organizaciones grandes muchas veces se les dificulta competir en el mercado contra compañías más pequeñas y ágiles. Las unidades de menor tamaño, como es el caso de los equipos, están en mejores condiciones para competir. La velocidad y el alcance del cambio en el ambiente empresarial global ha aumentado las presiones competitivas en casi todos los sectores de la actividad productiva.

Puesto que ahora los clientes pueden obtener productos y servicios con mayor rapidez, exigen que así sea siempre (¡esos benditos clientes!). Como pueden obtener productos más económicos debido a los avances de la tecnología o la competencia global, esperan también que los precios sean más bajos. También, la expectativa de calidad con relación al precio ha cambiado espectacularmente a través de los años — especialmente por la experiencia de los clientes de poder obtener tecnologías cada vez más avanzadas en equipos electrónicos y de computación a precios cada vez menores. En pocas palabras, los valores de los clientes están cambiando hasta tal punto que ahora desean los productos y servicios "a cualquier hora y en cualquier lugar". Y no solamente eso; también quieren pagar menos que el año anterior.

Innovadores y adaptables

Los equipos también permiten que haya mayor innovación. Como dice Robert Reich, entonces economista de Harvard, en el número de mayo-junio de 1987 de *Harvard Business Review:* "A medida que las destrezas individuales se integran en un grupo, la capacidad colectiva para innovar es más grande que la suma de sus partes. Con el tiempo, a medida que los integrantes del grupo resuelven diversos problemas y aplican distintos enfoques, aprenden de las habilidades de los demás. Aprenden a ayudarse mutuamente para tener un mejor desempeño, lo que cada quien puede aportar a un proyecto particular, la forma en que pueden aprovechar la experiencia de los demás. Cada participante está siempre atento a encontrar pequeños ajustes que permitan acelerar y facilitar la evolución del todo. El resultado neto de muchas de esas adaptaciones a pequeña escala, puestas en práctica en toda la organización, es impulsar a la empresa hacia adelante".

Los equipos también se adaptan con mayor facilidad al ambiente externo a medida que éste cambia rápida o constantemente, de tal manera que el tamaño y la flexibilidad del equipo le da una clara ventaja sobre la estructura organizacional tradicional de la competencia. Como la capacidad para competir en el tiempo es una ventaja competitiva cada vez más importante, esta característica representa una gran ventaja para los equipos. Como afirma George Stalk: "El tiempo es un parámetro competitivo más crítico que las mediciones financieras tradicionales" *(Harvard Business Review,* julio-agosto de 1988). En Xerox y Hewlett-Packard, por ejemplo, las funciones de diseño, ingeniería y fabricación están ahora estrechamente entrelazadas en el desarrollo de productos nuevos — lo cual disminuye notablemente el tiempo que transcurre entre el concepto y la producción.

Anteriormente se pensaba que los equipos eran útiles sólo en proyectos de corta duración. Sin embargo, eso ha cambiado. Según Peter Drucker: "Aunque se ha considerado que el diseño del equipo solamente es aplicable en actividades a corto plazo, transitorias y excepcionales, la verdad es que también es aplicable a algunas necesidades permanentes, en especial las actividades de alta gerencia y de innovación" *(Harvard Busines Review,* enero-febrero, 1974). En efecto, el concepto de equipo ha demostrado ser una solución eficaz y duradera para las necesidades de muchas organizaciones.

Creación y respaldo de los equipos

Lo primero que se debe considerar al crear un equipo es la *clase* de equipo que debe ser. Hay tres clases principales: *formales, informales* y *autodirigidos,* es decir, equipos que combinan los atributos de los equipos formales y los informales. Cada tipo de equipo tiene ventajas y desventajas, dependiendo de la situación específica, el momento y las necesidades de la organización.

Equipos formales

El *equipo formal* es creado por la gerencia de la organización, con el propósito deliberado de cumplir metas concretas. Estas metas pueden ser cualquier cosa de importancia para el negocio, desde desarrollar una nueva línea de productos hasta establecer el sistema para procesar las facturas de los clientes, o incluso organizar un almuerzo campestre para los empleados. Los tipos de equipos formales incluyen:

- ✓ **Equipos de trabajo:** Son equipos formales integrados por poco tiempo para ocuparse de problemas o asuntos específicos. Por ejemplo, se podría conformar un equipo de trabajo para determinar la razón por la cual ha aumentado el número de rechazos de una pieza maquinada de 1 en 10 000 a 1 en 1 000. Por lo general, el equipo de trabajo tiene un plazo fijo para resolver el problema y rendir un informe a la gerencia.

- ✓ **Comités:** Son equipos permanentes o de largo plazo creados para realizar una tarea específica y constante dentro de la organización. Por ejemplo, en algunas empresas hay comités encargados de escoger a los empleados que merezcan premios por buen desempeño, o de hacer recomendaciones a la gerencia para mejorar la seguridad. Aunque los integrantes del comité pueden cambiar de un año a otro, los comités continúan con su trabajo, independientemente de quiénes sean sus miembros.

- ✓ **Equipos de mando:** Están integrados por un gerente o supervisor y todos los empleados que dependan directamente de esa persona.

Esos equipos son jerárquicos por naturaleza y representan la forma tradicional como los directivos comunican las actividades a los trabajadores. Algunos equipos de mando incluyen los equipos de ventas, equipos gerenciales y equipos ejecutivos.

RECUERDE

Los equipos formales son importantes para la mayoría de las organizaciones porque, tradicionalmente, ellos producen buena parte de las comunicaciones internas de un establecimiento. Las noticias, las metas y la información pasan de un empleado a otro a través de los equipos formales. Además, ofrecen la estructura para asignar labores y solicitar retroalimentación de los integrantes del equipo respecto a sus logros, datos de desempeño, etc.

Equipos informales

Los *equipos informales* son asociaciones casuales de empleados que se desarrollan espontáneamente dentro de la estructura formal de una organización. Entre ellos están los grupos de empleados que almuerzan juntos todos los días, los equipos de bolos o las personas que sencillamente pasan tiempo juntas. Los integrantes de los equipos informales fluyen constantemente a medida que las amistades y otras relaciones cambian con el tiempo.

Aunque los equipos informales carecen de actividades o metas concretas asignadas por la gerencia, en realidad son muy importantes para la organización por las razones siguientes:

✔ Los equipos informales son una forma de obtener información por fuera de los canales formales de comunicación que cuentan con la bendición de la gerencia.

✔ Los equipos informales son un entorno seguro (relativamente) en el cual los empleados pueden descargar los problemas que les atañen y encontrar soluciones a través de discusiones con empleados de otras partes de la organización — sin el impedimento de las barreras de la organización formal.

Por ejemplo, un grupo de empleadas de NYNEX Corporation, una compañía grande de telecomunicaciones, tuvo la idea de crear los *círculos de enseñanza*. El propósito de esos equipos informales — desarrollados por fuera de la organización formal de NYNEX — era llenar el vacío creado por la falta de mujeres en el nivel de la alta gerencia que sirvieran de mentores para las demás mujeres de la organización. Organizados en grupos de 8 a 12 empleadas, los círculos dan la clase de apoyo, estímulo y orientación profesional que los mentores suelen proporcionar a sus pupilos.

Los grupos ad hoc son equipos informales de empleados creados para resolver un problema, formados exclusivamente por las personas que están en mayor capacidad de contribuir. Por ejemplo, se puede formar un equipo ad hoc seleccionando empleados de los departamentos de recursos humanos y contabilidad a fin de resolver un problema en el sistema de rastreo y registro de los cambios de pagos en la nómina de la empresa. No se invitaría a participar en este grupo a personas del área de despachos porque probablemente no aportarían ninguna solución significativa al problema.

Equipos autodirigidos

En los *equipos de autodirigidos* se combinan los atributos de los equipos formales y los informales. Aprobados generalmente por la gerencia, estos equipos suelen tomar vida propia rápidamente a medida que los integrantes asumen la responsabilidad de las actividades cotidianas del equipo. Por lo general, tienen entre 3 y 30 integrantes, cuya labor es reunirse con el fin de encontrar soluciones a problemas comunes de los trabajadores. Los equipos autodirigidos también se conocen como *equipos de alto desempeño, equipos interfuncionales* o *superequipos*.

A fin de ahorrar tiempo y obtener beneficios, los equipos autodirigidos deben:

✔ Estar integrados por personas de distintas partes de la organización.

✔ Ser pequeños a fin de evitar problemas de comunicación.

✔ Autodirigirse y estar facultados para actuar porque remitir las decisiones a los gerentes es una pérdida de tiempo y suele producir malos resultados.

✔ Ser multifuncionales porque ésa es la mejor forma (si no la única) de mantener el producto real y el sistema básico de entrega a los clientes grabados claramente en la mente de todos los empleados.

Los equipos autodirigidos de Johnsonville Foods en Wisconsin aumentaron la productividad en un 50 por ciento entre 1986 y 1990 — un índice mucho mayor del que imaginó el presidente de la compañía, Ralph Stayer. Como consecuencia de este aumento considerable de la productividad, Stayer decidió ampliar la planta de producción de embutidos de la compañía.

Existe una larga historia de conflictos — a menudo violentos y perturbadores — entre la gerencia de las empresas automotrices y la fuerza laboral sindicalizada. Sin embargo, en Saturn Corporation, la subsidiaria innovadora de General Motors, los equipos han contribuido a cambiar esa tradición aparentemente inmodificable y a crear una atmósfera de cooperación entre la gerencia y los trabajadores. Aunque todavía suelen surgir algunas diferencias de opinión, Michael Bennett, presidente del sindicato 1853, afirma que "Hay conflicto, pero se maneja de manera diferente. Ha dejado de ser un enfrentamiento entre adversarios para convertirse en un proceso de diálogo para buscar una mejor solución o mejores opiniones" *(Training,* junio de 1992).

En Saturn estar sindicalizado no es una cuestión opcional. Todo los empleados pertenecen por lo menos a un sindicato. En la planta de producción, los empleados trabajan en equipos autodirigidos que deciden acerca de la contratación, la capacitación, el presupuesto y los horarios de trabajo. Cada equipo está integrado por 5 a 15 trabajadores y en lugar de tener supervisión externa, ellos mismos se encargan de controlar su trabajo. En el número de junio de 1991 de *Personal Journal*, Joseph D. Rypkowski, vicepresidente del sindicato de Trabajadores Unidos de la Industria Automotriz, dice: "Aunque su participación en el funcionamiento de la empresa es relativamente pequeña, pueden apreciar mejor lo que la organización debe hacer y el costo que eso representa".

En los casos en que la gerencia está dispuesta a soltar las riendas de la autoridad absoluta para entregarlas a los trabajadores, los equipos autodirigidos demuestran cada vez más su capacidad para enfrentar el desafío, contribuyendo al éxito de sus empresas. En efecto, el éxito futuro de muchas compañías radica en la implantación de unos equipos autodirigidos exitosos.

El mundo real

Facultar a los empleados es algo maravilloso cuando logra florecer en la organización. Sin embargo, esto es algo que todavía no se ve con mucha frecuencia. Hay muchas versiones que *pretenden ser* una forma de delegar autoridad. Aunque son muchos los directivos a quienes se les llena la boca al hablar de la forma como facultan a sus subalternos, son pocos los que en realidad lo hacen. Cuando los equipos facultados son *reales* y no malas imitaciones, por lo general:

✔ Toman la mayoría de las decisiones que influyen en el éxito del equipo.

✔ Eligen sus propios líderes.

✔ Agregan o retiran integrantes.

- ✔ Fijan sus propias metas y compromisos.
- ✔ Definen y realizan buena parte de su capacitación.
- ✔ Son retribuidos colectivamente.

Infortunadamente, esta forma ideal de facultar a los empleados es quizás tan sólo una ilusión en la mayoría de los casos. Una encuesta realizada entre integrantes de equipos de trabajo demostró que todavía hay mucho por hacer y mejorar en la mecánica de los equipos. Quienes respondieron a la encuesta reconocieron que todavía hay mucho por mejorar en aspectos tales como la confianza dentro del grupo, la eficacia del mismo, el establecimiento de un programa de trabajo, el contenido de las reuniones y la concordancia entre ideas y actuaciones.

Un estudio realizado recientemente por el doctor Bob Culver, experto en gerencia, entre gerentes, líderes e integrantes de equipos de nueve compañías diferentes, reveló que los equipos de la vida real son más participativos que facultados. En otras palabras, las decisiones son tomadas realmente por la alta gerencia. Tomando los resultados del estudio del doctor Culver como base usted podrá aplicar las siguientes recomendaciones concretas para contrarrestar la ineficacia de muchos equipos:

- ✔ **Confiera poder y no sólo participación a los equipos:** Es decir, en lugar de sólo invitar a los empleados a participar en unos equipos, concédales la autoridad y el poder para tomar decisiones independientes.
   - Permita que los equipos tomen decisiones estratégicas y a largo plazo, no solamente decisiones de procedimiento.
   - Permita que los equipos elijan a los líderes de su grupo de trabajo.
   - Permita que el equipo determine sus metas y compromisos.
   - Asegúrese de que todos los miembros del equipo influyan en él.
- ✔ **Elimine la fuente de conflictos:** A pesar de sus intentos por facultar a los empleados, muchas veces los directivos no están dispuestos a aceptar los resultados. Tenga la voluntad de crear un equipo, y luego prepárese para aceptar el resultado.
   - Identifique y resuelva los conflictos de personalidad.
   - Combata la defensa de territorios personales y la resistencia de la gerencia media.
   - Trate de unificar las opiniones del gerente y de los integrantes del equipo.

- Reduzca al mínimo las tensiones provocadas por la reducción de personal y las actividades encaminadas a mejorar los procesos.
- Permita que los equipos tomen más decisiones.

✔ **Cambie otros factores importantes que afecten a la eficiencia del equipo:** Cada uno de estos factores indican que una organización no ha logrado aún facultar a los empleados. Usted tiene el poder de cambiar esta situación:

- Capacite a los miembros del equipo de la misma manera como capacita a los gerentes o a los líderes.
- Haga que el equipo discipline a los miembros de pobre desempeño.
- Busque el alto desempeño del equipo, más que el éxito individual.

Aunque sí hay ejemplos de compañías que han creado equipos verdaderamente facultados (*¡en alguna parte!*), eso es algo que no sucede porque sí. Los directivos deben hacer un esfuerzo deliberado y constante para garantizar que la autoridad y la autonomía pasen de manos de la gerencia a manos de los equipos. ¡Usted también puede hacerlo!

Los equipos y la nueva tecnología

De acuerdo con un artículo publicado recientemente en la revista *Fortune*, las tres fuerzas predominantes que dan forma a las organizaciones del siglo XXI son las siguientes:

✔ Un lugar de trabajo en el que prevalece la participación, con equipos autodirigidos y otros medios para facultar a los empleados.

✔ Nuevo énfasis en el manejo de procesos y no de departamentos funcionales.

✔ La evolución de la informática hasta tal punto que el conocimiento, la responsabilidad y los resultados se pueden distribuir rápidamente en cualquier punto de la organización.

El ingrediente integrador de estas tres fuerzas predominantes es la información. La informática y la manera como se maneja la información se están convirtiendo rápidamente en la clave del éxito de una organización.

Pero puede no ser fácil manejar la información. Según dice Peter Drucker en *Management: Tasks, Responsibilities, Practices:* "Las actividades de información plantean un problema particular de organización. A diferencia de la mayoría de las actividades que producen resultados, no se relacionan con una determinada etapa del proceso, sino con la totalidad del mismo. Esto implica que deben ser tanto centralizadas como descentralizadas". Por suerte, la informática ha resuelto el problema.

En un medio basado en equipos de trabajo, la información para el manejo de los procesos va precisamente a donde se la necesita, sin pasar por los filtros de la jerarquía. Las cifras llegan directamente a manos de quienes la necesitan porque los trabajadores de primera línea, como los vendedores y operadores de máquinas, han sido entrenados para usar dicha información. Al permitir el flujo de la información hacia donde se la necesita no solamente se hace posible una compañía horizontal autodirigida, sino que se hace inevitable.

Los sistemas tecnológicos de apoyo al trabajo de equipo son, entre otros, el correo electrónico, las conferencias por computador y las videoconferencias, los cuales permiten la coordinación geográfica y entre zonas de tiempo con una facilidad nunca antes imaginada. También se está generalizando el desarrollo y uso de los programas de computador para apoyar el trabajo de los equipos. Un ejemplo es el número cada vez mayor de programas conocidos en inglés como *groupware*. El "groupware" son una serie de programas de computador diseñados específicamente para apoyar los grupos y procesos de trabajo en equipo.

A medida que las organizaciones aprenden a utilizar la informática, los gerentes medios pierden importancia dentro del proceso de decisión. Como lo señala Drucker en el número de enero-febrero de *Harvard Business Review*: "Cuando una compañía concentra su capacidad de procesamiento de datos en producir información... no tarda en darse cuenta de que es posible recortar drásticamente los niveles gerenciales y el número de gerentes". Los cargos, las carreras y el conocimiento cambian constantemente. Se eliminan los caminos tradicionales para hacer carrera en la gerencia, y los trabajadores avanzan aprendiendo más destrezas a fin de ser más útiles para la organización.

Los gerentes que quedan necesitan desarrollar nuevas destrezas y actitudes para aprender a brindar instrucción, respaldo y facilitar el trabajo de los empleados de primera línea. Los supervisores y gerentes no pueden darse el lujo de dedicar su tiempo a buscar la manera de controlar la organización — lo que hacen es cambiarla. Su trabajo consiste en buscar clientes nuevos y responder al mismo tiempo a las necesidades más recientes de sus clientes existentes. Aunque todavía conservan gran autoridad, en lugar de darles órdenes a sus subalternos, los gerentes tienen como responsabilidad inspirar a los trabajadores.

Reuniones: los equipos en la práctica

¿Qué hace una sección sobre reuniones en un capítulo sobre equipos? La respuesta es que las *reuniones* son el foro principal en el cual trabajan los integrantes de los equipos y se comunican entre sí. Y con la proliferación de los equipos en las empresas de hoy bien vale la pena dominar las destrezas básicas para manejar una reunión.

Las reuniones eficaces pagan

No cabe duda de que a los equipos les llegó su momento. A medida que se aplanan cada vez más las jerarquías y las compañías facultan a sus trabajadores de primera línea con más responsabilidad y autoridad, los equipos se convierten en el resultado visible y, a veces, inevitable. Ésta es una buena noticia para la industria floreciente de la asesoría y los seminarios sobre construcción de equipos empresariales. ¡Estupendo! Veamos la forma en que las mejores compañías realizan sus reuniones para responder a este nuevo entorno basado en el trabajo en equipo.

Mientras otras de las 500 compañías de *Fortune* se dedicaban a reducir el número de trabajadores y sus ganancias durante los últimos diez años, General Electric se ocupaba de encontrar nuevas formas de crecer. Entre 1984 y 1993, los ingresos por ventas de esta compañía aumentaron de 27 900 millones de dólares a 60 500 millones, mientras que las utilidades se incrementaron de 2 300 millones de dólares a 5 200 millones. Claro está que tales éxitos no se dieron fácilmente; la compañía tuvo que realizar cambios radicales en la forma de trabajar de sus gerentes y trabajadores:

- ✔ Jack Welch, presidente de General Electric desde 1981, decidió que para que la compañía tuviera éxito tendría que apartarse del viejo modelo autocrático de las reuniones y de la gestión de la alta gerencia. La solución de Welsh fue iniciar un concepto basado en las reuniones en toda la organización. En estas reuniones, llamadas *reuniones de trabajo,* los trabajadores y los gerentes se juntan en foros abiertos en los cuales los primeros están autorizados para preguntar lo que deseen y los segundos están obligados a responder.

- ✔ Las estrategias medulares de la empresa se forjan durante reuniones regulares de los altos ejecutivos — cada uno de los cuales representa una de las unidades de negocios de GE. En estas reuniones de alta energía, los asistentes deben explorar todos los caminos y alternativas posibles, manteniendo la mente abierta a las nuevas ideas. Las incursiones recientes de GE en México, India y China son resultado directo de esas reuniones.

✔ En la planta de pararrayos de Bayamón, Puerto Rico, los empleados se han organizado en equipos encargados de funciones específicas de la planta: despachos, ensamble, etc. Sin embargo, en lugar de designar solamente empleados de despachos al equipo encargado de dicha función (por ejemplo), los equipos están integrados por personas de todas las secciones de la planta. Esto les permite a los representantes de todos los departamentos afectados discutir la forma en que determinado cambio o mejora podría afectar su parte de la operación. Los trabajadores por horas dirigen sus propias reuniones y los *asesores* — término que en GE designa a los asalariados — intervienen solamente a solicitud del equipo.

Los resultados del experimento de Bayamón son una prueba contundente de que el enfoque de General Electric es bastante eficaz. Un año después de su iniciación, los empleados de la planta registraron una productividad 20 por ciento mayor que su contraparte más parecida en los Estados Unidos. Y por si eso fuera poco, la gerencia proyectó otro aumento del 20 por ciento adicional para el año siguiente.

Las reuniones que producen esta clase de resultados no suceden por accidente. Son muchas las reuniones que se realizan muy mal. En lugar de contribuir a la eficacia y eficiencia de la organización, en realidad *menguan* la eficacia y la eficiencia de los empleados. ¿Cuántas veces a oído a la gente quejarse de haber perdido el tiempo en otra reunión inútil? Ante la necesidad apremiante de hacer más con menos, en la actualidad es más importante que nunca lograr que cada reunión sea productiva.

¿Qué es lo malo de las reuniones?

Infortunadamente, la mayoría de las reuniones son una gran pérdida de tiempo. Los expertos en reuniones han determinado que cerca del 53 por ciento del tiempo gastado en reuniones es improductivo e inútil. Y si calculamos que la mayoría de los empresarios pasan por lo menos el 25 por ciento de sus horas de trabajo en reuniones, nos damos cuenta de la importancia de aprender y aplicar unas destrezas eficaces para las reuniones.

¿Qué es lo malo de las reuniones? ¿Por qué son tantas las que salen mal y parece imposible hacer algo al respecto? A continuación encontrará unas cuantas razones:

✔ **Hay exceso de reuniones:** ¿Cuándo fue la última vez que pensó, "¡Caramba! Hace rato que no hay reuniones. Cuánto las extraño"? Probablemente tal pensamiento jamás se le ha pasado por la cabeza. En efecto, el lamento eterno de los gerentes se parece más a lo siguiente: "¿Cómo pretenden que trabaje con todas estas #¡%& reuniones?" El problema no es solamente el exceso de reuniones sino que muchas son innecesarias, improductivas y una pérdida de tiempo.

- ✔ **Falta de preparación:** Algunas reuniones se convocan prematuramente, sin que haya una verdadera razón para hacerlas. Otras son dirigidas por personas que no se han preparado para los temas de la deliberación. Lo que suele suceder es que los participantes pierden mucho tiempo tropezando a ciegas en un intento por entender la razón de la convocatoria.

- ✔ **Algunas personas tienden a dominar:** Siempre hay una o dos de este tipo en el grupo. Son de esas personas que creen saberlo todo y que desean asegurarse de que todos escuchen su opinión con mucha frecuencia durante el transcurso de la reunión. Para lo único que sirven esas personas es para un respiro cómico ocasional, porque suelen intimidar a los otros participantes y sofocar sus aportes.

- ✔ **Son muy largas:** Sí, sí, sí. Una reunión no debe prolongarse más de lo necesario. Ni más, ni menos. A pesar de esto, la mayoría de los gerentes dejan ir la reunión hasta colmar el tiempo asignado. En lugar de suspender cuando se ha cumplido el propósito de la reunión, permiten que ésta continúe sin ton ni son.

- ✔ **Falta de objetivo:** Dirigir una reunión *no* es una ocupación pasiva. Hay muchas presiones que se confabulan para impedir que la reunión siga su curso y gire alrededor del tema de interés, y muchos gerentes son incapaces de manejarlas. El resultado es la proliferación de intereses particulares, desviaciones del tema, distracciones y otras cosas peores.

Los siete secretos de una reunión excelente

Por fortuna todavía hay esperanza. Aunque muchas reuniones son una verdadera pérdida de tiempo, no tienen por qué ser así. ¡Hay remedio para esas reuniones disfuncionales! Además, la buena noticia es que el remedio se consigue fácilmente, no vale mayor cosa y no es amargo.

- ✔ **Prepárese:** No se necesita mucho tiempo para preparar una reunión, y sí es mucho lo que se obtiene en cuestión de eficacia. En lugar de perder tiempo tratando de averiguar el propósito de la reunión (*¿alguien sabe por qué estamos aquí?*), la preparación genera resultados desde el mismo momento en que comienza la reunión.

✔ **Elabore una agenda:** La agenda es el mapa, el plan de la reunión. Con ella, tanto usted como los otros participantes sabrán cuál es el objetivo de la reunión y lo que se va a discutir. Y si distribuye la agenda a los participantes *con anticipación*, la eficacia se multiplica muchas veces porque cada quien podrá prepararse de antemano.

✔ **Comience a tiempo y termine a tiempo (o antes):** Usted se presenta a la hora señalada y el director de la reunión llega 15 minutos tarde, disculpándose entre dientes a causa de una llamada o una visita de último minuto. Peor aún es cuando el director de la reunión hace caso omiso de la hora fijada para terminar y permite que la reunión se prolongue indefinidamente. Respete a los participantes comenzando y terminando las reuniones a tiempo. Que no pasen toda la reunión mirando los relojes preocupados por el tiempo que usted los ha de detener inútilmente.

✔ **Organice menos reuniones pero mejores:** Convoque a una reunión solamente cuando sea indispensable, y cerciórese de que sea una buena reunión. ¿Es absolutamente necesario reunirse para hablar de un cambio en la política de reembolsos de viajes? ¿No serviría lo mismo un mensaje de correo electrónico para todos los viajeros de la compañía? ¿O qué tal el problema que ha tenido con los informes financieros? En lugar de convocar a una reunión, una llamada podría bastar. Siempre que sienta la tentación de convocar a una reunión, cerciórese de tener una buena razón para hacerlo.

✔ **Piense en incluir, no en excluir:** Sea selectivo al invitar a las reuniones: escoja solamente a quienes se necesita para cumplir el propósito de la reunión. Pero no excluya a quienes podrían tener el mayor conocimiento del problema a tratar sencillamente por su rango dentro de la organización, su estilo de vida, su apariencia o sus creencias.

Nunca se sabe quién ha de proporcionar las mejores ideas, y al excluir a la gente por razones no relacionadas con el desempeño tan sólo lograr socavar la posibilidad de oír grandes ideas.

✔ **Mantenga el foco:** Por ninguna razón permita que la reunión se desvíe del tema central. Aunque puede ser muy agradable hablar de todo *menos* del tema en cuestión, no olvide que convocó a la reunión con un propósito. Limítese al tema y, si la reunión termina antes de tiempo, los participantes que deseen quedarse para hablar de otras cosas no retendrán a los demás como rehenes.

✔ **Registre los puntos de acción:** Cerciórese de tener un sistema para registrar, resumir y asignar las actividades derivadas de la reunión a las personas del equipo. Los papelógrafos son un medio excelente para ese propósito. ¿Alguna vez ha salido de una reunión preguntándose para qué se convocó? Asegúrese de que sus reuniones tengan

Capítulo 12: Es cuestión de trabajar en equipo

un propósito y de asignar las actividades emanadas de las mismas a las personas indicadas.

✔ **Obtenga retroalimentación:** La retroalimentación es una manera extraordinaria de medir la eficacia de las reuniones. No solamente sabrá lo que hizo bien, sino lo que hizo mal, y obtendrá ideas para mejorar las reuniones en el futuro. Solicite la opinión sincera y franca — verbal o escrita — de los participantes, y utilícela. Jamás sabrá cómo lo ven los demás, a menos que se lo digan.

Ponga a prueba sus nuevos conocimientos

¿Cuáles son las tres clases de equipos?

A. Formales, informales y autodirigidos.

B. Malos, peores y pésimos.

C. En realidad, sólo hay dos clases de equipos: oficiales y no oficiales.

D. Ninguna de las anteriores.

¿Cuánto tiempo, en promedio, se pierde en las reuniones?

A. Si logró recuperar sueño, no se pierde nada.

B. Exactamente el 100 por ciento.

C. Aproximadamente el 53 por ciento.

D. Aproximadamente el 47 por ciento.

Capítulo 13
Las políticas en la oficina

Este capítulo le permitirá:
- Evaluar su entorno político.
- Pulir su imagen.
- Identificar el lado verdadero de la comunicación.
- Descubrir las reglas tácitas de su organización.
- Defender sus intereses personales.

Casi siempre que se le plantea el tema de las políticas de la oficina a un gerente típico, se observan las mismas dos reacciones. El gerente relata alguna anécdota personal sobre los horrores de las políticas de la oficina y la forma como su carrera — o la de un asociado o amigo — terminó arruinada a causa de unas transgresiones aparentemente menores. O el gerente se ufana en describir cuán diestro ha sido para navegar en medio de su entorno político. Independientemente de que esos sentimientos sean buenos o malos, la mayoría de las personas reaccionan intensamente frente a las políticas de la oficina.

La verdad escueta es que las políticas de la oficina suelen ser una fuerza muy positiva dentro de la organización. En el mejor sentido, *las políticas de la oficina* no son otra cosa que las relaciones que se desarrollan con los compañeros de trabajo — tanto por encima como por debajo de la cadena de mando — y que permiten realizar las cosas, mantenerse informado acerca de las últimas noticias de la empresa y desarrollar una red personal de socios en la cual apoyarse durante la carrera profesional. Las políticas de la oficina contribuyen a garantizar que todo el mundo trabaje por el bien de la organización y de los demás trabajadores. En su peor manifestación, las políticas de la oficina pueden degenerar en una competición en la cual los empleados se dedican únicamente a incrementar su poder personal a expensas de otros empleados y de la propia organización.

La mayoría de los gerentes conocen la importancia de difundir mensajes *positivos* sobre las demás personas y hacer que el jefe y los compañeros queden bien. En los negocios se manifiesta en toda su extensión la ley universal del karma que dice que lo que uno hace siempre se devuelve. Quienes difunden mensajes *positivos* sobre sus jefes y compañeros por toda la organización son vistos a su vez de manera positiva. Y al revés, quienes difunden mensajes *negativos* sobre sus jefes y compañeros, con el tiempo se convierten en tema de mensajes negativos.

Las políticas de la oficina y las relaciones que usted desarrolle con otros empleados de la organización le ayudarán a zanjar la brecha entre sus metas y los resultados obtenidos. Tal como dice el gurú de la administración Peter Drucker: "En toda decisión hay dos elementos: 1) el ideal de lo que se desea hacer, y 2) la realidad de lo que se puede lograr". Si desea hacer más de lo primero, piense en convertirse en experto en trabajar dentro del entorno político de su organización.

Este capítulo trata de la forma de determinar la naturaleza y los límites de su entorno político, reconocer su imagen de gerente eficaz, comprender el lado tácito de las comunicaciones dentro de la oficina, desenterrar las reglas tácitas de su organización y, en el peor de los casos, aprender a defenderse hábilmente de los ataques políticos.

Evalúe su ambiente político

¿Cuan importante es la política en su oficina o sitio de trabajo? Para usted como gerente es de vital importancia medir el pulso político de su organización. De lo contrario, la próxima vez que asista a una reunión de gerentes podría exclamar: "¿Por qué es tan difícil lograr que una solicitud para un nuevo empleado pase por recursos humanos? ¡Cualquiera creería que el dinero es de *ellos*!", sólo para descubrir que la nuera del propietario es la directora del departamento de recursos humanos. ¡*Uy*! ¿Ha pensado qué tan lejos podría rodar su cabeza si alguien se la corta? ¡Es probable que esté a punto de saberlo en estos momentos! Si hubiera tenido apenas un poco de información, habría podido abordar ese asunto con mucho mayor tacto. Estar en contacto con el ambiente político le ayudará a contar con esa información.

Formas de evaluar el entorno político de la organización

Una de las mejores formas de evaluar el ambiente político de la organización es interrogando con inteligencia a los compañeros de trabajo. Con las preguntas indicadas usted aparecerá ante los demás como el empleado educado, maduro y ambicioso que es y les hará saber que cuenta con unos instintos políticos bien desarrollados. ¿Por qué no prueba con algunas de estas preguntas?

- ✔ "¿Cuál es la mejor forma de lograr aprobación para un rubro no contemplado en el presupuesto?"
- ✔ "¿Cómo logro que la bodega me entregue un producto que mi cliente necesita *hoy* considerando que no hay tiempo para llenar todos los trámites?"
- ✔ "¿Hay alguna otra cosa que pueda hacer por usted antes de irme a casa?"

Por otro lado, preguntas como las que aparecen a continuación indican carencia de instinto político y la necesidad de regresar a las ligas menores durante un tiempo.

- ✔ "¿Cómo debo impresionar para conseguir un incremento de sueldo inmediatamente?"
- ✔ "¿Cómo puedo obtener un ascenso en esta organización sin dañar mi vida familiar ni tener que trabajar después de las 5:00 P.M.?"
- ✔ "¿Cuánto tiempo tardaría en ser vicepresidente si no me importaran los medios para ascender hasta allá?"

Aunque las preguntas para sondear el ambiente político le darán un indicio inicial sobre el tono de su organización, es mucho más lo que puede hacer para evaluarlo. Ponga atención a las cosas siguientes mientras averigua cómo funciona realmente su organización.

- ✔ **Averigüe cómo hacen las cosas las personas más eficientes:** ¿Cuánto tiempo dedican a preparar a los de arriba con llamadas telefónicas antes de presentar una solicitud formal para incrementar el presupuesto? ¿Cuáles asuntos delegan, y a los subalternos de *quién*? Si encuentra personas especialmente hábiles para hacer que las cosas funcionen en el ambiente político de su organización, sírvase de ellas como modelos.

- ✔ **Observe la forma como se retribuye a los demás por el trabajo realizado:** ¿La gerencia suele apresurarse a retribuir personalmente, con entusiasmo y sinceridad a fin de resaltar aquellos comportamientos considerados importantes? ¿Se les da crédito a *todos* los que contribuyen al éxito de un proyecto, o solamente se publica en el boletín de la empresa la foto del gerente? Observando las retribuciones en su compañía podrá saber qué comportamientos se esperan de los empleados en su organización. Practíquelos.

- ✔ **Observe la forma como se castiga a los demás por el trabajo realizado:** ¿Es dura la gerencia con los empleados que cometen errores menores? ¿Se critica a los empleados en público o delante de sus compañeros? ¿Se considera a todo el mundo responsable por las decisiones, actuaciones y errores aunque no hayan tenido participación? Esa conducta de la gerencia indica que no favorece los riesgos; si ése es el caso, muéstrese reservado y ponga en práctica su estilo político detrás de bambalinas.

- ✔ **Considere el grado de formalidad de la gente de la organización:** Por ejemplo, durante una reunión de gerentes, quedará muy mal si exclama: "Ésa es una pésima idea. ¿Qué propósito tendría tan siquiera contemplar esa posibilidad?" Prefiera amortiguar y suavizar sus opiniones, diciendo algo así: "Ésa es una posibilidad interesante. ¿Podríamos analizar los pros y contras de su ejecución?" El grado de formalidad que encuentre en su empresa le indicará cómo debe actuar a fin de acomodarse a las expectativas de los demás.

Identifique a los actores principales

Ahora que ha descubierto que trabaja en un ambiente político (¿acaso tenía alguna duda?) debe averiguar quiénes son los actores principales. ¿Por qué? Porque son las personas que pueden ayudar a su departamento a ser más poderoso y eficaz, y son las personas que pueden servir de modelos positivos para sus empleados. Los actores principales son aquéllos que tienen la astucia política para hacer que las cosas sucedan en la organización. Podrá identificarlos por su tendencia a tomar decisiones instantáneas sin consultar con "los de arriba", a utilizar la jerga de moda como *liderazgo basado en principios, proactivo,* y *organización en proceso continuo de aprendizaje,* y a hablar siempre durante las reuniones aunque sea sólo para preguntar "¿Qué hacemos aquí?".

A veces las personas influyentes no ocupan cargos influyentes. Por ejemplo, Juan, asistente del director del departamento, podría no parecer más que un don nadie. Sin embargo, usted podría descubrir más adelante que Juan se encarga de programar todas las citas de su jefe, diseña el orden del día de todas las reuniones del departamento y tiene autoridad para vetar actuaciones. Al no poder llegar a su jefe sino a través de Juan, usted descubre que él tiene mucho más poder en la organización de lo que su cargo indica.

Todos los factores siguientes son indicadores que le ayudarán a identificar a los actores claves de su organización:

- ✔ ¿A quiénes se les pide consejo en la organización?
- ✔ ¿Quiénes son considerados empleados indispensables por los demás?
- ✔ ¿Quién ocupa la oficina más cercana a las de los altos ejecutivos y quién ocupa la más distante?
- ✔ ¿Quién almuerza con el presidente, los vicepresidentes y otros miembros del equipo de alta gerencia?

A medida que descubra a los actores claves de su organización, comenzará a notar que tienen personalidades diferentes. Creemos que las categorías siguientes le ayudarán a aclarar la forma de trabajar con cada uno de ellos. ¿Reconoce a alguno de estos actores en *su* organización?

- ✔ **Impulsores:** Estas personas suelen ir mucho más allá de los límites de sus cargos. Por ejemplo, uno de estos personajes encargado de la función de compras podría estar ayudando a negociar una fusión. Alguien a cargo de la planta física podría tener el poder para asignar un ala de la edificación al grupo que desee. Los que no son políticos, por su parte, tienden a caer abrumados por sus responsabilidades — cómo hacer *su propio* trabajo.

- ✔ **Ciudadanos corporativos:** Son empleados diligentes, trabajadores, amantes de la empresa, que buscan un avance lento pero seguro por medio de su dedicación y esfuerzo. Los ciudadanos corporativos son una fuente magnífica de información y consejo sobre la organización. Podrá contar con ellos cuando necesite ayuda y apoyo, especialmente si perciben que sus ideas están encaminadas a favorecer a la organización.

- ✔ **El chismoso:** Esta clase de empleado parece estar siempre enterado de lo que sucede en la organización — generalmente antes de los afectados. Piense que cualquier cosa que diga a una de estas personas llegará a oídos del interesado. Por lo tanto, hable siempre bien de sus jefes y compañeros cuando esté en presencia de los chismosos.

- ✔ **El bombero:** Es la persona a quien le encanta presentarse con bombo y platillos en el último momento con la pretensión de "salvar" un proyecto, un cliente, una fecha límite, o lo que sea. Mantenga a esta persona bien informada de sus actividades para no ser la víctima del siguiente "incendio".

- ✔ **El aniquilador:** Es la persona que tiene la autoridad en la organización para matar las mejores ideas y ambiciones con un comentario tan sencillo como: "Eso ya lo intentamos y no funcionó". Para responder a cualquier idea nueva que usted pueda tener, la frase predilecta del aniquilador es: "Si es tan buena esa idea, ¿por qué no está ya en ejecución?" La mejor forma de manejar a los aniquiladores es mantenerlos fuera del círculo de decisión. Trate de buscar a otras personas que puedan lograr la aprobación de sus ideas o replantearlas hasta conseguir un enfoque que satisfaga al aniquilador.

- ✔ **Los técnicos:** En toda organización hay trabajadores técnicamente competentes que valoran mucho sus propias opiniones y con razón. Los expertos son capaces de asumir el control de una situación sin tomar atribuciones que no les corresponden. Conozca bien a los expertos porque podrá confiar en su criterio y opinión.

- ✔ **Los quejumbrosos:** Hay unos cuantos empleados que jamás están satisfechos con lo que se hace por ellos. Asociarse con ellos es la mejor forma de verlo todo negro, lo cual es algo muy difícil de enderezar. O peor, su jefe podría pensar que también *usted* es quejumbroso. Además, los pesimistas no reciben tantos ascensos como los optimistas. Sea optimista e influya positivamente en su carrera y su vida.

Reestructure el organigrama

El organigrama de su organización podría servirle para determinar quién es quién en la estructura formal, pero en realidad no sirve para saber quién es quién en la organización política *informal*. Lo que necesita es un organigrama *real*. En la figura 13-1 aparece un organigrama *oficial* típico.

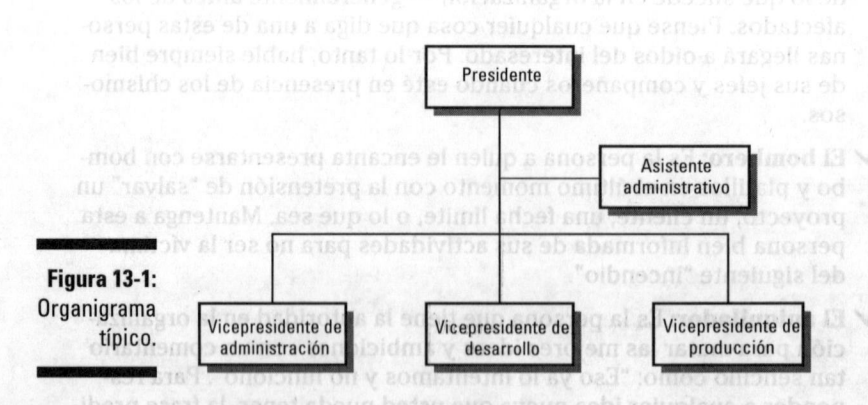

Figura 13-1: Organigrama típico.

Comience por desentrañar el organigrama oficial de su empresa — el que parece una gran pirámide. Después deshágase de él. Ahora, con base en sus impresiones y observaciones, dibuje *mentalmente* la estructura *real* de las relaciones en su organización. (¡No deje rastro por escrito en su oficina o en el bote de la basura!) Comience con los actores principales a quienes ya identificó. Por aproximación, tome nota del poder relativo de cada uno de acuerdo con su nivel y sus relaciones. Utilice las preguntas siguientes a manera de guía:

- ✔ **¿Con quiénes se relacionan estas personas influyentes?** Dibuje las relaciones en su organigrama y conéctelas con líneas oscuras. Conecte también a los amigos y parientes.

- ✔ **¿Quiénes integran las camarillas de la oficina?** Cerciórese de conectar a todos los integrantes, porque hablar con uno es como hablar con todos.

- ✔ **¿Quiénes son los chismosos?** Utilice líneas punteadas para representar la comunicación que no influye y líneas sólidas para la comunicación que *sí* influye.

- ✔ **¿Quiénes son sus competidores?** Encierre en un círculo a las personas que podrían sonar para el próximo ascenso al que *usted* aspira. Présteles *especial* atención.

- ✔ **¿Quiénes faltan en el organigrama?** No olvide a los restantes. En vista de que en las organizaciones de hoy todo parece cambiar de un día para otro, alguien que no entra en el cuadro el viernes bien podría estar allí el lunes. Mantenga siempre relaciones positivas con todos sus compañeros y nunca, *nunca* destruya los puentes entre usted y los demás, dentro y fuera de la compañía. De lo contrario, podría encontrarse por fuera del organigrama el día menos pensado.

El resultado de este ejercicio es obtener un cuadro de las personas que poseen *verdadero* poder político y las que no. La figura 13-2 ilustra el funcionamiento *real* de la organización. Actualice su organigrama a medida que obtenga mayor información sobre la gente. Tome nota de cualquier comportamiento que revele una relación — como un jefe que interrumpe a una persona a la mitad de una frase — e incorpore sus observaciones dentro de su análisis político global. Claro está que podría equivocarse. No es posible conocer la intimidad de las relaciones de poder en cada departamento. Algunas veces, las personas que *parecen* tener el poder quizás tienen mucho menos que otras personas que han aprendido a ser más reservadas.

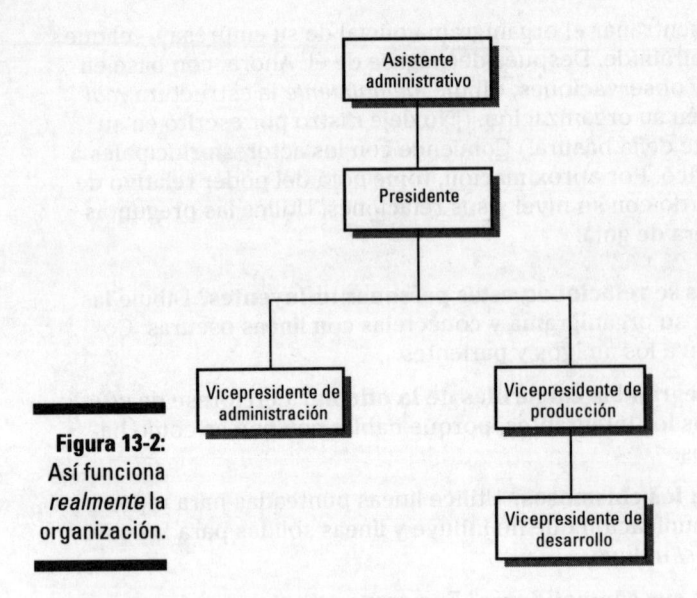

Figura 13-2: Así funciona *realmente* la organización.

```
        Asistente
       administrativo
            |
        Presidente
            |
   ┌────────┴────────┐
Vicepresidente de  Vicepresidente de
 administración      producción
                         |
                   Vicepresidente de
                      desarrollo
```

Pula su imagen

RECUERDE

Durante su carrera, usted deberá cuidar mucho su imagen. Si la descuida, podría hallarse en la situación incómoda de ser excluido de las decisiones importantes que afectan a su organización. ¿Qué puede hacer para mantener una buena imagen? Primero, sea racional en todo momento. Segundo, haga lo que pueda por conocer todo lo relacionado con su negocio. Por último, evite ventilar sus emociones en el trabajo.

Estos puntos podrían parecer intrascendentes, pero dependiendo del ambiente político de su organización, su carrera bien podría depender de la forma como usted maneje su imagen política.

Sea racional

El aspecto más esencial e importante de la imagen política de un gerente es la racionalidad. Es necesario que sus decisiones y actuaciones parezcan perfectamente racionales aunque no lo sean. Claro que las personas esperan que sus líderes confíen en ellas, les concedan poder y muestren emociones humanas como compasión, empatía y comprensión, pero al final, lo que esperan es que sus líderes sean racionales y asuman el control. El comportamiento irracional de parte de los gerentes suele ser visto con muy malos ojos en el ambiente empresarial.

Capítulo 13: Las políticas en la oficina

¡ADVERTENCIA! Tenga cuidado con el comportamiento irracional porque podría indicar que no tiene control alguno.

La imagen de racionalidad es la razón principal por la cual jamás oirá al vocero de una compañía defender las actuaciones de la misma diciendo: "Realmente no hay una razón, sencillamente quisimos hacerlo". Así mismo, nunca una persona puede estar "bebiendo una taza de café" cuando debería estar atendiendo una llamada telefónica. La respuesta adecuada y racional es: "Está atendiendo una teleconferencia en este momento". Cualquier otra respuesta sería inaceptable para la persona que llama.

Para que las actuaciones sean legítimas a los ojos de los demás, usted debe justificarlas con razones y explicaciones racionales. En la tabla 13-1 aparecen algunas razones comunes que dan los gerentes cuando hacen o dejan de hacer algo que les vino en gana en una organización.

Tabla 13-1   Respuestas racionales comunes de los gerentes

Por qué no	Por qué sí
"Necesitamos más información".	"No tuvimos tiempo de conseguir más información".
"Las cifras no parecían correctas".	"Las cifras parecían correctas".
"No está en el presupuesto".	"Pensé que usted aprobaría este rubro necesario".
"No es responsabilidad mía".	"El cliente lo pidió".
"No podemos hacer una excepción".	"Tuvimos que hacer una excepción".

Sea conocedor

Otra dimensión de la imagen racional que desea cultivar es aparentar que sabe. La importancia de este aspecto de su imagen aumenta a medida que usted escala posiciones en la organización y tiene cada vez menos información de primera mano. Si los demás *perciben* a una persona segura y conocedora, seguramente supondrán que en realidad usted *posee* la seguridad y el conocimiento que aparenta.

Sonría en todo momento y asienta ligeramente mientras conversa con los demás. Interponga un comentario ocasional relacionado con los sucesos u otros datos que demuestren que conoce la situación a fondo:

✔ "Encontramos lo mimo cuando analizamos ese problema. ¿Qué otra cosa vio usted?"

✔ "Estoy totalmente de acuerdo. En realidad, eso le decía precisamente a González el otro día".

✔ "Me alegra conocer su punto de vista sobre este tema. Confirma lo que yo he venido diciendo desde hace un mes".

Infortunadamente, cuando algunos gerentes llegan a posiciones de poder, atribuyen su falta de conocimiento a la deficiencias de sus subalternos. ¿Alguna vez ha escuchado esta clase de frases pronunciadas en presencia suya?

✔ "¿Por qué no me mostraron este informe antes?"

✔ "¿Espera que yo desenrede todas estas cifras?"

✔ "¿En qué se diferencia esta estrategia de lo que hizo la competencia en 1995?"

Si es contra *usted* que van dirigidos estos comentarios, esté preparado para responder con una explicación razonable:

✔ "Le envié una copia hace dos semanas. ¿Desea que le envíe otra?"

✔ "El resumen está en la segunda página. Me encantaría revisarlo con usted ahora".

✔ "Es *muy* diferente. Preparé un documento para explicar las diferencias. ¿Cuándo querría verlo?"

Evite las manifestaciones emocionales

Si usted es un ser normal, inclinado a pasar por toda una gama de emociones normales como la ira, la tristeza, la alegría o el temor, podría tener problemas en el ambiente corporativo en el cual se espera que la gente reprima sus emociones. No se engañe, los negocios son cosa seria. ¿Cómo más se explica que el gris y el azul oscuro sean los colores predilectos de quienes se visten para el éxito? Infortunadamente, en algunas organizaciones la manifestación de una emoción en público es una debilidad — hasta una falla de la personalidad. La buena noticia es que esta actitud está cambiando en la mayoría de las organizaciones. Sin embargo, antes de perder la compostura, averigüe primero si su organización estimula o desalienta esas manifestaciones.

Tenga mucho cuidado cuando se sienta arrastrado hacia alguno de los siguientes despliegues emocionales. Deténgase, enciérrese en su oficina o en el baño, respire profundamente, cuente hasta diez y consulte el capítulo 14 para averiguar cómo manejar la tensión.

- **Ira:** Evite mostrar su ira contra las actuaciones u omisiones de sus colegas o empleados. Aprenda a apretar los dientes y sonreír. Si le hacen una pregunta mientras aprieta los dientes, sencillamente asiente con la cabeza.

- **Llanto:** Es un verdadero desatino profesional. El mejor método para manejar la tensión es esperar para llorar camino a casa. No, en serio, la mejor manera de proceder es apartarse de la situación y estallar en la intimidad de su oficina, de la oficina de un colega de confianza, o en el automóvil.

- **Envidia:** Es algo que está definitivamente fuera de lugar en cualquier organización. En lugar de mostrar odio, desprecio o cualquier otra emoción parecida, practique frases tales como "Felicitaciones por su ascenso", "Que tengas mucha suerte en tu nuevo cargo", o "Qué bien que hayas conseguido esa cuenta nueva".

- **Alegría:** En el trabajo, la alegría suele ser la reacción a una sorpresa agradable. Sorpresa es sinónimo de algo imprevisto. Las actividades no planeadas denotan falta de control. Hágase un favor; guárdese la risa para cuando sus empleados le presenten un pastel el día de su cumpleaños.

Comunicación: ¿Qué es real y qué no es real?

Una de las mejores formas de saber qué tan bien encaja usted en la organización es sondeando la eficacia de su comunicación. Si puede bromear y usar la mejor jerga de la corporación — adornando su conversación con expresiones populares del negocio y otros términos (*Creo que en realidad debemos ser proactivos frente a este deterioro del kaizen de nuestra organización*) — irá por muy buen camino de convertirse en un actor político de grueso calibre.

Para descifrar el *verdadero* significado de la comunicación en una organización se necesita algo de práctica. ¿Cómo determinar entonces el significado real de las palabras en su organización? La mejor forma de llegar al fondo de las cosas es observando el comportamiento, leyendo entre líneas y — cuando sea necesario — sabiendo cómo obtener información delicada.

Crea en obras, no en razones

Una forma de descifrar el significado real de la comunicación consiste en prestar mucha atención al comportamiento del interlocutor. Los valores y las prioridades de las personas tienden a manifestarse más claramente a través de sus *actuaciones* en lugar de sus *palabras*.

Así, por ejemplo, si su jefe repite una y otra vez que está tratando de conseguir un aumento para usted, observe qué medidas toma para lograr esa finalidad. ¿Llamó a su jefe o concertó una reunión? ¿Presentó los papeles necesarios o fijó un plazo para cumplir ese propósito? Si las respuestas a estas preguntas son negativas o si él le dice constantemente que "está esperando alguna razón", seguramente no llegará a ninguna parte. Para contrarrestar una situación como ésa, trate de que su jefe lo ponga entre sus prioridades sugiriendo medidas que pueda tomar para conseguir ese aumento de sueldo. Seguramente tendrá que hacer la totalidad o parte del trabajo usted mismo. Por otra parte, eso podría indicar que su jefe no detenta verdadero poder en la organización. Haga lo necesario para atraer la atención de los actores influyentes para que le sugieran a su jefe que usted merece ese aumento de sueldo.

Lea entre líneas

En los negocios, jamás acepte lo que percibe a primera vista. Sondee para averiguar las razones *reales* detrás de lo escrito. Por ejemplo, ésta es una notificación típica de una reorganización de varios departamentos en una empresa:

> Con la partida del señor J.R. Ramos, el departamento de apoyo al marketing y servicio al cliente pasará a formar parte de la división de ventas y administración a cargo de Isabel Ortiz, vicepresidente encargada. Con el tiempo, la unidad pasará a estar bajo la supervisión directa del director de ventas, Tomás Hernández.

Ese anuncio en el boletín de la compañía podría parecer perfectamente normal a primera vista, pero al leerlo entre líneas se puede llegar a la conclusión siguiente:

> J.R. Ramos, quien nunca logró llevarse bien con el director de ventas, finalmente hizo algo lo suficientemente malo para merecer el despido. Tomás Hernández aparentemente promovió su caso ante la junta directiva para agregar territorio a su imperio, quizás porque sus ventas se incrementaron en un 30 por ciento durante el último año. Isabel Ortiz será nombrada vicepresidente encargada temporal-

mente para hacer parte del trabajo sucio de Tomás y despedir a unos cuantos. Así, Tomás comenzará con su pizarra limpia, una reducción del 20 por ciento en los gastos y un aumento casi garantizado de las utilidades durante su primer año en el cargo. Todo eso encaja perfectamente en la estrategia personal de Tomás para progresar dentro de la compañía. *(P.D.: Valdría la pena una llamada para felicitar a Tomás.)*

Los anuncios de ese estilo han sido redactados decenas de veces por tantas personas que parecen lógicos y válidos cuando se leen por primera vez. Sin embargo, leyendo entre líneas es posible determinar lo que sucede *realmente*. Claro está que es preciso tener cuidado de no apresurarse a sacar conclusiones erradas. Es probable que a J.R. le hayan ofrecido algo mejor en otra parte y la compañía haya aprovechado ese motivo para reorganizarse. Es importante validar las conclusiones con otras personas de la empresa para tener la historia *real*.

Haga un sondeo en busca de información

En general, usted podrá obtener información constante sobre la organización sabiendo escuchar y ganándose la confianza de tantas personas como sea posible. Manifieste interés sincero por los asuntos de los demás para que le hablen libremente. Una vez que comiencen a hablar, usted podrá desviar las confidencias hacia el trabajo, los problemas laborales y otros temas más delicados. Formule preguntas que induzcan a hablar y aporte su propia información a fin de que el intercambio sea equitativo.

Aun después de haber desarrollado esas relaciones de confianza tendrá que saber sondear para descubrir los hechos acerca de los rumores, las decisiones y los planes secretos. Comience por respetar las pautas siguientes:

✔ Tenga por lo menos tres formas de obtener información.

✔ Verifique la información con dos fuentes.

✔ Prometa guardar el secreto siempre que le sea posible.

✔ Cerciórese de conocer las respuestas a las preguntas que formule.

✔ Aborde los temas de manera casual y tranquila.

✔ Dé por hecho que la primera respuesta será superficial.

✔ Formule la misma pregunta de distintas formas.

✔ Sea receptivo a cualquier clase de información que reciba.

Las reglas tácitas de las políticas de la organización

Toda organización tiene reglas que jamás se consignan por escrito y rara vez se discuten. Esas reglas *tácitas* se relacionan con las expectativas y el comportamiento de los empleados y pueden tener un impacto considerable en sus posibilidades de éxito o fracaso. Como las reglas tácitas no son explícitas, es necesario dilucidarlas armando el rompecabezas pieza por pieza mediante la observación, las preguntas inteligentes y el proceso simple de ensayo y error.

Interpretación del manual de políticas de la compañía

Aunque estén escritas en blanco y negro, las políticas de una organización rara vez son lo que parecen. La mayoría de ellas se originaron en instrucciones provenientes de arriba para resolver determinado problema. Por ejemplo, si en la empresa hay una sola persona que prefiere las joyas extravagantes, con una charla de dos o tres minutos podría resolverse el asunto. Pero lo más común es que la gerencia nombre un grupo especial para desarrollar un código de vestuario y un plan de higiene personal para la compañía. Incluso después de instituir la política, la persona en cuestión podría no percibir problema alguno y hasta endosar gustosamente el nuevo código para "todos los que lo necesitan" —es decir, todo el mundo salvo ella.

Se podría dar una explicación semejante para el origen de casi todas las políticas. Para utilizar de la mejor manera el manual de políticas, piense en seguir las siguientes reglas generales:

—Remítase a la política únicamente cuando respalde específicamente lo que usted desea hacer.

✔ Siempre dé por hecho que una política que no respalda lo que usted desea fue concebida para otros.

✔ Aduzca que no puede aplicar equitativamente las políticas que no le agraden citando rumores de abusos o posibles interpretaciones erradas.

✔ Cuando surja un conflicto acerca del cumplimiento de una política, arguya que dicha política es demasiado específica (para aplicación general) o demasiado general (para circunstancias específicas).

✔ Esgrima el argumento de que las políticas no deben ser otra cosa que pautas flexibles.

El punto es que, a veces, las políticas no funcionan. Su deber es reconocer este hecho y hacer lo posible por cambiar las políticas inútiles. Por ejemplo, si desea brindar a sus empleados la flexibilidad para fijar sus propios horarios de trabajo pero la compañía lo prohíbe, haga lo necesario para que la gerencia acepte una nueva política encaminada a facilitar su objetivo.

Jamás subestime el poder de las reglas tácitas de una organización. En muchas compañías son tanto o más importantes que las reglas escritas y publicadas en los manuales de políticas.

Sea amable con todo el mundo

Cuantos más amigos tenga en la organización, mejor para usted. Si todavía no lo ha hecho, comience a cultivar amistades dentro de su grupo inmediato y después amplíe sus esfuerzos para crear contactos y hacer amistades en otras partes de la organización. Mientras mejor opinión tengan de usted sus compañeros, mayor será la probabilidad de llegar a ser gerente en un futuro. Cultive ese apoyo solicitando consejo u ofreciendo ayuda.

Recuerde: Nunca se sabe quién podrá ser su próximo jefe. Como dice el dicho, *Sea amable con la gente en el camino de subida porque bien puede encontrarla en el camino de bajada.*

Construya una red ayudando periódicamente a los empleados que se vinculan por primera vez a su organización. Sea la persona que los acoge explicándoles aparte la forma como funcionan las cosas *en realidad.* Cuando los nuevos empleados se hayan acomodado y comiencen a pasar a otros cargos en la organización, usted tendrá una red bien arraigada para generar información y ayuda.

Conocer a otras personas dentro de la organización le servirá enormemente para aclarar rumores, obtener información y alimentar indirectamente la información que desea hacer llegar a otros. Un gerente sagaz mantiene un gran número de contactos en toda la organización, todos en términos muy cordiales. A continuación encontrará algunas formas excelentes para ampliar su red:

- ✔ **Déjese ver:** Las personas que andan por los corredores suelen ser más conocidas que las que no lo hacen. Devuelva las llamadas telefónicas y los mensajes de correo electrónico personalmente en la medida en que le sea posible. No solamente tendrá la oportunidad de comunicarse frente a frente con la persona que le dejó el mensaje, sino que podrá detenerse a visitar a algún otro conocido por el camino.

- ✔ **Participe en los juegos y deportes de la compañía:** Si se une a un equipo deportivo de la empresa podrá conocer a empleados de una amplia gama de funciones. Trátese de bolos, fútbol o baloncesto, ya encontrará algo que le agrade. Si prefiere, organice o únase a un grupo de bridge o de ajedrez.

✔ **Participe en los comités:** No importa que el comité se haya creado para manejar el tema de la seguridad de los empleados o para determinar quién se encargará de limpiar la nevera, cerciórese de formar parte. Es una manera de conocer mucha gente en un ambiente informal y tranquilo.

No hay otro interés como el propio

Una de las reglas tácitas fundamentales de las políticas de la oficina es la siguiente: es mucho más fácil conseguir lo que se desea ayudando a los demás a conseguir lo que *ellos* desean. Gánese el apoyo de los demás demostrándoles lo que pueden ganar al ayudarle. Si el beneficio no salta a la vista, mencione lo que podrían obtener si ofrecen su ayuda. Algunos de los beneficios que puede ofrecer son los siguientes:

✔ **Regresar el favor en especie:** Claro que puede ofrecer algún tipo de favor a su contraparte a cambio de la ayuda. Una invitación a almorzar o un préstamo temporal son buenas alternativas.

✔ **Información:** No olvide que la información es poder. Muchos de sus compañeros de trabajo anhelan conocer la información más reciente e importante de la organización. Quizás usted pueda ser la fuente.

✔ **Dinero:** Quizás usted tenga un sobrante en su presupuesto para equipo que pueda asignar al proyecto de otra persona a cambio de ayuda. O quizás no ha gastado su presupuesto de viajes y su contraparte en realidad querría visitar a un cliente en Sydney.

✔ **Una recomendación:** Las personas de arriba confían en su criterio. Su deseo de recomendar a un compañero de trabajo para un ascenso o para un reconocimiento por desempeño extraordinario es algo muy valioso. Una palabra al oído de la persona indicada puede significar el éxito de alguien más en la organización.

No estamos sugiriendo que haga nada ilegal o contrario a la ética. Al brindar esa clase de beneficios a otras personas de su organización, asegúrese de hacerlo dentro de las reglas y las políticas de la empresa. No vale la pena violar el código de ética personal o las políticas de la compañía para avanzar.

Mantenga la cordura durante las fiestas de la compañía

Las reuniones sociales son un momento decisivo para quienes buscan progresar dentro de la compañía. Aunque dichas reuniones parecen ser unas de las pocas ocasiones para estar en igualdad de condiciones, no es así realmente. Aunque las actividades sociales proporcionan a los de arriba la ocasión de mostrar que son personas como "cualquiera" y a los de abajo la oportunidad de hacer preguntas y reírse de los chistes de sus jefes, también son ocasiones que exigen cautela *extrema*.

Tenga cuidado con quién habla y, obviamente, con lo que diga. Las ocasiones sociales tales como las fiestas de fin de año y los almuerzos al aire libre no están hechas para soltar la lengua, convertirse en el centro de atracción o decirle a la vicepresidente de la división exactamente lo que piensa de ella — a menos que ella haya bebido más que usted. Manejar la mayoría de los encuentros sociales es un arte y una destreza, especialmente aquellos encuentros en los que participan compañeros de trabajo. La actitud correcta comienza por conocer las técnicas apropiadas para mezclarse con los demás.

- ✔ Ubíquese en el centro del salón para interceptar a las personas con quienes desea hablar en particular. Otra estrategia para atraer atención es observar la mesa de los entremeses y los licores. Acérquese a servirse cuando la persona en cuestión esté haciendo lo mismo.

- ✔ Felicite, elogie y agradezca con frecuencia a la gente durante sus conversaciones. Hable de asuntos triviales y evite los temas de trabajo con todo el mundo, a excepción de su jefe. Trate de seguir adelante antes de que a la persona con quien esté hablando se le agote el tema y ponga la mirada en blanco. *No* sea adulador. Con eso sólo se rebajará a los ojos de los demás en lugar de ganarse su respeto.

- ✔ Abandone el acto social inmediatamente después de la partida del más alto funcionario de la empresa. Si le es preciso irse antes, hágale conocer a dicho funcionario sus razones.

Maneje a su jefe

Si aspira a jugar como un maestro el juego de la política, debe aprender a manejar a su jefe. La idea es lograr que él o ella haga aquellas cosas que lo benefician directamente a usted y a su personal. Las siguientes técnicas, probadas y verificadas, para manejar a los jefes han prevalecido a través del tiempo:

- ✔ **Mantenga a su jefe informado de sus éxitos:** "Con esa última venta superé mi cuota para este mes".

- ✔ **Apoye a su jefe en las reuniones:** "Martínez tiene razón en eso. En realidad *debemos* considerar las implicaciones de este cambio para nuestros clientes".

- ✓ **Elogie a su jefe delante de quienes seguramente repetirán sus palabras:** "La señora Martínez es quizás la mejor jefe para quien he trabajado".

- ✓ **Cite con reverencia las palabras de su jefe:** "La semana pasada mi jefe, la señora Martínez — quien se ha dedicado a impulsarnos hasta la cima — dijo: "Esta compañía es más que una carrera para mí, es una forma de vida".

Aunque es importante tener una relación bien controlada con el jefe, también es necesario tener conexiones en los niveles superiores. Una relación crucial que usted debe desarrollar es con el jefe de su jefe: la persona que seguramente influirá notablemente en el futuro de su carrera.

Ofrézcase como voluntario para un trabajo que aparentemente es el proyecto consentido del jefe de su jefe. Si hace un buen trabajo, lo más probable es que le pidan que participe en otro proyecto. Si no tiene la oportunidad de un proyecto consentido, trate de encontrar un campo de interés común con el jefe de su jefe. Mencione el tema en una conversación casual y acepte una reunión posterior para hablar al respecto en más detalle. Pero tenga cuidado de no presionar demasiado a su jefe. No debe mostrarse *demasiado* ansioso ni dejar la impresión de estar acosando.

Avance de la mano de su mentor

Tener un *mentor* es casi esencial para garantizar el éxito duradero en una organización. Un mentor es la persona — generalmente con un cargo más alto dentro de la organización — que le da consejo y orientación para avanzar profesionalmente, y además se constituye en defensor ante los niveles más altos de la organización — aquéllos a los cuales usted no tiene acceso directo.

La persona a quien usted elija como mentor (o que lo elija a usted, como suele suceder) debe tener mucho poder dentro de la organización y hablar muy bien de sus méritos. De ser posible, consiga el apoyo de varias personas poderosas en toda la organización. Los *patrocinios* (sus relaciones con los mentores) se desarrollan de manera informal a medida que pasa el tiempo.

Aproveche una ocasión en que necesite consejo para identificar a su mentor. Si descubre que el consejo es invaluable, recurra con frecuencia a la misma persona. Al principio pida consejo sobre su trabajo, pero a medida que pase el tiempo comience a pedir consejo sobre el negocio en general y su avance profesional en particular. Proceda lentamente o sus intenciones podrían despertar sospechas. Actúe con tacto y discreción en el trato con su mentor:

- ✔ **Enfoque equivocado:** "Señor Martínez, he estado pensando. En el departamento de marketing corren muchos chismes desagradables sobre usted y Susana. Yo podría tratar de contrarrestarlos si con ello pudiera ganar algo. Ya sabe: usted me protege y yo lo protejo. ¿Qué opina?
- ✔ **Enfoque correcto:** "Aquí está el informe especial que usted me solicitó, señorita López. Fue muy interesante correlacionar las preferencias de color de los clientes con el tamaño de los pedidos en la región oriental. Usted parece ser una de las personas con visión en esta organización".

Sea digno de confianza

Tener un mentor es lo mismo que ser seguidor leal de una persona destacada dentro de la organización. Es difícil encontrar personas buenas en quienes confiar, de manera que si usted es digno de confianza, podría convertirse en compañero valioso de una persona sobresaliente. A medida que esa persona escale rápidamente los peldaños de la organización, usted irá con ella. Sin embargo, siempre que le sea posible, enganche su carro a más de una estrella: nunca se sabe cuándo se puede desplomar una luminaria dejándolo a usted en medio de los escombros.

Protéjase

Usted se encontrará inevitablemente en el otro extremo de las aspiraciones políticas de otra persona. Los gerentes astutos se protegen — y protegen a sus empleados — de las maniobras políticas de otros. Esas precauciones también le serán útiles si sus propias estrategias salen mal. ¿Qué puede hacer para protegerse?

Documentación de protección

Documente el progreso de los proyectos y las actividades de su departamento, especialmente cuando se espera que algún cambio de plan o una dificultad transitoria puedan afectarlos. Documentando los cambios y las dificultades usted tendrá un registro exacto de la historia de su proyecto y garantizará que quienes no se interesan particularmente por su bienestar no *olviden* esos elementos (o los utilicen en su contra). Hay diferentes formas de documentar, pero las siguientes son las más comunes:

- ✔ Memorandos de confirmación
- ✔ Informes de actividades
- ✔ Carpetas de proyectos
- ✔ Archivos de correspondencia
- ✔ Notas

No haga promesas que no pueda cumplir

Evite hacer promesas o confirmar compromisos a nombre suyo o de sus empleados — especialmente cuando no pueda o no desee cumplir. En la medida de lo posible, no mencione fechas límite, precios definitivos o garantías de acción o calidad. Al hacer tales promesas renuncia al control y se amarra las manos innecesariamente. Piense más bien en una de las tácticas siguientes:

- ✔ **Protéjase:** Si se ve obligado a comprometerse firmemente con una acción, proteja su promesa hasta donde le sea posible solicitando tiempo adicional, personal, fondos o algún otro elemento.

- ✔ **Proteja sus cálculos de tiempo:** Si se ve obligado a comprometerse con una fecha, proteja su cálculo (es decir, incorpore un margen de tiempo adicional al que crea necesitar realmente) a fin de tener espacio para maniobrar. Si sus empleados terminan antes de tiempo, serán héroes.

- ✔ **Amplíe los plazos:** A medida que se aproximen las fechas límite, informe de los problemas que usted y su personal encuentren — hasta los más elementales — a la persona que solicitó el proyecto. Mantener a la gente informada sirve para que no haya sorpresas en caso de ser necesario ampliar los plazos.

Hágase notar

Para obtener el máximo crédito por sus esfuerzos y los de su personal, propóngase ante todo obtener el reconocimiento por los éxitos de su departamento. A fin de cerciorarse de que la gente que merece el crédito lo reciba, haga lo siguiente:

✔ **Anuncie los éxitos de su departamento:** Envíe periódicamente copias de todos los proyectos terminados y de las cartas de elogio de cada uno de los integrantes de su grupo tanto a su jefe como al superior de éste.

✔ **Utilice padrinos:** Válgase de sus amigos dentro de la organización para que le ayuden a divulgar sus logros y los de sus empleados. Sea generoso al resaltar las realizaciones de sus colaboradores. Si menciona demasiados logros personales podrían tildarlo de imprudente y engreído.

✔ **Gane atribuciones por asociación:** Llegue y despídase al mismo tiempo que las personas influyentes. Durante las reuniones, siéntese tan cerca de los altos ejecutivos como le sea posible. Agregue su nombre o el nombre de los principales miembros de su personal a las listas para distribuir a la gerencia, a fin de que los otros gerentes los reconozcan con facilidad.

Ponga a prueba sus nuevos conocimientos

Mencione tres clases de actores principales en la empresa:

A. Impulsores, vendedores y bomberos.

B. Presidentes, vicepresidentes y gerentes.

C. Ciudadanos corporativos, aniquiladores y asistentes administrativos.

D. Bomberos, técnicos y quejumbrosos.

¿Cuáles son tres formas adecuadas de documentar el trabajo?

A. Memorandos de confirmación, informes de actividades y notas.

B. Informes de actividades, rumores e insinuaciones.

C. Amnesia selectiva, memorandos extraviados y notas ilegibles.

D. Ninguna de las anteriores.

Parte V
Tiempos difíciles para gerentes recios

La 5ª ola   por Rich Tennant

"NUNCA HE SIDO BUENO EN ESTE ASPECTO DE MI TRABAJO, Y POR ESO LE HE PEDIDO A "PAQUITO" QUE ESTUVIERA PRESENTE. COMO USTED SABE, LOS NEGOCIOS NO HAN ESTADO BUENOS ÚLTIMAMENTE Y, BUENO, PAQUITO LE TIENE UNA MALA NOTICIA ..."

En esta parte...

Nadie ha dicho jamás que ser gerente sea fácil. Gratificante sí, fácil no. En esta parte presentamos estrategias para manejar el cambio y las tensiones en el trabajo, reprender fácil y eficazmente a los empleados y cancelar contratos de trabajo.

Capítulo 14

¡Tranquilo! Aprenda a manejar el cambio y las tensiones que éste trae consigo

- -

Este capítulo le permitirá:
▶ Manejar las crisis.
▶ Conocer los obstáculos al cambio.
▶ Identificar la tensión.
▶ Manejar la tensión antes de dejarse arrastrar por ella.
▶ Seguir adelante.

- -

¡Más, más, más! ¡Más rápido, más rápido, más rápido! ¡Mejor, mejor, mejor! Y de paso, ¿podría reducir el precio a la mitad? "Puedo conseguir esto mismo por un 25 por ciento menos donde su competidor; ¿qué le impide reducir el precio?" El oficio de un gerente siempre ha tenido sus tensiones muy particulares: disciplinar a los empleados, fijar y cumplir objetivos y lograr resultados. Sin embargo, mientras las compañías estadounidenses dominaron los mercados mundiales durante un período de crecimiento, las empresas no tuvieron mayor necesidad de preocuparse por detalles como la calidad, el precio y el cumplimiento en las entregas. "¿Cuál problema de calidad?"

¿O qué tal esta situación? Su empleador — una empresa modelo en el país y líder del mercado desde siempre — anuncia el despido de 30 000 empleados durante el transcurso del año siguiente. Y aunque su empleador menciona las divisiones que se verán afectadas (la suya, naturalmente, es una de ellas), pasan varios meses antes de que usted sepa *quién* será despedido. *Hmmm...*

Los tiempos — y las expectativas de los clientes — han cambiado... y no ligeramente. Si sus clientes desean la mercancía para ayer, pues bien, más vale entregarla *antes* de ayer. Si sus clientes desean mejor calidad, usted debe ofrecer *la mejor* calidad. Si sus clientes desean diez alternativas, debe ofrecerles treinta. Y todo esto al mejor precio posible. Para sobrevivir, las empresas deben ponerse a la altura de las expectativas de los clientes. Ya no basta con ser una parte sin rostro dentro del sector; las compañías *sin rostro* quizás estén en quiebra en menos de uno o dos años. Para que su empresa sobreviva hasta el año 2000, debe aprender a trabajar mejor — mucho mejor que la competencia.

¿Qué significa entonces está predicción para usted como gerente? En términos simples, las presiones para que los gerentes mejoren su desempeño son ahora más grandes que nunca. Además, en los mares tormentosos del cambio, las compañías han pasado de ser bastiones de estabilidad y tradición, a ser naves ágiles capaces de sostenerse sobre las olas veloces y cambiantes. *"Acabamos de decidir reorganizar la división. A partir de mañana, usted estará a cargo de nuestra nueva fábrica en Singapur. ¡Espero que le agrade la comida china!"*

Es natural que los empleados prefieran la zona de *tranquilidad:* los sitios que conocen y a los cuales están acostumbrados. Cuando se empuja a la gente a salir de su zona de tranquilidad se crean muchas tensiones emanadas de la necesidad de aferrarse a cosas conocidas en un océano de cambio. Cuando la marea de cambio se aquieta y los empleados han establecido nuevamente su rutina, la tensión disminuye y la vida continúa.

Los términos *empresa* y *cambio* se convierten rápidamente en sinónimos. Y cuanto más cambian las cosas, mayores son las tensiones que afectan a *todos* los integrantes de la organización. Este capítulo trata sobre la manera de manejar el cambio y navegar entre las demás presiones causantes de la tensión sin precedentes que afecta a directivos y trabajadores por igual.

¿Por qué tanta prisa?

¿Cómo es *su* día típico en el trabajo? Llega a la oficina, se sirve una taza de café y echa una mirada a su calendario de citas. El día parece suave en lo que a reuniones se refiere: dos en la mañana y solamente una en la tarde. Quizá finalmente tenga ocasión de trabajar en la meta del presupuesto que ha querido terminar desde hace unos meses, y *además* destinar algo de tiempo para caminar a la hora del almuerzo y aliviar un poco la tensión. ¡No sería magnífico! Después, alza el teléfono para oír sus mensajes en el correo oral. De los veinticinco que se han acumulado desde la última vez que consultó el buzón, diez son urgentes. Al consultar su correo electrónico, encuentra más o menos la misma proporción.

Mientras piensa en la forma de responder sus mensajes urgentes se presenta en su oficina un empleado con su propia crisis, exigiendo su atención *inmediata*. Le dice que la red de computadores se ha caído y, a menos que alguien la repare, está en peligro todo el sistema financiero de la corporación. Mientras habla con su empleado, recibe una llamada de su jefe que le pide que abandone *todo* lo que está haciendo porque ha sido escogido para escribir un informe para el presidente, el cual *tiene* que estar listo antes de finalizar la jornada.

Hasta ahí llega la posibilidad de trabajar en su meta para el presupuesto. Y olvídese del paseo a la hora del almuerzo. El día comienza a parecer otro de ésos en el paraíso.

Manejo de las urgencias reales versus las crisis

La urgencia tiene su sitio en una organización. La velocidad del cambio en el entorno global de los negocios así lo exige. Las revoluciones en el uso de los computadores, los sistemas de telecomunicaciones y la informática así lo exigen. La necesidad de responder más ágilmente que nunca a las necesidades de los clientes así lo exige. En estos tiempos de urgencia, las triunfadoras son aquellas empresas que pueden proporcionar las mejores soluciones más rápidamente que las demás. Las perdedoras son las empresas que apenas se preguntan qué fue lo que pasó al ver que sus clientes desfilan en busca de la competencia.

Sin embargo, un problema serio para la organización es cuando los gerentes caen en el hábito de *manejar las crisis* y en la trampa de *reaccionar* al cambio en lugar de *liderarlo*. Cuando todos los problemas de la organización se convierten en crisis por las cuales es preciso abandonarlo todo, es señal de que la organización no está respondiendo a su entorno de negocios. En realidad está demostrando su incapacidad para planear y ejecutar. Alguien (quizás un gerente) no está cumpliendo su misión.

Reconocer y manejar las crisis

Algunas crisis son producto legítimo de factores externos ajenos a su control como gerente. Por ejemplo, supongamos que un cliente vital solicita que se le presenten todos los diseños de un proyecto *este* viernes en lugar del *próximo*. O quizás recibe una notificación de la ciudad en la que le informan que el personal de obras pretende interrumpir el servicio de energía en su planta durante tres días mientras realiza el mantenimiento de un equipo de conmutación. O que no podrán salir o llegar aviones en el noreste debido a una tormenta gigantesca de nieve.

Por otro lado, muchas crisis ocurren porque alguna persona de la organización deja caer la pelota y entonces usted (el gerente) tiene que intervenir para enderezar las cosas. Las siguientes son algunas situaciones de crisis que se pueden evitar.

- ✔ Con la esperanza de que la necesidad desapareciera, un gerente se abstiene de tomar una decisión necesaria. ¡Sorpresa! La necesidad no desaparece y ahora tiene entre manos una crisis.

- ✔ Un empleado olvida entregar un mensaje importante de su cliente y usted está a punto de perder la cuenta. Otra crisis.

- ✔ Un colaborador decide que no es importante comunicarle un cambio importante que acaban de incluir en el proceso de manufactura. Por su experiencia, usted se habría dado cuenta inmediatamente de que el cambio generaría problemas de calidad en el producto terminado. Cuando se hace necesario parar la línea de producción, usted tiene que intervenir después del hecho cumplido para recoger los escombros. Una crisis más para agregar a su lista.

Usted puede darse el lujo de *no* estar preparado para manejar crisis de origen externo. Debe ser flexible, trabajar con inteligencia y esforzarse mucho. Su organización no puede darse el lujo de dejarse esclavizar por crisis generadas internamente. La administración por crisis atenta contra uno de los elementos más importantes de la administración de empresas: el de la *planeación*.

Hay una razón para crear planes y establecer metas: lograr el mayor éxito posible para la empresa. Sin embargo, si los planes y las metas se ponen en segundo plano constantemente a causa de las crisis del día, más vale no desperdiciar tiempo desarrollándolos. ¿Y entonces qué le sucede a la organización? (Vea el capítulo 8 en el cual aparece el análisis de la importancia de tener planes y metas.)

Cuando usted, como gerente, permite que todo adquiera dimensiones de crisis, no solamente agota las energías de sus empleados sino que, con el tiempo, éstos pierden la capacidad para reconocer las crisis *auténticas*. ¿Recuerda la vieja fábula del pastorcito mentiroso? Como había pedido auxilio en broma varias veces, los aldeanos no se molestaron en acudir a sus gritos cuando el lobo atacó de verdad al rebaño. Después de responder a varias crisis fabricadas, sus empleados comienzan a verlas como algo rutinario y quizás no deseen acudir cuando usted los necesite realmente.

El cambio sucede

Acéptelo: el cambio sucede y no hay nada que usted pueda hacer al respecto. Puede ensayar a hacer caso omiso de él pero, ¿acaso eso lo elimina? No, tan sólo lo ciega ante las cosas que en realidad están sucediendo dentro de la organización. Puede tratar de frenarlo pero, ¿acaso eso impide que suceda? No, solamente se estará engañando si piensa que puede frenar el progreso, aunque sea por un instante. Puede tratar de aislarse y aislar a quienes lo rodean para no sentir los efectos del cambio pero, ¿realmente puede darse el lujo de desconocerlo? No, hacer caso omiso del cambio representa una sentencia de muerte para su organización y, posiblemente, para su carrera.

Infortunadamente, basados en nuestras observaciones personales, podemos decir que la mayoría de los gerentes parecen dedicar toda la vida profesional a luchar contra el cambio: a predecir, controlar y meter en cintura el cambio y sus efectos sobre la organización. Sin embargo, quien lucha contra el cambio está condenado a perder la batalla. Las bajas están por todas partes. Las úlceras, los ataques cardíacos, el agotamiento, las canas prematuras y la frustración catastrófica del ego son apenas unos pocos de los síntomas que se presentan cuando las personas tratan de resistirse al cambio y caen en el campo de batalla víctimas de la tensión.

Las cuatro etapas del cambio

El cambio no es un paseo campestre. A pesar de toda la emoción — buena y mala — que puede generar en la vida laboral, lo más seguro es que usted ya haya sido bombardeado por tantos cambios como puede manejar. Pero en medio de la continuidad del cambio, usted pasa por cuatro fases diferentes:

1. **Negación. Cuando se produce el cambio, la primera reacción (si usted es como los demás mortales) es la negación inmediata.**

¿De quién fue esa idea tan estúpida? Eso jamás funcionará aquí. No hay de qué preocuparse porque ellos reconocerán su error y las cosas volverán a ser como antes. Esta actitud es igual a la del avestruz que entierra la cabeza en la arena: si no lo veo, desaparecerá. ¡Ojalá!

2. **Resistencia. En algún momento, usted se da cuenta de que el cambio no es apenas un error administrativo; sin embargo, esa aceptación no significa que usted tiene que recibir el cambio sin mover un dedo.**

   No, continuaré haciendo mi trabajo como siempre. Si ese sistema ha funcionado hasta ahora, seguirá siendo bueno. La resistencia es una reacción normal frente al cambio; todo el mundo la experimenta. La clave está en no permitir que la resistencia genere estancamiento; cuanto más pronto ponga en marcha el programa, mejor para la organización y mejor para usted.

3. **Exploración. Llegado a este punto, usted ya sabe que de nada le sirve resistirse y que la nueva forma de hacer las cosas puede tener sus ventajas.**

   Ummm... bueno, quizás ese cambio tenga sentido realmente. Veré cuáles oportunidades me permitirán aprovechar el cambio en lugar de que opere en mi contra. Durante esta etapa, usted examina las cosas buenas y malas derivadas del cambio y escoge su estrategia para manejarlo.

4. **Aceptación. La última etapa del cambio es la aceptación. Llegado a este punto, usted habrá logrado integrar el cambio en su rutina.**

   Vaya, este sistema nuevo realmente funciona muy bien. ¡No tiene punto de comparación con la forma como hacíamos antes las cosas! Ahora el cambio que usted negó y al cual se resistió con tanto ahínco forma parte de su rutina diaria; el cambio se ha convertido en el statu quo.

Al final de todas esas reacciones al cambio, el círculo se cierra y usted está listo para el siguiente.

¿Está usted luchando contra el cambio?

¿Está usted luchando contra el cambio? Es probable que lo esté haciendo sin darse cuenta. Además de mirar el número de canas que se multiplican en su cabeza, ¿de qué otra manera podría saberlo? Esté atento a estas siete señales letales de alarma:

✔ **Está jugando un juego nuevo de acuerdo con las reglas viejas.** Lamentamos tener que darle esta mala noticia, pero el juego viejo terminó, está *muerto*. Las presiones de la competencia global han creado un juego enteramente nuevo con un conjunto de reglas enteramente nuevas. Por ejemplo, si usted es uno de esos gerentes cada vez más escasos que se niegan a aprender a utilizar un computador (no se ría — ¡*los hay!*), está jugando conforme a las reglas *viejas*. La regla nueva es conocer los computadores y dominar la información. Si no está jugando de acuerdo con las reglas *nuevas*, no solamente es señal de alarma de su resistencia al cambio, sino que puede apostar a que se quedará atrás mientras el resto de la organización avanza hacia el futuro.

✔ **Evita las asignaciones nuevas.** Por lo general son dos las razones que lo empujan a evitar las asignaciones nuevas. La primera es que se siente agobiado ante la cantidad de trabajo que ya tiene y no puede ni imaginar la posibilidad de asumir más deberes. Si ése es su caso, trate de recordar que las nuevas formas de hacer las cosas ayudan a trabajar con mayor eficiencia y a eliminar demasiadas cosas que ya no tiene que hacer. La segunda es que se siente incómodo frente a lo desconocido y, por tanto, se resiste al cambio.

Evitar las asignaciones nuevas para resistirse al cambio es algo que definitivamente no sirve. No solamente es una forma de impedir el progreso de la organización, sino de frenar su propia carrera.

✔ **Trata de frenar el curso de los acontecimientos.** Tratar de frenar las cosas es una reacción normal de la mayoría de la gente. Cuando surge algo nuevo — una nueva forma de hacer negocios, una nueva asignación, otro inconveniente en el mercado — la mayoría de las personas tratan de proceder lentamente, tomarse tiempo para examinar, analizar y luego decidir cómo reaccionar. El problema es que cuanto más nuevas las cosas, más lentas son esas personas.

Como gerente, usted tiene el deber de continuar siendo competitivo en el nuevo milenio; no puede darse el lujo de bajar la velocidad cada vez que se presente algo nuevo. De ahora en adelante, la cantidad de cosas *nuevas* que tendrá que enfrentar será muy superior a la cantidad de cosas *viejas*. En lugar de resistirse a lo nuevo disminuyendo la velocidad (y arriesgando a la organización a quedarse atrás y por fuera de la competencia) deberá mantener el ritmo. ¿Cómo? Cuando sienta la necesidad de hacer *más* con menos, *concéntrese* en el menos.

✔ **Se esfuerza por controlar lo incontrolable.** ¿Alguna vez ha tratado de impedir que el Sol salga por la mañana? ¿O ha tratado de ahuyentar a las nubes negras que descargan lluvia helada y nieve sobre su casa durante una tormenta? ¿O ha tratado de no pasar jamás de los veintinueve años? Acéptelo: sencillamente no puede controlar muchas de las cosas de la vida — intentarlo es perder el tiempo.

¿Se resiste al cambio tratando de controlar lo incontrolable en su trabajo? Quizás esté tratando de evadir una reorganización programada a nivel de la corporación o impedir que sus competidores del exterior tengan acceso a sus mercados nacionales, o demorar la adquisición de su empresa por parte de una compañía mucho más grande. El mundo de los negocios está cambiando en todas partes y no hay nada que pueda hacer al respecto. Puede escoger: insistir en resistirse al cambio pretendiendo controlarlo (créanos, *no puede*), o concentrar sus esfuerzos en aprender a *responder* de la manera más eficaz al cambio a fin de aprovecharlo para sus propios fines.

✔ **Juega a ser la víctima.** ¡Ay, pobre de mí! Esta reacción es lo último en tácticas evasivas. En lugar de aceptar el cambio y aprender a responder (utilizándolo en su beneficio y de su organización), prefiere convertirse en víctima. Representar el papel de víctima y aspirar a que sus colaboradores se compadezcan de usted es fácil de hacer. *(Pobre Marta, tiene toda una cosecha nueva de competidores con los cuales pelear. Me pregunto de dónde sacará fuerzas para venir a trabajar todas las mañanas.)*

Pero las empresas triunfadoras de hoy no pueden darse el lujo de desperdiciar tiempo y dinero en sus víctimas. Si usted no está rindiendo el 110 por ciento todos los días, su organización se encargará de encontrar a alguien que lo haga.

✔ **Vive con la esperanza de que alguien mejore su situación.** En la organización jerárquica antigua, la alta gerencia casi siempre asumía la responsabilidad de tomar las decisiones encaminadas a mejorar (o empeorar) las cosas para los trabajadores. Le tenemos una noticia de última hora: la organización de estilo antiguo está cambiando, y la de estilo nuevo que comienza a aparecer en su lugar ha facultado a *todos* los empleados para que asuman la responsabilidad de decidir.

Las presiones de la competencia global y el advenimiento de la era de la informática exigen, más que nunca, una gran agilidad para decidir. En otras palabras, quienes deben decidir son los empleados más cercanos a los problemas; un gerente que está a siete niveles y 3 500 kilómetros de distancia no puede hacerlo. *Usted* tiene la llave de *su* futuro. Usted tiene el poder para mejorar su propia situación. Si espera a que alguien más lo haga por usted, le garantizamos que tendrá que esperar mucho tiempo.

✔ **Está totalmente paralizado, como un ciervo encandilado.** Esta condición es la señal más patética de resistencia al cambio y casi siempre es mortal. Algunas veces el cambio parece tan abrumador que la única alternativa es arrojar la toalla. Cuando el cambio paraliza, no solamente es imposible reaccionar a él sino cumplir con los deberes del momento. En la organización de hoy, esa clase de resistencia constituye una muerte segura.

En lugar de dejarse paralizar por el cambio, sea *líder* del cambio. Éstas son algunas ideas: inicie usted mismo el cambio. Conviértase en su amigo y mayor promotor. Sea flexible y responda a los cambios que ruedan por los corredores de su organización y lo envuelven por doquier. Sea ejemplo para quienes insisten en resistirse al cambio. Muéstreles que pueden poner al cambio a trabajar *para* ellos y no *contra* ellos. Concéntrese en lo que *puede* hacer — no en lo que *no puede* hacer. Por último, cerciórese de reconocer y premiar a los empleados que han aceptado el cambio y han logrado el éxito como resultado.

Si nota alguna de estas siete señales de alarma de resistencia al cambio — en usted o en sus colaboradores — podrá hacer algo al respecto. Mientras esté dispuesto a acoger el cambio en lugar de luchar contra él, será de gran valor para su organización y sobrevivirá. Convierta la receptividad al cambio en su misión personal: sea iniciador del cambio, no un soldado de la resistencia.

Cómo identificar los síntomas de tensión

Por mucho que trate de prevenirla, el trabajo no dejará de producirle un cierto grado de tensión. Aunque haya logrado ponerse a la cabeza de los cambios de su organización y crear planes flexibles para prever lo inesperado, quizás tenga que trabajar con muchos otros empleados que no han hecho una labor tan sobresaliente. La presencia del cambio y los distintos estilos de trabajo de la gente necesariamente les generan tensiones a usted y a la organización.

Y la tensión que experimenta en el trabajo se multiplica por la tensión de su vida cotidiana. ¿Comienza la hipoteca a carcomer sus finanzas personales? ¿Usted y su pareja están enredados en otro conflicto sobre la manera como usted exprime el tubo de la crema dental? ¿Acaba de recibir una llamada de la Administración de Impuestos acerca de un pequeño asunto de auditoría de sus últimas tres declaraciones de renta?

¿Cómo saber si la tensión comienza a ganarle la partida? La lista siguiente de indicadores de tensión le ayudará a identificar el grado de tensión que afecta a su vida personal y de trabajo. Como la una afecta a la otra, es importante detectar y manejar la fuente de las tensiones.

Parte V: Tiempos difíciles para gerentes recios

¡ADVERTENCIA!

En la tabla 14-1 aparece una lista de síntomas de tensión, con espacio para marcar aquéllos que usted tenga. Si sufre de más de dos de ellos, analice seriamente las posibles causas de tensión en su vida. ¡Apresúrese! ¡Corrija la tensión antes de que sea demasiado tarde!

Tabla 14-1	Síntomas de tensión
El síntoma	¡Sí, lo tengo!
Agresividad	☐
Hostilidad	☐
Dolores de cabeza	☐
Indigestión	☐
Trastornos del sueño	☐
Está a la defensiva	☐
Dificultad para discernir	☐
Nerviosismo	☐
Presión arterial alta	☐
Úlceras	☐
Fatiga	☐
Ansiedad	☐
Depresión	☐
Pérdida de memoria	☐
Falta de concentración	☐
Estado de ánimo cambiante	☐

Cualquiera de estos síntomas puede indicar un problema de tensión, pero cuanto más larga la lista, mayor será el daño que su mente y su cuerpo sufrirán. Por suerte, es posible aprender a manejar la tensión. Aunque no siempre se puede impedir la aparición de esta condición, sí es posible tomar medidas concretas para reducir los efectos negativos que puede tener en su vida. Aprenda a controlar la tensión, para que ésta no lo controle a usted.

Cómo manejar la tensión

¿Alguna vez se ha preguntado por qué tantas organizaciones se preocupan por enseñarle a su personal a manejar la tensión? Las organizaciones han enfrentado el problema porque, cuando la tensión se apodera de los empleados, la eficacia se pierde. Y cuando los empleados dejan de ser eficaces, la organización pierde su ventaja.

La mayoría de los cursos sobre manejo de la tensión apuntan hacia el tratamiento de los síntomas, mas no a la erradicación de sus causas dentro de la organización. Es nuestra opinión que este enfoque tiene un problema. En los cursos, los trabajadores aprenden técnicas de relajación para disminuir su nivel de tensión, pero no se hace nada por obligar a la alta gerencia a decidir mejor y con mayor agilidad. Los cursos les indican a los empleados la forma de utilizar las afirmaciones positivas para reforzar la noción de su valor personal, pero nadie arregla el sistema telefónico desastroso que corta a los clientes en la mitad de la frase. El programa enseña al personal a manejar mejor el tiempo, pero la mala planificación continúa generando una crisis tras otra.

Estos ejemplos demuestran que usted no puede esperar a que aparezca alguien para ayudarle a reducir su tensión. Aprenda a manejarla usted mismo. Por suerte, no es tan difícil como usted cree. Saber manejar eficazmente la tensión se reduce a lo siguiente: *cambiar* las cosas que puede cambiar y *aceptar* aquéllas que no puede cambiar.

Cambiar lo que se puede cambiar

En este momento hay muchas cosas que usted puede hacer para modificar su ambiente de trabajo y reducir las tensiones. Si le suenan familiares, será porque quizás ya ha pensado en ellas pero sencillamente no se ha tomado el tiempo para poner manos a la obra. Bueno, ¡pues ha llegado el momento de hacerlo! No espere hasta mañana. ¡La vida que salvará quizá sea la suya!

✔ **Cuide su salud:** Usted sabe que hacer ejercicio vigoroso con regularidad es una de las mejores cosas que puede hacer en su beneficio. El ejercicio no solamente fortalece la mente y el cuerpo, sino que le ayuda a deshacerse de toneladas de frustraciones y tensiones. Además, bajo tensión, su cuerpo pierde ciertas vitaminas y minerales. Coma bien. ¡No olvide las frutas y las verduras! Y esto es doblemente importante para el viajero. No suspenda el ejercicio ni deje de comer bien sólo por que está en viaje de negocios.

Evite la tentación de detenerse en el punto de venta de Pizza Hut o Haagen-Daz del terminal aéreo mientras espera para abordar el avión. Durante los viajes debe hacer un esfuerzo adicional por respetar su rutina de ejercicio y alimentación. ¿Y ese café moca expreso al que se ha aficionado camino de la oficina todos los días? Cada uno contiene *por lo menos* 10 000 calorías (está bien, exageramos un poco). ¡Cuidado!

✔ **Goce:** Si no se divierte, ¿para qué molestarse? Mire, usted pasará entre un tercio y un cuarto de toda su vida adulta trabajando. Claro está que necesita el dinero, y también la satisfacción psicológica de hacer un buen trabajo, pero jamás debe tomarlo tan en serio como para no poder gozar la actividad y la compañía de sus colaboradores.

Algún día, cuando se jubile, ¿preferiría ser recordado como el gerente que mantuvo el ojo fijo sobre el flujo de caja de la empresa, o preferiría ser recordado como alguien que influyó en la vida de los demás, ayudando de paso a convertir el trabajo en una experiencia más gratificante para todos?

✔ **Aprenda a decir *no*:** ¿Cómo es el dicho? "Se puede complacer a unas cuantas personas algunas veces, pero es imposible complacer a todo el mundo a toda hora". Eso quiere decir que debe reconocer que no puede hacerlo todo. El resultado de querer abarcarlo todo es que nada queda bien hecho. Aprenda a decir *no* cuando esté lleno de trabajo y alguien trate de darle más.

✔ **Relájese:** La relajación es un componente vital de todo programa de manejo de la tensión. Cuando se relaja, el cerebro descansa y usted se da la oportunidad tan necesaria de recargar baterías antes de volver al ataque.

Cada minuto cuenta. ¿Recuerda lo que significa un receso? Es probable que no haya tomado un receso desde hace mucho tiempo, razón por la cual no recuerda de qué se trata. Cuando interrumpa sus actividades para relajarse, que sea de *verdad*. Párese del escritorio y vaya a algún sitio donde pueda apartarse de los asuntos del día. Si permanece en su escritorio, lo más probable es que reciba una llamada y se sienta obligado a responder el teléfono (*¡tal vez sea importante!*) o que alguien se precipite dentro de su oficina buscando atención inmediata. (*¡Lamento molestarte, Roberto, espero no interrumpir, pero necesito tu ayuda!*) Salga a dar un paseo. Huela las flores del jardín. Oiga el canto de los pájaros. ¡Relájese!

✔ **Maneje su horario:** Si usted no maneja sus propios horarios, alguien más lo hará encantado. Consiga una agenda personal o un calendario de escritorio y tome las riendas de las reuniones a las cuales asiste y de las citas que cumple.

Si alguien lo invita a una reunión, no acepte automáticamente. Averigüe cuál ha de ser el tema y lo que se espera de su participación. Si no cree que valga la pena sacar tiempo para asistir, ¡no lo haga! Cuando se tiene la atención puesta en las metas y prioridades particulares, es muy difícil impedir que interfieran las metas y prioridades de otros. Niéguese de plano a hacer suya la crisis de otra persona. Si desea *mucha* mayor información sobre la forma de manejar sus horarios, lea el capítulo 2.

✔ **Simplifique:** ¿Por qué hacer más difíciles las cosas de lo que pueden ser? Como gerente, usted está en la posición perfecta para escudriñar nuevas formas de mejorar los procesos y sistemas de trabajo de su organización. Revise minuciosamente todo lo que hace su departamento y elimine los pasos innecesarios. Simplifique, acorte, condense. Cuanto menor el número de pasos, menor el esfuerzo que deben realizar los trabajadores, menor el número de cosas que pueden salir mal y, por último, menor el nivel de tensión para usted. Eso es bueno.

✔ **Busque el lado bueno:** Sea optimista. Busque el lado bueno en todas las cosas que haga y en todas las personas que conozca. Se sorprenderá al ver que se sentirá mucho mejor con respecto a su trabajo, sus colaboradores y usted mismo. Y todavía más asombro le producirá ver cuánto más contentos estarán sus colaboradores con *usted*, al saber que está ahí para animarlos en todo momento. Sea embajador del optimismo: así reducirá su nivel de tensión y el de todos lo que lo rodean.

Acepte las cosas que no puede cambiar

Hay ciertas cosas que sencillamente no podrá cambiar, por mucho que lo intente. En lugar de modificar lo inmodificable, terminará tensionado, derrotado o enfermo. Y semejante desenlace no es bueno para el historial de nadie. Cuando es imposible cambiar lo inmodificable no queda sino una salida: cambiar uno mismo.

✔ **Ríndase:** No luche más contra el cambio. Si continúa haciéndolo, sólo logrará aumentar su nivel de tensión — además de su presión arterial y el número de frascos de Maalox para calmar el ardor del estómago. Entréguese al cambio, únase a él. En lugar de remar contra las corrientes rápidas del cambio, déjese arrastrar por ellas.

Comprenda que puede utilizar el cambio para su provecho. Cuando se rinda podrá concentrarse en poner a trabajar el cambio en favor suyo y de su organización.

✔ **No tome las cosas como algo personal:** El cambio no lo afecta solamente a *usted*. Todo el mundo tiene que enfrentar el cambio y los efectos que éste desencadena en el entorno laboral. Pero la cuestión no es cómo reaccionan los demás frente al cambio, sino cómo lo hace *usted*. ¿Se retrae dentro de su coraza? ¿Se frustra y pierde la paciencia? ¿O asume el control?

✔ **Ajuste su actitud:** Es fácil perder la perspectiva. Después de muchos años de trabajar en el mismo puesto comienzan a aparecer las visiones de grandeza. ¿Cómo podría la organización sobrevivir sin mí? No tarda mucho en resentirse porque su opinión no recibe las muestras de respeto que merece y usted comienza a odiar las tareas rutinarias de su trabajo. (Y que a nadie se le ocurra pedirle que las realice — ¡ni más faltaba!)

A medida que comienza a acalorarse en sus condiciones actuales, recuerde que muchas personas están apenas a un par de sueldos de la quiebra. ¿Cuánto tiempo podría sobrevivir si perdiera su empleo? Y no crea que no puede sucederle. ¿A quiénes cree que despedirían primero, a los empleados dispuestos a hacer *lo que sea* para cumplir su trabajo o a los que se creen superiores? Si optó por la primera respuesta, lo más seguro es que necesite un ajuste de actitud; corrija su actitud antes de que alguien más se encargue de hacerlo.

✔ **No sea la víctima:** En este mundo se puede ser martillo o yunque. Si usted es víctima del cambio, es porque ha dejado de luchar contra él (lo cual es *bueno*) pero también ha dejado de responder a todos los cambios que lo rodean (lo cual es *malo*). No se dé por vencido ni se desconecte de la organización. No caiga en la trampa de ser la víctima del cambio; conviértase en su mejor aliado.

✔ **Controle su ira:** Perder los estribos cuando las cosas no salen como usted desea es una forma muy expresiva de manifestarse, pero no es una forma productiva de utilizar su tiempo y energía. Enojarse por algo que no puede cambiar solamente agotará su energía y lo distraerá de su propósito de lograr las cosas sobre las que sí puede influir.

¿Qué hace cuando queda atrapado en una congestión de tránsito? ¿Grita y patalea? ¿Se le sube la sangre a la cabeza? ¿Le sirve su ira para andar más rápido o llegar más pronto a casa? ¡No! En lugar de perder tiempo tratando de modificar lo inmodificable, póngase al día haciendo llamadas telefónicas, escuche algunas melodías nuevas o la grabación de algún libro. Cambie la ira por una actividad productiva y evite ser devorado vivo.

✔ **No agote su energía en minucias:** Buena parte de las cosas que suceden durante una jornada normal de trabajo son *minucias*. Llenar formularios, recuperar los mensajes del sistema de correo oral, oprimir algunas teclas en el computador. Las cosas grandes podrían ser pocas y espaciadas. Suponemos que aproximadamente un 80 por ciento de su tiempo le genera el 20 por ciento de sus resultados. El punto es el siguiente: la mayoría de las cosas que usted hace son minucias, entonces, no se agote por ellas. Si piensa preocuparse, reserve la preocupación para algo que *realmente* valga la pena.

Ejercicios concretos para reducir la tensión

Mientras se dedica a cambiar las cosas que puede cambiar y a aceptar aquéllas que no puede, practique algunos ejercicios concretos para reducir la tensión. La próxima vez que sienta que se le forman nudos en el estómago y se le sube la presión arterial, ensaye estos ejercicios:

✔ **Control de la respiración:** Inhale. Exhale. Inhale. Exhale. Respire profundamente. Sostenga sin soltar. Ahora exhale lentamente. Sienta que la tensión abandona su cuerpo con la respiración. Esta forma de controlar la respiración ejerce un efecto calmante.

Cuando sienta que se le acumulan las tensiones, ensaye este antiguo ejercicio de respiración yoga: tápese un orificio nasal con un dedo, inhale a través del otro, y cuente hasta uno. Retenga la respiración contando hasta ocho y luego exhale por el otro orificio contando hasta cuatro. Después invierta el procedimiento comenzando con el otro orificio nasal y repita el ejercicio hasta que complete cuatro ciclos. Cuando termine deberá estar tan tranquilo como una lechuga.

✔ **Afirmaciones positivas:** Expulse de su vida todas las cosas negativas por medio de afirmaciones positivas como: "¡Qué bien, ya comprendo perfectamente las necesidades de este cliente!", o "Me fue muy bien en ese último proyecto. No veo la hora de que se me presente otra oportunidad para lucirme de nuevo". Sea positivo. Cuanto más positiva sea su vida, menor será su nivel de tensión. (Además, será una persona mucho más agradable que esas otras personas que viven bajo una nube negra, con quienes tiene que trabajar.)

✔ **Relajación progresiva:** Aunque no lo crea, este ejercicio tan benéfico fue descubierto durante un juego de bolos. El hombre sentía el brazo cansado por tener que cargar la pelota pesada de una cancha a otra. Alguien gritó su nombre y él dejó caer la pelota. Mmmm. Buen truco.

En todo caso, puede aprovechar el efecto benéfico de la relajación progresiva lejos de las canchas de bolos. Cierre las cortinas y acuéstese. Comience por los pies; concéntrese en tensionar los músculos durante algunos segundos y luego aflójelos. Continúe con las pantorrillas; apriete los músculos durante varios segundos y luego relájelos. Continúe subiendo por todo el cuerpo hasta llegar a la cabeza. Por último, tensione todos los músculos al mismo tiempo, y después relájese. De esta manera se liberan las tensiones y se incrementa la relajación.

✔ **Vacaciones mentales**: La imaginación es una herramienta muy poderosa. Dondequiera que se encuentre, podrá irse de vacaciones en cualquier momento. Cuando hay cinco personas esperando para hablar con usted, su teléfono repica sin cesar, todo el mundo le trae problemas pero ninguna solución y su presión arterial hace erupción como el Krakatoa de Java, es hora de tomarse unas vacaciones mentales.

Cierre la puerta, desvíe las llamadas a la operadora o al correo oral, baje las luces, recline su silla ergonómica hasta la posición de descanso máximo y deje flotar la mente por un río. Imagine que va en un barco, hay un sol hermoso y oye el canto de los pájaros. Aléjese lo más que pueda de sus preocupaciones del día.

✔ **La risa:** No se tome las cosas tan en serio como para perder el sentido del humor. Gozar el trabajo y la compañía de sus colaboradores es una forma importante de reducir las tensiones de la oficina. No olvide que mucho trabajo y nada de risa vuelven a una persona enfermiza. Una buena carcajada no solamente es un desfogue magnífico para las tensiones, sino que le recuerda que la vida no es solamente trabajo, trabajo y más trabajo. ¿*Verdad?*

Cuando todo lo demás falla

Si ha hecho todo lo que está a su alcance para reducir la tensión, se ha convertido en promotor del cambio y ha asumido el control de su vida laboral, y a pesar de eso continúa lleno de tensiones, es probable que su problema sea mucho más profundo de lo que parece superficialmente.

Cuando lee un libro, ¿alguna vez desea haber sido el autor? ¿Si asiste a un seminario, ¿piensa que usted podría haberlo conducido? ¿Alguna vez se ha preguntado cómo se sentiría siendo independiente: no tener jefes y ser el único responsable de las pérdidas y ganancias de su empresa?

Si ha respondido *afirmativamente* a alguna de esas preguntas, lo más probable es que no descanse hasta ir en pos de su sueño. Quizás desee iniciar una carrera nueva o ir a trabajar en otra compañía. O tal vez tenga la oportunidad en su empresa actual de pasar a otro puesto que le permita realizar su sueño. Quizás desee regresar a estudiar para obtener un diploma avanzado. O tal vez lo único que desee es tomarse unas vacaciones o una licencia corta. Identifique su sueño y entréguese a él con todo lo que tenga. No sueñe — viva su sueño.

Ponga a prueba sus nuevos conocimientos

¿Cuáles son las cuatro etapas del cambio?

A. Sufrir, luchar, dudar y rendirse.

B. Organizar, marcar, fechar y archivar.

C. Culpar, ocultarse, esperar e irse a casa.

D. Negar, resistirse, explorar las oportunidades y aceptar.

¿Debe agotar su energía en minucias?

A. Sí, en realidad no abundan.

B. No, hay que reservar la energía para las cosas grandes.

C. Tal vez; todo depende del pie con el cual se haya levantado en la mañana.

D. Ninguna de las anteriores.

Capítulo 15
La disciplina de los empleados: palabras suaves y garrote grande

Este capítulo le permitirá:
- Aprender a disciplinar a sus empleados.
- Concentrarse en el desempeño.
- Aplicar las dos caras de la disciplina.
- Escribir un libreto.
- Desarrollar un plan para mejorar.
- Ejecutar un plan para mejorar.

¿No sería maravilloso si todos los empleados hicieran su trabajo a la perfección en todo momento? ¿No sería maravilloso si todos amaran la organización tanto como usted? También sería fabuloso ganarse la lotería, pero quizás no le haya llegado el momento de jubilarse.

La realidad es que los empleados cometen errores y algunos de ellos tienen actitudes que podríamos calificar de mediocres. En toda organización hay empleados con diversos grados de tales comportamientos y no conviene preocuparse mucho por eso. Sin embargo, cuando los empleados cometen errores serios una y otra vez, cuando no cumplen con sus metas y niveles de desempeño, o cuando parece que preferirían estar trabajando en otra parte (¡cualquier parte!) menos donde están ahora (y lo demuestran haciendo caso omiso de las políticas de la empresa), es necesario tomar medidas para erradicar los comportamientos nocivos de manera inmediata y decidida.

Atenerse a lo que se espera de uno es lo que se llama *responsabilidad*. Corregir el desempeño y los comportamientos de los empleados que se han apartado del camino recto se llama *disciplina*.

¿Por qué es necesario disciplinar a los empleados? ¿No sería mejor evitar la posible confrontación a la espera de que las cosas se arreglen con el tiempo? ¡No! Definitivamente, ¡no!

Existen dos razones principales para ello.

Primera, cuando los empleados no rinden al nivel que se espera de ellos, o cuando permiten que la mala actitud anule su capacidad para trabajar en equipo, el costo para la organización es mayor del que representan los empleados que trabajan al nivel esperado o por encima de él, y comparten la carga que les corresponde. El desempeño mediocre y las malas actitudes afectan a la eficiencia y la eficacia de la unidad de trabajo de una manera negativa y directa.

Segunda, si los demás empleados se dan cuenta de que usted permite que los mediocres se salgan con la suya, no sentirán mayor inclinación por mantener su propio nivel de desempeño. *¡Pues si Martín se sale con la suya, yo también puedo!* No solamente se generan más dolores de cabeza de los que había al comienzo, sino que la moral y el desempeño de toda la unidad de trabajo se deterioran. ¡Semejante situación *no* es buena!

A través de este capítulo descubrirá la importancia de enfrentar los problemas de desempeño de los empleados antes de que adquieran dimensiones mayores. Averiguará por qué es importante concentrarse en el desempeño y no en la personalidad, y conocerá un sistema de disciplina coherente que surtirá efecto cualquiera que sea su campo de trabajo.

Cómo disciplinar a los empleados

Últimamente, la disciplina de los empleados se ha desprestigiado. Ante los abusos cometidos por más de unos cuantos directivos demasiado acuciosos, para muchos trabajadores la palabra *disciplina* conjura imágenes de amonestaciones airadas de la gerencia, humillaciones en público y cosas mucho peores. ¿Qué significa para usted la disciplina? ¿Qué significa la disciplina en su organización? ¿Les gusta a sus empleados que les apliquen medidas disciplinarias? ¿Le agrada a usted?

La realidad es que son demasiados los empleados que confunden los términos *disciplina* y *castigo*, y los consideran la misma cosa. No podrían estar más equivocados, por lo menos en lo que respecta a una disciplina bien aplicada. La palabra disciplina viene del latín *disciplina* y significa *enseñar* o *aprender* (no, no significa despreciable). Por otra parte, *castigo* viene de la raíz latina *punire*, que a su vez se deriva de *poena*, o *pena*. Es interesante anotar que en inglés, por ejemplo, la palabra *pain* (dolor) también tiene su origen en la *poena* latina.

El punto de este paréntesis es que *disciplinar* a los empleados debe tener un propósito *positivo*. ¡Por lo menos así debiera ser si se hace bien! La disciplina permite poner a los empleados en conocimiento de los problemas a fin de que puedan corregirlos *antes* de que adquieran dimensiones serias. El objetivo primordial de la disciplina no es castigar a los empleados; es ayudarlos a volver al buen camino del trabajo bien hecho. Claro está que habrá casos en que eso no será posible y no habrá otra alternativa que despedir a los empleados cuyo rendimiento no es satisfactorio.

Hay dos razones principales para disciplinar a los empleados:

✔ **Problemas de desempeño:** Todos los empleados deben cumplir unas metas como parte de su trabajo. La meta de una recepcionista, por ejemplo, podría ser la de responder el teléfono al segundo timbre, o antes. Para un gerente de ventas, una meta podría ser aumentar las ventas anuales en un 15 por ciento. Cuando los empleados no cumplen con sus metas de desempeño, es necesario aplicar alguna medida disciplinaria.

✔ **Mala conducta:** Algunas veces, los empleados presentan comportamientos inaceptables para usted y para la organización. Por ejemplo, si un empleado abusa de la política de licencias por enfermedad, usted tendrá una razón válida para disciplinarlo. Asimismo, los empleados que acosan sexualmente o amenazan a otros compañeros deben esperar que sus gerentes les impongan alguna forma de disciplina.

La disciplina va desde un simple consejo verbal *("Guillermo, entregó el informe un día tarde. Espero que me presente los próximos informes a tiempo")* hasta el despido *("Lo lamento, María, le advertí que no toleraría más insubordinaciones. Está despedida")*. Entre estos dos extremos hay una amplia gama de alternativas cuya aplicación dependerá de la naturaleza del problema, su gravedad y la historia laboral del empleado en cuestión. Por ejemplo, si el problema es un incidente aislado y se trata de un empleado que normalmente tiene un buen desempeño, la medida disciplinaria será menos severa que si el problema es reiterado y persistente.

Aplique *siempre* la medida disciplinaria tan pronto como sea posible después del incidente. Al igual que cuando se trata de premiar a los empleados, el mensaje es mucho más fuerte y pertinente si el acontecimiento que lo generó es reciente. Si deja pasar demasiado tiempo entre un incidente y la medida disciplinaria aplicada posteriormente, el empleado podrá olvidar los aspectos específicos del suceso. No solamente eso, sino que usted dará a entender que el problema no es *tan* serio puesto que no se ha molestado en hacer algo al respecto durante tanto tiempo.

La forma de aplicar una disciplina eficaz es identificando los problemas de desempeño y de mala conducta *antes* de que se agraven. Los buenos gerentes ayudan a guiar a sus empleados por el camino correcto. Los gerentes que no disciplinan a sus empleados no pueden culpar a nadie más que a sí mismos cuando la mediocridad persiste o los actos de mala conducta se les salen de las manos. Los empleados necesitan el apoyo activo y la orientación de sus supervisores y gerentes para saber lo que se espera de ellos. Sin eso, es lógico que sea difícil para los empleados no desviarse del camino correcto algunas veces.

Y no olvide: se obtiene aquello que se premia. Examine atentamente el comportamiento que premia en sus empleados. Quizás le sorprenda averiguar que ha venido reforzando inadvertidamente el comportamiento negativo y el desempeño mediocre.

No postergue la disciplina. No posponga. No mire para otro lado esperando que el mal comportamiento de sus empleados desaparezca. Si lo hace, les estará faltando a los empleados que necesitan su orientación; le estará faltando a los empleados que trabajan al nivel que se espera de ellos o por encima; y le estará faltando a su organización. Discipline a sus empleados antes de que sea demasiado tarde. Hágalo ya.

Concéntrese en el desempeño, no en la personalidad

Usted es gerente (o espera serlo). No es psiquiatra ni psicólogo — aunque sienta que a veces lo *único* que hace es aconsejar a sus empleados. Su trabajo no es analizar las personalidades de sus empleados ni tratar de comprender por qué actúan como lo hacen. Su trabajo es evaluar el *desempeño* de sus empleados frente a los parámetros que ustedes han acordado mutuamente, y estar atento a cualquier violación de las políticas de la compañía. Si el desempeño de sus empleados es superior al nivel establecido, prémielos por el esfuerzo. (En el capítulo 6 hay información completa sobre la forma de retribuir y motivar a los empleados.) Pero si, por el contrario, el desempeño es *inferior* a lo establecido, es necesario aplicar la disciplina.

Esto no quiere decir que no deba ser compasivo. Algunas veces, el desempeño sufre debido a problemas familiares, dificultades económicas u otras presiones no relacionadas con el trabajo. Aunque debe darles a sus empleados la oportunidad de superar sus dificultades — podría sugerir un poco de tiempo libre o una reasignación temporal de labores — con el tiempo tendrán que volver a cumplir con sus niveles de desempeño.

Para ser justo y garantizar que la disciplina se base en el *desempeño* y *no* en la personalidad, cerciórese de que *todos* los empleados estén plenamente al tanto de las políticas de la compañía y de comunicar con claridad los niveles de desempeño esperados. ¿Reciben orientación sobre las políticas de la empresa todos los empleados nuevos? Cuando el representante de recursos humanos le trae un empleado nuevo a su puerta, ¿destina usted o alguien más el tiempo necesario para comunicar la filosofía y las prácticas de su departamento? ¿Se sienta usted periódicamente con sus empleados a revisar y actualizar sus niveles de desempeño? Si sus respuestas han sido negativas, es usted quien necesita ponerse a trabajar.

La disciplina se debe aplicar de manera coherente y justa. Aunque siempre debe disciplinar a sus empleados tan pronto como el desempeño desmejore o haya un acto de mala conducta, apresurarse a juzgar antes de reunir toda la información sobre el hecho es un error. Aunque es fácil demostrar que un empleado se demoró una semana en entregar un informe, descubrir los hechos en un caso de acoso sexual quizás no sea tan simple. Cuando discipline a sus empleados, deberá conocer los hechos y actuar imparcialmente, sin favoritismos hacia ciertas personas. Si un empleado hace algo malo, no puede dejar pasar el mismo comportamiento en los demás empleados. De hacerlo pondrá en peligro el respeto de sus empleados por su gestión, además de que es la forma segura de atraer demandas legales y otras cosas igualmente desagradables.

Recuerde, aunque su trabajo es señalar las faltas de sus empleados y guiarlos en sus esfuerzos por rendir al nivel esperado, al final es responsabilidad de ellos desempeñarse y el comportarse como se espera. Usted no puede ni debe hacer el trabajo por ellos ni tapar sus errores y actos de mala conducta. Claro está que puede y debe excusar un error ocasional, pero debe enfrentar todo patrón persistente de desempeño mediocre y mal comportamiento.

Las dos caras de la disciplina

Como explicamos al comienzo de este capítulo, hay dos razones fundamentales para disciplinar a los empleados: los problemas de desempeño y la mala conducta. El sistema de disciplina de dos caras comprende una serie de alternativas para los problemas de desempeño y otra para la mala conducta. Estas dos caras reflejan el hecho de que siendo por lo general la mala conducta un acto deliberado de parte del empleado, es una transgresión mucho más seria que una falta de desempeño. Los problemas de desempeño no suelen ser falta directa del empleado y por lo general se pueden corregir con capacitación o motivación adecuada.

Estas dos caras reflejan el concepto de *disciplina progresiva*. Disciplina progresiva significa comenzar siempre por la medida menos severa que le permita obtener el comportamiento que espera. Por ejemplo, si el empleado responde a una amonestación verbal y mejora, fantástico; usted queda libre para enfrentar otros retos de su trabajo. Sin embargo, si el empleado no responde a una amonestación verbal, usted debe avanzar hacia la siguiente medida: una amonestación por escrito. La idea es que el empleado se dé por enterado y corrija su comportamiento *antes* de que usted llegue a las medidas severas como los recortes salariales, las degradaciones, o el despido.

Al prepararse para disciplinar a los empleados, decida primero si los comportamientos que busca corregir tienen relación con el desempeño o son producto de la mala conducta. Una vez que esté seguro, escoja la mejor manera de comunicar el mensaje. Si se trata de una transgresión menor — falta de atención a los detalles, por ejemplo — lo único que necesita es asesoría verbal. Sin embargo, si sorprende a un empleado durmiendo en el trabajo, podría optar por suspenderlo sin remuneración durante un tiempo. Usted decide.

En todo caso, cerciórese de que la medida disciplinaria se produzca tan pronto como sea posible después de la transgresión. Es necesario corregir el desempeño *antes* de que el problema cobre dimensiones mayores. La disciplina *definitivamente* no puede ser el acontecimiento anual de la evaluación para la cual acumula todos los problemas de sus empleados. ¡Por Dios!

Nota: El sistema de disciplinar a los empleados en su organización puede ser un poco diferente del descrito en este capítulo. Si sus empleados están representados por un sindicato, lo más probable es que deba operar dentro del sistema acordado en la convención colectiva suscrita entre el sindicato y la empresa. Por ejemplo, podría necesitar la presencia de un representante del sindicato en todas las sesiones disciplinarias con sus empleados. Si ése es el caso, cerciórese de repasar las políticas de su organización y las prácticas y procedimientos de las relaciones laborales antes de embarcarse en la tarea de aplicar medidas disciplinarias.

Manejo de los problemas de desempeño: la primera línea

Si ha hecho su trabajo correctamente, cada uno de sus empleados conoce la descripción de su cargo y el conjunto de parámetros de desempeño. La descripción del cargo no es más que un inventario de todos los deberes de un determinado puesto. Por otro lado, los parámetros de desempeño son mediciones que usted y sus empleados establecen conjuntamente con el fin de evaluar el desempeño. Los parámetros de desempeño constituyen la base de las evaluaciones y revisiones periódicas. También son excelentes para llenar los expedientes del personal.

Aunque cada organización parece tener su propia forma de realizar las evaluaciones de desempeño, generalmente se puede clasificar a los empleados en tres categorías: desempeño sobresaliente, desempeño aceptable y desempeño inaceptable. En materia de disciplina, lo que se busca es corregir el desempeño inaceptable. Siempre es necesario ayudar a los buenos empleados a ser mejores, pero su interés primordial debe ser identificar a aquéllos que no cumplen con los parámetros y corregir sus deficiencias de desempeño.

La lista de medidas disciplinarias que aparece a continuación va desde la menos severa hasta la más severa. No olvide que debe utilizar la medida menos severa que le sirva para generar el comportamiento deseado. Si no surte efecto, pase a la siguiente.

- ✔ **Consejos verbales:** Esta forma de disciplina es ciertamente la más común y la mayoría de los gerentes la utilizan en primera instancia cuando desean corregir el desempeño de un empleado. No es raro que un gerente asesore verbalmente a distintos empleados muchas veces durante un mismo día. Esta asesoría puede ir desde una corrección simple y espontánea en el pasillo *("Margarita, es importante que me informe cuando nuestros clientes llamen por un problema de servicio")* hasta una reunión más formal en la oficina *("Samuel, me preocupa que usted no comprenda la importancia de verificar la dirección correcta antes de despachar los pedidos. Hablemos de las medidas que piensa tomar para corregir este problema y su plan para ponerlas en práctica")*. Las asesorías verbales por lo general no se documentan en los expedientes de los empleados.

- ✔ **Recomendaciones escritas:** Cuando los empleados no responden favorablemente a consejos verbales, o cuando la magnitud de los problemas de desempeño lo justifique, piense en las recomendaciones escritas. Esta medida formaliza el proceso de asesoría porque documenta las deficiencias de desempeño en un memorando. La forma de presentar estas recomendaciones es en una reunión personal con el empleado en la oficina del supervisor. Una vez que el empleado lee el documento se procede a una charla sobre lo que piensa hacer el empleado para mejorar su desempeño. Esta documentación se incluye en el expediente.

- ✔ **Evaluación negativa del desempeño:** Si el desempeño del empleado no mejora con los consejos verbales y escritos, la situación amerita una evaluación negativa del desempeño. Como las evaluaciones suelen realizarse solamente una vez al año, si es que se realizan, no son muy útiles para manejar situaciones agudas. Sin embargo, si de nada sirven los consejos verbales y escritos, el único camino es una evaluación negativa.

- ✔ **Degradación:** Las evaluaciones negativas repetidas o las fallas de desempeño especialmente graves pueden justificar una degradación del empleado a un nivel inferior dentro de la organización. Acéptelo: algunas veces se contratan o ascienden personas para cargos que sencillamente no pueden manejar. Aunque el empleado no tiene la culpa en esa situación, usted no puede permitir que continúe fallando si no hay esperanzas de elevar el desempeño hasta un nivel aceptable mediante capacitación u orientación adicional. Aunque desmoraliza, una degradación por lo menos le permite al empleado asumir un cargo que sí puede manejar. Pero antes de recurrir a esta medida, trate siempre de encontrar, en un nivel equivalente, un puesto que el empleado *sí* pueda manejar. Esto contribuirá a motivar y dar más seguridad al empleado y creará una situación positiva tanto para él como para la organización.

- ✔ **Despido:** Cuando todo lo anterior falla, el despido es la máxima medida disciplinaria para los empleados cuyo desempeño no es satisfactorio. Como lo sabe todo gerente que ha despedido a un empleado, el asunto no es nada agradable. Piense en esta alternativa solamente cuando haya agotado todas las demás posibilidades. Quizás sobre decir que en estos días de litigios por despidos injustificados y sentencias multimillonarias es importante documentar las deficiencias de desempeño de los empleados *muy* bien, y respaldarlas con hechos. Para mayor información sobre los intríngulis de esta forma tan importante de disciplina remítase al capítulo 16.

Manejo de la mala conducta: la segunda línea

La mala conducta es otra cosa muy diferente de los problemas de desempeño y debe manejarse de conformidad. Aunque tanto la mala conducta como los problemas de desempeño pueden afectar de manera negativa a las utilidades de una empresa, la mala conducta suele considerarse una falta mucho más seria que un desempeño deficiente, porque indica un problema de actitud o de creencias éticas. Además, modificar el desempeño es mucho más fácil que modificar las actitudes o las creencias de los trabajadores.

Hasta la terminología de las distintas medidas disciplinarias en esta segunda línea indica que hay algo grave. Por ejemplo, mientras que la primera medida en la primera línea se denomina *consejos verbales,* la primera medida en la segunda línea se denomina *amonestación verbal.* La mala conducta exige un enfoque más severo que un problema de desempeño.

Las medidas disciplinarias aplicadas en respuesta a la mala conducta también tienen consecuencias más inmediatas para los empleados que aquéllas motivadas por un mal desempeño. Mientras en el caso del desempeño quizás se necesite tiempo para elevar el nivel mientras se prepara un plan, se programan cursos adicionales, etc., la mala conducta debe ser erradicada *inmediatamente.* Cuando se disciplina a los empleados por mala conducta se les notifica que su comportamiento *no* será tolerado. La persistencia de la mala conducta puede llevar rápidamente a la suspensión y el despido.

Como en la primera línea disciplinaria, las medidas siguientes aparecen en orden, de la menos severa a la más severa. La que escoja dependerá de la gravedad de la falta y del historial laboral del empleado.

- ✔ **Amonestación verbal:** Cuando la falta es menor o es la primera, la amonestación verbal es la alternativa menos severa para notificar al empleado que su conducta no será tolerada. En muchos casos de mala conducta, una amonestación verbal que demuestre a los empleados que usted está al tanto de lo que sucede es lo único que se necesita para corregir la situación.

- ✔ **Amonestación escrita:** Infortunadamente, no todos los empleados entienden las amonestaciones verbales. Además, la magnitud de la ofensa quizás implique omitir el primer paso y proceder inmediatamente a la amonestación escrita. La amonestación escrita es la forma de comunicar a los empleados que usted habla en serio y que la falta quedará registrada en la hoja de vida. La amonestación deberá ser entregada por el supervisor inmediato del trabajador.

- ✔ **Reprimenda:** La reprimenda es la respuesta a los actos repetidos o serios de mala conducta. La reprimenda por lo general se hace en el mismo formato que la amonestación escrita, pero en lugar de entregarla el supervisor inmediato lo hace un gerente de un nivel superior dentro de la organización. Es la última oportunidad que tiene el empleado para corregir su comportamiento antes de la suspensión, la degradación o el despido.

- ✔ **Suspensión:** La suspensión o licencia obligada no remunerada se utiliza cuando no ha sido posible corregir faltas muy graves o repetidas mediante otros intentos menos severos por disciplinar a los empleados. Quizás sea necesario retirar al empleado del sitio de trabajo durante un tiempo para garantizar la seguridad de los demás o reparar la moral de la unidad de trabajo. También puede ser necesaria una suspensión no disciplinaria mientras se hace la investigación de una acusación de mala conducta. Durante la suspensión no disciplinaria por lo general no se pierde la remuneración mientras el gerente, el representante de recursos humanos u otro funcionario de la compañía revisa el caso.

- ✔ **Degradación:** Aunque es posible degradar a un empleado por mala conducta, es algo que no se suele recomendar. La degradación es más adecuada para corregir problemas de desempeño cuando se espera que el empleado pueda cumplir con los parámetros al tener un nivel menor de responsabilidad.

- ✔ **Despido:** En los casos especialmente graves de mala conducta, el despido podría ser la primera alternativa para castigar a un trabajador. Esta regla se aplica en particular en los casos de violaciones extremas de las normas de seguridad, insubordinación manifiesta y otras faltas graves. El despido también podría ser consecuencia de una mala conducta persistente que no se ha podido corregir con medidas disciplinarias menos severas. Consulte el capítulo 16 para mayor información sobre el despido de los empleados.

Disciplinar a los empleados: una obra en cuatro partes

Existen una forma correcta y muchas formas erradas de disciplinar a los empleados. Olvide las muchas forma erradas por ahora y concéntrese en la forma *correcta*.

Independientemente de la clase de disciplina que escoja para la situación particular, el enfoque a aplicar con los empleados es el mismo, ya sea que recurra a los consejos verbales, la suspensión o la degradación (el despido es la excepción considerando su carácter definitivo). La base de su libreto son *siempre* cuatro pasos. Si los cumple, podrá estar seguro de que sus empleados comprenderán *cuál* es el problema, *por qué* es un problema y lo que deben hacer para corregirlo.

Describa el comportamiento inaceptable

¿Qué es exactamente lo que es inaceptable en la conducta del empleado? Al describir un comportamiento indeseado, cerciórese de ser absolutamente concreto. No es la ocasión para afirmaciones ambiguas y amorfas como "Su actitud es mala" o "Usted comete muchos errores" o "No me agradan sus hábitos de trabajo". ¿De qué habla?

Relacione siempre los comportamientos inaceptables con los parámetros específicos de desempeño que no se hayan cumplido o con las políticas violadas. Especifique con exactitud lo que el empleado hizo mal y el momento en el cual ocurrió el comportamiento. Y no olvide concentrarse en el *comportamiento* y no en la *persona*. *Limítese solamente a los hechos*.

Los siguientes ejemplos le ayudarán:

- ✔ "Su producción de la semana pasada estuvo por debajo de las 250 unidades por hora establecidas".
- ✔ "La prueba para consumo de droga a la que se sometió el lunes fue positiva".
- ✔ "Los últimos tres análisis que me presentó contenían muchos errores de cálculo".
- ✔ "Ha llegado tarde a trabajar tres de los cuatro días de esta semana".

Explique el impacto para la unidad de trabajo

Cuando un empleado presenta un mal comportamiento — sea un trabajo inferior al nivel establecido o una mala conducta — el efecto para la unidad de trabajo *siempre* es negativo. Por ejemplo, si un empleado llega a trabajar tarde todos los días, es necesario asignar a otra persona para cubrir el puesto hasta que aparezca el retrasado. Eso implica que el otro trabajador debe abandonar lo que debería estar haciendo, lo cual reduce la eficiencia y eficacia de la unidad de trabajo. Y si un empleado acosa sexualmente a otro, la moral y la eficacia de los afectados sufren necesariamente.

Los siguientes pasos son la continuación de su libreto para el proceso de disciplinar al empleado.

- ✔ "A causa del descenso de su desempeño, la unidad de trabajo no logró cumplir las metas globales de la semana".
- ✔ "Ésta es una violación concreta a nuestra política de una empresa sin droga".
- ✔ "A causa de estos errores tendré que destinar tiempo adicional para revisar su trabajo más atentamente antes de pasarlo al siguiente eslabón de la cadena".
- ✔ "En vista de que usted no llegaba, tuve que sacar a Margarita de su puesto para cubrir el suyo".

Especifique los cambios necesarios

De nada sirve decirle a un empleado que hizo algo mal si no se le dice también lo que debe hacer para corregir el comportamiento. La otra parte del libreto consiste en explicar con exactitud el comportamiento que espera que su empleado adopte. Dicho comportamiento debe coincidir con un parámetro de desempeño establecido o con una política de la compañía.

Los ejemplos siguientes son la tercera parte de su libreto:

- ✔ "Deberá elevar su producción a 250 unidades a la semana o más, inmediatamente".
- ✔ "Obtenga una cita con el programa de asistencia al personal para recibir asesoría en materia de consumo de drogas".
- ✔ "Espero que su trabajo no contenga error alguno cuando me lo presente para aprobación".
- ✔ "Espero que esté en su asiento, listo para trabajar, a las 8:00 A.M., *todos* los días".

Describa las consecuencias

Claro está que no hay disciplina completa sin una conversación sobre lo que sucedería en caso de persistir el comportamiento inaceptable. Ésta es su gran oportunidad para advertir al empleado sobre las consecuencias de su mal desempeño o su mala conducta. Asegúrese de transmitir el mensaje enfáticamente y con total claridad, y de que su empleado lo comprenda.

Por último, la cubierta de este pastel: la medida disciplinaria.

- ✔ "Si no puede cumplir con el parámetro establecido, será reasignado a la unidad de capacitación para que mejore sus destrezas".
- ✔ "Si rehúsa someterse a una asesoría, será suspendido sin remuneración durante cinco días".
- ✔ "Si la precisión de su trabajo no mejora inmediatamente, tendré que redactar unos consejos por escrito que irán a su hoja de vida".
- ✔ "Si vuelve a llegar tarde, solicitaré al gerente general una reprimenda formal en su caso".

El acto final

Una vez desarrolladas las cuatro partes de su libreto disciplinario, reúnalas en un planteamiento unificado para presentar a los empleados díscolos. Aunque sin duda entrará en detalles respecto de los problemas generados por el comportamiento indeseado, este libreto debe ser la esencia de su sesión disciplinaria con el empleado.

Las cuatro partes del libreto se unen para generar el siguiente producto final:

- ✔ "Su producción de la semana pasada estuvo por debajo de las 250 unidades por hora establecidas. A causa del descenso de su desempeño, la unidad de trabajo no logró cumplir las metas globales de la semana. Deberá elevar su desempeño al nivel de las 250 unidades a la semana o más, inmediatamente. Si no puede cumplir con el parámetro establecido, será reasignado a la unidad de capacitación para que mejore sus destrezas".
- ✔ "La prueba de consumo de droga a la que se sometió el lunes fue positiva. Ésta es una violación concreta a nuestra política de una empresa sin droga. Obtenga una cita con el programa de asistencia al personal para recibir asesoría en materia de consumo de drogas. Si rehúsa someterse a la asesoría, será suspendido sin remuneración durante cinco días".
- ✔ "Los últimos tres análisis que me presentó contenían muchos errores de cálculo. A causa de estos errores tendré que destinar tiempo adicional para revisar su trabajo más atentamente antes de pasarlo al próximo eslabón en la cadena. Espero que su trabajo no contenga error alguno cuando me lo presente para aprobación. Si la precisión de su trabajo no mejora inmediatamente, tendré que redactar unos consejos por escrito que irán a su hoja de vida".

✔ "Ha llegado tarde a trabajar tres de los cuatro días de esta semana. En vista de que usted no llegaba, tuve que sacar a Margarita de su puesto para cubrir el suyo. Espero que esté en su asiento, listo para trabajar, a las 8:00 A.M., *todos* los días. Si vuelve a llegar tarde, solicitaré al gerente general una reprimenda formal en su caso".

Un plan para mejorar

Los gerentes adoran los planes: planes para terminar proyectos a tiempo, planes para cumplir con las metas financieras de la organización en cinco años, planes para desarrollar más planes. También hay un plan cuando se trata de disciplinar a los empleados. El *plan para mejorar el desempeño* es un componente crucial del proceso disciplinario porque esboza los pasos concretos que el empleado debe seguir para mejorar su desempeño dentro de determinado período de tiempo.

Si las fallas de desempeño del empleado son menores y usted solamente le ha dado unos consejos verbales, quizás un plan sea demasiado. Además, puesto que todo caso de mala conducta se debe corregir *inmediatamente,* los planes para mejorar el desempeño no tienen cabida allí. Sin embargo, si el desempeño deficiente del empleado es habitual y usted ha recurrido a consejos y otras medidas disciplinarias más serias, no cabe duda de que el remedio indicado es un plan de desempeño. *¡Tómese dos tabletas y llámeme en la mañana!*

El plan para mejorar el desempeño consta de tres partes, a saber:

✔ **Metas:** Enunciar las metas es la forma de marcar el rumbo claro que deben seguir los empleados para alcanzar un desempeño satisfactorio. Este enunciado — el cual debe estar directamente relacionado con los parámetros de desempeño — debería decir algo así: "Termina todas las actividades asignadas en la fecha programada o antes", o "Está en su puesto, lista para comenzar a trabajar, exactamente a las 8:00 A.M. todos los días".

✔ **Plazo para cumplir:** ¿De qué sirve un plan sin plazos? Es como comerse un cono de helado sin helado. O como ver televisión sin el volumen. Todo buen plan requiere una fecha concreta para su culminación, con etapas bien delimitadas en caso de que sea un plan complejo.

✔ **Recursos y capacitación requeridos:** El plan para mejorar el desempeño debe contener además un resumen de los recursos o la capacitación adicionales que le permitan al empleado poner a punto su desempeño.

El siguiente es un ejemplo de un plan para una persona que comete muchos errores al escribir la correspondencia:

Plan para mejorar el desempeño

Juan Rodríguez

Meta:

✔ Terminar todos los borradores de las cartas mecanografiadas con dos o menos errores por documento.

Plazo:

✔ Juan deberá alcanzar esta meta en un plazo de tres meses a partir de la fecha de este plan.

Recursos y capacitación requeridos:

✔ Juan ingresará en el programa de mecanografía y revisión de correspondencia de la empresa. Deberá terminar satisfactoriamente su capacitación a más tardar en dos meses a partir de la fecha de este plan.

Ejecución del plan para mejorar

Una vez elaborado el plan para mejorar el desempeño, su responsabilidad es cerciorarse de que no se quede por allí recogiendo polvo en un estante. Haga un seguimiento para verificar que sus empleados estén tomando las medidas del caso y avanzando hacia las metas fijadas conjuntamente. Sí, hacer el seguimiento a los planes de desempeño exige tiempo, pero es un tiempo *muy bien* invertido. Además, si no saca tiempo para verificar el progreso de los empleados, no se debe sorprender si descubre que tampoco *ellos* tienen tiempo para sentarse a trabajar en sus planes.

¿Están trabajando sus empleados en las metas fijadas de común acuerdo? ¿Por lo menos *tienen* las metas enunciadas? ¿Están cumpliendo los plazos y recibiendo la capacitación y demás recursos que usted se comprometió a proporcionar? Si no es así, es necesario poner énfasis en la importancia de los planes y ayudar a sus empleados a descubrir la razón por la cual no los han puesto en práctica según lo acordado.

Una de las mejores cosas que puede hacer para ayudar a sus empleados a ejecutar los planes para mejorar el desempeño es programar reuniones periódicas para revisar el avance una vez al día, una vez a la semana o una vez al mes. Para los planes más extensos se necesita un seguimiento más frecuente. Las reuniones cumplen dos funciones. Primera, le brindan la información que usted necesita para evaluar el avance de sus empleados hacia el cumplimiento del plan. Segunda, es una muestra clara e inequívoca para los empleados de que usted se interesa por su progreso. Si usted demuestra que los planes son importantes para *usted*, los empleados les darán prioridad dentro de su apretado programa de trabajo.

RECUERDE

Establezca los planes para mejorar el desempeño conjuntamente con sus empleados y supervise su cumplimiento. Tanto usted como sus empleados se alegrarán de haberlo hecho.

VERIFICACIÓN DE CONCEPTO

Ponga a prueba sus nuevos conocimientos

¿Cuáles son las dos líneas para disciplinar a los empleados?

A. Los problemas de desempeño y de mala conducta.

B. Las medidas disciplinarias progresivas y el despido.

C. Asesoría y entrenamiento.

D. Ninguna de las anteriores.

¿Cuáles son las tres partes de un plan para mejorar el desempeño?

A. Consejos verbales, consejos escritos y evaluación negativa del desempeño.

B. Consejos escritos, amonestación escrita y reprimenda.

C. Enunciado de las metas, plazo para la culminación, y recursos y capacitación requeridos.

D. Primera, segunda y tercera parte.

Capítulo 16
Terminación del contrato laboral

Este capítulo le permitirá:
- Comprender los tipos de terminación de contrato.
- Realizar reducciones de personal.
- Tomar las precauciones necesarias antes de despedir a un empleado.
- Realizar el proceso de despido paso por paso.
- Decidir cuándo despedir a un empleado.

El oficio de gerente es duro. Si alguien le dice lo contrario, será porque miente o habla en broma. Desafiante, sí. Eternamente cambiante, sí. Gratificante, sí. Fácil, no. Y de todas las cosas difíciles que los gerentes deben hacer todos los días, la más dura, sin duda, es despedir a un empleado. No importa cuántas veces se haga, jamás se vuelve más fácil.

La mecánica de despedir a los empleados — fijar metas, recopilar datos, evaluar el desempeño, disciplinar y hacer el papeleo — no es muy difícil. La parte dura es la carga emocional que implica despedir a alguien — especialmente si esa persona lleva bastante tiempo trabajando con usted y han compartido momentos buenos y malos. Sin embargo, por muy difícil que sea llevar aparte a un empleado y comunicarle que ya no necesita de sus servicios, algunas veces es la única salida.

Por mucho que trate de ayudar a una persona a tener éxito en su organización, hay veces en que esa persona sencillamente no ha sido hecha para estar empleada allí. La pregunta es quién habrá de reconocer el problema primero y quién ha de tomar las medidas del caso.

Lo que sucede es que la terminación de un contrato de trabajo no depende solamente de su criterio. Algunas veces, los empleados se "despiden" a sí mismos. *¡Renuncio!* Si tiene suerte, le avisarán con dos semanas de anticipación. Si no tiene tanta suerte, le avisarán con menos tiempo. En todo caso, estará demasiado ocupado durante un tiempo con el proceso de contratación. Vea el capítulo 5 para mayor información sobre la forma de contratar buenos empleados.

Este capítulo explica las razones por las cuales se despide a los empleados, los distintos tipos de terminación de contrato y la forma exacta como se debe proceder. Descubrirá la diferencia entre un despido laboral y una reducción de personal y también la importancia de documentar todos y cada uno de sus actos.

Terminaciones de contrato para toda ocasión

Cuando se pronuncian las palabras *terminación de contrato* la mayoría de la gente piensa inmediatamente en el proceso de despedir a un empleado que no cumple con su trabajo. Aunque el despido es la forma más dramática y quizá más volátil de terminación de contrato (basta con preguntar a un gerente que haya tenido que manejar a un empleado que ha perdido los estribos durante un despido), las terminaciones de contrato pueden ser de muchos sabores, dependiendo de la situación.

Existen dos categorías principales de terminación de contrato: voluntarias e involuntarias. La diferencia fundamental entre las dos es que el retiro voluntario lo emprende el empleado por voluntad propia, mientras que el retiro involuntario ocurre contra la voluntad del empleado, y muchas veces a pesar de sus gritos y pataletas. Las secciones siguientes describen las dos categorías.

Retiros voluntarios

Los empleados tienen muchas razones para "despedirse" a *sí mismos*. Sí, ya sabemos, que alguien quiera abandonar voluntariamente su propia idea de paraíso laboral es algo difícil de creer, pero la verdad es que así es, y por muchas razones diferentes. Algunas veces encuentran mejores oportunidades de remuneración y ascenso en otra empresa. Otras veces se encuentran en situaciones de trabajo sin salida o se van debido a conflictos de personalidad con su jefe u otros empleados. Otras veces los empleados se van a causa de tensión emocional, necesidades familiares, dependencia de fármacos u otras razones personales.

En algunos casos de retiro voluntario usted no querrá dejar ir al empleado, mientras que en otros, usted los *alienta* a irse. Y en ocasiones, algún empleado se queda en la empresa el tiempo suficiente para jubilarse. Como por esta época casi nadie parece permanecer el tiempo suficiente para jubilarse en un sitio, este fenómeno siempre representa un gran impacto para los empleados.

Así pues, las principales razones por las cuales los empleadores se van voluntariamente son las siguientes:

- ✔ **Renuncia (sin ayuda):** La renuncia sin ayuda sucede cuando un empleado decide retirarse de su cargo en la empresa sin que nadie se lo insinúe o sugiera. Infortunadamente, son los empleados buenos los que casi siempre renuncian. Aunque no hay forma de obligar a nadie a permanecer para siempre en la organización (y tampoco es conveniente), *sí* es posible cerciorarse de no perder a la gente a causa de problemas que la organización no ha tratado de corregir debidamente. Un determinado departamento en donde hay mucha rotación de personal es señal de alerta de que las condiciones de trabajo son demasiado tensionantes o de que el jefe necesita un ajuste de comportamiento.

- ✔ **Renuncia (motivada):** La renuncia motivada es cuando usted le insinúa a su empleado que deje el puesto. Se recurre a esa clase de renuncia como medio para no avergonzar al empleado que está a punto de ser despedido; en lugar de eso se le ofrece la oportunidad de renunciar. Este método amortigua el daño del despido y es además una forma de no manchar el historial laboral del empleado.

- ✔ **Jubilación:** La jubilación se produce cuando un empleado llega al final de su carrera y decide dejar su puesto definitivamente y para siempre.

Retiros involuntarios

Claro está que no todas las terminaciones de contrato son tan fáciles de manejar como las formas voluntarias mencionadas en la sección anterior. Los retiros involuntarios rara vez son agradables para el jefe o para el empleado, y realmente se necesita haber llegado al extremo de tolerancia para recurrir a esta sanción definitiva en contra del empleado. Hay dos tipos de retiros involuntarios:

- ✔ **Reducciones de personal:** Una *reducción de la fuerza laboral* se produce cuando la organización decide rescindir el contrato de cierto número de empleados por razones económicas. Por ejemplo, si la empresa pierde varios contratos esenciales y los ingresos proyectados para mantenerse a flote, quizás no tenga otra vía que la de disminuir los costos de la nómina reduciendo el personal.

Cada compañía tiene sus propias políticas para determinar el orden de las reducciones de personal. En algunas organizaciones, el último empleado contratado es el primero en irse. En otras, el factor determinante es el desempeño. Cuando las empresas recuperan su solidez financiera — si es que lo hacen — dan prelación de contratación a los empleados que han tenido que salir a causa de la reducción de personal.

✔ **Despidos:** Los empleados son despedidos cuando no hay esperanza de que mejoren su desempeño o cuando cometen un acto tan grave de mala conducta que el despido es la única opción.

Buenas razones para despedir a los empleados

Siempre y cuando que no haya el menor componente de discriminación al despedir a un empleado, como gerente usted tiene mucho poder para decidir. Aunque en general conserva el derecho de despedir a voluntad, podría caminar sobre terreno muy pantanoso dependiendo de la razón que elija para ello.

Sin embargo, existe un consenso general sobre ciertos comportamientos que ameritan despido. Algunos son considerados *transgresiones intolerables* que merecen acción inmediata — sin consejos o amonestaciones escritos, reprimendas o suspensiones. Un despido inmediato y definitivo. Esos comportamientos son:

✔ **Maltrato verbal:** El maltrato verbal incluye cosas como maldecir, hostigar repetidamente con palabras, ofender con malicia y otros comportamientos semejantes. Los empleados tienen derecho de trabajar en un ambiente donde no haya abusos verbales. Además, el maltrato verbal hacia los clientes y otros socios sencillamente es malo para cualquier empresa. Si sus empleados insisten en maltratar verbalmente a otras personas una vez advertidos, usted podrá despedirlos sin temor a ninguna repercusión legal.

✔ **Incompetencia:** A pesar de los esfuerzos continuos por capacitarlos, algunos empleados sencillamente no están hechos para su trabajo. Si usted ha tratado de ayudarlos y aún así no logran desempeñar sus deberes a un nivel aceptable de rendimiento, no hay duda de que el despido es lo mejor tanto para el empleado como para la empresa.

✔ **Llegar tarde repetidamente sin motivo:** La empresa espera que sus empleados realicen su trabajo tal como se ha programado. El empleado que llega tarde no solamente afecta la capacidad de los demás empleados para cumplir su trabajo a tiempo, sino que también es muy mal ejemplo para los trabajadores puntuales. Si un empleado insiste en llegar tarde *después* de habérsele advertido que su comportamiento es inaceptable, usted tendrá una base sólida para despedirlo.

✔ **Insubordinación:** Rehusarse deliberadamente a cumplir sus obligaciones laborales es motivo de despido inmediato sin previo aviso. Aunque no es raro que los supervisores alienten a los empleados a cuestionar *el porqué* de las decisiones, una vez tomadas deben ser cumplidas. Si los empleados se niegan a cumplir las instrucciones, la relación fundamental entre patrón y trabajador se descompone y no hay razón para tolerarla.

✔ **Violencia física:** La mayoría de las compañías toman muy en serio la violencia física iniciada por un empleado o sus amenazas de violencia. Los empleados tienen derecho a trabajar en un entorno seguro y los empleadores tienen el deber de proporcionar dicha seguridad. La violencia física pone en peligro la seguridad de los empleados y los distrae de sus oficios. Si un empleado amenaza con violencia física a sus compañeros, a los clientes o a otros, o cumple su amenaza, usted podrá despedirlo inmediatamente sin tener problema alguno.

✔ **Robo:** Otro comportamiento absolutamente intolerable es el robo de bienes de la empresa o de otros trabajadores o clientes. La mayoría de las empresas que sorprenden a un empleado en tamaña tarea proceden inmediatamente al despido sin previo aviso. Si usted decide retirar a un empleado por motivo de robo y tiene las pruebas concretas del delito, puede proceder con total seguridad de que la ley estará de su lado.

✔ **Intoxicación en el trabajo:** Aunque estar ebrio o bajo la influencia de drogas en el trabajo es motivo suficiente para despedir inmediatamente a un empleado, en la actualidad muchas compañías ofrecen la opción de someterse a la asesoría de un programa de asistencia a los empleados o de ingresar a un programa como el de Alcohólicos Anónimos. En muchos casos, los empleados logran rehabilitarse y regresar a su trabajo.

✔ **Falsificación de documentos:** Falsificar documentos es otra conducta intolerable que puede llevar al despido inmediato. En esta categoría se incluye dar información fraudulenta durante el proceso de contratación (mentir sobre los establecimientos educativos, los diplomas, trabajos anteriores, etc.) y presentar datos fraudulentos durante la permanencia en la empresa (informes falsos de gastos, tarjetas de control de tiempo falsificadas, trampa en los exámenes, etc.).

Razones por las cuales algunos gerentes evitan lo inevitable

Como usted sabe, despedir a un empleado no es la forma más agradable de pasar una tarde. La mayoría de los directivos preferirían hacer cualquier otra cosa. Aunque las razones previamente enumeradas para despedir a los empleados son claras y representan un motivo suficiente para tomar la decisión, no quiere decir que por ello faciliten el proceso.

Algunos gerentes evaden esta responsabilidad por las razones siguientes:

- ✔ **Temor a lo desconocido:** Despedir a un empleado puede ser una idea atemorizante — especialmente si es la primera vez que la persona se prepara para hacerlo. ¿Será que el empleado rompe a llorar? ¿Tendrá un ataque cardíaco o un derrame cerebral? ¿Se pondrá furioso? ¿Le propinará un golpe? No se preocupe, a todos los gerentes les ha llegado su primera vez. Infortunadamente, la última vez parece no suceder jamás sino hasta el día de la jubilación.

- ✔ **Efecto emocional:** Considerando que usted probablemente pasa entre una cuarta y una tercera parte de sus horas de vigilia en el trabajo, hacer amistad con algunos de sus empleados es natural. Eso no tiene nada de malo, hasta que llega el momento de tomar una medida disciplinaria o de terminar el contrato de uno o más de sus amigos. Despedir a *cualquier* empleado de por sí es duro, entonces qué decir de un empleado con quien usted ha creado lazos emocionales.

- ✔ **Temor de una repercusión negativa para usted:** ¿Cómo queda usted como jefe cuando se ve precisado a despedir a uno de sus empleados? En el caso de una reducción de personal, ¿acaso es culpa *suya* que la organización no haya alcanzado las metas? Si se trata de un despido, ¿escogió *usted* a la persona equivocada cuando la contrató? Muchos gerentes preferirían aguantar los problemas de desempeño de sus empleados en lugar de atraer la atención hacia sus propias fallas — reales o aparentes.

- ✔ **Posibilidad de un pleito:** En estos días en que abundan los litigios por cualquier cosa (hasta por derramar una taza de café), es fácil comprender que los directivos sientan pavor de despedir a algún empleado.

- ✔ **Esperanza de que el problema desaparezca:** Sí, claro. Pero no retenga el aliento mientras eso sucede.

Proceso para reducir personal

Llámelo como quiera, reducción de la fuerza laboral, disminución de tamaño, redefinición de tamaño, reingeniería, o lo que sea. Las causas y los resultados siguen siendo los mismos. Su organización necesita recortar la nómina y los costos relacionados de personal e instalaciones físicas, y es necesario deshacerse de algunos de sus empleados.

Las reducciones de personal, aunque traumáticas para todos los afectados, son diferentes de los despidos porque los empleados por lo general no tienen la culpa directa. Generalmente son empleados buenos, obedientes de las reglas. Son productivos y desempeñan bien su trabajo. Son trabajadores leales y dedicados. Los verdaderos culpables suelen ser factores externos como cambios en el mercado, fusiones y adquisiciones de empresas y presiones de un mercado global más competitivo.

Cuando no hay otra salida que reducir personal, siga los pasos de la siguiente guía para ayudarse durante el proceso:

1. **Identifique la magnitud del problema y los departamentos que serán afectados.**

    ¿Cuán profundo es el socavón financiero en el cual se encuentra su organización? ¿Existe la posibilidad de que haya un cambio de fortuna en poco tiempo? Si algunos productos o servicios no se venden, ¿cuáles son los departamentos afectados?

2. **Suspenda las contrataciones.**

    Contratar empleados durante una reducción de personal no tiene sentido, a menos que el puesto sea *absolutamente* vital; por ejemplo, si se va una recepcionista y de todas maneras necesita a alguien que responda el teléfono y reciba a los visitantes. No solamente corre el riesgo de tener que despedir a una persona recién contratada, sino que si contrata a alguien en esos momentos le enviará un mensaje bastante equivocado a sus empleados, a saber, que no siente interés alguno por ellos.

3. **Elabore la lista tentativa de los empleados que deben irse.**

    Una vez que identifique la magnitud del problema y los departamentos afectados, el paso siguiente es identificar a *cuáles* empleados deberá despedir. En esta etapa es de vital importancia averiguar cuáles empleados tienen la mayor destreza y experiencia en los campos que la organización necesita, y cuáles tienen la menor. Los primeros en irse durante un proceso de reducción de personal son generalmente los empleados cuyas destrezas y experiencia no coinciden exactamente con las necesidades de la organización.

4. **Notifique de antemano a los empleados acerca del plan de reducción.**

    Una vez que parezca inminente la necesidad de reducir personal, hágaselo saber a todos los empleados *inmediatamente* y con suficiente anticipación. Infórmelos claramente de los problemas financieros y de otra naturaleza por los que atraviesa la organización y solicite a sus empleados sugerencias para disminuir los costos o mejorar la eficiencia. Algunas veces las sugerencias de los empleados pueden ayudarle a ahorrar dinero suficiente para evitar los despidos o por lo menos amortiguar su impacto sobre la organización. Exagere por el lado de la comunicación.

5. Explore a fondo todas las demás alternativas.

¿Puede reducir costos mejorando los procesos, o por medio de degradación o jubilación temprana de los empleados? ¿Es posible trasladar a los empleados a divisiones con mejor situación financiera? ¿Podría ahorrar algunos gastos discrecionales como viajes presupuestados, mejoras físicas, o difiriendo las adquisiciones de capital?

6. Elabore la lista definitiva de los empleados que deben irse.

Una vez que haya puesto la organización patas arriba para buscar posibles fuentes de ahorro, es necesario elaborar la lista de los empleados que deberán irse. La lista debe ir por orden de rango en caso de un cambio que le permita borrar a algún empleado. La mayoría de las empresas tienen procedimientos definidos para ordenar los nombres para efectos de reducir personal, en especial si los empleados están representados por un sindicato. Dichos procedimientos generalmente dan preferencia a los empleados permanentes sobre los temporales y toman en cuenta la antigüedad y el desempeño. Si en su empresa *no* hay una política, le tocará a usted determinar la base para aplicar la medida. Si así es, tome en consideración la experiencia de sus empleados y el tiempo que llevan en la organización. Cuídese de no discriminar a los trabajadores protegidos — los de mayor edad, por ejemplo — cuyo desempeño sea bueno.

7. Notifique a los empleados afectados.

Llegados a este punto, muchos empleados están prácticamente paralizados de miedo. Apenas termine su lista, notifique a los afectados. La mejor forma de hacerlo es en una reunión privada, personalmente.

8. Ofrezca servicios de consecución de empleo a los empleados despedidos.

Si el tiempo y el dinero lo permiten, proporcione apoyo en consecución de empleo y asesoría a los empleados retirados. Su organización puede brindar capacitación en temas tales como redactar hojas de vida, planeación financiera, entrevistas y redes de empleo, y facilitar los computadores, las máquinas de fax y los teléfonos para que los empleados puedan buscar trabajo. Si puede ayudarles con contactos y datos sobre vacantes, no dude en hacerlo.

Capítulo 16: Terminación del contrato laboral

9. Liquidación.

Hable personalmente con cada uno de los empleados para hacer los arreglos del caso y terminar los trámites. Explique el paquete de prestaciones, la continuación de los beneficios y cualquier otro programa patrocinado por la compañía para los casos de despidos colectivos. Recoja las llaves, las tarjetas de identificación y todos los equipos de propiedad de la compañía. Escolte a sus antiguos empleados recién despedidos hasta la puerta y deséeles suerte.

10. Reúna a los "sobrevivientes".

Reúna a los empleados restantes en una reunión de "ayuda mutua" para hacerles saber que ahora que ha terminado el proceso de despidos colectivos, la empresa ha iniciado el camino hacia la solidez financiera. Informe a los integrantes del equipo que, a fin de evitar reducciones futuras, tendrán que trabajar al unísono para superar la coyuntura del ciclo de negocios.

Advertencia: Antes de despedir a un empleado...

Aunque *todavía* no ha muerto el concepto de "despido a voluntad", bien podría estar agonizando en vista de todas las trabas asociadas a los despidos. Despedir a un empleado es de por sí bastante desagradable sin tener que arrastrarse de tribunal en tribunal respondiendo a los cargos de un despido injustificado. El problema es que, aunque la mayoría de las organizaciones tienen procedimientos claros para disciplinar a los empleados, algunos directivos todavía los pasan por alto cuando llega el momento crucial. Cualquier omisión aparentemente insignificante de parte de los gerentes puede terminar en sentencias de pagos realmente onerosos por daños y perjuicios en favor de los antiguos empleados.

Antes de despedir a un empleado por una causa, cerciórese de ajustarse a los criterios siguientes y de tener todas sus bases cubiertas. Créanos: no se arrepentirá ni un segundo.

✔ **Documentación:** Recuerde la regla: Documentar, documentar, y después documentar un poco más. Si el motivo por el cual piensa despedir al empleado es desempeño deficiente, más le vale tener la información de desempeño para respaldar sus afirmaciones. Si el motivo es robo, más vale que tenga *pruebas* de que el empleado en cuestión es el ladrón. Nunca es *demasiada* la documentación. Esta regla siempre es válida cuando se toman medidas de personal, pero es especialmente válida en los casos de despido.

✔ **Advertencia previa:** ¿Tenían claro los empleados de antemano cuáles eran los parámetros de desempeño? ¿Se les explicaron claramente las políticas y prácticas de la compañía y las expectativas de la gerencia? ¿Fueron debidamente advertidos los empleados de las consecuencias en caso de persistir los problemas de desempeño? En vista de la tradición laboral, despedir a un empleado sin previo aviso por motivos relacionados con el desempeño es considerado injusto. Sin embargo, algunas faltas de conducta como la violencia física, el robo y el fraude son motivos de terminación del contrato sin previo aviso.

✔ **Tiempo para responder:** ¿Han tenido los empleados tiempo suficiente para rectificar sus deficiencias de desempeño? La cantidad de tiempo considerada razonable para mejorar el desempeño depende de la naturaleza del problema. Por ejemplo, si se trata de un empleado que llega tarde, el comportamiento debe corregirse inmediatamente. Pero si el empleado debe mejorar su desempeño en un proyecto complicado y largo, quizás necesite semanas o meses para demostrar que ha mejorado.

✔ **Exigencias razonables:** ¿Son razonables las políticas y prácticas de la compañía? ¿Puede el trabajador promedio cumplir los niveles de desempeño fijados conjuntamente con su jefe inmediato? ¿El castigo es comparable con la falta? Póngase en el lugar de sus empleados. Si fuera *usted* quien estuviera a punto de ser despedido, ¿consideraría que el motivo es razonable? ¡Sea sincero!

✔ **Recursos de apelación:** ¿Ofrece su compañía los medios para apelar la decisión ante un funcionario de mayor rango? Una vez más, la tradición laboral exige que el empleado retirado tenga el recurso de llevar su caso ante un nivel más alto de la gerencia. Algunas veces, el jefe directo está demasiado cerca del problema o demasiado involucrado desde el punto de vista emocional y comete errores de apreciación que otra persona imparcial podría detectar.

El gran día: Tres pasos para despedir a un empleado

No olvide que si bien su deber es señalar las deficiencias de sus empleados y ayudarlos a desempeñarse conforme a los parámetros establecidos, son los empleados quienes, a la larga, deben responder por su desempeño y conducta. Al llegar a la última etapa disciplinaria antes de despedir a un empleado, es importante hacerle saber que es él o ella quien decide y tiene la responsabilidad; esto es algo que usted no puede hacer por ellos. O bien el empleado mejora su desempeño, o tendrá que irse. La decisión está en sus manos.

Suponiendo que el empleado decide continuar con su mala conducta o su desempeño deficiente, la decisión pasa a manos del jefe inmediato. Y su decisión debe ser despedir al empleado antes de que cause más daño a la organización.

Debe tener presentes dos objetivos fundamentales al despedir a un empleado. Primero, explicar claramente el motivo del despido. Según los expertos legales, muchos empleados van a juicio por despido injustificado sencillamente con la esperanza de descubrir la verdadera razón por la cual fueron despedidos. Segundo, tratar de reducir al mínimo el resentimiento contra la compañía o contra usted, cerciorándose de no atentar contra la dignidad del empleado en ningún momento del proceso de retiro. El mundo es un sitio de por sí peligroso sin tener que ser blanco de la ira de algún antiguo empleado desequilibrado.

El despido debe hacerse en una reunión personal con el empleado, en su oficina u otro sitio privado. Durante la reunión, usted debe ser conciso y no irse por las ramas; programe cerca de 5 a 10 minutos en total. El propósito de estas reuniones finales no es discutir ni debatir el problema. Su deber es informar al empleado que está siendo despedido. No será una reunión agradable, pero recuerde que es la mejor decisión para todos los interesados.

- ✔ **Informe al empleado que está siendo despedido.** Diga sencilla y claramente que ha tomado la decisión de despedir. Asegúrese de señalar que tomó en cuenta toda la evidencia pertinente y que la decisión fue analizada y respaldada por todos los niveles de la gerencia, y es *definitiva*. Si hizo las cosas bien y recurrió al sistema de disciplina progresiva en un intento por corregir el comportamiento del empleado, el anuncio no debe caer por sorpresa. Claro está que, independientemente de las circunstancias, un anuncio de despido es un verdadero impacto para cualquiera.

- ✔ **Explique exactamente el motivo del despido.** Si el motivo del despido es la mala conducta, cite la política transgredida y lo que hizo exactamente el empleado para transgredirla. Si el despido se debe a problemas de desempeño, recuérdele al empleado todos los consejos y los intentos por corregir su desempeño y los incidentes que llevaron posteriormente a la decisión de despedirlo. Cíñase a los hechos.

- ✔ **Anuncie la fecha efectiva del retiro y describa en detalle el proceso.** El despido por lo general se hace efectivo el mismo día en que se anuncia. Dejar que el empleado despedido permanezca rondando por ahí es incómodo para todo el mundo y debe evitarse a toda costa. Si ha ofrecido un paquete de cesantías u otras prestaciones, explíqueselo claramente al empleado junto con la forma como debe hacer los arreglos para retirar sus pertenencias de la oficina. Revise los papeles con el empleado y explíquele la forma de cobrar el último pago.

La terminación del contrato puede ser bastante traumática para el empleado que recibe la noticia. Esté preparado para lo más insólito. Mientras que un empleado podría desmoronarse a sus pies, otro podría tornarse agresivo y ofensivo. Para aliviar esas situaciones, piense en aplicar las técnicas siguientes:

✔ **Muestre comprensión.** No trate de dorar la píldora, pero sí de comprender la situación del empleado. La noticia que acaba de darle es una de las peores que cualquier persona puede recibir en la vida. Si el empleado se derrumba y comienza a llorar, no trate de impedírselo — alcáncele un pañuelo y prosiga.

✔ **Sea conciso y firme.** Aunque el empleado pierda el control, usted debe permanecer serio y calmado hasta que concluya la reunión. No induzca al empleado a creer que está participando en una negociación o que puede hacer algo para que usted cambie de opinión. Sea firme en su insistencia en que la decisión es definitiva e inalterable.

✔ **No se aparte del propósito de la reunión.** Aunque está bien permitir que el empleado dé rienda suelta a sus sentimientos, por ningún motivo conviene desviar el propósito de la reunión, cual es el de informarle que se ha tomado la decisión de despedirlo. Si el empleado se torna agresivo, infórmele que tendrá que terminar la reunión inmediatamente si no guarda la compostura.

A veces es útil preparar un libreto y leerlo durante la reunión. El libreto ayuda porque no le dejará olvidar ninguno de los puntos importantes y además es documentación instantánea para el expediente del empleado.

A continuación encontrará un ejemplo de un libreto preparado para una empleada con problemas persistentes de desempeño:

"Catalina, hemos decidido que éste será su último día de trabajo con esta empresa. El motivo de esta decisión es que usted no ha podido mantener los niveles de desempeño que acordamos cuando fue contratada el año pasado. Como bien sabe, hemos hablado de esas deficiencias de desempeño muchas veces durante el año. Concretamente, en el documento que le pasé el 5 de octubre le notifiqué que tenía un mes para alcanzar el nivel de desempeño esperado o podría ser despedida. Como no logró la meta, no tengo otra alternativa que terminar su contrato a partir de hoy. Juana es del departamento de personal y está aquí para hablarle de sus prestaciones y su liquidación, y para recibir las llaves de su oficina y su clave de acceso al correo oral".

¿Cuál es el momento más apropiado para comunicar la decisión?

Todo gerente seguramente tendrá su propia noción de cuál es el día de la semana y la hora que debe escoger para comunicar a un empleado que ha sido despedido. Los lunes son el mejor día por A, B o C. O es mejor el viernes por X, Y o Z. ¿Y es mejor hacerlo a primera hora de la mañana o esperar a que termine la jornada?

Creemos que es mucho más sensato comunicar esa clase de decisiones los viernes y no antes. Así, el empleado tendrá el fin de semana para desfogar sus sentimientos, leer los avisos clasificados del domingo y así ponerse de inmediato a la tarea de buscar empleo. Despedir a una persona el lunes es trastornarle toda su rutina normal.

¿Y cuál es la mejor hora? En esto también, "cuanto más tarde mejor". Si espera hasta el final de la jornada, habrá menos empleados por allí para cuestionar los sucesos que puedan filtrarse. El empleado tendrá tiempo de retirar sus pertenencias y no tendrá que sufrir vergüenza o escarnio. También tendrá menos oportunidad de hacer llamadas desagradables a su jefe o envenenarles el oído a los clientes y los compañeros de trabajo.

Si comunica la decisión más temprano en el día, el empleado tendrá que enfrentar a sus compañeros, explicar por qué está recogiendo sus pertenencias y por qué uno de los guardias está esperando para escoltarlo a la salida. El propósito no es castigar ni humillar a los empleados, sino hacer que el proceso de despido sea lo menos doloroso y lo más humano posible. Permítales conservar la dignidad programando el despido a una hora en que pueda evitar un despliegue publicitario.

Ponga a prueba sus nuevos conocimientos

¿Cuáles son las dos clases de retiros involuntarios?

A. Jubilación y renuncia.

B. Renuncia y despido.

C. Reducción de personal y jubilación.

D. Reducción de personal y despido.

¿Cuáles son cinco razones válidas para despedir a un empleado?

A. Incompetencia, insubordinación, robo, intoxicación en el trabajo y falsificación de documentos.

B. Mala actitud, decir lo que piensa, desafiar la autoridad, solicitar un aumento de sueldo y hablar antes de que se le dirija la palabra.

C. Trabajar hasta altas horas, no parar para descansar, olvidar apagar la cafetera de la oficina, trabajar los fines de semana y llevarse trabajo para la casa.

D. Ninguna de las anteriores.

Parte VI
Herramientas y técnicas para administrar

La 5ª ola   **por Rich Tennant**

"ESTA TECNOLOGÍA MODERNA EN REALIDAD ME HA SERVIDO PARA ORGANIZARME. GUARDO LOS INFORMES DEL PROYECTO DEBAJO DEL COMPUTADOR DE ESCRITORIO, LOS PRESUPUESTOS DEBAJO DEL COMPUTADOR PORTÁTIL Y LOS MEMORANDOS DEBAJO DEL BUSCAPERSONAS".

En esta parte...

Aunque no es necesario ser un genio de la tecnología para ser gerente, es muy útil conocer algunas de las herramientas y tecnologías que ayudan a las empresas de hoy. Esta parte trata aspectos fundamentales de contabilidad y presupuestos, y la importancia de los computadores en el trabajo. También nos referiremos a la manera de desarrollar las destrezas de los empleados y crear una organización en proceso constante de aprendizaje.

Capítulo 17
Presupuestos, contabilidad y otros asuntos de dinero

Este capítulo le permitirá:
▶ Crear sus presupuestos.
▶ Utilizar trucos profesionales en el presupuesto.
▶ Comprender los fundamentos de la contabilidad.
▶ Interpretar los estados financieros.

El dinero es el motor de todas las cosas en todas las organizaciones. Por fabuloso que sea su departamento, por sensacionales que sean sus productos o por maravillosos que sean todos sus empleados, todo y todos correrán el riesgo de perecer si no hay dinero. Si las utilidades están por el suelo y cada vez es más escaso el dinero en su organización, más le vale tomar algunas medidas para corregir la situación (o revisar su hoja de vida y revivir su red personal de contactos de trabajo y comerciales).

Todo gerente debe comprender los elementos básicos de un presupuesto y de la contabilidad. ¿No le agradaría poder hacer algo más que asentir con la cabeza y mirar estupefacto cuando sus colegas comienzan a hablar de cosas tales como *presupuesto laboral, flujo de caja, estado de pérdidas y ganancias* y *balance general*? Pues le tenemos una buena noticia: *no* necesita tener una maestría en administración de empresas para comprender esos fundamentos.

Si los computadores y las redes de computadores son el sistema nervioso central de una empresa, la contabilidad y las finanzas (y el dinero que miden y manipulan) son su sangre: venas, arterias, plaquetas y glóbulos. Entonces, ¿qué sucede cuando la empresa comienza a sentir cierto grado de debilidad y mareos? Correcto: ¡Necesita una infusión de dinero!

Este capítulo trata de la importancia de los presupuestos en una organización, así como de la forma de crearlos recurriendo a algunos trucos profesionales. Después presentamos los elementos básicos para *sobrevivir* en el terreno de la contabilidad. No pretendemos convertirlo en contador *(¡qué alivio!)*, pero sí ayudarlo a librarse de esa mirada atónita que se le congela en el rostro cada vez que alguien habla de balances o flujo de caja. Y no olvide: aunque en este momento usted esté trabajando en una entidad oficial o una organización sin ánimo de lucro y algunos de estos conceptos no se apliquen en su caso, nunca se sabe cuándo pueda pasar a desempeñar un cargo en el sector privado.

El mundo maravilloso de los presupuestos

Los presupuestos son el parámetro básico del desempeño *esperado* contra el cual los gerentes miden el desempeño *real*. El desempeño real de una organización es generado por los sistemas de contabilidad que también producen informes comparativos entre el desempeño real y el esperado. Con esta información, los gerentes responsables del presupuesto actúan como médicos para diagnosticar la salud financiera de sus empresas en el momento presente.

¿Acaso las ventas son demasiado bajas en comparación con lo presupuestado según el informe contable más reciente? El gerente encargado (es decir *usted*) debe averiguar la razón. ¿Son demasiado altos los precios? Quizás los vendedores tengan dificultad para hacer las entregas a los clientes rápidamente. O quizás la competencia desarrolló un producto nuevo que le está arrebatando ventas al suyo. ¿Los costos laborales son superiores a lo presupuestado? Quizás los empleados están trabajando demasiadas horas adicionales. Tal vez un deterioro de la calidad en la producción ha obligado a rehacer demasiadas unidades. O el salario de los empleados podría ser sencillamente demasiado elevado.

Considerando que el cambio está a la orden del día en las empresas del mundo entero, ¿para qué molestarse elaborando presupuestos? No acaba de terminar todo el trabajo cuando ya el presupuesto es obsoleto. Claro está que es más difícil planear con tantos cambios sucediendo en el mundo, pero no hay forma de escapar de esa responsabilidad. Sin un plan y unas metas a largo plazo, su organización marchará sin rumbo claro y los empleados desperdiciarán los recursos tanteando aquí y allá. Un presupuesto es una forma racional de adivinar el futuro, el cual refleja sus planes a largo plazo y le permite ejecutarlos. Un presupuesto le indica el costo de contratar los empleados que necesita, las necesidades de planta física y capital y de otros recursos. Además, el presupuesto se puede cambiar en cualquier momento. Los mejores presupuestos son los flexibles, no los grabados en piedra.

Quienes han acumulado buena experiencia como gerentes conocen la importancia gigantesca de los presupuestos. El presupuesto representa los fondos totales necesarios para poner en práctica los planes de una compañía. Los presupuestos son los propulsores del plan. A través de una interacción con los gerentes de niveles inferiores durante el proceso de elaboración del presupuesto, la alta gerencia puede ejercer un impacto tremendo sobre el rumbo que la organización y sus empleados deben tomar. Y al contrario, los empleados de los niveles inferiores también pueden tener un impacto enorme en la organización durante el proceso de elaborar el presupuesto por medio de las solicitudes de fondos que someten a consideración de la gerencia.

Los presupuestos determinan el número de empleados que deben conformar el personal y el salario que se les debe pagar. Los presupuestos determinan los recursos financieros disponibles para mejorar el sitio de trabajo o para adquirir los equipos de oficina necesarios, como computadores y fotocopiadoras. Y los presupuestos determinan la cantidad de dinero disponible para respaldar el esfuerzo de un proyecto. Y no solamente eso, sino que ponen a funcionar esos costosos programas de cálculo que la empresa adquirió el año anterior.

Adicionalmente, los presupuestos cumplen otro propósito importante: constituyen el parámetro básico contra el cual se mide el avance hacia las metas. Por ejemplo, si usted ha recorrido la mitad del año fiscal pero ha gastado en realidad el 75 por ciento de los fondos presupuestados para operación, sabrá inmediatamente que se está gestando un problema si la cantidad de gastos debe ser proporcional al camino recorrido. O bien subestimó sus gastos del año, o está gastando demasiado. Siempre que hay incongruencia o diferencia entre el desempeño *presupuestado* y el desempeño *real,* el deber de un gerente responsable es averiguar la razón.

Otro aspecto muy positivo de los presupuestos es que brindan la oportunidad de generar toda una serie de gráficas y cuadros complicados para impresionar a los empleados y a la alta gerencia. Imagínese en la sala de juntas: las luces bajas y los ojos de todos los presentes fijos en su exposición. Usted proyecta alternadamente sus hojas electrónicas a todo color y luego los cuadros y los histogramas tridimensionales. Usted tiene el mando a través de los botones del control remoto del proyector. ¡No hay nada como las cifras presentadas de una manera interesante para conseguir la atención de un grupo de gerentes!

Dependiendo del tamaño de su organización, el proceso de elaborar el presupuesto puede ser bastante simple o, de lo contrario, muy complejo. Independientemente del tamaño de la organización, todo es factible de incluirse en un presupuesto. Éstos son algunos ejemplos:

- ✔ **Presupuesto laboral:** Los presupuestos laborales comprenden el número y los nombres de los distintos cargos dentro de la compañía, junto con los sueldos o salarios presupuestados para cada cargo.

- ✔ **Presupuesto de ventas:** El presupuesto de ventas es un cálculo del número total de productos o servicios que se espera vender en un determinado período. Los ingresos totales por ventas se calculan multiplicando el número de unidades por el precio unitario.

- ✔ **Presupuesto de producción:** El presupuesto de producción se hace tomando el presupuesto de ventas y el cálculo de unidades a vender y traduciendo esas cifras en costos de mano de obra, materiales y otros gastos requeridos para producirlas.

- ✔ **Presupuesto de gastos:** Los presupuestos de gastos contienen toda la diversidad de gastos en los que podrá incurrir el departamento durante el transcurso de sus operaciones normales. Debe incluir cosas como gastos de viaje, capacitación, suministros de oficina, etc.

- ✔ **Presupuesto de capital:** Este presupuesto es el plan del gerente para la adquisición de activos fijos (aquéllos que tienen una vida útil larga), tales como muebles, computadores, instalaciones, planta física y demás bienes necesarios para apoyar las operaciones de una empresa.

Elaboración del presupuesto

Hay una forma correcta y otra equivocada de hacer un presupuesto. La forma e*quivocada* consiste en hacer una fotocopia del último presupuesto y presentarla como si fuera el nuevo (¡muy mal!). La manera c*orrecta* consiste en recopilar información de tantas fuentes como sea posible, verificar y revisar su exactitud y luego basarse en el criterio propio para adivinar lo que ha de traer el futuro. Un presupuesto es un *pronóstico* — una predicción del futuro — y será bueno en la medida en que sea buena la información utilizada para elaborarlo y bueno el criterio que usted como gerente aporte al proceso.

¿Cómo se elabora entonces un presupuesto? ¿De dónde proviene la información? ¿A quién debe consultar? Las posibilidades parecen infinitas.

No obstante, los maestros veteranos de los presupuestos saben que una vez que se conocen los costos del negocio — y su origen — el proceso de elaborar el presupuesto es en realidad bastante simple. Hacer unas cuantas llamadas. Convocar un par de reuniones. Mirar algunos informes contables recientes. Digerir algunas cifras. ¡Y listo! ¡El presupuesto está a punto! Bueno, está bien. Quizás exija un poco más. Veamos los pasos fundamentales:

✔ **Revise minuciosamente los documentos y las instrucciones para el presupuesto.** Nunca sobra leer atentamente los documentos de presupuesto con los cuales trabaja, *además* de las instrucciones que el personal de contabilidad ha adjuntado. Aunque la organización haya hecho algo de una misma manera durante años, nunca se sabe en qué momento pueda cambiar el procedimiento.

✔ **Reúnase con el personal.** Al iniciar el proceso del presupuesto, reúnase con sus colaboradores para oír lo que tienen que decir. En algunos casos necesitará información concreta de parte de sus empleados a fin de hacer un pronóstico exacto. Por ejemplo, quizás deba saber cuántos viajes esperan realizar sus vendedores el año que viene y a dónde. En otros casos puede limitarse a oír las sugerencias de sus empleados. Podría haber alguno que solicite la inclusión de un alza salarial en el presupuesto del año siguiente. Otro podría informarle que el sistema telefónico existente ya no es adecuado para satisfacer las necesidades de los empleados y los clientes, por lo cual conviene presupuestar la compra de uno nuevo. Cualquiera que sea el caso, siempre obtendrá información muy útil e importante de sus empleados.

✔ **Recopile información.** Consulte los presupuestos y los informes anteriores y compare las cifras presupuestadas con las reales. ¿Fueron subestimadas o sobrestimadas las cifras anteriores? ¿En cuánto? En caso de no existir información histórica, busque otras fuentes que le ayuden a desarrollar las cifras para su presupuesto. ¿Cuántas ventas espera realizar durante el siguiente período del presupuesto y cuánto le costará generarlas? Piense si ha de necesitar más gente, alquilar otras instalaciones o comprar equipo o suministros. Además, considere la posibilidad de aumentos o disminuciones grandes en los rubros de ventas o gastos y el efecto que podrán tener en su presupuesto.

✔ **Aplique su criterio.** Los datos y los hechos concretos son muy importantes en el proceso de elaborar un presupuesto porque proporcionan la base imparcial y objetiva de información sobre la cual usted ha de basar sus decisiones. Sin embargo, los datos y los hechos no son todo — ni mucho menos. Elaborar presupuestos tiene tanto de ciencia como de arte. Su labor como gerente es tomar los datos y los hechos y aplicar su criterio para pronosticar los resultados más probables.

HISTORIAS REALES Por ejemplo, Peter asigna más presupuesto para gastos extraordinarios de mantenimiento de la oficina física de lo que podría justificar rubro por rubro. Lo hace porque sabe que durante el año seguramente surgirá algo y necesita dinero suficiente en el presupuesto a fin de acomodar ese *algo*. Así, cuando el jefe máximo decida construir otras veinte oficinas o remodelar todo el edificio con papel de colgadura rosado, habrá dinero suficiente para hacerlo.

Un gerente nuevo no tiene mucha experiencia sobre a qué dineros recurrir, de manera que tiende a depender mucho más de los datos. Sin embargo, a medida que adquiere más dominio de la administración y del presupuesto, la experiencia y el criterio personales pasan a primer plano.

✔ **Haga los cálculos.** Dependiendo de la forma en que se hagan los negocios en su organización, llene los formatos del presupuesto y envíelos a las personas correspondientes para que los procesen, o ingréselos usted mismo en el modelo del presupuesto. Con ello tendrá un borrador que podrá revisar y modificar antes de terminarlo definitivamente. No se preocupe si el borrador no está totalmente completo. Ya tendrá tiempo de llenar los vacíos en menos de lo que cree.

✔ **Verifique los resultados y revise el presupuesto tantas veces como sea necesario.** Repase el borrador para ver si todavía tiene sentido. ¿Le faltan algunas fuentes previstas de ingresos o gastos? ¿Se atienen las cifras a la realidad? ¿Tienen lógica desde la perspectiva histórica? ¿Está muy alto o muy bajo el presupuesto? ¿Podrá sustentar las cifras cuando las presente a la alta gerencia? Ésta es la parte amena de la elaboración del presupuesto: poder jugar con los números, simular diferentes situaciones y plantear diversas posibilidades. Cuando esté satisfecho con los resultados, firme el presupuesto y entréguelo. ¡Felicitaciones! ¡Lo logró!

RECUERDE La exactitud del presupuesto gira alrededor de dos factores principales: la calidad de los datos que utilice para desarrollarlo y la calidad del criterio que aplique al trabajar con dichos datos. Mientras que el criterio es algo que viene con la experiencia, la calidad de los datos depende de la fuente. Hay tres métodos básicos para desarrollar los datos necesarios para un presupuesto:

✔ **Partir de cero.** A falta de datos históricos en el caso de una unidad de negocios nueva o de desear sencillamente ver las cosas con ojos nuevos, es preciso desarrollar los presupuestos estrictamente con base en los estimativos actuales. En este proceso, conocido ampliamente como *presupuesto a partir de cero,* usted parte de la nada y debe comenzar por determinar las personas, las instalaciones, los viajes, la publicidad y otros recursos necesarios. Después determina el costo de cada necesidad y así termina el presupuesto. No sorprende que la respuesta obtenida cuando se hace un presupuesto partiendo de cero suele ser bastante diferente de la que se obtiene cuando se utilizan datos históricos. Es curiosa la manera como eso funciona.

✔ **Utilizar cifras históricas.** Una de las formas más fáciles de desarrollar datos para el presupuesto consiste en utilizar los resultados reales del período inmediatamente anterior. Aunque el pasado no siempre sirve para predecir el futuro — especialmente cuando la organización está viviendo unos cambios sustanciales — los datos históricos pueden ser muy útiles cuando las organizaciones son relativamente estables.

✔ **Utilizar el enfoque combinado.** Muchos gerentes utilizan una combinación de los dos métodos anteriores para determinar cuáles datos deben incluir en sus presupuestos. Para aplicar este método, recopile los datos históricos y compare las cifras con los mejores estimativos de lo que cree que podrá costarle realizar determinada función. Después ajuste los datos históricos hacia arriba o hacia abajo, dependiendo de su apreciación de la realidad.

Las diez excusas más comunes para exceder el presupuesto

Los gerentes deben recurrir a millones de excusas para exceder el presupuesto. Hay que admitir que tratar de predecir el futuro de una empresa sometida a un proceso dinámico de cambio es como tratar de acertarle a un leopardo con una honda a cien pasos de distancia. No obstante, su jefe espera que usted se ajuste a su presupuesto, de la misma manera que usted espera que sus empleados se ajusten al de ellos. Pero para esos casos en los que el futuro se torna un poco borroso, aquí tiene las diez excusas más comunes para exceder el presupuesto:

1. Los informes del departamento de contabilidad deben estar equivocados.

2. ¿No recibió mi versión corregida del presupuesto?

3. ¿Cómo se supone que debía saber que *llovería* (anote aquí su propia excusa) este año?

4. ¿No irá a molestarse por la ridícula cifra de dos millones de dólares, o sí?

5. No se preocupe, el año siguiente lo compensamos.

6. Mi asistente desarrolló el presupuesto — seguramente lo enredó todo.

7. Es una inversión para el futuro.

8. El departamento de *Catalina* (anote el nombre de cualquier otro gerente aquí), al final no me dio el apoyo prometido.

9. ¡Estamos mejor que el año *anterior!*

10. Bueno, dos años de tres no está mal.

Trucos para elaborar presupuestos

En toda organización hay un cierto velo de misterio e intriga — que algunos llamarían *trucos* — alrededor de los presupuestos y del proceso de elaboración. En efecto, trátese de una empresa de una sola persona o del gobierno de un país, son muchos los trucos que se pueden utilizar para tener la certeza de obtener todos los recursos necesarios y deseados.

El juego del presupuesto es una tradición de vieja data tanto en el sector privado como en el público. Los gerentes que *aprenden* a jugar prosperan junto con las personas que trabajan para ellos. Los gerentes que no aprenden a jugar y los empleados que trabajan para ellos están sentenciados a soportar recursos insuficientes, malas instalaciones, salarios más bajos y a arreglárselas sin las demás cosas agradables de la vida. Si usted es gerente, definitivamente le conviene aprender a jugar este juego.

La meta del juego del presupuesto suele ser la de incluir suficiente dinero adicional para poder hacer realmente el trabajo. En el peor de los casos, habrá recursos suficientes para proteger a los empleados y otras funciones vitales cuando las cosas vayan mal. En el mejor de los casos, habrá dinero sobrante después de cubrir todos los gastos necesarios. Entonces podrá reintegrar el dinero a contabilidad con mucho bombo y platillos y aceptar los espaldarazos de los poderosos por su pericia como gerente, o podrá aplicar los fondos a la compra de equipos o satisfacer otras necesidades sentidas del departamento. ¡Podría ser el momento perfecto de hablar con ese cliente de París! Claro que esto no es válido si usted trabaja para el gobierno. En ese caso, *su* meta es gastarse cada centavo presupuestado para que no le recorten el presupuesto del año siguiente.

Maniobras a plena luz

Los siguientes son algunos de los juegos que los profesionales realizan cuando desarrollan presupuestos. Aunque estas técnicas funcionan mejor con departamentos o proyectos nuevos o inestables, se pueden utilizar para desarrollar *cualquier* presupuesto. Si bien hemos exagerado en algunos de estos puntos, hay mucho de cierto en la mayoría de ellos.

✔ **Aumente selectivamente las cifras.** Simple pero eficaz. La idea es inflar los gastos esperados a fin de alcanzar con facilidad las metas del presupuesto. Usted terminará envuelto en un aura de héroe cuando termine el período por debajo del presupuesto, y además tendrá un sobrante con el cual jugar al final del año. Es la situación en la que tod*os ganan*.

- ✔ **Vincule las solicitudes de presupuestos a los valores de la organización.** Éste es el enfoque de las *cosas buenas*. Si desea conseguir un presupuesto más grande para determinada área, sencillamente elija uno de los valores de su organización — por ejemplo la calidad — y vincule a él la solicitud. Cuando su jefe le pregunte por qué se ha triplicado el presupuesto para los muebles de oficina, sólo responda que sus empleados no pueden hacer un trabajo de calidad sin grandes escritorios de nogal.

- ✔ **Genere más solicitudes de las que necesita y renuncie a ellas alegremente.** No conviene ser obstinado y exigir sin razón, no olvide que usted es integrante de un *equipo*. Cuando elabore el borrador de su presupuesto, incluya rubros que no tiene intención de usar. Cuando su jefe lo presione para reducir su presupuesto (cosa que *siempre* hacen los jefes), sacrifique las cosas que de todas maneras no necesitaba. De esa forma podrá conservar los rubros que sí necesita.

- ✔ **Cambie el marco de tiempo.** Insista en que los rubros del presupuesto son una inversión en el futuro de la compañía. El secreto consiste en vincular las inversiones a un beneficio muy grande más adelante. *Si duplicamos nuestro presupuesto laboral podremos atraer el talento que necesitamos para entrar en el siglo* XXI.

- ✔ **Prepárese.** La mejor defensa es un buen ataque. Conozca minuciosamente todas las cifras de su presupuesto y esté preparado para justificar cada uno de los rubros hasta el final. No delegue esta función — es su momento de la verdad como gerente. ¡Lúzcase!

Cumplir el presupuesto

Cuando inicie el nuevo proyecto o el nuevo departamento, usted deberá vigilar de cerca su presupuesto para cerciorarse de no excederlo. Si los gastos reales comienzan a superar el presupuesto, tendrá que tomar medidas prontas y decisivas. A continuación aparecen algunos de los recursos de los gerentes veteranos para ajustarse al presupuesto.

- ✔ **Congele los gastos discrecionales.** Algunos gastos, como, por ejemplo, mano de obra, prestaciones y energía eléctrica, son esenciales para una operación o un proyecto y no se pueden suspender sin poner en peligro el desempeño. Pero hay otros como comprar alfombras nuevas, mejorar las pantallas de los computadores o viajar en primera clase que son discrecionales y se pueden suspender sin poner en peligro el desempeño. Congelar los gastos discrecionales es la forma más rápida y menos dolorosa de ajustar la cifra real de gastos y ponerla en línea con lo presupuestado.

- ✔ **Congele las contrataciones.** Aunque haya presupuestado la contratación de empleados nuevos, es *mucho* el dinero que puede ahorrarse congelando ese rubro. No solamente se ahorran sueldos y salarios, sino también prestaciones sociales, tales como seguro médico, y gastos generales como agua, electricidad y servicios de portería. Y como no ha de tocar los pagos o prestaciones de sus empleados actuales, todo el mundo quedará contento con esta decisión. Por supuesto, será necesario llenar posiciones críticas para la organización aunque exista un problema de presupuesto. Tendrá que definir cuáles cargos deberá llenar en caso de quedar vacantes y cuáles podrán cubrirse con un poco de esfuerzo adicional de parte de los demás empleados.

- ✔ **Postergue productos y proyectos.** Las fases de desarrollo y producción de productos y proyectos nuevos consumen *bastante* dinero. Postergando la iniciación y el despliegue de esos productos y proyectos podrá meter en cintura su presupuesto. Algunas veces es cuestión de esperar apenas unas cuantas semanas o unos pocos meses.

- ✔ **Congele salarios y aportes prestacionales.** Ya comenzamos a hablar de ahorros que afectan directamente a los empleados y esto es algo que no les va a agradar en lo más mínimo. La mayoría de los empleados están acostumbrados a aumentos periódicos de sueldos y prestaciones. Aunque los aumentos no son tan generosos como hace diez años, continúan siendo esenciales para la fuerza laboral. Sin embargo, si ya ha hecho recortes en otros rubros y todavía necesita recortar más, realmente no tiene más alternativa que congelar los salarios y los aportes prestacionales (seguro médico, etc.) en sus niveles actuales.

- ✔ **Reduzca personal y cierre instalaciones.** El objetivo de toda empresa es ganar dinero, no perder. Cuando las ventas no son suficientes para sostener los gastos — incluso después de aplicar las medidas de ahorro ya mencionadas — es preciso recurrir a una medida drástica. No hay nada más drástico que despedir a todo el personal y cerrar operaciones. Sin embargo, si su presupuesto está tan fuera de cauce como debe estarlo si llega a ese punto, entonces no hay otra salida que despedir personal. En el capítulo 16 encontrará más información sobre la forma de realizar reducciones de personal.

No importa si elaborar presupuestos es parte de su cargo o no, de todas maneras necesita comprender los elementos esenciales del proceso por el que pasa la empresa para contabilizar el dinero que gana y el que gasta. En la sección siguiente presentamos toda la información básica que necesita acerca de la función de contabilidad.

Fundamentos de contabilidad

Ese sistema de contabilidad que ocupa muchos gigabytes de espacio en el servidor de su red de computadores se basa en unos pocos supuestos elementales. Estos supuestos que constituyen la base de la contabilidad determinan la forma como se asigna, registra y analiza cada centavo que entra y sale de la organización. (Si alguna vez decide enloquecer al personal de contabilidad, dígale que ha detectado un error de dos o tres centavos en los informes y desea conocer la razón.)

Algunos gerentes creen poder sobrevivir con muy poco o ningún conocimiento de contabilidad y finanzas. No podían estar más equivocados. Como gerente, usted debe estar tan familiarizado con los fundamentos de contabilidad como los empleados de su departamento contable. Este conocimiento no solamente le ayuda a estar seguro de comprender y controlar el destino financiero de su organización, sino que al poder controlar tanto el aspecto financiero como el técnico tendrá mayor probabilidad de sobrevivir durante la siguiente reducción de personal.

Ya no tendrá que quedarse mudo cuando uno de sus colegas comience a hablar de cosas como *rendimiento sobre la inversión, cuentas por cobrar* y *ganancias retenidas*. Cuando haya leído esta sección, *usted* llevará las riendas.

La ecuación de contabilidad

Los acontecimientos de todos los días afectan la posición de la empresa. Un gerente gasta efectivo para comprar una grapadora y es reembolsado con dinero de la caja menor. La compañía recurre a su línea de crédito bancario para pagar las facturas de los proveedores. Los cheques de los clientes se consignan. Los empleados reciben los cheques de su sueldo. Cada una de estas transacciones financieras y muchas otras más tienen su lugar en la ecuación de contabilidad.

La ecuación de contabilidad dice que los activos de una organización son iguales a sus *pasivos* más el *patrimonio de los dueños*. La ecuación es más o menos así:

Activos = Pasivos + Patrimonio de los dueños

Esta sencilla ecuación es el motor del sistema contable enormemente complejo que se utiliza para seguir la pista de todas y cada una de las transacciones financieras de una empresa, entregar informes a los gerentes para que éstos puedan tomar decisiones, y proporcionar resultados financieros a los dueños, los accionistas, los prestamistas, la administración de impuestos y demás partes interesadas.

Entonces, ¿qué representan exactamente cada una de las partes de esta ecuación? Veámoslas una por una.

Activos

Los *activos* son, en general, todas las cosas de valor — principalmente recursos financieros y económicos — que le pertenecen a la compañía. Las siguientes son las formas de activos más comunes de una empresa:

- **Efectivo:** Este activo comprende el dinero en todas sus formas, incluido el efectivo, las cuentas corrientes, los fondos de ahorro y los títulos valores negociables como las acciones y los bonos. Toda empresa busca tener mucho dinero en efectivo.

- **Cuentas por cobrar:** Este activo representa el dinero adeudado por los clientes que compran bienes y servicios a la compañía. Por ejemplo, si su compañía vende una caja de discos flexibles de computador a otra empresa y le presenta una factura de venta en lugar de exigir el pago inmediato en efectivo, esa obligación se convierte en una cuenta por cobrar hasta tanto el cliente pague. Es bueno tener cuentas por cobrar a menos que las compañías o personas que adeuden el dinero abandonen la ciudad o decidan esperar seis meses para pagar.

- **Inventario:** Inventario es el valor de la mercancía que tiene la empresa para vender, los productos terminados que ya están fabricados pero aún no se han vendido, y también las materias primas y el trabajo en proceso que forman parte de la producción de los bienes terminados. El inventario por lo general se convierte en efectivo o en cuenta por cobrar cuando se vende. Un inventario que permanece eternamente en las estanterías no es la mejor forma de amarrar los activos de la compañía. Es mucho mejor mantener el inventario en movimiento permanente porque implica que está generando ventas.

- **Gastos pagados por anticipado.** Los gastos pagados por anticipado representan bienes y servicios que la compañía ya pagó pero todavía no ha utilizado. Por ejemplo, la compañía paga la prima de seguros por responsabilidad civil al comienzo del año, antes de que la póliza entre en vigencia. Si la póliza se cancela en el transcurso del año, parte de la prima es reembolsada a la compañía.

- **Equipo:** Son los bienes — maquinaria, escritorios, computadores, teléfonos y demás equipos — que la organización compra a fin de realizar sus operaciones. Por ejemplo, si su compañía vende suministros de computadores a personas naturales o a otras empresas, tendrá que comprar estanterías para almacenar el inventario de suministros, montacargas para moverlos y sistemas telefónicos para tomar los pedidos de los clientes. El equipo pierde valor a medida que envejece. Esta pérdida de valor se contabiliza en forma de *depreciación*, distribuyendo el costo original de un equipo durante toda su vida útil. Si alguna vez tiene dudas, deprecie.

✔ **Bienes raíces:** Incluyen tierra, edificaciones e instalaciones que le pertenecen a la compañía o están bajo su control. Algunos ejemplos son los edificios de oficinas, los campos de prueba, las plantas de producción, las bodegas, las oficinas de venta, los molinos, las granjas y otras formas de bienes inmuebles.

Los activos se dividen en dos clases principales: activos c*orrientes* y activos *fijos*.

Los activos corrientes se pueden convertir en efectivo en el plazo de un año. Se los considera activos *líquidos*. De la lista de activos enumerada anteriormente, el efectivo, las cuentas por cobrar, el inventario y los gastos pagados por anticipado pertenecen a la clase de activos corrientes. Es bueno tener activos líquidos cuando la empresa atraviesa momentos difíciles y es preciso conseguir efectivo rápidamente para pagar la nómina o a los proveedores.

Los activos fijos necesitan más de un año para convertirse en efectivo. De la lista anterior de activos, el equipo y los bienes inmuebles se clasifican como activos fijos. Si la empresa tiene dificultades y necesita efectivo, los activos fijos no servirán de mucho a menos que se puedan utilizar como garantía para un préstamo.

Pasivos

En términos generales, los *pasivos* son deudas de la compañía para con otros: personas naturales, otras empresas, bancos, etc. En esencia, los pasivos constituyen los derechos que personas u organizaciones ajenas a la compañía tienen sobre los activos de ésta última. Las formas de pasivos más comunes de una empresa comprenden las siguientes:

✔ **Cuentas por pagar:** Las cuentas por pagar son las obligaciones que la compañía tiene con las personas y organizaciones a las cuales les compra bienes y servicios: sus proveedores. Por ejemplo, cuando usted va a la papelería local a comprar un par de lápices y carga la compra a la cuenta de su compañía, esa obligación se convierte en una cuenta por pagar. En épocas difíciles se puede conservar el efectivo de la empresa demorando los pagos a los proveedores, aunque con mucho cuidado de no poner en peligro el crédito.

- ✔ **Pagarés:** Los pagarés son la proporción de los préstamos hechos a la organización por personas naturales, instituciones financieras u otras organizaciones, y que deben pagarse en el plazo de un año. Por ejemplo, si su firma toma un préstamo a 90 días para incrementar el inventario de discos flexibles a fin de satisfacer un aumento acelerado de la demanda, ese préstamo se considera un pagaré.

- ✔ **Gastos acumulados:** Son los gastos varios en los que incurre la empresa pero que no se reembolsan. Algunos ejemplos son las obligaciones de nómina, las licencias por enfermedad que se deben pagar a los empleados, los impuestos que se deben pagar al gobierno y los intereses que se deben pagar a los prestamistas.

- ✔ **Bonos por pagar:** Algunas compañías grandes emiten bonos para recaudar fondos con el propósito de financiar una expansión o cumplir algún otro objetivo. Los bonos por pagar representan el dinero que la compañía adeuda a las personas naturales y a las organizaciones que invierten en dichos bonos.

- ✔ **Hipotecas por pagar:** Cuando una organización adquiere bienes raíces, generalmente lo hace tomando préstamos a largo plazo denominados *hipotecas*. Las hipotecas se diferencian de los préstamos corrientes en el sentido de que son garantizadas por el inmueble que están destinadas a financiar. Si la empresa incumple el pago de la hipoteca utilizada para comprar el edificio de oficinas, la propiedad del mismo revierte a la entidad hipotecaria — generalmente un banco o grupo de inversión.

Al igual que los activos, los pasivos se dividen en dos grandes clases: pasivos *corrientes* y pasivos *a largo plazo*.

Los pasivos corrientes se pagan en el plazo de un año. De la lista de pasivos enumerados anteriormente, las cuentas por pagar, los pagarés y los gastos acumulados son considerados pasivos corrientes.

Los pasivos a largo plazo se amortizan durante un período superior a un año. De la lista anterior de pasivos, los bonos por pagar y las hipotecas por pagar se clasifican como pasivos a largo plazo.

Patrimonio de los dueños

Todas las empresas tienen dueños. En algunos casos, los dueños son unas cuantas personas fundadoras de la compañía. En otros casos, los dueños son miles de personas que compran las acciones ofrecidas en venta al público. El patrimonio de los *dueños* es la participación de éstos en los activos de la empresa después de pagar todos los pasivos. Las formas más comunes de patrimonio son las siguientes:

- ✔ **Capital pagado:** El capital pagado es la inversión — generalmente pagada en dinero efectivo — hecha por los dueños de la empresa. Por ejemplo, si su compañía vende acciones ordinarias a los inversionistas mediante oferta pública, el dinero que la compañía recibe por concepto de la venta de acciones es su capital pagado.

- ✔ **Ganancias retenidas:** Éstas son las ganancias que la empresa reinvierte en lugar de distribuir en forma de dividendos para los accionistas. Se retiene una determinada cantidad de ganancias con la esperanza de incrementar las ganancias globales de la compañía y también aumentar los dividendos pagados a los dueños.

Contabilidad de doble registro

La contabilidad de doble registro es el método corriente para asentar las transacciones financieras que constituyen la base de la contabilidad empresarial moderna. Inventado en 1494 por Luca Pacioli, un monje franciscano víctima del aburrimiento (¡debió de estar muy aburrido para inventarse la contabilidad!), este sistema contable se basa en el hecho de que toda transacción financiera genera un registro de lo que se *recibe* (conocido también como *activo*) y un registro de lo que se *gasta* (conocido también como *pasivo*).

Tomemos el ejemplo siguiente: Su compañía compra a un fabricante el equivalente de US$1 000 en discos flexibles para computador para revenderlos a sus clientes. Como su compañía ha abierto una cuenta con el fabricante, éste le factura los US$1 000 en lugar de exigir el pago en efectivo inmediatamente. ¿Recuerda la ecuación que mencionábamos anteriormente en este capítulo? La siguiente es la versión de doble registro de la ecuación contable que ilustra la compra de US$1 000 en discos flexibles para acumular en el inventario:

Activos	=	Pasivos	+	Patrimonio de los dueños
US$1 000	=	US$1 000	+	US$0
(Inventario)		(Cuentas por pagar)		

En este ejemplo, los activos (el inventario) aumentan en US$1 000 — el costo de comprar los discos flexibles para aprovisionar las estanterías. Al mismo tiempo aumentan también los pasivos (cuentas por pagar). Este aumento representa la deuda para con el proveedor de los discos flexibles. De esta manera, la ecuación contable permanece equilibrada. Ahora imagine el efecto de los cientos de miles de transacciones que llegan a su sistema de contabilidad cada día, semana o mes. ¡No es ningún juego! Y usted se pregunta por qué su gerente de sistemas se queja permanentemente de que el sistema de computadores de la empresa no es lo suficientemente grande o rápido.

Los estados financieros más comunes

Aunque es bueno tener un sistema de contabilidad, de nada sirve si no proporciona información útil para los gerentes, empleados, prestamistas, proveedores, dueños, inversionistas y otras personas y firmas interesadas en la empresa. Y créanos, son muchas las personas que tienen un interés financiero en su empresa.

Le sorprendería saber que casi todo el mundo desea conocer la solidez financiera de su empresa: Los gerentes desean la información para poder identificar y corregir los problemas. Los empleados, porque prefieren trabajar para una empresa sólida que les brinde buenos salarios, prestaciones y estabilidad laboral. Los prestamistas y los proveedores necesitan conocer la solidez financiera de la empresa para saber si pueden darle crédito. Y los dueños e inversionistas desean la información porque así pueden determinar si su dinero está siendo utilizado sabiamente y no malgastado.

Por esta razón los contadores se inventaron los *estados financieros*.

Los estados financieros no son otra cosa que informes — destinados a las personas que no pertenecen al departamento de contabilidad — en los cuales se resumen los montos de dinero contenidos dentro de determinadas cuentas o grupos de cuentas en cierto tiempo o período. Cada tipo de estado financiero tiene un valor único para quienes lo utilizan y los distintos funcionarios pueden usar algunos o todos los estados financieros de una organización como parte de su actividad normal. En las secciones siguientes se describen los estados financieros con los cuales seguramente habrá de tropezar durante su carrera como gerente.

El balance general

El balance es un informe relativo al valor de los activos, los pasivos y el patrimonio de los dueños de una compañía — la posición financiera — en una fecha determinada. Podría interpretarse como una fotografía de la empresa. Aunque se puede elaborar en cualquier momento, por lo general se elabora al final de un período contable definido: un año, un trimestre o un mes en la mayoría de los casos.

La decisión de producir o comprar

Una de las decisiones más comunes que se toman en la empresa es si se debe producir (construir o realizar con el personal interno) o comprar bienes y servicios necesarios para su operación. Por ejemplo, digamos que usted decide que necesita asignar un guardia de seguridad a la zona de la recepción a fin de garantizar la tranquilidad de sus clientes. ¿Debe contratar un nuevo empleado o es más lógico recurrir a una compañía especializada en prestar los servicios de seguridad?

Ante una decisión de esa naturaleza, lo primero que debe considerar es el costo que las dos alternativas le representan a la compañía. Digamos que en el caso A contrata a un guardia de seguridad de tiempo completo a US$6 la hora. En el caso B, una empresa especializada le brinda el servicio por US$8 la hora. A primera vista, parece más lógico contratar al empleado de tiempo completo. Si el guardia trabaja 2 000 horas en el año, entonces en el caso A el costo es de US$12 000 anuales por el servicio, y en el caso B el costo es de US$16 000. Si contrata directamente al guardia podrá ahorrarse US$4 000 al año, ¿correcto?

Tal vez no. Veamos por qué.

Caso A. Contratar a un guardia de seguridad de planta

Tarifa por hora

US$6.00

Tarifa de prestaciones sociales al 35%

US$2.10

Tarifa de gastos generales al 50%

US$3.00

Tarifa efectiva de pago

US$11.10

Horas al año

x 2 000

Costo total de la mano de obra en el año

US$22 200

Aumento anual sobre la póliza de responsabilidad civil

US$4 000

Uniformes/lavandería

US$1 000

Implementos varios

US$500

Costo anual total

US$27 700

Caso B: Contratar una empresa de seguridad

Tarifa por hora

US$8.00

Tarifa efectiva de pago

US$8.00

Horas al año

x 2 000

Costo anual total

US$16 000

Vaya sorpresa. En lugar de ahorrar US$4 000 al año contratando un guardia de seguridad interno, en realidad tendrá que gastar US$12 000

(Continúa)

> *(viene)*
>
> más al año, debido a los costos laborales que deben sumarse a la tarifa salarial básica. Para tener una idea real del costo del empleado para la organización es necesario agregar a la tarifa salarial básica todas las prestaciones, tales como seguro de vida, planes de medicina y odontología, etc., además de la participación del empleado en los gastos generales: instalaciones, electricidad, aire acondicionado, etc. Y no solamente eso sino que debe comprar un seguro adicional por responsabilidad civil, uniformes, pagar lavandería, y comprar implementos adicionales como linterna, gas paralizante y esposas.
>
> Por otro lado, al contratar a la empresa de servicios de seguridad, es ella la que cubre los costos de las prestaciones, los gastos generales, el seguro, los uniformes y el equipo. Usted solamente paga la tarifa por hora y se olvida de todo lo demás. Y no sólo eso sino que si el guardia no sirve, basta con hacer una llamada para que lo reemplacen inmediatamente, sin tener que preocuparse por el momento desagradable del despido o las indemnizaciones.
>
> ¿Cuál cree entonces que es el mejor negocio?

La figura 17-1 ilustra un balance típico (vea la página siguiente).

Como puede ver, en el balance aparecen los valores de los componentes principales de las tres partes de la ecuación contable. Mirando el valor de cada rubro del balance, los gerentes pueden identificar problemas potenciales y tomar las medidas para resolverlos. Por ejemplo, en el balance de nuestro ejemplo, el inventario está bastante alto en comparación con otros activos. El gerente experimentado sabe que cuando el inventario está tan alto, la compañía corre riesgo en caso de necesitar efectivo en el corto plazo, activo que en este balance está escaso.

El estado de pérdidas y ganancias

Los activos, los pasivos y el patrimonio están muy bien, gracias, pero muchas personas se interesan *realmente* por la cifra de utilidades. ¿*Ganó* o *perdió* dinero la compañía? En otras palabras, cuáles fueron las *utilidades* o las *pérdidas*? Esto es lo que se refleja en el *estado de pérdidas y ganancias*.

En el estado de pérdidas y ganancias se suman todas las fuentes de ingresos de la compañía y se restan todas las fuentes de gastos a fin de determinar los ingresos netos o las pérdidas netas para determinado período de tiempo. Mientras el balance es como una fotografía instantánea de la situación financiera de la empresa, el estado de pérdidas y ganancias es como una película.

En la figura 17-2 (página. 33) aparece un estado simple de pérdidas y ganancias.

Ejemplo de un balance general

Enero 31, 1998

ACTIVOS

ACTIVOS CORRIENTES
Efectivo y sus equivalentes	US$458 000
Cuentas por cobrar	US$11 759 000
Inventario	US$154 000
Gastos pagados por anticipado y otros activos corrientes	US$283 000
Impuestos de renta reembolsables	US$165 000
TOTAL DE ACTIVOS CORRIENTES	US$12 819 000

EQUIPO Y MUEBLES
Equipo	US$4 746 000
Muebles, accesorios y mejoras	US$583 000
	US$5 329 000
Depreciación y amortización	(US$2 760 000)
	US$2 569 000
COSTOS NETOS DE SOFTWARE DE COMPUTADOR	US$3 199 000
DEPÓSITOS NETOS Y OTROS	US$260 000
	US$18 847 000

PASIVOS Y PATRIMONIO DE LOS ACCIONISTAS

PASIVOS CORRIENTES
Pagarés al banco	US$1 155 000
Cuentas por pagar	US$2 701 000
Remuneraciones y prestaciones devengadas	US$2 065 000
Impuestos de renta por pagar	US$0
Impuestos de renta diferidos	US$990 000
Porción actual de la deuda a largo plazo	US$665 000
TOTAL DE LOS PASIVOS CORRIENTES	US$7 576 000

DEUDA A LARGO PLAZO, menos porción actual	US$864 000
GASTOS DIFERIDOS DE ARRENDAMIENTO	US$504 000
IMPUESTOS DE RENTA DIFERIDOS	US$932 000

PATRIMONIO DE LOS ACCIONISTAS
Acciones ordinarias	US$76 000
Capital pagado adicional	US$803 000
Ganancias retenidas	US$8 092 000
	US$8 971 000
	US$18 847 000

Figura 17-1: Balance típico.

Ejemplo de un estado de pérdidas y ganancias

Doce meses cumplidos

Enero 31, 1998

INGRESOS

Ventas brutas		US$58 248 000
Menos: Devoluciones		US$1 089 000
Ventas netas		US$57 159 000

COSTO DE LOS BIENES VENDIDOS

Inventario inicial		US$4 874 000
Compras	US$38 453 000	
Menos: Descuentos sobre compras	US$1 586 000	
Compras netas		US$36 867 000
Costo de los bienes disponibles para venta		US$41 741 000
Menos: Inventario final		US$6 887 000
Costo de bienes vendidos		US$34 854 00

UTILIDADES BRUTAS — US$22 305 000

GASTOS DE OPERACIÓN

Gastos totales de venta	US$8 456 000
Gastos generales totales	US$1 845 000
Gastos totales de operación	US$10 301 000
Ingresos operativos	US$12 004 000

Otros ingresos y gastos
Gastos por intereses (ingreso) — US$360 000

Total de otros ingresos y gastos — US$360 000

Ingresos antes de impuestos	US$11 644 000
Menos: Impuestos de renta	US$3 952 000
Ingreso neto	US$7 692 000
Número promedio de acciones	3 500 000
Ganancias por acción	US$2. 20

Figura 17-2: Estado simple de pérdidas y ganancias.

Ingresos

La compañía obtiene estos ingresos por la venta de bienes y servicios, y de otras fuentes tales como intereses, arrendamientos, regalías, etc. A fin de obtener la cifra total de ventas, las ventas totales de bienes y servicios se compensan con los rendimientos y las reservas.

Gastos

Los gastos son *todos* los costos de hacer negocios. Para efectos contables, los gastos se dividen en dos grandes clases:

- **Costo de los bienes vendidos:** Para una firma que vende mercancía al por menor o al por mayor a personas naturales o a otras empresas, esta cifra representa el costo de comprar mercancía o inventario. Restando el costo de los bienes vendidos de los ingresos se obtiene el *margen bruto* conocido también como *utilidad bruta*.

- **Gastos de operación:** Los gastos de operación son todos los demás costos de hacer negocios que no están incluidos en el costo de los bienes vendidos. Los gastos operativos se dividen a su vez en *gastos de venta*, entre los que se incluyen marketing, publicidad, promoción del producto, los costos de operar los puntos de venta y los *gastos generales y de administración*, los cuales son los costos administrativos del manejo de la empresa. Los costos generales y de administración por lo general incluyen los salarios del personal de contabilidad, procesamiento de datos y compras, además del costo de las instalaciones físicas incluidos los servicios públicos, el pago de arrendamientos, etc.

Ganancia o pérdida neta

La diferencia entre los ingresos y los gastos (tras ajustar los ingresos o gastos de intereses y el pago de los impuestos de renta) es el ingreso neto (utilidad) o la pérdida neta de una empresa. Conocida como *renglón de utilidades*, la cifra de pérdidas o ganancias es la que interesa con mayor frecuencia a quienes desean evaluar la solidez financiera de una empresa. Muchos ejecutivos y gerentes corporativos se han visto de patitas en la calle al inclinarse demasiado hacia el lado de las pérdidas en esa ecuación.

El estado del flujo de caja

¿Cómo dice el dicho? *La felicidad es un flujo de caja positivo*. Los estados de flujo de caja muestran el movimiento del dinero que entra y sale de una empresa. No se necesita ser Einstein para darse cuenta de que cuando sale más dinero del que entra durante un período prolongado de tiempo, la empresa puede estar atravesando momentos *muy* difíciles.

Las relaciones financieras como herramientas para analizar la situación de la empresa

Cuando no se tiene una idea clara de lo que se busca, analizar los registros financieros de una compañía puede ser una labor abrumadora. Por suerte, a través de muchos años, los expertos en análisis financieros han desarrollado medios para evaluar rápidamente el desempeño y la solidez financiera de una organización comparando las relaciones entre ciertos indicadores claves y los parámetros establecidos, y también con otras empresas de las mismas industrias.

Relación corriente: Esta relación es la capacidad de un empresa para pagar sus pasivos corrientes con sus activos corrientes. Por lo general se considera buena una relación de 2 o más. Veamos este ejemplo:

Relación corriente = activos corrientes ÷ pasivos corrientes

= US$100 millones ÷ US$25 millones

= 4.00

Relación rápida: La relación rápida (conocida también como la *prueba de fuego)* es igual que la relación corriente con la excepción de que de los activos corrientes se resta el inventario. Esta relación es una prueba mucho más rigurosa de la capacidad de la empresa para pagar rápidamente sus pasivos corrientes, porque no es fácil liquidar el inventario tan rápidamente como otros activos corrientes. Se considera aceptable una relación de 1 o más.

Relación rápida = (Activos corrientes − inventario) ÷ pasivos corrientes

= (US$100 millones − $10 millones) ÷ $25 millones

= US$90 millones ÷ $25 millones

= 3.60

Relación de movimiento de las cuentas por cobrar: Esta relación indica el tiempo promedio que necesita la empresa para hacer efectivas sus cuentas por cobrar. Una relación elevada indica que los clientes pagan rápidamente sus cuentas, lo cual es muy bueno. Una relación baja refleja que la actividad de cobranza es lenta y puede ser un problema que requiere la atención de la gerencia. A su jefe, esto no le agradará para nada.

Relación de movimiento de las cuentas por cobrar = Ventas netas ÷ cuentas por cobrar

= US$50 millones ÷ US$5 millones

= 10.00

Esta relación puede ofrecer un dato muy interesante rápidamente. Dividiendo 365 días por la relación de movimiento de las cuentas por cobrar se obtiene el número promedio de *días* que necesita la empresa para rotar sus cuentas por cobrar, el cual se conoce comúnmente como *período promedio de cobro.* Cuanto más corto el período de cobro, mejor la situación de la empresa, y mayor su garantía de continuar empleado.

Período promedio de cobro = 365 días ÷ relación de movimiento de las cuentas por cobrar

= 365 días ÷ 10.00

= 36.5 días

(Continúa)

(viene)

Relación deuda/patrimonio: Esta relación mide hasta qué punto depende la organización de los préstamos de acreedores externos en comparación con los recursos proporcionados por los accionistas y otros dueños. Una relación superior a 1 se considera desfavorable porque indica que la firma podría tener dificultades para pagar sus deudas. Y nadie — en particular los bancos o los proveedores estrictos — está dispuesto a prestar dinero a compañías que no pueden pagar sus deudas. Si la relación es especialmente baja indica que la gerencia *podría* mejorar la rentabilidad de la empresa aumentando su deuda.

Relación deuda/patrimonio = Pasivos totales ÷ patrimonio de los dueños

= US$50 millones ÷ $150 millones

= 0.33 ó 33%

Rendimiento sobre la inversión: Esta relación, conocida por la sigla RSI, mide la capacidad de la empresa para generar utilidades para sus dueños. No olvide que las utilidades son *buenas* y las pérdidas son *malas*. Puesto que a los dueños — accionistas y otros inversionistas — les agrada ver que sus inversiones sean *muy* rentables, prefieren que ésta relación sea lo más alta posible.

Rendimiento sobre la inversión = Ingreso neto ÷ patrimonio de los dueños

= US$50 millones ÷ $150 millones

= 0.33 ó 33%

El efectivo se parece en cierta forma a la gasolina. Su vehículo necesita un suministro abundante de gasolina para andar. Si se acaba el combustible, el vehículo se vara en la mitad de la autopista. Si hace un minuto usted conducía a 65 millas por hora, al minuto siguiente estará completamente quieto. Análogamente, si a su compañía se le agota el efectivo, quedará completamente quieta también. Sin efectivo para pagar los sueldos de los empleados, las facturas de los proveedores, los préstamos y demás, las operaciones no tardan en desaparecer.

- ✔ **Estado de flujo de caja simple :** El estado de flujo de caja simple divide todo los rubros en dos categorías: entradas y salidas de efectivo.

- ✔ **Estado de flujo de caja operativo:** El estado de flujo de caja operativo limita el análisis de los flujos de fondos solamente a aquellos rubros relacionados con las operaciones de la empresa y no su financiación.

Parte VI: Herramientas y técnicas para administrar

✔ **Estado de flujo de caja prioritario:** El estado de flujo de caja prioritario clasifica las entradas y salidas de efectivo de acuerdo con agrupaciones específicas elegidas por el gerente o alguna otra persona que haya solicitado la elaboración del informe.

Ponga a prueba sus nuevos conocimientos

Enumere tres tipos diferentes de presupuestos.

A. Presupuesto de actividad, presupuesto de inactividad y presupuesto de ingresos.

B. Presupuesto de mano de obra, presupuesto de ventas y presupuesto de capital.

C. Presupuesto mensual, presupuesto anual y presupuesto infinito.

D. Ninguna de las anteriores.

¿Cuál es la ecuación de contabilidad?

A. Efectivo + Crédito = Pasivos totales

B. Activos = Cuentas por cobrar + inventario

C. Patrimonio de los dueños = Acciones x Precio por acción

D. Activos = Pasivos + Patrimonio de los dueños

Capítulo 18
Cómo aprovechar el poder de la tecnología

Este capítulo le permitirá:
▶ Descubrir por qué los computadores dan tanto de qué hablar.
▶ Conocer los fundamentos del hardware y el software.
▶ Escoger entre el PC y el Mac.
▶ Conectar la organización en red.
▶ Explorar el futuro del trabajo a distancia.

*U*sted *tiene* que aprender a amar los microcomputadores (no los minicomputadores ni los gigantes que se encuentran ocultos en algún cuarto frío en las entrañas de las oficinas centrales de su compañía — no es de *esos* computadores que hablaremos en este capítulo). Infortunadamente, como sucede con todo en esta vida, los computadores tienen su lado bueno y su lado malo. Gracias a los microcomputadores, gerentes y empleados por igual tienen más formas de perder el tiempo que antes. Es cierto que los computadores son máquinas de escribir extraordinarias y sumadoras todavía mejores (y un año después de adquirirlos son anclas inmejorables para las lanchas), ¿pero *en realidad* necesita usted tener todo el contenido de la Biblioteca del Congreso en un CD-ROM? ¿*Realmente* necesita dedicar media hora a escribir, editar, corregir e imprimir una carta fabulosa en 64 tonalidades de gris cuando una nota manuscrita o una breve llamada telefónica habrían cumplido el mismo propósito? ¿*En realidad* necesita intercambiar mensajes de correo electrónico con un pastor de renos en Samilandia?

Aceptamos ser admiradores del progreso asombroso que han alcanzado los computadores en poco más de diez años. Hace como un decenio, un computador de escritorio no era mucho más que una calculadora mejorada (algo así como un Chevrolet Belair modelo 56 con carburador de 4 salidas en lugar del original de 2). La innovación de IBM, el computador personal, o *PC,* era costoso, voluminoso y lento. Y los programas que se producían en aquella época eran realmente malos. ¿Recuerda a WordStar y Visicalc? Bob sí los recuerda; aunque no lo crea, fue uno de los últimos usuarios sobrevivientes de WordStar hasta que mejoró su computador a finales del año pasado al comprar Windows. *¡Por Dios, muchacho!*

Hoy, un computador que no tenga por lo menos un chip Pentium de 133 MHz, 16 MB de RAM, y un disco duro de 1 GB, es prácticamente obsoleto. Claro está que esto se debe en parte a que los programas utilizados en las empresas — Windows 9x de Microsoft (escoja un año, cualquier año), Word de Microsoft, Lotus Notes, Lotus 1-2-3, etc. — requieren cada uno megabytes de memoria sólo para ser almacenados en el computador. Por ejemplo, la versión de Peter del Office de Microsoft necesita *85 MB* de espacio en el disco duro. Por esta razón, ha sido necesario exceder en más del doble toda la capacidad del disco duro de 40 MB instalado en el primer PC que Peter adquirió en 1988.

Este capítulo está dedicado a examinar los computadores, el software y todas aquellas cosas que hacen de este mundo un sitio más agradable para vivir. Sí, sabemos que los computadores no son la meta última ni lo máximo para los gerentes de hoy puesto que *tienen* sus desventajas. Pero, en términos generales, han ayudado a agilizar los negocios y también a incrementar la eficiencia y la eficacia de las empresas. Como dice la publicidad de AT&T, *algún día usted lo hará* (es decir, utilizar un computador). Y cuando lo haga, alguien estará allí esperando para cobrar el peaje en la superautopista de la información.

Computadores: donde está la acción

¿Estamos imaginando cosas, o al parecer los computadores se están tomando el mundo? Sin duda alguna, los computadores se han apoderado del mundo de los negocios. Hasta los directivos más recalcitrantes se han lanzado finalmente *(¡No necesito un computador, nunca lo he necesitado y jamás lo necesitaré!)* y comienzan a suscribirse a la superautopista de la información en proporciones cada vez mayores. Los gerentes que anteriormente trabajaban a base de reuniones y memorandos escritos para comunicarse con sus empleados ahora ni se inmutan al pensar en adquirir un microcomputador de dos mil dólares para un empleado que no necesita más que enviar y recibir correo electrónico. ¡Ay de los empleados que quedan por fuera de la red de computadores de la compañía! Con tamaña lejanía de las operaciones de la compañía, es como si los empleados estuvieran exiliados en la isla de Elba. Tenemos dirección de correo electrónico, luego existimos.

¿Cuál es el asunto con los computadores? ¿Por qué son tan esenciales para la vida de la gente, tanto en el trabajo como en otros lugares? ¿Estamos en presencia de alguna estratagema de los venusinos para controlar nuestra mente? ¿El siguiente paso del plan de la Comisión Trilateral para gobernar a todo el mundo? ¿O sencillamente la idea de un ejecutivo de publicidad de Madison Avenue para crear una nueva fuente gigantesca de ingresos donde no la había? Para conocer las respuestas a estas preguntas y muchas más, debemos estudiar lo que son los computadores: su esencia, su corazón, su alma — su *razón de ser*.

¿Qué hacen los gerentes con sus computadores?

Piense un momento en el increíble progreso alcanzado por la informática solamente en su tiempo de vida. Con tantas herramientas computarizadas que uno tiene al alcance de la mano es difícil creer que, hace apenas veinte años, el computador personal no era todavía una realidad en el mercado. Mientras procesar textos implicaba una máquina de escribir y mucho corrector líquido, u hojas de papel carbón que dejaban todo sucio, los computadores han revolucionado la forma en que los empleados de las empresas manipulan textos, gráficos y otros elementos en sus informes y otros documentos.

Los computadores son fabulosos para muchas cosas — sólo pregúntele a cualquiera que pase horas jugando Solitario o el fantástico juego de "pinball" en tres dimensiones que viene con Windows 95. Pero dejando de lado esas dos formas de entretenimiento, usted como gerente puede valerse de su computador para realizar dos cosas fundamentales encaminadas a incrementar de manera sustancial la productividad y la eficiencia:

✔ **Automatizar los procesos:** No hace muchos años, los procesos de negocios eran manuales. Por ejemplo, el sistema de contabilidad y nómina de su empresa quizás fue en algún momento completamente manual, salvo por la ayuda de una sumadora de diez teclas. Lo que antes tomaba horas, días o semanas se puede realizar ahora en minutos. Otros procesos que suelen automatizarse son el de rastreo de inventario, servicio al cliente, análisis de llamadas, rastreo de los errores del software, compras, etc.

✔ **Automatizar las funciones personales administrativas:** Tal como lo describimos en el capítulo 2, cada vez es mayor el número de gerentes que han trasladado sus calendarios y agendas personales al computador. Aunque es poco probable que desaparezcan del todo las agendas de papel, muchos gerentes han descubierto que los computadores son mucho más potentes como herramientas administrativas que las agendas manuales. Los gerentes también utilizan el computador para programar reuniones, hacer el seguimiento de los proyectos, analizar cifras, manejar la información de contactos de la empresa, realizar evaluaciones de desempeño del personal, y muchas cosas más.

No obstante, antes de que salga corriendo a automatizar todo lo que su vista alcanza a abarcar, recuerde lo siguiente: si su sistema manual es ineficiente o ineficaz por definición, el simple hecho de automatizarlo no lo mejorará. De hecho, la automatización puede *empeorar* el funcionamiento de la versión manual. Si decide automatizar, tómese el tiempo necesario para revisar el proceso minuciosamente. Elimine los pasos innecesarios y asegúrese de optimizar el sistema conforme al nuevo entorno automatizado. Créanos, el tiempo que destine ahora a mejorar sus procesos y funciones pagará grandes dividendos cuando decida automatizar.

¿En realidad los computadores hacen más eficiente la organización?

La explosión reciente de la informática ha sucedido al mismo tiempo que la industria estadounidense ha pasado de ser dominada por los actores de siempre como las siderúrgicas y las petroleras a estar en manos de empresas productoras de semiconductores, computadores y productos afines. La industria de los computadores personales, inexistente hace veinte años, ha crecido rápidamente hasta convertirse en un mercado de más de US$50 000 millones en ventas anuales. Más estadounidenses trabajan para compañías relacionadas con los computadores que para las industrias automotriz, minera, petrolera y siderúrgica juntas. ¿Se imagina?

En el transcurso de los últimos diez años, el promedio del crecimiento anual de las ventas de los programas para computador ha sido superior al 25 por ciento. El crecimiento de este aspecto en particular de la industria de los computadores ha sido tan fenomenal que el valor en el mercado de Microsoft Corporation (en noveno lugar), la más grande productora de software del mundo, supera al de General Motors (en el vigésimo tercer lugar), la más grande fabricante de automóviles del mundo.

Parece bastante obvio que los empresarios que mejor saben manejar la información tienen una ventaja competitiva en el mercado. Cuanto más pronto se tenga la información, más rápida es la acción. Cuanto más eficazmente se pueda manejar la información, más fácil es acceder a ella en el momento y lugar en que se necesita. Cuanto más eficientemente se maneje la información, menores los gastos de manejarla y mantenerla.

La gerencia cita la razón anterior y otras como ella para justificar el desembolso de una cantidad de recursos absurdos para comprar computadores, instalar sistemas de correo electrónico y oral, y capacitar a los empleados para utilizar todas esas herramientas nuevas de la Era de la Información. ¿Acaso ha aumentado la productividad de los empleados con todos esos gastos? Infortunadamente, durante años, los investigadores no lograron hallar evidencia para demostrar que la automatización de la oficinas mejorara de manera mensurable la productividad. A pesar de la proliferación de los computadores y otros implementos digitales para la oficina, fue sólo hasta hace poco que los estudios comenzaron a revelar una relación clara entre la automatización y el aumento de la productividad.

✔ La gerencia de Boeing Corporation estudió el impacto del software para reuniones electrónicas en 1 000 participantes de sesenta y cuatro reuniones diferentes. De acuerdo con los resultados del estudio, Boeing ahorró un promedio de US$6 700 por reunión — un total de US$428 800 por todas las sesenta y cuatro reuniones — especialmente en tiempo de los empleados. De acuerdo con el gerente del proyecto de estudio, Brad Quinn Post, "Los datos muestran que hay oportunidades muy claras en donde estos productos pueden mejorar significativamente los procesos de la empresa, permitiéndonos trabajar mejor y de manera más rápida y económica" (*Fortune*, marzo 23, 1992).

✔ Utilizando la informática para darles información a los empleados en tiempo real sobre pedidos y programación, eliminando los muros tradicionales dentro de la organización, M.A. Hanna, fabricante de polímeros, pudo reducir sus necesidades de capital de trabajo en un tercio sin reducir sus ventas. Por impresionante que parezca este logro, Martin D. Walker, presidente de la compañía, está convencido de poder reducir su capital de trabajo todavía más en la misma medida con sólo comunicarse con sus proveedores y clientes a través de redes de computador.

Aunque el peso de la evidencia comienza a inclinarse hacia el aumento de la productividad, los estudios señalan que no basta con instalar computadores y otros elementos de informática para incrementar automáticamente la eficiencia y la productividad de los empleados. Como gerente, usted debe destinar tiempo para mejorar sus procesos de trabajo *antes* de automatizarlos. De no hacerlo, la automatización de la oficina de hecho podría disminuir la eficiencia y la productividad de los empleados. En lugar de los mismos resultados malos que obtiene con su sistema manual, terminará con algo diferente entre manos: basura a la velocidad de la luz. ¡No permita que su organización cometa ese error!

Máquina es máquina: lo que cuenta es lo que hay adentro

Todos los computadores constan de dos partes fundamentales: hardware y software. La palabra *hardware* se refiere a todas las piezas electrónicas que componen los computadores modernos: el microprocesador, los cables, los teclados, etc. Al decir *computador*, realmente nos referimos al hardware.

El término *software* abarca el conjunto de instrucciones que le dice a la máquina lo que debe hacer. Estas instrucciones, escritas en combinaciones cifradas de código alfanumérico, le permiten al computador crear lo que a usted se le antoje (y su billetera pueda resistir) cada vez que oprime el botón del ratón o una de las teclas. Bien haga usted un pedido de flores a través de Internet, o bien elabore el menú diario para su restaurante, el computador sería apenas un montón de basura inútil si no tuviera el software para cumplir su propósito.

El hardware: esas cajas llenas de luces titilantes y botones para oprimir

El hardware son todos los componentes que usted puede ver y tocar cada vez que se sienta frente a su computador. El hardware viene en distintas formas y tamaños. En su oficina usted podrá tener un computador de escritorio enlazado con un gran servidor de la red. Si viaja, podrá llevar en su maletín un computador portátil que funciona con pila. El tamaño y el tipo de computador es en la actualidad cuestión de preferencia personal. Hasta los sistemas portátiles más pequeños tienen casi la misma capacidad que los computadores de escritorio más poderosos. Claro que la conveniencia tiene un precio. Mientras que un computador Pentium de escritorio cuesta cerca de US$2 500, su equivalente portátil cuesta aproximadamente el doble.

Independientemente del computador que escoja, todos tienen ciertos componentes en común.

- ✔ **Dispositivos de entrada:** Es necesario poder ingresar la información dentro del computador para poder desmenuzarla y procesarla. Los dispositivos de entrada: teclados, micrófonos, cámaras de vídeo, el ubicuo ratón, el escáner y demás, son los que le permiten ese acceso.

- ✔ **Dispositivos de procesamiento:** Una vez ingresada la información en el computador, los dispositivos de procesamiento se encargan de desmenuzar y procesar la información. Estos dispositivos son los microprocesadores y los circuitos de memoria de acceso aleatorio (RAM).

- ✔ **Dispositivos de almacenamiento:** Los dispositivos de almacenamiento como discos duros, disquetes y CD-ROMs permiten almacenar un número infinito de archivos y de programas. Durante el oscurantismo de los primeros computadores personales (hace apenas diez años), era necesario cargar el software en el computador cada vez que se iba a utilizar. Ese paso era un *verdadero* dolor de cabeza.

- ✔ **Dispositivos de salida:** Una vez que el computador ha cumplido con su parte (desmenuzar la información) necesita alguna forma de entregar los resultados al usuario. Los dispositivos de salida: impresoras, monitores de vídeo, parlantes y demás, expresan los resultados de todo el proceso de ingreso, procesamiento y almacenamiento de una manera que tenga sentido para usted, sus empleados y sus clientes. Por lo menos es lo que se espera.

El software: esas cajas costosas llenas de aire y discos plásticos baratos

El hardware más costoso y poderoso del mundo es completamente inútil sin el software que le indique lo que debe hacer. Independientemente del trabajo que usted desee hacer, escribir una propuesta de ventas para un cliente, enviar un mensaje de correo electrónico a la planta de un proveedor en Singapur, o aterrizar su caza bombardero F-14 de mentira en la pista de un portaaviones atrapado en una noche de tormenta a 1 000 millas de la costa, sin el software no tendría otra cosa que una pantalla en blanco.

Si ha entrado recientemente a un superalmacén de computadores con sus estanterías a rebosar de cajas de colores, sabe que las alternativas son infinitas. Las secciones siguientes son una sinopsis de algunos de los paquetes de software para oficina más utilizados. (Para mayor información sobre este software y la manera como funciona, Editorial Norma ofrece una gran variedad de guías ...*para dummies*.

Sistemas operacionales

La clave para que el computador funcione es el sistema operacional. Los sistemas operacionales, tales como Windows de Microsoft y OS/2 Warp de IBM, le dan a la máquina las instrucciones básicas que le permiten procesar los datos. Los sistemas operacionales le dicen al computador lo que debe hacer cuando el usuario oprime el ratón, cuándo extraer datos del disco duro, cuándo enviar esos datos, etc.

Procesadores de texto

¿Dónde estaría el mundo empresarial sin el software para procesar texto? Estos programas no solamente fueron los causantes de la extinción de la próspera industria de las máquinas de escribir, sino que también facilitaron y agilizaron enormemente la producción y el almacenamiento de documentos.

El software de procesamiento de texto, como Word de Microsoft o WordPerfect de Corel, le permiten escribir el documento, verificar si hay errores de ortografía y gramática, hacer correcciones, insertar fotografías, histogramas u otros elementos gráficos, cambiar el tamaño y la apariencia de las letras y muchas otras cosas más *antes* de imprimir el documento. Además, todos los documentos se pueden almacenar en el disco duro o en discos flexibles para referencia futura o para entregarlos a otra persona.

Hojas electrónicas

El software de hojas electrónicas, como Lotus 1-2-3 o Excel de Microsoft, les ha facilitado increíblemente la vida a muchas personas. Los análisis financieros complicados que anteriormente requerían horas (o hasta días) se realizan ahora tocando unas cuantas teclas. Peter todavía recuerda cuando debía elaborar sus presupuestos anuales manualmente hace mucho tiempo. Primero debía llenar muchas hojas con números y luego verificar las cifras con una calculadora. En caso de que tuviera que hacer algún cambio, tenía que revisar todas las cifras para actualizar los totales afectados. Una vez terminado el presupuesto, alguien debía pasarlo a máquina. Y como con todos los documentos escritos a máquina, corregir los errores era un verdadero dolor de cabeza.

Ahora, Peter sencillamente utiliza la plantilla para presupuesto que recibe todos los años del servicio fiscal a través de su correo electrónico, llena las cifras en el computador y el programa se encarga del resto. Las cifras se actualizan por sí solas, las fórmulas ocupan su lugar correspondiente, los totales se totalizan, los coeficientes cambian, y todo eso sucede automáticamente y sin escándalos. Minutos después, Peter recupera su nuevo presupuesto impreso con calidad láser en la impresora del vestíbulo y lo presenta a su jefe para aprobación. Después sale a la tienda de la esquina para disfrutar unas merecidas rosquillas con café. ¡Cuán dura es la vida con el computador!

Programas para manejar información personal

El software para manejar información personal, como, por ejemplo, Schedule+ de Microsoft y ASCEND de Franklin Quest combinan lo mejor de las agendas personales, los libros de citas, los directorios, los administradores de contactos de negocios y las listas de tareas pendientes en un solo generador poderoso de información para las ocupadas personas de negocios de hoy. Como gerente, usted puede utilizar el software de manejo de la información personal para estar al tanto de sus citas de todos los días. Además, la mayoría de estos programas le permiten montar y administrar proyectos, y generar listas extensas de actividades.

Utilice el software de manejo de información personal para modificar esa información siempre que lo desee. Otra ventaja es poder imprimir la información a través de su computador de escritorio o enviarla a un computador portátil. El Schedule+ de Microsoft le permite enviar 70 entradas a su reloj de pulsera DataLink de Timex. De esa manera no podrá ir a ningún lugar sin su agenda.

Software para presentaciones

Con el software para elaborar presentaciones tales como Harvard Graphics, Freelance Graphics de Lotus y PowerPoint de Microsoft, cualquiera puede crear gráficas y diapositivas muy profesionales y de gran impacto. Hace algunos años, la mayoría de las personas de negocios se llenaron de emoción al saber que podían utilizar las máquinas de Xerox para hacer fotocopias en acetato de sus gráficas hechas a máquina; hoy, para producir transparencias profesionales llenas de color (que compiten con los mejores trabajos de artistas costosos) sólo se necesita un programa de presentación, un computador personal y una impresora. Hasta existe el adaptador especial para proyectar las imágenes directamente del computador portátil a la pantalla. *¡C'est magnifique!*

Bases de datos

Las bases de datos permiten almacenar y manipular grandes cantidades de información. El software especializado de Borland, Sybase y Oracle domina el mercado de las aplicaciones corporativas de gran escala. Pero también hay muchos paquetes combinados con procesamiento de texto y hojas electrónicas que funcionan perfectamente para aplicaciones en pequeña escala.

Si usted necesita organizar datos de muchas maneras diferentes, las bases de datos son la fórmula. Supongamos que tiene cerca de 125 000 clientes activos dispersos por el mundo entero. Su jefe lo llama y le pide que elabore una lista de todos los clientes franceses de la compañía. Mientras la información esté en su base de datos, usted podrá clasificar y crear una lista de todos los clientes franceses en segundos. Las bases de datos son la forma más fácil y rápida de clasificar la información, sea por orden alfabético, por nombre, por código postal, por volumen de ventas o cualquier otra clase de información que se desee obtener.

Comunicaciones

A los computadores les encanta hablar entre ellos. Mientras Bob trabaja en su oficina virtual de su computador IBM portátil — desde cualquier hotel en el camino — puede conectar una línea telefónica a su modem interno de 14.4 Kbps y entrar a su computador de Blanchard Training and Development (BTD). Una vez conectado con su computador de BTD, Bob puede recuperar sus mensaje de correo electrónico y responderlos, recuperar y descargar archivos de trabajo y luego cargar los cambios. Hasta puede enviar cartas o archivos de texto a cualquier fax en el mundo. Programas tales como ProCOMM Plus, CommSuite de Delrina y pcANYWHERE de Norton, facilitan la comunicación entre los computadores.

La Internet ha caído como un alud sobre el mundo de los negocios. Si su compañía no ha creado todavía un sitio en la red mundial de computadores (World Wide Web), puede estar seguro de haberse quedado muy atrás de sus competidores. Ha habido una explosión en el uso de la Internet por parte de las empresas, y si la suya todavía no está en la red, más vale que comiencen a trazar planes para ingresar lo antes posible. Los navegadores *(browsers)* son programas especializados de comunicación que permiten navegar por la red mundial y por el resto de la red Internet con toda facilidad. En este momento dos de los navegadores más utilizados son Spry Mosaic y Netscape Navigator.

PC versus Mac

Hace apenas pocos años, los directores de empresa tomaban muy en serio la cuestión de si debían comprar un PC (computador personal compatible con IBM) o un Mac (computador personal Macintosh de Apple). Aunque el Macintosh — con su interfaz intuitiva fácil de operar, sus símbolos gráficos y el ratón — fue en una época muy superior a sus rivales que operaban con base en DOS, el sistema Windows de Microsoft ha modificado totalmente la situación. Ahora, con Windows, los PC son prácticamente tan fáciles de usar como los Macintosh y es mucho más económico ponerlos en funcionamiento. En vista de que la participación de Apple en el mercado mundial de computadores disminuye rápidamente — de 8.2 por ciento en el cuarto trimestre de 1994 a 7.1 por ciento en el último trimestre de 1995 — muchos gerentes se sienten caminando sobre arena movediza cuando piensan en la posibilidad de comprar Macs para sus operaciones.

Claro está que el Macintosh continúa siendo *la* norma para determinadas aplicaciones específicas tales como gráficas y diseño, fábricas con equipos de control numérico, y composición musical. Y pese a los problemas de Apple, la decisión reciente de otorgar licencias sobre el sistema operacional de Macintosh a otros fabricantes — Motorola, para mencionar uno — ha significado una luz de esperanza para el gran número de seguidores fieles de Mac.

Ahora que en las redes de computadores pueden convivir los PCs y los Macintosh, realmente no hay razón para limitarse a un solo sistema. Los empleados de contabilidad pueden disfrutar de lo lindo con sus PCs equipados con el Pentium, mientras que el departamento de artes gráficas puede crear y diseñar alegremente en sus Macs equipados con el PowerPC.

¿Quién ha dicho que no podemos coexistir pacíficamente? Usted decide: ¿PC o Macintosh?

¡Vivamos en red!

El computador personal comenzó a revolucionar a la empresa hace diez años al poner el poder de los grandes computadores al alcance de la mano de cada uno de los usuarios. En la actualidad, las redes de computadores están gestando una nueva revolución en las empresas. Aunque el computador personal es una isla autosuficiente de información, al unir todas esas islas en una red se obtiene el beneficio adicional de poder compartir *todos* los computadores de la red.

¿La empresa tiene alguna buena razón para poseer una red de computadores? ¡Sin duda alguna! Veamos lo que piensa de las siguientes razones:

✔ **Las redes mejoran la comunicación:** Las redes de computadores le permiten a cualquier persona de la organización comunicarse con otra fácil y rápidamente. Con sólo oprimir un botón se pueden enviar mensajes individuales o colectivos a los empleados. Igualmente fácil es responder. Y no solamente eso, sino que los empleados conectados a la red pueden tener acceso a la información financiera, de marketing y del producto que necesitan para realizar sus funciones, desde cualquier parte de la organización.

✔ **Las redes ahorran tiempo y dinero:** En los negocios, el tiempo es oro. Cuanto más rápido se haga algo, mayor el número de cosas que se pueden realizar durante la jornada de trabajo. El correo electrónico permite crear mensajes, memorandos y otras comunicaciones internas, adjuntar archivos de trabajo y transmitir instantáneamente la comunicación a tantos colaboradores como sea necesario. Además, permite transmitir a unos cuantos pasos de distancia o hasta el otro lado del mundo.

✔ **Las redes permiten ver mejor el mercado:** La información comunicada a través de redes de computadores es oportuna y directa por naturaleza. En el sistema antiguo de comunicación dentro de la empresa había muchos niveles de empleados que filtraban, modificaban y retenían la información en su paso de una parte de la organización a otra. Con la comunicación directa a través de la red, no hay quien filtre, modifique o retenga el mensaje original. Lo que muestra la pantalla es la verdad. En consecuencia, la organización se beneficia de una información mejor y más rápida. Cuanto más pronto se obtiene la información necesaria y cuanto mejor es la calidad, mejor es la visión del mercado.

Trabajo a distancia: ¿una idea a la que le llegó su momento?

Con la proliferación de los computadores personales — tanto en la oficina como en el hogar — y gracias a los modems económicos y rápidos y al software de comunicación, la pregunta no es si los empleados *pueden* trabajar a distancia. La pregunta es si las empresas están *dispuestas a permitir* que los empleados trabajen a distancia. El problema que esta posibilidad plantea a los gerentes no es tecnológico sino de controlar personas que no están de cuerpo presente en la oficina.

En la oficina tradicional, la mayoría (si no la totalidad) de los empleados están a unos cuantos pasos de usted. Si los necesita es sólo cuestión de abrir la puerta de la oficina correspondiente para dar instrucciones. ¿Que el empleado está afuera descansando? No hay problema. Basta con ir hasta el salón de descanso y reorganizarle sus prioridades personalmente.

Capítulo 18: Cómo aprovechar el poder de la tecnología 347

Es nueva, es emocionante, es la Intranet

Si usted creyó que la Internet era la nueva gran ola en el campo de los sistemas empresariales, adivine de nuevo. Establecer presencia en la Internet es cosa pasada de moda para la mayoría de las corporaciones. La gran nueva ola en el mundo empresarial es la *Intranet*. Algunas de las corporaciones más grandes de los Estados Unidos, entre ellas Federal Express Corporation, AT&T, Levi Strauss y Ford Motor Company, están desarrollando sus versiones internas de la Internet *dentro* de sus organizaciones. En Silicon Graphics, por ejemplo, los empleados pueden acceder a cerca de 144 000 páginas de la red mundial de computadores (Web) ubicadas en 800 sitios *internos* de la Web. Los empleados de DreamWorks SKG, el nuevo conglomerado de la industria del espectáculo creado por Steven Spielberg, Jeffrey Katzenberg y David Geffen, utilizan la Intranet de su compañía para producir películas y ocuparse de los detalles de producción tales como rastrear los objetos de animación, coordinar escenas y verificar el estado diario de los proyectos.

Las Intranets utilizan los implementos básicos de la Internet — servidores de la red, navegadores y páginas de la red —, los cuales tienen dentro de la organización. Las Intranets tienen por objeto proporcionar acceso exclusivamente a los empleados y no están disponibles para los usuarios de la Internet. Para las compañías que ya han invertido en hardware y software de la Web, constituyen una forma económica y poderosa de conectar los computadores de la organización.

Las Intranets no solamente han revolucionado el desarrollo de las redes al interior de las organizaciones, sino que también las han democratizado. Mientras la mayoría de las redes de computadores de la empresas son del dominio de unos pocos administradores y programadores de sistemas, las Intranets ofrecen a novatos y expertos por igual la posibilidad de crear páginas de la Web. Por ejemplo, muchas de las 60 páginas de la Web de Federal Express fueron creadas por y para los empleados. Según Stephen Jobs, presidente de NeXT Computer: "La Intranet ha derrumbado los muros dentro de las corporaciones". Y Jobs debe saber lo que dice. Como cofundador de Apple Computer, ha derrumbado ya suficientes muros.

(Fuente: *Business Week,* 26 de febrero de 1996)

La posibilidad de trabajar a distancia ha cambiado todo eso. Cuando los empleados están lejos de la oficina no están disponibles para responder a cada llamado del gerente. La comunicación se convierte en una serie de mensajes de correo oral, de correo electrónico y de fax. La comunicación personal se reduce, lo mismo que la sensación de formar parte de la organización.

Amy Arnott, analista de Morningstar, Inc., compañía de Chicago, se vio enfrentada a una decisión muy difícil cuando su prometido aceptó un trabajo en Nuevo México. No sabía si debía renunciar a su trabajo y tras-

Parte VI: Herramientas y técnicas para administrar

ladarse con su futuro esposo a Nuevo México, o si debía tratar de mantener su romance desde lejos. Por suerte, no tuvo que sacrificar nada. Morningstar le permite a Arnott conectarse diariamente entre Los Álamos, Nuevo México, y Chicago, Illinois — un trayecto de más de 1 000 millas de ida y regreso.

Aunque según dice Arnott, "Los Álamos no es precisamente el centro financiero del mundo", con su computador y su modem puede conectarse con la base de datos del fondo mutual de Morningstar. Por medio de la base de datos y sus programas comerciales de procesamiento de texto, hojas electrónicas y correo electrónico, Arnott realiza su trabajo tan bien como si estuviera en su antigua oficina de Chicago. Claro que reunirse con sus compañeros en el pasillo para una conversación sobre las últimas noticias internas de Morningstar es un poco más difícil. (Fuente: *Business Week,* mayo 18, 1994.)

Aunque la idea de los empleados virtuales parece comenzar a ganar terreno en el mundo de la empresa, usted como gerente deberá considerar algunas ventajas y desventajas cuando sus empleados le planteen la idea de trabajar a distancia.

Las siguientes son algunas ventajas:

- ✔ Los empleados fijan sus propios horarios.
- ✔ Los empleados pueden dedicar más tiempo a los clientes.
- ✔ Se puede conseguir un ahorro reduciendo el tamaño de las instalaciones físicas.
- ✔ Se reducen los costos de energía, acueducto y otros gastos generales.
- ✔ Mejora la moral de los empleados.

Las siguientes son algunas de las desventajas de trabajar a distancia:

- ✔ Es más difícil supervisar el desempeño de los empleados.
- ✔ Programar las reuniones podría ser problemático.
- ✔ La empresa quizá tenga que desembolsar el dinero para equipar a los empleados con lo que necesitan para trabajar a distancia.
- ✔ Los empleados pueden perder el sentido de unión con la organización.
- ✔ Es necesario que los gerentes sean más organizados en lo que se refiere a asignar tareas.

Capítulo 18: Cómo aprovechar el poder de la tecnología

HISTORIAS REALES

De acuerdo con Scott Bye de North Hollywood: "La idea de poder trabajar desde mi casa era mucho más atractiva que tener que montarme en la autopista todos los días". Aunque Scott todavía se levanta a la misma hora que cuando trabajaba en las oficinas de una importante editorial corporativa, ahora tan sólo camina unos cuantos pasos en lugar de tener que viajar una hora y quince minutos en medio de tráfico intenso, lento y contaminante. A las 9:30 A.M. — quince minutos antes de la hora en que debía presentarse en la oficina — Bye ya ha hecho varias llamadas a sus clientes de la costa este, enviado un par de faxes a sus contactos de ultramar y elaborado una presentación de ventas en su computador. Bye resume su libertad recuperada en términos simples pero claros: "Ahora que he degustado la libertad de trabajar independientemente desde mi casa, ¿creen que querría volver a las camisas apretadas y a marcar tarjetas? ¡Por nada del mundo! *(Microsoft Magazine,* otoño, 1994).

VERIFICACIÓN DE CONCEPTO

Ponga a prueba sus nuevos conocimientos

Mencione tres tipos de dispositivos para el ingreso de datos:

A. Unidades de disco, teclado y micrófono

B. Teclado, cámara de vídeo y escáner

C. Monitor, parlante, ratón

D. Pantalla de contacto, lápiz electrónico e impresora

¿Se sienten más o menos conectados con la empresa los empleados que trabajan a distancia?

A. Más conectados

B. Menos conectados

C. Lo mismo

D. Ninguna de las anteriores

Capítulo 19
Desarrollo y tutoría de los empleados

* *

Este capítulo le permitirá:
▶ Comprender la importancia de desarrollar a los empleados.
▶ Elaborar planes para el desarrollo profesional.
▶ Desarrollar a los empleados.
▶ Comprender el proceso de tutoría.
▶ Desarrollar a los empleados a pesar de la necesidad de reducir el tamaño de la empresa.

* *

Es hora de hacer un examen rápido. ¿Qué clase de gerente es usted? ¿Contrata a los empleados y después los deja por su cuenta? ¿O mantiene vivo su interés por el desarrollo y el progreso de sus empleados, ayudando a guiarlos por el camino? Si se prepara para ser gerente, ¿sabe lo que significa tener un mentor — alguien que se interesa personalmente por el desarrollo de su carrera?

En toda organización hay mucho que aprender: las políticas internas y externas de la oficina, las jerarquías formales e informales, la forma *correcta* y *equivocada* de hacer las cosas, las personas a quienes no se debe prestar atención y a quienes se debe tener en la mira. Y esta lista ni siquiera menciona las destrezas necesarias para realizar el trabajo: dominar un determinado programa de hoja electrónica o aprender a hablar delante de un grupo grande, por ejemplo. No hay duda de que cada vez que el empleado escala hacia un nuevo nivel dentro de la organización o asume una nueva responsabilidad, el proceso de aprendizaje comienza de nuevo.

El desarrollo de los empleados no sucede por azar. Es algo que exige un esfuerzo deliberado y concertado de parte de los gerentes *y* los empleados. Además de eso, requiere *tiempo* y *compromiso*. Una buena labor de desarrollo de los empleados no implica solamente hablar al respecto una vez al año durante la revisión del desempeño. El mejor proceso de desarrollo de los empleados es aquel que sucede constantemente y que, por tanto, implica que usted apoye y fomente las iniciativas de sus empleados. Si embargo, conviene reconocer que todo desarrollo emana de la persona misma; es decir, sólo la persona se puede desarrollar. No se puede obligar a los empleados a que se desarrollen. Ellos tienen que tener la voluntad y el deseo de hacerlo.

¿Por qué ayudar a desarrollar a los empleados?

Hay muchas razones para contribuir al desarrollo de los empleados. Sin embargo, pese a tantas buenas razones, el desarrollo se reduce a una sola cosa: como gerente, usted está en la posición más favorable para darles a sus empleados el apoyo que necesitan para desarrollarse dentro de la organización. No solamente está en condiciones de proporcionarles el tiempo y el dinero necesarios para su capacitación, sino también de ofrecerles las oportunidades únicas de aprender en el trabajo, recibir tutoría, participar en equipos, etc. Como ve, desarrollar a los empleados implica mucho más que asistir a uno o dos cursos de capacitación. De hecho, cerca del 90 por ciento del desarrollo ocurre en el trabajo.

Los términos *capacitación* y *desarrollo* pueden significar dos cosas muy distintas. *Capacitar* es enseñarles a los empleados las destrezas que necesitan *ahora mismo* para poder hacer su trabajo. *Desarrollar* se refiere a enseñarles a los empleados la clase de destrezas que necesitarán en el futuro a medida que progresen en su carrera. Por esta razón, el desarrollo de los empleados es sinónimo de *desarrollo profesional*.

Suponiendo que todavía no tenga la menor idea de por qué vale la pena desarrollar a los empleados, he aquí una lista de razones. Estamos seguros de que hay muchas más, dependiendo de la situación personal de cada quien.

> ✔ **Usted podría estar dando por hecho el conocimiento de sus empleados.** ¿Alguna vez se ha preguntado por qué sus empleados insisten en hacer mal las cosas que usted está seguro de que pueden realizar? Aunque no lo crea, es bastante posible que no sepan cómo realizar la tarea asignada. ¿Alguna vez ha visto al empleado realizar las tareas en cuestión?

Suponga que le entrega un montón de números a su asistente y le dice que necesita que estén organizados y totalizados en el lapso de una hora. Pero en lugar de presentarle una hoja electrónica elaborada en el computador, su empleado le entrega un trabajo desastroso. Eso no quiere decir que su empleado sea un incompetente perdido; bien podría ser que no sabe cómo elaborar una hoja electrónica en el computador. ¡Averígüelo! La solución puede ser tan simple como explicarle la tarea al empleado paso por paso y luego pedirle que lo intente.

✔ **Los empleados que trabajan mejor son mejores empleados.** En otras palabras, los empleados más inteligentes son mejores. Si usted puede contribuir al desarrollo de los empleados para que trabajen de manera más inteligente y eficiente — y sin duda puede — ¿por qué no hacerlo? Ningún integrante de la organización sabe todo lo que necesita saber. Averigüe qué es lo que sus empleados desconocen sobre su trabajo y programe con ellos la fecha y la forma de aprender lo que necesitan saber. Cuando los empleados hayan logrado sus objetivos de desarrollo, trabajarán con más inteligencia, la organización cosechará los beneficios de contar con empleados más eficientes y eficaces, y usted dormirá más tranquilo.

✔ **Alguien debe estar preparado para ser su sucesor.** ¿Alguna vez ha pensado en tomarse unas vacaciones? ¿O en ser ascendido? ¿Cómo pretende poder hacerlo si no ayuda a preparar a sus empleados para asumir las funciones de más alto nivel que forman parte de su trabajo? Nosotros conocemos gerentes que se preocupan tanto por lo que pueda estar sucediendo en la oficina cuando están de vacaciones, que se pasan el día llamando para ver cómo van las cosas. No importa que estén en las cataratas del Niágara, en Walt Disney World, o en una playa en Hawai, pasan más tiempo preocupados por la oficina que disfrutando de su descanso.

Muchos gerentes no necesitan estar en contacto permanente con sus oficinas durante las vacaciones porque han hecho el esfuerzo deliberado de ayudar a desarrollar a sus empleados a fin de que puedan ponerse al frente de las cosas en su ausencia. Usted puede hacer lo mismo; el futuro de su organización depende de eso.

✔ **El empleado gana y la organización también.** ¡Qué mejor forma de gastar recursos monetarios escasos! Asignar fondos para desarrollar a los empleados es beneficiarlos porque adquieren un nivel más alto de destreza y aprenden a ver el mundo desde distintos puntos de vista; además, la organización sale ganando con empleados más motivados y mejor calificados para trabajar. Debido a este doble efecto benéfico, toda inversión realizada en desarrollar a los empleados se duplica. ¡Es mejor que un viaje a Las Vegas! Y lo más importante es que se prepara a los empleados para llenar los cargos a los cuales la organización necesitará transferirlos en el futuro.

✔ **Los empleados valen todo el tiempo y el dinero que usted invierta en ellos.** Es muy costoso reclutar y capacitar empleados nuevos. Y no solamente es cuestión de la inversión monetaria, sino que usted y el resto de su personal tienen que comprometer una inversión de *tiempo.*

Hace uno o dos años, la secretaria de Peter aceptó un ascenso para otro departamento. El resultado fue un desfile de tres o cuatro empleadas temporales hasta que Peter pudo reclutar, entrevistar y contratar a un reemplazo. Es poco decir que ese desfile perturbó la organización. No acababa de invertir horas y horas de su tiempo y del de su personal en capacitar a una empleada temporal en los aspectos básicos del trabajo, cuando aparecía otra persona para reemplazarla y todo el ciclo comenzaba de nuevo. Una y otra vez.

Cuando los empleados se dan cuenta de que usted realmente se interesa por su desarrollo, querrán trabajar bajo su orientación y aprender de usted. Como consecuencia, su organización podrá atraer a personas de talento. Invierta en sus empleados ahora si no desea desperdiciar tiempo y dinero buscando reemplazos más adelante. Usted escoge.

Trabajo en el socavón

Muchos de los oficios reservados anteriormente a obreros relativamente menos capacitados comienzan a tornarse cada vez más técnicos. Por ejemplo, en las minas de carbón, el desarrollo profesional significaba aprender a utilizar un nuevo tipo de pico o un martillo neumático. Pero en la actualidad, los mineros utilizan computadores portátiles para vigilar la calidad del agua y los daños de los equipos. En la mina Twentymile ubicada cerca de Oak Creek, Colorado, los empleados de Cyprus Amax Mineral Company tienen que dominar muchas destrezas aparte de manejar una pala o un tractor. Según un ejecutivo de la compañía, Cyprus Amax Mineral busca empleados con "altos conocimientos de matemáticas, más formación técnica y más familiarizados con la electrónica". En efecto, los trabajadores de la mina Twentymile tienen un promedio de dos años de estudios superiores.

(Fuente: *Business Week,* octubre 17, 1994)

✔ **El desafío es estimulante para los empleados.** Acéptelo: no todos los empleados tienen la suerte de contar con un trabajo emocionante, elegante y creativo como el suyo. *¿¡Verdad!?* Por esta razón, algunos empleados se aburren de vez en cuando, pierden el entusiasmo y hasta se sienten indispuestos. ¿Por qué? Sencillamente porque los empleados necesitan nuevas metas y desafíos para mantener el interés en el trabajo. Y si *usted* no los desafía, lo más probable es que termine con una fuerza de trabajo mediocre y desmotivada o con empleados que no dudan en aceptar los ofrecimientos de otros empleadores que están dispuestos a crearles desafíos. ¿Qué prefiere usted?

Cómo crear planes para promover el desarrollo profesional

El plan para el desarrollo profesional es el alma y el corazón de sus esfuerzos por desarrollar a sus empleados. Infortunadamente, muchos gerentes no destinan tiempo para crear los planes de desarrollo con sus empleados, con la esperanza de que, cuando surja la necesidad, ya encontrarán algún curso de capacitación para satisfacerla. Esta forma *reactiva* de pensar es la garantía de tener que estar corriendo para ponerse al día con los desafíos que la organización habrá de enfrentar el futuro.

¿Por qué esperar a que llegue el futuro para prepararse a enfrentarlo? ¿Realmente está tan ocupado que no puede dedicar un poco de su precioso tiempo a sembrar las semillas que su organización habrá de cosechar dentro de algunos años? ¡No! Si bien es cierto que usted se ve precisado a manejar una serie aparentemente infinita de crisis que surgen por todas partes, también debe prepararse, junto con sus empleados, para enfrentar los retos futuros. No hacerlo es manejar la organización de una manera asombrosamente miope e ineficaz.

Todos los planes de desarrollo profesional deben contener como mínimo los elementos fundamentales siguientes:

✔ **Metas específicas de aprendizaje:** Suponga que el camino hacia el desarrollo profesional de una de sus empleadas comienza en la posición de asistente de compras para llegar al cargo de gerente de compras. Las metas claves para esa empleada serían aprender a planear las necesidades de material, técnicas de análisis de hojas electrónicas y supervisión.

RECUERDE Cuando se siente con sus empleados a hablar de sus planes de desarrollo, identifique metas concretas de aprendizaje para cada uno de ellos. Y no olvide que cada uno de los empleados de su organización podrán beneficiarse de unas metas de aprendizaje. ¡No excluya a nadie!

✔ **Recursos requeridos para alcanzar las metas de aprendizaje:** Una vez identificados los objetivos de aprendizaje, tendrá que determinar la forma de alcanzarlos en cada uno de los casos. Sus recursos son la amplia gama de oportunidades que sirven para promover el desarrollo de sus empleados. Tendrá que asignarlos a trabajar en equipo, entrenarlos mientras trabajan, exigirles cada vez más en las distintas tareas, proporcionarles capacitación formal, y más. La capacitación formal puede ser ofrecida por instructores internos o externos, o quizás por medio de módulos de aprendizaje autodirigido. Si hacen falta fondos u otros recursos para que la capacitación sea un hecho, identifique dichos recursos y trate de conseguirlos.

✔ **Fecha de culminación de cada meta de aprendizaje:** Los planes no sirven si no hay forma de programar las distintas etapas de culminación y progreso. Cada meta debe tener su fecha correspondiente de culminación. Las fechas fijadas no deben ser tan apretadas que se conviertan en una carga, pero tampoco tan espaciadas que pierdan su importancia y efecto. Los mejores cronogramas son aquéllos que dan a los empleados la flexibilidad de cumplir con sus obligaciones diarias y al mismo tiempo adelantarse a los cambios en el entorno de la empresa que les generaron la necesidad de capacitarse.

✔ **Parámetros para medir la culminación de las metas de aprendizaje:** Es necesario tener una forma de medir la culminación de cada una de las metas. Normalmente, el gerente evalúa si los empleados en realidad aplican las nuevas destrezas adquiridas. Cualquiera que sea el caso, cerciórese de que los parámetros utilizados para medir la culminación de una meta de aprendizaje sean claros y alcanzables, y que tanto usted como sus empleados estén completamente de acuerdo en ellos.

El plan de desarrollo profesional para su asistente de compras podría ser como sigue:

Plan de desarrollo profesional

Sara Gómez

Meta de destreza:

✔ Dominar la planeación de requerimientos de materiales.

Meta de aprendizaje:

✔ Aprender los fundamentos de la supervisión de personal.

Plan:

✔ Terminar el curso de "Fundamentos de la planeación de los requerimientos de materiales" a más tardar el primer trimestre del año fiscal 1998. (US$550 más gastos de viaje.)

✔ Aprobar el curso intermedio de "Planeación de los requerimientos de materiales" a más tardar el segundo trimestre del año fiscal 1998. (US$750 más gastos de viaje.)

✔ Dedicar media jornada a aprender en el trabajo la labor de supervisión, a partir de este momento.

✔ Asistir al seminario trimestral de actualización para supervisores el primer miércoles de enero, abril, julio y octubre. (No hay costo: interno.)

Como puede ver, este plan de desarrollo profesional comprende los cuatro elementos necesarios antes descritos. Un plan de desarrollo profesional no tiene que ser complicado para surtir efecto. De hecho, no cabe duda de que cuanto más simple, mejor. La forma exacta que usted escoja no es importante. Lo esencial es *formular* los planes para el desarrollo profesional de sus empleados.

Ayudar al desarrollo profesional de los empleados

Contrariamente a lo que cree la mayoría de la gente, el desarrollo de los empleados no ocurre por sí solo; es algo que exige el esfuerzo deliberado y constante de los interesados, con la ayuda de sus gerentes. Si una de las partes suelta el balón, *no* habrá desarrollo alguno y la organización sufrirá las consecuencias de no contar con los empleados necesarios para enfrentar los desafíos del futuro. Semejante situación no es buena. Como gerente, usted debe tratar de que su organización esté preparada para el futuro en lugar de condenada a correr para alcanzarlo.

El papel de los empleados es identificar las áreas en las cuales el desarrollo les ayudará a ser mejores y más productivos en el futuro, y comunicar esa información a sus gerentes. Una vez identificadas otras oportunidades de desarrollo, los gerentes y los empleados juntos deberán programar y poner en movimiento el proceso de desarrollo.

Como gerente, su función es estar alerta a las necesidades de desarrollo de sus empleados y tener el ojo puesto en cualquier oportunidad de desarrollo que pueda aprovechar. Quienes trabajan en organizaciones pequeñas quizás tengan la responsabilidad de determinar hacia dónde deberá encaminarse la organización durante los próximos años. Equipado con esa información, usted tendrá que buscar la forma de garantizar que sus empleados estén en capacidad de satisfacer las necesidades de la organización futura. Por lo tanto, su responsabilidad es brindarles los recursos y el apoyo que necesitan para desarrollarse a fin de cumplir con esa meta de satisfacer las necesidades de la organización.

Éstos son los pasos que debe seguir para desarrollar a sus empleados a fin de enfrentar los desafíos futuros de su organización:

1. **Hable con sus empleados acerca de sus carreras**.

    Una vez que haya evaluado a sus empleados, reúnase con ellos para hablar de los puestos que podrían ocupar dentro de la organización y también de los sitios dentro de la organización hacia los cuales *ellos* desean avanzar. ¡Este esfuerzo debe ser conjunto! De nada le servirá tener el plan perfecto para ayudar a un empleado a escalar hacia la gerencia de ventas si éste *detesta* la idea de dejar de vender para ser el gerente de otros vendedores.

2. **Hable con los empleados acerca de sus fortalezas y debilidades**.

    Suponiendo que en el paso anterior usted descubra que está en la misma longitud de onda que su empleado, el siguiente paso consiste en hablar francamente de sus fortalezas y debilidades. El objetivo principal es identificar las debilidades o las nuevas destrezas que los empleados deberán desarrollar a fin de poder continuar progresando en la organización y enfrentar los desafíos futuros de la empresa. Usted debe concentrar la mayoría de sus esfuerzos y recursos de desarrollo en el futuro.

3. **Evalué la situación actual de sus empleados.**

    El siguiente paso en el proceso de desarrollar a los empleados es determinar la situación actual de sus destrezas y talentos. ¿Posee Juan la capacidad para supervisar a otros empleados de la bodega?

¿Cuáles empleados tienen experiencia en hacer demostraciones para los clientes? ¿Es adecuado el grupo de técnicos de garantía de calidad del software para manejar un crecimiento de las ventas? Si no, ¿existe la posibilidad de desarrollar candidatos internos o tendrá que contratar más técnicos externos? La evaluación de sus empleados le permitirá trazar el mapa general que le ha de servir de guía para sus esfuerzos de desarrollo.

4. **Establezca los planes de desarrollo profesional.**

    Los planes de desarrollo son acuerdos entre usted y sus empleados que describen claramente la clase de apoyo formal (pago de cursos, tiempo libre, gastos de viaje, etc.) que recibirán para desarrollar sus destrezas, y el momento en que habrán de recibirlo. Los planes de desarrollo profesional tienen etapas para la culminación de las metas de aprendizaje y una descripción de los demás recursos y apoyos necesarios para cumplir con las metas acordadas.

5. **Siga el desarrollo de sus acuerdos y cerciórese de que los empleados hagan lo mismo.**

    ¡No quebrante el acuerdo plasmado en el plan de desarrollo! Asegúrese de proporcionar el apoyo al que se comprometió en la fecha acordada. Y asegúrese de que sus empleados cumplan también con su parte del convenio. Controle periódicamente su progreso. Si incumplen los cronogramas a causa de otras prioridades, reasigne el trabajo según sea necesario a fin de brindarles el tiempo suficiente para concentrarse en sus planes de desarrollo profesional.

¿Cuál es entonces el mejor momento para sentarse con los empleados a hablar de los planes para su desarrollo profesional? ¡Cuanto antes mejor! Infortunadamente, en muchas organizaciones las charlas sobre los planes de desarrollo se hacen conjuntamente con las evaluaciones del desempeño. Esto tiene la ventaja de garantizar que la conversación sobre el desarrollo profesional tenga lugar por lo menos una vez al año; pero la desventaja es que se convierten más en una especie de corolario que en el tema central de la reunión. Y no solamente eso, sino que ante la rapidez de los cambios en los mercados competitivos y la tecnología, una sola vez al año ya no es suficiente. ¡Planear el desarrollo profesional una vez al año es como regar una planta una vez al año!

Realizar una reunión para hablar del desarrollo profesional dos veces por año con cada uno de los empleados no es demasiado, pero cuatro veces es todavía mejor. En cada reunión se debe hacer una evaluación corta de las necesidades de desarrollo del empleado y de lo que el empleado crea necesitar para satisfacerlas. Si necesita apoyo adicional, la reunión es el momento de determinar la forma de brindar dicho apoyo y de programar la fecha. La reunión también es la ocasión para ajustar los planes de desarrollo profesional y de reasignar los recursos según sea necesario.

Diez formas de desarrollar a los empleados

1. Constitúyase en mentor del empleado.
2. Déle al empleado la ocasión de tomar su lugar en las reuniones del personal.
3. Asigne al empleado a un equipo de trabajo.
4. Asigne al empleado tareas que le exijan exceder su capacidad.
5. Aumente el alcance y la dificultad de las tareas asignadas al empleado.
6. Envíe al empleado a un seminario sobre un tema nuevo.
7. Lleve al empleado consigo cuando visite a los clientes.
8. Preséntaselo a los altos gerentes de la organización y haga los arreglos para que realice funciones especiales para ellos.
9. Invítelo a asistir a una reunión de gerencia fuera de la oficina.
10. Permita que el empleado lo acompañe durante un día de trabajo.

Encuentre un mentor, sea un mentor

Para el empleado inexperto que desea escalar la jerarquía de la organización es de gran ayuda contar con alguien de mayor experiencia que le sirva de guía. Una persona que sepa lo que se necesita para llegar a la cima puede aconsejar al novato sobre las cosas que debe hacer y no debe hacer durante el ascenso. Esa persona es el *mentor*.

¿Acaso no es ésa la labor del gerente? *No*. El mentor suele ser una persona que ocupa un lugar más alto dentro de la organización pero que *no* es el jefe directo. El oficio del gerente es orientar y ayudar a los empleados y aunque no hay duda de que pueden servir de mentores, la verdad es que éstos suelen convertirse en consejeros confidenciales y tablas de resonancia para sus empleados escogidos, de manera que no suelen formar parte de la cadena formal de mando del empleado.

El día en que usted sea descubierto por un mentor que lo tome bajo su ala protectora será un día para celebrar. ¿Por qué? Porque no todo el mundo tiene la suerte de encontrar un mentor. Y no olvide que algún día usted estará en posición de ser el mentor de alguien más. Cuando llegue ese día, no se deje envolver por sus ocupaciones hasta tal punto que descuide su deber de dar la mano a alguien para ayudarle a escalar dentro de la organización.

Los mentores ofrecen beneficios claros a sus protegidos y además favorecen a la organización al proporcionar una orientación necesaria que quizás no obtendrían los empleados de otra manera. Las siguientes son algunas razones por las cuales los mentores son un verdadero beneficio, tanto para los empleados como para la organización:

- ✔ **Explican el verdadero funcionamiento de la organización.** Los mentores son el medio perfecto para averiguar lo que sucede realmente en una organización. Por lo general hay una diferencia grande entre lo que se anuncia formalmente a los empleados y lo que realmente sucede en la organización — en particular en los niveles de la alta gerencia. El mentor seguramente conoce a fondo la mecánica oculta de la organización y puede comunicar ese conocimiento (por lo menos la parte que no es confidencial) sin necesidad de que el empleado escogido aprenda a golpes.

- ✔ **Enseñan con el ejemplo.** Es mucho lo que el empleado puede aprender observando la manera como el mentor logra que se hagan las cosas en la organización. El mentor seguramente lo habrá visto todo y podrá ayudar al empleado a descubrir las formas más eficientes y eficaces de hacer las cosas. ¿Para qué inventar nuevamente la rueda o ser apaleado por los poderosos cuando no hay necesidad?

- ✔ **Brindan oportunidades para crecer.** El mentor puede guiar al empleado hacia actividades muy superiores a las contempladas en el plan formal de desarrollo profesional, creando un espacio de crecimiento. Por ejemplo, aunque no esté identificado en el plan oficial de desarrollo, el mentor puede sugerirle al empleado que se vincule a un grupo especializado para mejorar sus habilidades de oratoria. El mentor hace la sugerencia porque sabe que las destrezas de hablar en público son muy importantes para el crecimiento futuro del empleado.

- ✔ **Comparten información vital.** ¿No preferiría saber que su cargo es un callejón sin salida en la escalera de ascensos de su organización? ¿O que su jefe tiene fama de despedir a las personas que no están de acuerdo con ella? Los mentores están en condiciones de ofrecer esa clase de información vital y mucho más. Aunque no todo lo que un mentor diga tendrá un impacto de vida o muerte y aunque el mentor no está para revelar información confidencial, en ocasiones el conocimiento que puede compartir puede significar una gran diferencia en las decisiones sobre la carrera y la clase de capacitación y desarrollo profesional que usted como empleado busca.

✔ **Ofrecen orientación profesional.** Un mentor seguramente ha visto frustrarse más de una carrera con el correr de los años. Por tanto, seguramente sabe cuáles son los caminos que llevan a callejones cerrados y cuáles permiten ascender más rápidamente. Este conocimiento puede tener una importancia increíble para el futuro del empleado en la medida en que toma decisiones sobre su carrera dentro de la organización, y es lo mejor que un mentor puede ofrecer.

El proceso de orientación suele suceder cuando un empleado más experimentado se interesa a nivel profesional por un empleado nuevo o inexperto. También los empleados pueden iniciar el proceso atrayendo el interés de posibles mentores pidiéndoles consejo o trabajando conjuntamente con ellos en los proyectos. Sin embargo, muchas organizaciones — entre ellas Merrill Lynch, Federal Express y la Administración de Impuestos de los Estados Unidos — que han reconocido los beneficios que este proceso entraña para el desarrollo de los empleados, lo han formalizado poniéndolo a disposición de un número mucho mayor de empleados que el que podría cubrir el proceso informal. Si su organización no cuenta todavía con un programa formal de mentores, ¿le gustaría recomendarlo?

El desarrollo y la reducción de personal

Ya conoce las cifras: x miles de empleados despedidos en IBM, y miles de empleados despedidos en AT&T, y z miles de empleados despedidos en General Motors, todos durante los últimos años. Es probable que también *su* organización haya sentido el filo cortante de la reingeniería, la reducción de tamaño y la disminución de la fuerza laboral. Si así ha sido, usted quizás se pregunte si no es demasiado difícil desarrollar a los empleados cuando todo cambia con rapidez inusitada. Quizás piense que sus empleados ni siquiera tendrán una carrera el próximo año y mucho menos la necesidad de planear su desarrollo.

En realidad, nada más alejado de la realidad. Si bien es cierto que las empresas viven períodos de cambio acelerado, el desarrollo de los empleados es más importante que nunca. Al combinarse, disolverse y reorganizarse los departamentos, los empleados tienen que estar preparados para asumir nuevas funciones y actividades que nunca antes han realizado. En algunos casos, los empleados quizás deban competir por posiciones internas o promocionarse en otros departamentos para asegurar su

Capítulo 19: Desarrollo y tutoría de los empleados

trabajo en la empresa. En estos tiempos de gran incertidumbre, muchos empleados sienten como si hubieran perdido el control sobre sus carreras y sus vidas.

HISTORIAS REALES

Un plan para el desarrollo les da a los empleados de una organización en permanente cambio las herramientas que necesitan para recuperar el control sobre su vida profesional. La lista siguiente muestra lo que algunas de las compañías más grandes de los Estados Unidos han hecho para ayudar a sus empleados a sobrevivir en medio de los movimientos masivos para reestructurar y reducir el tamaño de las organizaciones.

- ✔ Como consecuencia de unos cambios drásticos en la organización, General Electric ofreció capacitación específica para sus ingenieros claves. La empresa también programó reuniones informales de seguimiento con los graduados de sus cursos de capacitación para ingenieros.

- ✔ Raychem, fabricante de productos industriales ubicada en Menlo Park, California, ofrece a sus empleados los servicios de un centro profesional interno. En el centro, los empleados pueden tomar cursos en redacción de hojas de vida y técnicas de entrevista, y buscar oportunidades de traslados o ascensos dentro de la compañía. Robert J. Saldich, presidente de Raychem, dijo en el número del 17 de octubre de 1994 de *Business Week*: "El resultado es una persona completamente comprometida, interesada por lo que hace; un empleado mucho más productivo y dedicado".

- ✔ En AT&T, la gerencia ofreció seminarios especiales de desarrollo profesional de tres días de duración para sus empleados a nivel nacional en respuesta a una reducción drástica de personal.

- ✔ IBM reestructuró los planes de carrera de miles de empleados que pasaron de posiciones administrativas a posiciones de ventas como consecuencia de una reorganización masiva de la compañía.

A pesar de los efectos negativos que tiene una reducción de personal en la moral y la confianza de los empleados, esos momentos de cambio brindan a los gerentes una oportunidad única para forjar el futuro de sus organizaciones. Para muchos gerentes, será la primera vez que tengan la oportunidad de ayudar a "rehacer" la organización.

RECUERDE

Hoy más que nunca es importante promover el desarrollo de los empleados en vista de la necesidad de contar con personas que puedan desempeñar funciones nuevas y de mayor responsabilidad dentro de la organización. Sus empleados necesitan su apoyo ahora, de manera que es su deber cerciorarse de estar ahí para proporcionárselo. Éste podría ser uno de los regalos más valiosos que les puede hacer.

Ponga a prueba sus nuevos conocimientos

¿Cuáles son los cuatro elementos de un plan de desarrollo profesional?

A. Metas de aprendizaje, recursos requeridos, fechas de culminación y parámetros de medición.

B. Metas de aprendizaje, cursos, fechas de asistencia y certificados de notas.

C. Descripción de la intención, resumen de compromisos, recursos asignados y resultados esperados.

D. Específicos, estimulantes, alcanzables y basados en el tiempo.

¿Es importante continuar con el desarrollo de los empleados durante la reestructuración del tamaño de la organización?

A. Sí, el futuro de la organización depende de ello.

B. No, las cosas cambian a un ritmo demasiado acelerado.

C. No, es mejor esperar a que todo se calme.

D. Ninguna de las anteriores.

Capítulo 20
La calidad y la organización que aprende

Este capítulo le permitirá:
▶ Incorporar la calidad en su organización.
▶ Comprender el pensamiento sistémico.
▶ Eliminar los obstáculos para el aprendizaje.
▶ Convertir a su empresa en una organización que aprende.

Durante los últimos diez años, las empresas han centrado su atención en la calidad. Es difícil encontrar una organización que no haya montado algún tipo de programa de calidad. Tanto el sector privado como el sector público acogieron todo un arsenal de técnicas de administración con nombres tales como *círculos de calidad, gerencia de calidad total, liderazgo de calidad total, mejoramiento continuo* y el *Método Deming.* En Ford Motor Company, la calidad era (y sigue siendo) la primera prioridad. Cerca del 60 por ciento de las empresas medianas y grandes de los Estados Unidos ofrecen estos tipos de capacitación en calidad a sus empleados.

En los Estados Unidos se crean numerosas empresas nuevas todos los años. De acuerdo con la revista *Organizational Dynamics,* de la primavera de 1984, solamente el 38 por ciento de dichas empresas nuevas continúan vivas al cabo de cinco años. Solamente el 21 por ciento alcanzan a cumplir diez años, y solamente el 10 por ciento llegan a su vigésimo cumpleaños. ¿Quiere adivinar cuántas sobreviven cincuenta años? No muchas — solamente el 2 por ciento llegan tan lejos. Y no nos referimos solamente a las pizzerías familiares de la esquina. Tampoco son invencibles las compañías grandes de larga trayectoria. De las 500 empresas industriales de la lista de *Fortune* de 1970, una tercera parte había desaparecido en 1983.

¿Por qué fracasan tantas empresas? Es natural que toda organización atribuya su fracaso a muchos factores: mercados cambiantes, pésima ubicación, financiación escasa, competencia extranjera desleal, un sindicato militante o muchas otras excusas convenientes. Sin embargo, el fracaso de muchas empresas parece reducirse a un factor crítico: la incapacidad de la gerencia y de toda la organización para aprender. Aunque la organización cuente con programas progresivos de gerencia encaminados a mejorar la calidad o facultar a los empleados, falla al no incorporar ese nuevo conocimiento dentro de su *cultura* (o de sus operaciones diarias).

Por ejemplo, hace varios años, la organización de Peter lanzó un programa de calidad con bombo y platillos. El programa — para el cual se crearon equipos de calidad interfuncionales para trabajar en procesos de mejoramiento organizacionales — giraba alrededor de cinco principios fundamentales semejantes a los catorce puntos del doctor W. Edwards Deming (vea el recuadro en la página 370). Para acortar la historia, el programa progresivo fracasó por falta de apoyo de la alta gerencia. Una vez desvanecida la novedad, el programa desapareció. El fracaso se debió a que el programa jamás se incorporó dentro de la *cultura* de la organización.

Tal como lo dijo el doctor W. Edwards Deming, padre del movimiento moderno de la calidad: "El problema más grande al cual se enfrentan la mayoría de las compañías del mundo occidental no son los competidores ni los japoneses. Los problemas más serios son internos, creados por una gerencia que ha equivocado el camino en el mundo competitivo de hoy" (Mary Walton, *Cómo administrar con el Método Deming*, Editorial Norma, 1988).

A pesar de los ires y venires de un sinnúmero de programas de moda comercializados con la promesa de curar todos los males de cualquier organización, son pocas las empresas que emprenden el proceso fundamental y realizan los cambios estructurales necesarios para lograr la verdadera transformación de la organización. Cuando la novedad del programa se desvanece — generalmente pocas semanas o meses después de su introducción — la organización vuelve a su forma tradicional de trabajar.

Por otra parte, las organizaciones en proceso constante de aprendizaje eligen los mejores enfoques entre las muchas prácticas innovadoras — tanto externas como internas —, los ensayan y, si funcionan, proceden a realizar los cambios necesarios para transformar la empresa.

En este capítulo analizamos la forma como las organizaciones modernas ponen en práctica los programas de mejoramiento, revelamos los verdaderos obstáculos que impiden el cambio y sus soluciones, y discutimos la importancia de la organización que aprende para el futuro del negocio y cómo forjarla en su organización.

El movimiento de la calidad

Antes de la revolución industrial, casi todos los productos que las personas compraban se hacían manualmente. Los artesanos calificados hacían muebles, cosían ropa, construían carretas, etc., y había muy pocos procesos mecanizados. Sin embargo, una vez que la revolución industrial echó raíces, las máquinas comenzaron a reemplazar a las personas en el proceso de producción. Las máquinas creaban los productos y los trabajadores pasaron a operarlas.

Administración científica

Hacia 1900, los investigadores buscaron formas nuevas de incrementar la eficiencia de la producción. Gracias a sus esfuerzos floreció el campo de la administración *científica*. Frederick Winslow Taylor propuso el concepto nunca antes contemplado de que las organizaciones podían utilizar reglas bien definidas y normas laborales para controlar el desempeño de los trabajadores. Para ello se basó en sus estudios de las actividades de los trabajadores. Identificó, definió, midió, calculó y perfeccionó cada paso del proceso de producción. Armados con esa información, los gerentes podían desarrollar procedimientos laborales sencillos, directos y eficientes.

El trabajo de Taylor generó dos avances positivos y duraderos:

✔ Los trabajadores nuevos — por lo general inmigrantes recientes sin experiencia en las fábricas — podían entrenarse rápida y fácilmente al estar estrechamente circunscritas las tareas de cada empleado.

✔ La eficiencia de los procesos laborales mejoró sustancialmente. La industria estadounidense floreció y el país prosperó.

Pero esta moneda particular tenía dos caras:

✔ La definición estrecha de las tareas basada en cada paso de los procedimientos sofocó la creatividad, la iniciativa y el poder de los trabajadores.

✔ Los trabajadores se convirtieron en máquinas al realizar las mismas tareas repetitivas una y otra vez, día tras día, año tras año. No era precisamente una experiencia para ampliar los horizontes.

No hay duda de que la administración científica contribuyó a que los Estados Unidos se convirtieran en una potencia industrial, inclinando la balanza del poder en la Segunda Guerra Mundial y generando ríos de bienes de consumo — máquinas lavadoras, tostadoras, televisores — para encender el sueño americano en los años 50 y 60. Infortunadamente, algo se perdió con la búsqueda de la eficiencia a toda costa y el énfasis en la *cantidad*. Ese algo fue la *innovación*.

Mientras los Estados Unidos dominaron los mercados mundiales con sus productos, la pérdida de la innovación no fue problema. Ningún otro país podía aspirar a competir con la amplia gama de bienes industriales y de consumo salidos de las fábricas estadounidenses. Parecía que las empresas del país estarían en la cumbre de la prosperidad para siempre. Sin embargo, del otro lado del océano Pacífico — sin que lo notaran las potencias industriales estadounidenses que nadaban en dinero y confianza — comenzaba a gestarse una revolución empresarial.

Japón: el sol naciente

La Segunda Guerra Mundial diezmó la base industrial altamente desarrollada del Japón. A principios de los años 50, dicho país se embarcó en el proceso tortuoso de reconstruir sus empresas e industrias. Como todo — instalaciones, procesos, jerarquías gerenciales, etc. — había sido destruido por la guerra, los líderes de empresa comenzaron de cero.

Durante sus primeras visitas al Japón, el doctor W. Edwards Deming logró atraer la atención de los empresarios. En 1950, Deming recibió una invitación para dar un curso sobre métodos de control de calidad a un grupo de ingenieros, gerentes e investigadores japoneses. Lo demás es historia. La industria japonesa adoptó la filosofía de Deming del control y la gestión estadística, y la producción ascendió hasta las nubes junto con la calidad de los productos terminados. La etiqueta "Hecho en Japón" que alguna vez había sido marca certera de un producto mediocre, no tardó en convertirse en símbolo de calidad: una marca perseguida por los consumidores del mundo entero.

Lo que asombra de la historia de Deming es que mientras éste se revestía de la aureola de héroe nacional japonés, en su país natal nadie hacía caso de sus teorías. A pesar de su éxito al lograr que las industrias japonesas enfilaran en la dirección correcta, y a pesar de sus intentos constantes de convencer a los gerentes estadounidenses de la necesidad apremiante de implantar sistemas para mejorar la calidad, Deming y sus teorías permanecieron en una relativa oscuridad en los Estados Unidos. La situación cambió en los años 80, cuando empresas grandes tales como Ford descubrieron a Deming y a sus enseñanzas.

Capítulo 20: La calidad y la organización que aprende

El trabajo de Deming en Ford condujo al desarrollo de una misión corporativa, la identificación de valores corporativos y el establecimiento de principios para guiar las actuaciones cotidianas de los empleados — las piezas esenciales de la nueva filosofía de calidad en Ford. Los siguientes son los principios creados por la compañía Ford, tomados de *Cómo administrar con el Método Deming,* de Mary Walton:

- ✔ Calidad ante todo. Para lograr la satisfacción del cliente, la calidad de nuestros productos y servicios debe ser nuestra primera prioridad.

- ✔ Los clientes son el centro de todo lo que hacemos. Debemos trabajar pensando en los clientes, brindándoles mejores productos y servicios que nuestros competidores.

- ✔ El mejoramiento continuo es esencial para nuestro éxito. Debemos buscar la excelencia en todo lo que hacemos: en nuestros productos, en su seguridad y valor, y en nuestros servicios, nuestras relaciones humanas, nuestra competitividad y nuestra rentabilidad.

- ✔ La participación de los empleados es nuestro estilo de vida. Somos un equipo. Debemos tratarnos mutuamente con confianza y respeto.

- ✔ Los distribuidores y los proveedores son nuestros socios. La compañía debe mantener unas relaciones de mutuo beneficio con sus distribuidores, proveedores y demás socios comerciales.

- ✔ La integridad jamás se pone en tela de juicio. La conducta de nuestra compañía en todo el mundo debe ser tal que refleje responsabilidad social y exija respeto por su integridad y sus contribuciones positivas a la sociedad. Nuestras puertas están abiertas a hombres y mujeres por igual, sin discriminación ni reparo por el origen étnico o las creencias personales.

No cabe duda de que la nueva filosofía de Ford generó gran éxito para la compañía. De acuerdo con los perfiles de compañías de Hoover que aparecen en línea en America Online, cinco de los automóviles y camiones más vendidos en los Estados Unidos son fabricados por Ford, entre ellos el número uno entre los automóviles, el Ford Taurus y el número uno entre los camiones, el Ford de la serie F.

A continuación presentamos otras historias de compañías que han logrado implantar con éxito sus programas de calidad:

- ✔ A fin de dotar a sus trabajadores de las herramientas para mejorar la calidad, Motorola construyó unas instalaciones de capacitación de 88 000 pies cuadrados a un costo de US$10 millones. Motorola creó también más de 4 000 equipos de calidad en toda la organiza-

Los catorce puntos de Deming

Aunque es preciso aplaudir a los japoneses por su éxito en la creación de productos de alta calidad a precios convenientes, no debemos olvidar que buena parte de las innovaciones que constituyeron la base de dicho éxito se debieron a un estadounidense, el doctor W. Edwards Deming. Deming, fallecido en 1993, fue un innovador incansable de la gerencia y defensor obsesivo de la calidad. En 1992, Peter tuvo la suerte de ver a Deming durante una teleconferencia vía satélite de una semana de duración. A pesar de sus años — 92 en ese momento — Deming irradiaba una emoción y energía al hablar del trabajo de toda su vida que pocas personas de su edad podrían igualar.

Al doctor Deming se le conoce en especial por sus catorce puntos, una fórmula detallada para curar los males de las prácticas administrativas modernas. Muchos de los puntos forman parte integral de muchas empresas hoy en día, aunque eso no era así cuando Deming plasmó sus puntos por escrito hace cerca de treinta años. Si no los está aplicando en su organización, ¿por qué no lo intenta?

"1. Crear constancia en el propósito de mejorar el producto y el servicio, con el propósito de ganar competitividad, prevalecer y generar empleo.

2. Adoptar la nueva filosofía. Vivimos una nueva era económica. Los gerentes occidentales deben despertar al desafío, conocer sus responsabilidades y asumir el liderazgo del cambio.

3. No depender más de la inspección masiva para lograr la calidad, sino incorporarla directamente en el producto.

4. Poner fin a la práctica de adjudicar contratos de compra basándose exclusivamente en el precio. Minimizar en cambio el costo total.

5. Mejorar constante e indefinidamente el sistema de producción y servicios, para mejorar la calidad y la productividad y así disminuir permanentemente los costos.

6. Instituir la capacitación en el trabajo.

7. Instituir el liderazgo. El propósito del liderazgo debe ser ayudar a las personas, las máquinas y los aparatos a realizar un mejor trabajo. El liderazgo de la gerencia, lo mismo que el liderazgo de los trabajadores de producción necesitan una renovación.

8. Desterrar el temor, de tal manera que todo el mundo pueda dar lo mejor de sí mismo a la compañía.

9. Derribar las barreras entre los departamentos. El personal de investigación, diseño, ventas y producción debe trabajar como un equipo, a fin de prever los problemas de producción y utilización que puedan surgir con el producto o servicio.

10. Eliminar los lemas, las exhortaciones y las metas numéricas que exigen ausencia total de defectos y nuevos niveles de productividad en la fuerza laboral. Tales exhortaciones solamente crean relaciones de contraposición, puesto que la gran mayoría de las causas de la mala calidad y la baja productividad son inherentes al sistema y, por tanto, están fuera del control de los trabajadores.

(Continúa)

(viene)

11. a) Eliminar las normas de trabajo (cuotas) en la planta. Reemplazar por liderazgo. (b) Eliminar la gerencia por objetivos. Eliminar la gerencia por cifras y metas numéricas. Reemplazar por liderazgo.

12. a) Derribar las barreras que impiden el orgullo de hacer bien un trabajo. La responsabilidad de los supervisores debe cambiar para no basarse únicamente en cifras sino en calidad. (b) Derribar las barreras que privan al personal administrativo y de ingeniería del derecho de sentir orgullo de su destreza laboral. Esto significa... abolir la calificación anual o por méritos y la gerencia por objetivos.

13. Instituir un programa intenso de educación y mejoramiento personal.

14. Poner a todos los integrantes de la organización a trabajar para lograr la transformación. La transformación es responsabilidad de todos".

(Fuente: Peter Scholtes, *The Team Handbook*)

ción. De acuerdo con Bill Smith, vicepresidente y gerente de garantía de calidad: "Facultados para modificar su forma de trabajar, estos equipos son la columna vertebral del movimiento de la calidad en Motorola".

✔ Federal Express ha mejorado la calidad por medio de una encuesta anual de actitud de los empleados. FedEx se vale de las encuestas para identificar problemas en la organización. Poco después de distribuir los resultados anuales, los gerentes organizan reuniones con sus empleados a fin de hablar de los problemas identificados por la encuesta y resolverlos.

✔ Monsanto Chemical Company capacitó a sus 15 000 trabajadores en técnicas de calidad y les dio el poder para mejorar procesos específicos del trabajo concediéndoles la libertad, los recursos y la autoridad necesarios. Como consecuencia, los trabajadores de la planta de LaSalle incrementaron la precisión del sistema de inventario de esa planta de Monsanto, llevándola desde un nivel inferior al 75 por ciento a más del 99 por ciento, y también lograron un aumento de US$3 millones en las utilidades brutas en un año.

(Fuente: Stoner, Freeman y Gilbert, *Management*.)

Infortunadamente, aunque compañías como Ford, Motorola y otras han hecho de la calidad, el mejoramiento continuo y el facultar a los empleados parte integral de sus culturas corporativas, hay muchas otras empresas que ensayan la calidad sólo para abandonar sus esfuerzos al poco tiempo. Para muchas compañías, mejorar la calidad no es más que una moda porque los equipos de gerencia no están dispuestos a poner en marcha los procesos y estructuras de reorganización que les permitan responder a los cambios constantes en los mercados globales y a la competencia.

¡ADVERTENCIA!

Por cada compañía que adopta la calidad y la hace parte integral de la organización hay muchísimas más que se dan por vencidas al poco tiempo de implantar sus programas. Los trabajadores, alentados al principio por el poder que se les ha prometido a través del movimiento de la calidad, terminan desilusionados y desmoralizados al ver la muerte de una moda administrativa más. Y las compañías que una vez anunciaban a voz en cuello los beneficios de adherirse al movimiento de la calidad quedan como antes, o quizás un poco peor.

El problema no es inherente al movimiento de la calidad; es de los directivos que, por una razón u otra, no logran cambiar la esencia de su forma de hacer negocios. Pueden hablar maravillas de los beneficios del mejoramiento continuo o de la gerencia de calidad total en sus reuniones, y hasta lanzar equipos de calidad o comités directivos. Sin embargo, cuando la novedad inicial se desvanece, muchos vuelven a su forma tradicional de hacer negocios. En otras palabras, no *aprenden*. El concepto de la organización en proceso constante de aprendizaje fue desarrollado y cultivado en respuesta a este fenómeno.

Iniciación de un programa de mejoramiento de la calidad

Durante los años que hemos trabajado como gerentes, hemos visto aparecer y desaparecer muchos programas encaminados a mejorar la calidad. A pesar de las mejores intenciones y del enorme interés de los gerentes y los trabajadores por hacer mejoras en sus organizaciones, muchos programas de mejoramiento de la calidad sencillamente no *pegan*. Para iniciar un programa de calidad es preciso invertir mucho trabajo, y mantenerlo vivo implica un esfuerzo todavía mayor.

Probablemente haya tantos modelos para instituir un programa de mejoramiento de la calidad como estrellas en el firmamento. La clave para tener éxito es organizarse y contar con un plan claro y un procedimiento antes de lanzar el programa. No hay nada que acabe más rápidamente con un programa de calidad que lanzarlo prematuramente sin tener todas las piezas en su lugar.

Siga estos cinco pasos para establecer un programa básico de mejoramiento de la calidad en su organización:

1. **Asegure el compromiso de la alta gerencia.**

   Para que un programa de mejoramiento de la calidad tenga éxito a largo plazo es necesario contar con el apoyo activo del equipo de la alta gerencia de la organización. Como los programas de calidad facultan a los empleados al permitirles hacer sugerencias para mejorar la organización — muchas veces cruzando los límites y fronteras entre departamentos — algunos gerentes temen perder algo de poder en el proceso. En este primer paso crucial, su labor consiste en venderle a la alta gerencia los beneficios expresados en términos monetarios reales.

2. **Establezca un comité directivo de calidad.**

   Este comité directivo, que debe estar integrado por empleados de distintos niveles y partes de la organización, se encarga de desarrollar sistemas y procedimientos para recibir las sugerencias de los empleados y luego analizarlas y hacer recomendaciones respecto de la forma de disponer de ellas. En las organizaciones pequeñas, el comité podría constar de una sola persona o un grupo de dos o tres. En las organizaciones grandes, podría estar constituido por veinte personas o más. Para garantizar que su programa de mejoramiento de la calidad se afiance (lo cual es crítico para el éxito de sus esfuerzos) asegúrese de que el comité dependa directamente de alguien del equipo de altos gerentes de su organización que esté en capacidad de brindar apoyo y orientación y de despejar los obstáculos organizacionales.

3. **Desarrolle pautas y procedimientos.**

   Aunque existen muchos modelos de programas exitosos, la mayoría comparten ciertos elementos básicos:

   - **Solicitar a los empleados sugerencias para mejorar la calidad.** Esto se hace a través de un formato desarrollado concretamente para ese propósito. En ese formato, el empleado anota el área que debe mejorarse y una sugerencia específica para mejorarla. Aliente a sus empleados a escribir sus nombres a fin de poder conversar con ellos en el caso de necesitar más información sobre el problema. Encamine las sugerencias directamente al comité directivo para su evaluación. Solicite a los empleados que se concentren en sugerencias para sus propios departamentos o equipos de trabajo a fin de que puedan participar directamente en desarrollar las soluciones.

   - **Revisar las sugerencias y determinar la forma de disponer de ellas.** El comité directivo del programa de calidad revisa todas las sugerencias y luego decide el camino que cada una debe seguir. Si la sugerencia tiene mérito, puede enviarse a un gerente para que tome las medidas del caso o, tratándose de problemas más complejos, se puede crear un equipo interdepartamental para estudiarlo y proponer recomendaciones específicas. Si el comité necesita más información antes de decidir qué hacer con la sugerencia, puede consultar al proponente. Las sugerencias que no tengan mérito deberán devolverse a la persona con una nota de agradecimiento por haberla presentado y una explicación de por qué no se tomaron medidas al respecto. Todos los proponentes deben recibir una nota de agradecimiento, conduzca o no su sugerencia a una acción.

- **Hacer seguimiento a las sugerencias.** El comité directivo debe presentar periódicamente un informe resumiendo las sugerencias recibidas y la situación de cada una. El informe se debe distribuir a todos los empleados por lo menos una vez al mes. Este sistema tiene dos beneficios: primero, permite vigilar la naturaleza de las sugerencias y ver si hay problemas específicos en la organización. Por ejemplo, si todas las sugerencias provienen de la operación de nómina, o bien ésta tiene problemas, o sus demás empleados no son sinceros con respecto a sus dificultades. Segundo, el informe les demuestra a los empleados que el programa de mejoramiento de la calidad funciona.

4. Informe a sus empleados.

Sus empleados necesitan saber que han sido facultados para ayudar a gestar cambios reales en la organización. La mayoría de las organizaciones comunican esas noticias importantes a través de los boletines internos, en reuniones del personal, por medio de vídeos u otros medios. A fin de lograr el mayor impacto en la totalidad de los empleados, la persona que ocupe el cargo más alto dentro de la empresa — el presidente, gerente general, director, o quien sea — debe hacer el anuncio formal. Esto garantizará que todos los empleados se enteren de que mejorar la calidad es una prioridad dentro de la organización. Poco después del anuncio se deben distribuir a todos los empleados las pautas y los procedimientos escritos desarrollados en el tercer paso.

5. Revise los resultados del programa.

¿De qué sirve un programa de calidad si no se pueden medir los resultados? Revise periódicamente los resultados del programa para determinar si los empleados están participando, para ver si parecen existir muchos problemas en determinado departamento, y para garantizar que se actúe con base en las sugerencias remitidas a los gerentes, a otras personas o a los equipos de trabajo. Si puede cuantificar los beneficios del programa en dinero ahorrado, disminución de tiempos de proceso, mejor servicio al cliente u otros aspectos semejantes, mucho mejor.

Pensamiento sistémico

El propósito central de la gerencia es resolver los problemas específicos a medida que se presentan. ¿Un empleado no está desempeñándose conforme a los parámetros establecidos? Más vale disciplinarlo y arreglar el problema. ¿Han aumentado los defectos de calidad? Mejor elevar el número de inspectores para garantizar que se detecten los problemas antes de despachar el producto. Cuando algo falla — un producto, una máquina o un trabajador — el deber del gerente es arreglarlo. *Si arreglo este último problema, todo estará bien.*

La flaqueza fundamental de este estilo administrativo por crisis es que no resuelve los problemas de fondo causantes de la falla; solamente alivia el problema inmediato, por lo general con una solución a corto plazo para sofocar el asunto durante un tiempo. El que maneja una empresa de esta manera se parece al médico que trata los síntomas de un tumor cerebral con aspirina. La aspirina puede aliviar algunos de los síntomas durante un tiempo — los dolores de cabeza y el dolor generalizado — pero no sirve para identificar y tratar la causa subyacente. Si el médico no se molesta en tomar las medidas necesarias para descubrir la causa subyacente de los síntomas, el paciente, sin duda, morirá. Análogamente, el gerente que trata los síntomas de la falla organizacional sin enfrentar la causa de fondo se arriesga a condenar a su empresa a un desenlace semejante.

Muchos gerentes se han dado cuenta de que para resolver los problemas de la organización no basta con tratar los síntomas del fracaso. La expresión *pensamiento sistémico* describe la noción de que no es posible contemplar los sucesos dentro de una organización de manera aislada. Cualquier cambio en una parte de la organización, sea negativo o positivo, afecta a alguien o a algo en otra parte de la organización. Los gerentes deben ver la forma como un suceso afecta a toda la organización y no sencillamente la forma como los sucesos particulares afectan a las cosas a nivel local o departamental.

En su trabajo pionero sobre la organización en proceso constante de aprendizaje, Peter Senge, teórico de la administración del MIT plantea que los gerentes deben utilizar las siguientes cinco destrezas fundamentales al aplicar el concepto del pensamiento sistémico:

✔ **Ver las relaciones recíprocas, no solamente cosas, y los procesos, no solamente imágenes instantáneas:** Muchos gerentes tienden a ver los problemas y los incidentes aislados en lugar de una serie de acciones o pasos. Esto lleva a una visión estrecha que no permite ver cómo los cambios en un paso del proceso afectan a todos los demás, y cómo los cambios en una parte de la organización afectan al resto. Para pensar de manera sistémica es necesario tomar distancia y ver el cuadro completo.

✔ **No limitarse a culpar:** La mayoría de los problemas de la organización se deben a que los *sistemas* o los *procesos* son malos, no los *empleados*. Por tanto, culpar o castigar a los empleados por un desempeño inferior al esperado no sirve de nada puesto que el empleado no puede hacer nada para remediar su problema de desempeño. En lugar de culpar a los empleados, los gerentes que aplican el pensamiento sistémico examinan detenidamente los sistemas de su organización para descubrir la raíz del problema.

✔ **Diferenciar la complejidad de los detalles de la complejidad dinámica:** En el pensamiento sistémico hay dos clases de complejidad: la del detalle y la dinámica.

- La complejidad del *detalle* se refiere a aquélla derivada de una gran cantidad de variables diferentes. La mayoría de los gerentes se refieren a esa clase de complejidad cuando dicen que un problema es *complejo*.

- La complejidad *dinámica* se presenta cuando la causa de una acción y su efecto final están en algún momento del futuro y el impacto de las intervenciones de la gerencia no es percibido inmediatamente por la mayoría de los empleados. En el pensamiento sistémico, los mayores beneficios se derivan de la complejidad dinámica de un sistema.

✔ **Concentrarse en las áreas de gran apalancamiento:** Un área de gran apalancamiento es aquélla en la cual se pueden obtener las mayores ganancias con el mínimo esfuerzo. En muchos casos, las soluciones más obvias generan muy pocos resultados, mientras que las soluciones más pequeñas y menos obvias generan beneficios mucho mayores. El pensamiento sistémico lleva a los gerentes a buscar siempre aquellas soluciones que puedan realizar con el menor esfuerzo, pero que también generen las ganancias más grandes y duraderas para la organización.

✔ **Evitar las soluciones sintomáticas:** El resultado de tratar los *síntomas* del mal de la organización en lugar de las causas subyacentes es un alivio a corto plazo en lugar de una cura duradera. Los gerentes se ven precisados a luchar constantemente contra las presiones por aplicar remedios rápidos en lugar de dedicarse a descubrir soluciones para corregir las causas subyacentes y lograr mejoras duraderas.

(Fuente: "The Leader's New Work: Building Learning Organizations", *Sloan Management Review,* otoño, 1990.)

Obstáculos para el aprendizaje

¿Cuál cree usted que es el mayor obstáculo para el aprendizaje en la mayoría de las organizaciones? ¿Acaso el deseo de los empleados de mantener el statu quo? No cabe duda de que a los empleados les gusta la estabilidad y saber a qué atenerse, pero ésa no es la razón. ¿Acaso el montón de políticas escritas contenidas en esos cuadernos grandes de vinilo negro que no han sido actualizados desde hace siglos? Claro que el exceso de políticas sin actualizar de acuerdo con los cambios del entorno organizacional y todos los trámites que implican generalmente no sirven para mucho más que sofocar la innovación y frenar los esfuerzos de los trabajadores de hacer cambios positivos en su trabajo. ¿O acaso el asistente del vicepresidente de ventas? No, aunque sea el mayor dolor de cabeza de toda la organización, tampoco él es el problema.

No, aunque todas esas cosas — y muchas otras — pueden contribuir a obstaculizar el aprendizaje en la organización y condenarla al fracaso en este ambiente global de cambio permanente, es una sola cosa la que tiene el mayor impacto en la capacidad de una organización para aprender.

El mayor obstáculo para el aprendizaje es el equipo de alta gerencia de la organización.

Piénselo un momento. ¿Qué sucede cuando una organización está en crisis y los esfuerzos constantes del equipo gerencial no logran remediar la situación? Lo primero que aparece es un artículo en *The Wall Street Journal* o su revista empresarial favorita anunciando la "renuncia" del presidente de la compañía y la posesión de otra persona en la cúpula. Y el siguiente anuncio suele ser el del nuevo presidente comunicando la remoción del resto del equipo de la alta gerencia y los nombres de los nuevos elegidos para llenar los cargos.

Cuando una organización está en aprietos y la alta gerencia no puede hacer nada para cambiar la situación, lo que la organización necesita es *desaprender* los malos hábitos — muy rápidamente — a fin de volver al camino del éxito. ¿Cómo puede la organización desaprender las cosas que alguna vez fueron la base de su éxito pero que ahora son su perdición? La forma más rápida de lograr este objetivo es cambiando al equipo de la alta gerencia para que la organización pueda *aprender* hábitos nuevos que le permitan tener éxito. Es muy difícil abandonar los viejos hábitos. Cuando un presidente u otro alto directivo ha tenido éxito en una organización, no hay muchas razones que le muevan a cambiar las cosas que hicieron posible dicho éxito. Si funcionó en el pasado, ¿por qué no habrá de funcionar en el futuro? En lugar de acoger el cambio, esos ejecutivos luchan contra él. La forma más fácil como la organización puede aprender es eliminando el grupo de ejecutivos recalcitrantes.

HISTORIAS REALES

Tomemos el caso reciente de Apple Computer como ejemplo. El 2 de febrero de 1996, la junta directiva de la compañía despidió al presidente, Michael Spindler. ¿Por qué? Cuando Spindler asumió las riendas de Apple en 1993, los ingresos por concepto de ventas ascendían a US$7 900 millones, el margen bruto era del 34 por ciento y la participación de mercado de los computadores personales era del 14 por ciento. Sin embargo, aunque Spindler redujo drásticamente los precios de los productos y los costos de producción y despidió a 2 000 empleados, y aunque los ingresos por ventas aumentaron a US$11 000 millones en 1995, el margen bruto se redujo al 15 por ciento y la participación de mercado de los computadores personales descendió al 7.8 por ciento (7.1 por ciento en el cuarto trimestre de 1995), los inversionistas no estaban nada contentos.

La diferencia clave que siempre separó a los productos de Apple del océano de clones de PC de IBM menos costosos y capaces que inundaban el mercado de los computadores personales era su liderazgo en innovación tecnológica. De acuerdo con Steve Jobs, cofundador de Apple, quien también se vio obligado a dejar su cargo de presidente de la compañía en 1985, Apple tuvo en algún momento una ventaja de diez años sobre sus competidores de PC. Sin embargo, dice Jobs, algo sucedió — o más bien no sucedió. "Apple no fracasó. Su problema fue haber tenido un éxito jamás soñado. El resto del mundo la imitó. El problema es que el sueño nunca evolucionó. Apple dejó de crear", dijo *(San José Mercury News* en America Online, descargado el 3/20/96). El resultado fue que la mayoría de los clientes ya no tenían por qué pagar los precios más altos de Apple. A medida que los PC que utilizaban Windows de Microsoft comenzaron a parecerse más a los productos de Apple, la ventaja tecnológica que la compañía había disfrutado durante muchos años se desvaneció lentamente.

Entonces, aunque Spindler redujo drásticamente los precios, disminuyó los costos de producción y despidió a 2 000 empleados — lo cual generó una recuperación apreciable de las ventas en 1994 —, su equipo administrativo obstaculizó varios intentos de vender la compañía a jugadores más grandes como IBM y Hewlett-Packard; las empresas clientes — cada vez más preocupadas por la viabilidad de Apple en el largo plazo — comenzaron a demorar los pedidos y a pasarse a los PCs compatibles con IBM; y Standard & Poor's rebajó su calificación de una parte de la deuda de Apple al grado de "basura".

No cabía duda de que había llegado el momento de un cambio. Durante una reunión de emergencia convocada el 31 de enero de 1996, la junta de

Apple le dio la noticia a Spindler: ya no se requerían sus servicios. Dos días después, Spindler desocupó su escritorio y Gilbert Amelio, presidente de National Semiconductor y miembro de la junta directiva de Apple, se posesionó como nuevo presidente. Poco después de su nombramiento, Amelio anunció la contratación de un nuevo gerente administrativo y un nuevo gerente financiero por fuera de la compañía. Después, en marzo de 1996, Amelio creó un cargo nuevo, el de vicepresidente para plataformas de Internet, cuya responsabilidad sería coordinar la estrategia naciente de Apple en el campo de la red Internet. En cuestión de días, la junta directiva transformó la organización y creó una situación que le permitiera desaprender, removiendo al presidente de la compañía. Al mismo tiempo, Apple buscó aprender nuevos hábitos, ojalá mejores, al contratar a un nuevo presidente.

Ahora, ¿no sería mejor encontrar la manera de que la organización aprenda nuevas formas de responder al cambio en lugar de tener que *desaprender* removiendo al equipo de la alta gerencia cada cierto tiempo? ¡Claro que sí! No solamente se sentirían más seguros los gerentes en su trabajo y menos inseguros los trabajadores respecto de la posibilidad de un despido, sino que la organización también desperdiciaría menos dinero, tiempo y energía en esas transiciones de un equipo gerencial a otro.

Por suerte, existe la forma de lograrlo: creando una organización que aprende.

Creación de una organización que aprende

La *organización que aprende* es aquélla que puede desarrollar y utilizar eficazmente un conocimiento que le permita cambiar para mejorar. Desde que se publicó en 1990 el libro sin precedentes de Peter Senge, titulado *The Fifth Discipline*, la cuestión de cómo crear y dirigir organizaciones en las cuales haya un aprendizaje continuo ha sido la primera de muchas técnicas de gerencia en las listas de muchos gerentes.

El problema de la forma antigua — jerarquía de mando y control — de hacer negocios es que gira alrededor de la premisa de que el mundo, y todo lo que sucede en él, es predecible, que basta con construir un modelo lo suficientemente grande y complejo para predecir *cualquier* eventualidad. Sólo que el mundo no es predecible. El mundo global de la empresa es caótico — lo que es cierto hoy seguramente desaparecerá mañana con la nueva ola de cambios. Lo único predecible en las organizaciones de hoy es que cambian. Y cambian. Y vuelven a cambiar.

Parte VI: Herramientas y técnicas para administrar

La idea de la organización en proceso constante de aprendizaje se basa en el supuesto de que las organizaciones cambian rápidamente y que los gerentes deben estar *preparados* para lo inesperado. En efecto, los gerentes que trabajan para las organizaciones que aprenden acogen con alegría los sucesos inevitables e inesperados que ocurren dentro de la organización, porque los ven como oportunidades en lugar de problemas. En vez de ser estáticas y estrictamente jerárquicas, las organizaciones que aprenden son flexibles y menos jerárquicas que las organizaciones tradicionales. Esta estructura les permite a los gerentes *liderar* el cambio en lugar de *reaccionar* a él.

¿Cómo se diseña entonces una organización en proceso constante de aprendizaje? Hay varias características importantes que usted deberá tener en cuenta al hacer de su empresa una organización que aprende:

✔ **Estimule la objetividad. Durante nuestra vida profesional hemos visto a muchos gerentes tomar** muchas decisiones sencillamente para complacer a alguien con poder, influencia o una autosuficiencia increíble. Esas decisiones subjetivas — a las cuales se llega no ponderando los hechos sino en respuesta a las emociones — rara vez son tan buenas como las que se toman basándose en un análisis objetivo de los hechos. Como gerente, usted debe estimular la objetividad de sus empleados y colaboradores y aplicarla en su propio proceso decisorio.

✔ **Busque la franqueza.** Para que una organización pueda aprender, los empleados deben estar dispuestos a decirse la verdad. Para que esto sea posible es necesario crear un ambiente seguro en el cual los empleados puedan decir lo que realmente piensan y comunicarle a usted, el gerente, las malas noticias sin temor a una represalia. Desterrar el temor en la organización debe ser una alta prioridad para todo gerente que desee construir una organización en proceso constante de aprendizaje.

✔ **Insista en el trabajo en equipo.** Crear equipos de empleados es una parte muy importante del desarrollo de una organización en proceso constante de aprendizaje. Sería muy difícil señalar una organización que aprende que no haya implantado el trabajo en equipo a todos los niveles. Cuando la organización depende de que los individuos respondan a los cambios del entorno, es probable que uno o dos tomen la antorcha e inicien la carrera; sin embargo, cuando la organización depende de unos equipos para responder al cambio, es mucho mayor el número de empleados que se movilizan rápidamente. No solamente eso, sino que lo más probable es que se llegue a la mejor solución puesto que los equipos se benefician de los aportes de *todos* sus miembros, lo cual puede ser la diferencia entre la vida y la muerte en un ambiente empresarial de cambio constante.

Capítulo 20: La calidad y la organización que aprende

- ✔ **Cree herramientas útiles.** Los gerentes de las organizaciones que aprenden necesitan las herramientas que les permitan a los empleados obtener pronta y fácilmente la información que necesitan para hacer su trabajo. Por ejemplo, es necesario montar redes de computadores a la cual todos tengan acceso, y brindar a través de ellas la información financiera y de otro tipo que las personas encargadas de tomar decisiones necesitan para proceder de manera acertada y oportuna.

- ✔ **Considere la clase de comportamiento que la organización premia.** Recuerde la frase de que "se obtiene lo que se premia". ¿Cuáles son las actuaciones que usted premia y cuáles son los comportamientos que obtiene a cambio? Si desea construir una organización en proceso constante de aprendizaje es esencial premiar los comportamientos que le ayuden a crearla. No premie los comportamientos contrarios a una organización que aprende, por ejemplo la subjetividad y el individualismo. Cuanto más pronto culmine esta misión, mejor.

Ponga a prueba sus nuevos conocimientos

¿Cuál de los siguientes es uno de los catorce puntos de Deming?

A. Tomar siempre el camino de menor resistencia.

B. Recordar la regla de oro.

C. No sufrir y ser feliz.

D. Desterrar el temor para que todo el mundo pueda trabajar eficazmente en pro de la compañía.

¿Qué es pensamiento sistémico?

A. Saber que no es posible considerar aisladamente los sucesos de la organización.

B. Buscar siempre el equilibrio entre los sistemas.

C. Realmente no importa.

D. Ninguna de las anteriores.

Parte VII
La parte de las decenas

La 5ª ola   por Rich Tennant

"OFRECEMOS UN AMBIENTE DE TRABAJO PROPICIO PARA LA CREATIVIDAD, EN EL CUAL USTED TENDRÁ ACCESO A LO MÁS MODERNO EN EQUIPOS DE PROCESAMIENTO Y COMUNICACIONES; UN AMPLIO PAQUETE DE PRESTACIONES SOCIALES, PARTICIPACIÓN GENEROSA EN LAS UTILIDADES, OPCIONES DE COMPRA DE ACCIONES, Y EN CASO DE QUE LLEGUE A SENTIRSE SOBRECARGADO Y DESEE REFRESCARSE Y GOZAR DE ESPARCIMIENTO, PODEMOS PROPORCIONÁRSELO TAMBIÉN".

En esta parte...

Estos cortos capítulos están llenos de ideas rápidas para ayudarle a ser mejor gerente. Léalos en cualquier momento en que tenga un rato libre.

Capítulo 21
Diez errores gerenciales comunes

Sí, es cierto. Los gerentes cometen errores. Las equivocaciones son el medio que tiene la naturaleza para mostrarnos que estamos aprendiendo. Edison dijo una vez que es necesario cometer 10 000 errores para hallar una respuesta.

En este capítulo presentamos una lista de diez trampas en las cuales pueden caer tanto los gerentes nuevos como los veteranos.

No hacer la transición de subalterno a gerente

El empleado tiene un trabajo y lo hace. Aunque el trabajo quizás exija participar en un equipo o compartir estrechamente con otros empleados, el trabajador, al final, sólo debe responder por sí mismo. ¿Logró sus metas? ¿Llegó a trabajar a tiempo? ¿Hizo correctamente su trabajo? Cuando la persona se convierte en gerente, todo cambia. De la noche a la mañana tiene sobre sus hombros la responsabilidad de los resultados de un *grupo* de personas, no de *sí mismo*. ¿Sus empleados lograron sus metas? ¿Están altamente motivados? ¿Hicieron correctamente el trabajo?

Para convertirse en gerente es necesario desarrollar todo un conjunto nuevo de destrezas: destrezas *humanas*. Algunos de los empleados más calificados técnicamente pueden llegar a ser los peores gerentes porque no logran hacer la transición de subalterno a gerente.

No delegar

A pesar de los esfuerzos constantes de muchos gerentes por demostrar lo contrario, una sola persona no puede hacerlo todo. Y aunque fuera posible, tratar de hacerlo todo no es la forma más eficaz de utilizar el tiempo o el talento de un gerente. Usted bien podría ser el mejor estadístico del mundo, pero al convertirse en gerente de un *equipo* de estadísticos, su trabajo cambia. Su labor ya no es realizar análisis estadísticos sino manejar y desarrollar a un grupo de empleados.

Cuando usted delega el trabajo en los empleados, multiplica la cantidad de trabajo realizado. Un proyecto que a primera vista parecía agobiante súbitamente se vuelve manejable al dividirlo entre doce personas. No solamente eso, sino que al delegar el trabajo se crean oportunidades para desarrollar las destrezas laborales y de liderazgo de los empleados. Siempre que acepte una nueva asignación o una tarea como parte de un trabajo a largo plazo, pregúntese si alguno de sus empleados podría encargarse en lugar suyo.

No establecer las metas conjuntamente con los empleados

¿Le dicen algo las palabras *barco a la deriva?* Deberían. Un buen desempeño comienza con metas claras. Si usted no establece metas conjuntamente con sus empleados, la organización por lo general se queda sin rumbo y los empleados sin retos, de tal manera que apenas tienen motivación para presentarse a trabajar todos los días y cobrar sus cheques al final de la quincena. Las metas de sus empleados comienzan con la visión de dónde desean estar en el futuro. Por lo tanto, usted como gerente debe reunirse con sus empleados para desarrollar metas alcanzables, factibles, que les sirvan de guía en sus esfuerzos por realizar la visión de la organización. No deje a sus empleados a oscuras. Ayúdelos a ayudarle a usted y a la organización, estableciendo metas y trabajando mano a mano con ellos para hacerlas realidad.

Falta de comunicación

En muchas organizaciones es un verdadero milagro que haya alguien que sepa lo que *realmente* sucede. La información es poder y algunos gerentes utilizan la información — en particular el control que tienen sobre ella — para cerciorarse de ser los individuos mejor informados y, por tanto, más valiosos de la organización. Algunos gerentes evitan las situaciones sociales y evaden por naturaleza la necesidad de comunicarse con sus empleados. Otros sencillamente están demasiado ocupados y no hacen esfuerzo alguno por comunicar la información con regularidad, dejándose llevar por otros asuntos más apremiantes o sencillamente "olvidándose" de hablar con sus empleados.

Cualquiera que sea la razón, la difusión generalizada de la información a través de toda la organización, y la comunicación que esta difusión permite, es esencial para la salud de las organizaciones de hoy — en especial durante las épocas de cambio (es decir, en *todo* momento). Hay que facultar a los empleados por medio de la información para que puedan tomar las mejores decisiones posibles en los niveles más bajos de la organización: rápidamente y sin necesidad de la aprobación de los superiores.

No aprender

La mayoría de los gerentes están acostumbrados al éxito y en un principio dedicaron mucho tiempo a aprender a fin de lograrlo. Por esa razón, precisamente, muchos fueron sacados de las filas de los subalternos y ascendidos a cargos de gerencia. Sin embargo, una vez instalados en sus cargos, muchas veces se contagian de una enfermedad temida — *el endurecimiento de las actitudes* — y comienzan a exigir que las cosas se hagan únicamente a *su* manera.

Los gerentes exitosos encuentran las mejores formas de hacer las cosas y de culminar sus metas, y después desarrollan procesos y políticas para institucionalizar esos enfoques eficaces de hacer negocios. Ese método es maravilloso, siempre y cuando que no cambie el entorno empresarial. Sin embargo, cuando éste cambia, si el gerente no cambia — es decir, si no *aprende* — la organización sufre.

Esta situación puede ser especialmente difícil para el gerente que ha alcanzado el éxito procediendo de una determinada manera. El modelo del gerente como una roca inamovible que resiste todas las tormentas ya no es válido. En la actualidad, los gerentes deben estar listos a cambiar su forma de hacer negocios en la medida en que su entorno cambie. Deben aprender, experimentar y ensayar cosas nuevas constantemente. Si no lo hacen, estarán condenados a desaparecer — como le sucedió a ese gran Tyrannosaurus Rex en la película *Jurassic Park*.

Resistirse al cambio

Si usted cree que puede frenar el cambio, está muy equivocado. Más le valdría tratar de desviar el curso de un huracán. ¡Buena suerte! Cuanto más pronto reconozca que el mundo — incluido el *suyo* — ha de cambiar, gústele o no, mejor. Así podrá concentrar sus esfuerzos en tomar medidas que cambien positivamente la vida de su empresa. Esto implica aprender a adaptarse al cambio y utilizarlo en su beneficio en lugar de empeñarse en luchar contra él.

En lugar de reaccionar a los cambios *después* del hecho cumplido, adelántese activamente a los cambios que se avecinan y formule los planes para enfrentarlos *antes* de que golpeen a su organización. Hacer caso omiso de la necesidad de cambiar no la hace desaparecer.

No destinar tiempo para los empleados

Para algunos de sus empleados, usted es un recurso. Para otros, es un socio en quien confiar. Otros pueden ver en usted un maestro y mentor, mientras que para otros puede ser un instructor o un padre. Cualquiera que sea la forma como lo vean sus empleados, todos tienen algo en común: necesitan de su tiempo y orientación durante el desarrollo de su vida profesional. Ser gerente es un asunto "humano", y usted debe destinar tiempo para la gente. Habrá empleados que necesitarán más de su tiempo que otros; en esa medida es importante para usted evaluar y suplir las necesidades de cada uno de sus empleados.

Aunque algunos de sus empleados pueden tener mucha experiencia y necesitar poca supervisión de su parte, otros podrán necesitar atención casi constante cada vez que realizan una tarea o una actividad nueva. Asegúrese de estar disponible siempre que un empleado necesite hablarle. Deje de lado su trabajo por un momento, olvide el teléfono y preste toda su atención al empleado. De esa manera no solamente mostrará a sus empleados que son importantes, sino que escuchará realmente lo que tienen que decir.

No reconocer los logros de los empleados

En estos días de cambio constante, reducciones de personal y creciente incertidumbre laboral, es más importante que nunca encontrar formas de reconocer el buen trabajo de los empleados. El mayor problema no es que los empleadores no deseen retribuir a sus empleados — la mayoría de los gerentes están de acuerdo en que es importante recompensarlos — sino que muchos gerentes no *dedican tiempo* a retribuirlos.

Aunque las alzas salariales, las bonificaciones y otros adornos se han evaporado en gran medida en muchas organizaciones, son muchas las cosas que se pueden hacer sin invertir demasiado tiempo, esfuerzo o dinero. En realidad, los reconocimientos más eficaces — las notas personales del gerente — no cuestan nada. Nunca deberá estar tan ocupado como para no dedicar uno o dos minutos a reconocer los logros de sus empleados. El resultado será que la moral, el desempeño y la lealtad mejorarán.

Optar por la solución rápida en lugar de la duradera

A todos los gerentes les encanta resolver problemas y arreglar las partes descompuestas de su organización. El desafío constante de lo nuevo e inesperado atrae a muchas personas hacia la gerencia. Infortunadamente, en su celo de *"arreglar"* los problemas rápidamente, muchos gerentes olvidan destinar tiempo necesario a buscar soluciones a largo plazo a los problemas de sus organizaciones.

En lugar de diagnosticar el cáncer y realizar una cirugía mayor, muchos gerentes hacen curaciones superficiales. Aunque no es tan divertido como apagar incendios, es necesario ver el sistema en su globalidad y encontrar la *causa* para poder solucionar realmente los problemas. Una vez identificada la causa es posible desarrollar soluciones verdaderas de efecto duradero. Cualquier otra cosa es apenas un tratamiento sintomático y no resuelve el problema.

Tomarse las cosas demasiado en serio

Sí, los negocios son cosa seria. Si no lo cree así, basta ver lo que sucede cuando se excede el presupuesto y las finanzas de la compañía quedan en rojo. Es una forma muy rápida de reconocer cuán serio es el asunto. Independientemente de la gravedad de las responsabilidades que pesan sobre los hombros de los gerentes — y precisamente por esa razón — usted debe conservar su sentido del humor y promover un ambiente ameno tanto para usted como para sus empleados. Invítelos a una rifa en la oficina, una reunión informal en algún restaurante cercano, un almuerzo campestre en su casa. Sorpréndalos con premios especiales por cosas tales como la corbata más rara o la estación de trabajo más creativa. Bromee con ellos. ¡Disfrute!

RECUERDE

Cuando los gerentes se jubilan, generalmente no son recordados por sus logros con respecto a los presupuestos o la disciplina de sus empleados. Las personas recuerdan a quienes no se tomaron el trabajo demasiado en serio y supieron poner un toque de humor, alegrando así sus días y haciendo el trabajo más tolerable. No sea un ladrillo. Viva cada día como si fuera el último.

Capítulo 22
Diez formas fabulosas y gratuitas de premiar a los empleados

¿**R**etribuye usted a sus empleados como se lo merecen? ¡Esperamos que así sea! ¿Por qué? Porque retribuir a los empleados por un buen trabajo es una de las mejores maneras de mantenerlos motivados y comprometidos con lo que hacen. Además, no es necesario quebrar el presupuesto para hacerlo. Hay un sinnúmero de formas de agradecer y felicitar a los empleados por un buen trabajo, y muchas de ellas apenas representan un desembolso insignificante. Claro que no es necesario enviar a los empleados a las Bahamas o darles bonificaciones de US$1 000 o cafeteras recubiertas de oro. Por irónico que parezca, las manifestaciones de aprecio que no tienen costo alguno, como las diez que enumeramos a continuación, son quizás algunas de las más motivantes para los empleados. ¿No nos cree? ¡Ensáyelas y compruébelo!

Trabajo interesante

Aunque algunas de las tareas que usted realiza personalmente todos los días seguramente han pasado a formar parte de una rutina, esas mismas tareas pueden ser muy emocionantes y muy desafiantes para sus empleados. Cuando ellos sobresalgan en sus actividades, prémielos delegándoles algunas de sus tareas o diseñando proyectos interesantes en los que puedan ocuparse. Eso no cuesta ni un centavo pero sí representa una oportunidad para estimularlos y desarrollar sus destrezas de trabajo. Sus empleados ganan y su organización también.

Visibilidad

Todo el mundo desea ser reconocido y apreciado por un trabajo bien hecho. Una de las formas más fáciles y eficaces de premiar a sus empleados gratuitamente es rendirles un tributo en público por sus esfuerzos. Usted puede anunciar sus realizaciones en reuniones de personal, enviarles mensajes de felicitación por correo electrónico — con copia a todos los demás empleados del departamento o de la organización — escribir artículos sobre los esfuerzos de su personal en el boletín de la compañía, etc. Ensaye. ¿Qué podría perder? Esta técnica no le vale nada, es fácil y muy eficaz.

Tiempo libre

Otra forma maravillosa y gratuita de premiar a sus empleados es concediéndoles tiempo libre remunerado. En el mundo laboral de hoy, donde no hay tiempo para nada, el tiempo libre se ha convertido en un bien cada vez más valioso. La gente desea pasar más tiempo con los amigos y la familia, y menos en la oficina. Claro está que el efecto de la reducción del tamaño de las organizaciones y de la reingeniería ha sido dar a todo el mundo *más* trabajo, y no *menos*. Si bien usted puede regalar una hora o un día, sus empleados se sentirán dichosos de poder alejarse de la oficina por un rato para ocuparse de sus cosas personales, ir de pesca, o sencillamente *descansar*. Después regresarán relajados y agradecidos por el premio que usted les ha concedido por sus esfuerzos.

Información

Sus empleados *mueren* por tener información. Sin embargo, algunos gerentes la acaparan y la cuidan como si estuvieran a cargo del tesoro nacional. En lugar de retener la información, compártala con sus empleados. Infórmeles acerca de la situación de la compañía, de las cosas que se prevén para el futuro — tanto para la organización como para los empleados. Al conceder información, usted no solamente les brinda a sus colaboradores las herramientas que necesita, para tomar mejores decisiones, sino que también les demuestra que los valora como personas. ¿No es eso lo que *todo el mundo* desea?

Retroalimentación sobre el desempeño

Hoy más que nunca, los empleados necesitan saber cómo van en el trabajo. La única persona que realmente puede decírselo es usted, su jefe. Reúnase con ellos para almorzar o para beber un refresco, y pregúnteles cómo van las cosas y si tienen alguna inquietud o necesitan ayuda. Dígales lo que usted piensa. Agradézcales un buen trabajo. No es necesario esperar hasta la evaluación anual para darles retroalimentación. En realidad, cuanto más se comunique con ellos, mejor podrán responder a sus necesidades y a las de la organización.

Participación

Involucre a sus empleados, en particular en las decisiones que los afectan. Es una manera de mostrarles que respeta sus opiniones y también de conseguir los mejores aportes posibles durante el proceso de toma de decisiones. Los empleados más cercanos a los procesos de trabajo o a los clientes están en mejores condiciones de ver la mejor solución a un problema que pueda presentarse. Sus empleados saben qué funciona y qué no — quizás mejor que usted. Infortunadamente, a muchos trabajadores jamás se les pide su opinión o, si alguna vez la dan, es descartada muy pronto. En la medida en que solicite la participación de sus empleados, éstos se sentirán más comprometidos con la organización y facilitarán la ejecución de las ideas nuevas o de los cambios organizacionales. ¿El costo? Absolutamente ninguno. ¿La ganancia? Enorme.

Independencia

Los empleados valoran grandemente la libertad para realizar su trabajo como mejor les parece. A nadie le agrada un jefe que vive permanentemente detrás de todo el mundo recordando lo que cada quien debe hacer y corrigiendo cada vez que alguien se aparta ligeramente del camino. Si usted les explica lo que espera de ellos, les brinda la capacitación necesaria y también la libertad para decidir cómo hacer su trabajo, mejoran las probabilidades de que se desempeñen de acuerdo con lo esperado. Y no solamente eso; los empleados independientes aportan ideas, energía e iniciativa al trabajo.

Celebraciones

Los cumpleaños, los aniversarios de la empresa, el más alto promedio de unidades producidas, el mayor tiempo sin accidentes, y muchos otros hitos son razones maravillosas para celebrar. ¡Compre algunas decoraciones y organice la fiesta! Sus empleados agradecerán el reconocimiento y usted apreciará el mejor desempeño y la lealtad que recibirá a cambio.

Flexibilidad

Todos los empleados aprecian la flexibilidad para trabajar. Aunque algunos puestos como el de recepcionista, dependiente de almacén y guardia de seguridad exigen horarios y sitios de trabajo estrictos, hay muchas otras actividades — programación de computadores, escritos técnicos, análisis financieros, por ejemplo — que no están tan sujetos al reloj o a un sitio de trabajo establecido. Dar a los empleados flexibilidad para decidir su propio horario y sitio de trabajo puede ser muy motivador. En las organizaciones en las cuales no sea posible dar a los empleados tanta flexibilidad, de todas maneras existe la posibilidad de facultarlos para decidir cómo realizar el trabajo o responder a los problemas de servicio a los clientes.

Mayor responsabilidad

Los empleados se desarrollan principalmente mientras trabajan. Es un crecimiento derivado de las nuevas oportunidades para aprender que se les brinda y también de la posibilidad de adquirir nuevas destrezas y experiencia en la organización. Son pocos los empleados que aspiran a no llegar a ninguna parte — la mayoría espera aprender más, participar en decisiones de alto nivel y avanzar tanto en responsabilidad como en remuneración. Por tanto, proporcionar a los empleados nuevas oportunidades para desempeñarse, aprender y crecer es un gran factor de motivación y una manera de mostrarles que confía en ellos, los respeta y se interesa sinceramente por su bienestar.